财政部规划教材

统计学与R应用

Statistics and R Application

韩 君 主编

中国财经出版传媒集团

经济科学出版社

Economic Science Press

图书在版编目（CIP）数据

统计学与 R 应用/韩君主编 . —北京：经济科学出
版社，2022.8（2025.8 重印）
财政部规划教材
ISBN 978 - 7 - 5218 - 3974 - 6

Ⅰ.①统…　Ⅱ.①韩…　Ⅲ.①统计学-高等学校-教
材　Ⅳ.①C8

中国版本图书馆 CIP 数据核字（2022）第 160703 号

责任编辑：杜　鹏　武献杰　常家凤
责任校对：隗立娜
责任印制：邱　天

统计学与 R 应用
韩　君　主编
经济科学出版社出版、发行　新华书店经销
社址：北京市海淀区阜成路甲 28 号　邮编：100142
编辑部电话：010-88191441　发行部电话：010-88191522
网址：www. esp. com. cn
电子邮箱：esp_ bj@ 163. com
天猫网店：经济科学出版社旗舰店
网址：http：//jjkxcbs. tmall. com
固安华明印业有限公司印装
787 × 1092　16 开　22.75 印张　480000 字
2022 年 12 月第 1 版　2025 年 8 月第 2 次印刷
ISBN 978 - 7 - 5218 - 3974 - 6　定价：56.00 元
（图书出现印装问题，本社负责调换。电话：010 - 88191545）
（版权所有　侵权必究　打击盗版　举报热线：010 - 88191661
QQ：2242791300　营销中心电话：010 - 88191537
电子邮箱：dbts@ esp. com. cn）

前　言
FOREWORD

党的二十大报告提出加快发展数字经济、建设数字中国的总要求。在大数据时代，掌握基本的数据分析能力、解读常见的社会经济数据已成为人们工作和生活的正常需求。满足这些需求的主要途径就是学习并正确应用统计学，而如何有效地学习和掌握统计学却成为大多数初学者非常头疼的问题，看到满是数据和公式的参考书，很多人学习的信心也就少了一半。即使是非常认真地学习，由于学习方法局限于死记硬背和硬搬乱套，结果往往是事倍功半和南辕北辙。对于大多数初学者来说，学习完统计学后的共同感受就是要面对的数据太多、要学习的方法太多，学习起来完全没有规律可循，对统计学常常是望而生畏。然而事实并非如此，之所以出现让多数人感觉统计学纷繁芜杂、头绪众多的主要原因是学习方法不适合。认为学习统计学就是死记概念、硬套公式，即使记忆力再好的人，这样做的结果就是迟早会忘记这些概念和公式，最关键的还在于死记概念、硬套公式往往会导致不能够正确和有效地运用统计方法去解决实际问题。

为满足大数据时代经济管理类专业本科生对数据分析方法的需要，帮助经济管理类专业同学建立牢固的统计思维和掌握科学的统计方法，适应新时代对统计分析人才在理论、方法和软件操作的新要求，本教材在系统梳理和充分总结现有统计学教材内容的基础上，以问题提出、内容扩展、R语言操作、统计思想为主体框架重构统计学教材的知识体系，始终突出统计学方法的应用性、可实现性和思想性的重要特征，既有对经典理论和方法内容的继承，又有新案例、新思想、新方法的补充。本教材共有12章内容：绪论，统计数据的收集方法，统计数据的整理与可视化，数据分布特征的描述，抽样分布与参数估计，假设检验，方差分析，相关与回归分析，时间序列分析，统计指数，统计综合评价和国民经济统计学基础。既有描述统计和推断统计的内容，又扩展了统计综合评价和国民经济统计基础的知识，较为全面地涵盖了经济管理类专业本科阶段所要学习的统计学基本知识、基本理论和基本方法。

本教材是财政部规划教材，由兰州财经大学"统计学"课程建设团队共同编写而成。编写的具体分工为：马蓉编写第一章和第十二章，赵嘉仪编写第二章，王菲编写第三章，高瀛璐编写第四章，李浩智编写第五章，牛士豪编写第六章,张家明编写第七章,王格格编写第八章,金官丽编写第九章,张雅慧编写第十章,杨帅编写第十一章。本教材由韩君教授担任主编,负责整个教材的设计、总纂和定稿工作;马蓉教授担任副主编,负责教材的修改工作;王飞老师担任副主编,负责教材 R 程序的编写工作。

在教材编写过程中,我们参考和吸收了一些同类教材的成果,在此一并表示衷心的感谢!同时我们要感谢经济科学出版社对本教材编写的大力支持,使本教材得以顺利与读者见面。由于编者水平有限,教材中难免存在疏漏之处,敬请各位专家、同行、读者批评指正,以便我们修改与完善。

韩　君

2022 年 12 月于兰州

目 录
CONTENTS

第一章 绪 论

【问题提出】

统计非常重要

➤ 2022 年 2 月 22 日，利用 IE 浏览器进行搜索，包含关键词"统计"的搜索结果高达 37 900 000 项，关键词"Statistics"的搜索结果高达 49 400 000 条。

➤ 在诺贝尔经济学奖获得者中，2/3 以上的研究成果与统计和定量分析有关。因此，经济学家保罗·萨缪尔森（Paul A. Samuelson）在其经典的教科书《经济学》第 12 版中特别指出："在许多与经济学有关的学科中，统计学是特别重要的。"

➤ 华为创始人兼 CEO 任正非在接受央视《面对面》采访时表示"人工智能就是统计学，计算机与统计学就是人工智能"，充分肯定了统计学在人工智能方面的重要性。

➤ 2018 年 8 月 11 日，2011 年诺贝尔经济学奖获得者托马斯·萨金特（Thomas J. Sargent）在世界科技创新论坛上表示："人工智能其实就是统计学，只不过用了一个很华丽的辞藻，其实就是统计学。"

第一节 什么是统计

最早对于"统计"较为权威的解释来自《不列颠百科全书》的定义，它是一门关于收集、分析、显示、解释数据的科学（Statistics is the science of collecting, analyzing, presenting, and interpreting data）。这实际上是对统计学的定义。

而关于"统计"的界定有各种不同的解释，它是人们认识客观世界总体数量关系和变动规律的活动的总称；它是研究数据的科学，因此数据是其研究对象，各种客观现象无不可用数据来描述；它是人们认识客观世界的一种有力的量化工具和科学。通常，统计具有三层含义：统计活动、统计数据与统计学。

一、统计的含义

（一）统计活动

统计活动又称为统计实践或统计工作或统计研究，是指有关机构为满足政治、经济、社会等方面的管理需要或社会科学、自然科学的需要而对客观现象或客观事物进行的数据测度、收集、整理、分析、编制统计数据资料的一系列活动，如政府部门统计活动、各项经济市场调查活动、各学科实验统计活动及各种民意测验等。

一项完整的统计活动过程包括统计设计，数据的收集，数据的整理与分析，数据的累计、开发与应用四个基本环节。

1. 统计设计。根据所要研究问题的性质，在有关学科理论的指导下，制定统计指标、指标体系和统计分类，给出统一的定义、标准。同时提出收集、整理和分析数据的方案和工作进度等。统计设计是整个统计研究的前期工作，其完成质量直接关系到整个统计研究的质量。搞好统计设计不仅要有统计学的一般理论和方法作为指导，而且还要求设计者对所要研究的问题有深刻的认识和相关的学科知识。例如，要设计一套较好地评价企业经营状况的统计体系与方案，仅有一般的统计方法知识是不够的，设计者还必须具备企业经营管理知识和理论素养。

2. 数据的收集。经过统计设计，形成方案之后，就可以开始收集统计数据。统计数据的收集有两种基本方法。对于大多数自然科学和工程技术研究来说，有可能通过有控制的科学实验去取得数据，这时可以采用实验法。在统计学中有专门一个分支——实验设计，就是研究如何科学地设计实验方案，从而使得通过实验采集的数据能够符合分析的目的和要求。对于社会经济现象来说，一般无法进行重复实验，要取得有关数据就必须到社会总体中去选取足够多的单位进行调查观察，并加以综合研究。如何科学地进行调查是统计学研究的重要内容。本教材是为经济与管理类专业编写的统计学入门教科书，由于篇幅的限制，本教材将只介绍有关统计调查的理论与方法。

3. 数据的整理与分析。原始的统计数据收集之后，还必须经过整理、加工和分析才能真正发挥其作用。在统计研究和统计应用中，统计方法分为描述统计和推断统计两大类。

（1）描述统计（descriptive statistics）。描述统计是指用表格、图形和数字来概括、显示数据特征的统计方法。它是对采集的数据进行登记、审核、整理、归类，在此基础上进一步计算出各种能反映总体数量特征的综合指标，并用图表的形式表示经过归纳分析而得到的各种有用的统计信息。统计描述是统计研究的基础，它为统计推断、统计咨询、统计决策提供必要的事实依据。统计描述也是对客观事物认识的不断深化过程，它通过对分散无序的原始数据的整理归纳，运用分组法和综合指标法得到现象总体的数量特征，揭示客观事物内在的数量规律性，以达到认识客观事物的目的。

（2）推断统计（inferential statistics）。在进行统计研究时，常常存在这种情况，由于各种原因，我们所掌握的数据只是部分单位的数据或有限单位的数据，而我们所关心的却是整个总体的数量特征。例如，民意测验中某一候选人是否能够当选？全国婴儿的性别比例如何？某种电子元件的使用寿命多长？这时就必须利用统计推断的方法来解决。推断统计是指从总体中抽取样本，在对样本数据进行描述的基础上，利用一定的方法根据样本数据计算的样本统计量去推断（估计或检验）总体参数，体现总体数量特征。推断统计的方法一般以概率论与数理统计为理论基础，它构成现代统计学的主体内容。

（3）描述统计与推断统计二者之间的关系。统计学分为描述统计和推断统计，一方面反映了统计发展的前后两个阶段，另一方面也反映了统计方法研究和探索客观事物内在数量规律性的先后两个过程。运用统计方法探索现象数量规律性的过程如图 1.1 所示。

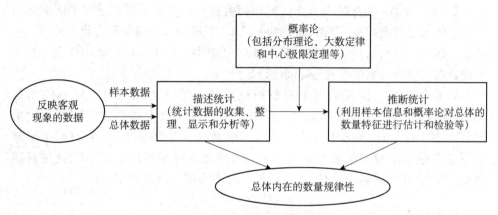

图 1.1　运用统计方法探索现象数量规律性的过程

4. 数据的累计、开发与应用。通过统计整理和分析，可以得到有关的统计资料。但统计资料的提供并不意味着统计研究的终结，统计的目的在于认识客观世界的规律。对于已经公布的统计资料需要加以积累，同时还可以进一步加工，结合相关的实质性学科的理论知识进行分析和利用。如何更好地将统计资料和统计方法应用于各自的研究领域是应用统计学研究的一个重要方面。

以上所述的统计研究的全过程可以用图 1.2 表示。

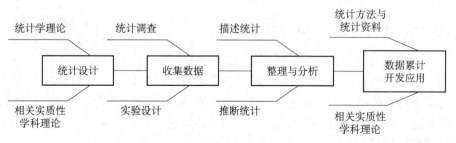

图 1.2　统计活动过程的四个环节

（二）统计数据

统计数据是统计活动过程中所收集和加工整理而成的各项数据资料，它反映在一定时间、空间条件下，客观现象的具体数量表现。通常可以以统计表或统计图的形式显示出来。

依据对客观现象观察视角的不同，数据可分为截面数据、时序数据和面板数据三个基本类型。

1. 截面数据。截面数据又称为横截面数据，它是指在同一时期或时点对同一总体内不同单位的数量进行观察而获得的数据，反映事物在相同时间或时点上的表现，它是静态数据。如 2021 年我国各省份 GDP、我国各省份 2021 年年末人口数量等。

2. 时序数据。时序数据是指时间序列数据。时间序列数据是在不同时间对同一总体的数量表现进行观察而获得的数据，反映该事物随时间变化的趋势，它是动态数据。例如，1978～2021 年我国 GDP 数据、自 20 世纪 90 年代至今我国外商直接投资规模数据等就是时间序列数据。

3. 面板数据。面板数据是对所研究总体在不同时期或时点在不同单位（或个体）的测量而得到的数据，反映多个单位（或个体）随时间变化的情况，如 2016～2020 年全国 31 个省份 GDP 数据、2016～2020 年全国 31 个省份就业人数等。对于面板数据，如果只考虑某一时期或时点的情况就是截面数据；如果只考虑某一单位（或个体）的情况就是时序数据。

（三）统计学

统计学是在统计实践的基础上产生并逐步发展起来的一门科学，它是研究如何测定、收集、归纳和分析反映客观现象总体数量的方法论科学，其目的是探索数据的内在数量规律性，以达到对客观事物的科学认识。

二、统计研究对象

统计学的研究对象就是客观现象的数量方面，其研究目的在于探索统计数据内部所包含的数量规律性。

（一）统计研究对象的特征

1. 总体性。统计的数量研究是对现象总体中各单位普遍存在的事实进行大量观察和综合分析，得出反映现象总体的数量特征。例如，进行城镇居民家计调查，需要对具体的居民家庭进行调查，但是其目的并不在于了解个别居民家庭的生活状况，而是要反映一个国家、一个城市的居民收入水平、收入分配、消费水平、消费结构等。

2. 数量性。这是统计研究对象的基本特点，常言说："数字是统计的语言"，"数据是统计的原料"，指的正是这个意思。但并不是任何一种数量都可以作为统计对象。统计数据总是客观事物量的反映，统计定量认识必须建立在对客观事物定性认识的基础上。

3. 变异性。统计研究同类现象总体的数量特征，它的前提是总体各单位的特征表现存在着差异，而且这些差异并不是事先可以预知的。例如，各种股票的价格和成交量每天不同，这才需要对其进行统计，编制股票指数等指标。如果说总体各单位的变异表现出个别现象的特殊性和偶然性，而对现象总体的数量研究，则是通过大量观察，从各单位的变异中归纳概括出它们的共同特征，显示出现象的普遍性和必然性。

（二）数据内在的数量规律性

1. 人类性别男女比例。107∶100 是新生婴儿男女性别的数量规律性，古今中外都大致相同，它是由人类社会长期遗传和发展决定的。新生儿男性多于女性，但在成长时期男性死亡率高于女性；中青年时期男女比例大致相同；进入中老年后，男性死亡率高于女性，导致男性平均寿命短于女性，男性少于女性。对人类性别的研究是统计学的起源之一，也是统计方法探索的最早的数量规律性之一。

2. 扔硬币和掷骰子。经过大量实验观察发现，掷一枚硬币出现正反面的次数都接近相同，比值接近 1/2；同样在掷骰子时，出现 1~6 点的比率接近 1/6。这里的 1/2 和 1/6 就是掷硬币和掷骰子出现某一特定结果的概率，也就是我们所研究的数量规律性。

3. 产品价格与市场供求之间的数量关系。微观经济学中经典的供给定理和需求定理阐述的是产品价格与其供给量、需求量之间关系的内在数量规律。供给定理体现商品市场价格与其供给量之间的关系，即在其他条件不变的情况下，商品价格上涨，供给量增加；商品价格下降，供给量减少。需求定理反映商品市场价格与其需求量之间的关系，即对于一般商品来说，在其他条件不变的情况下，商品的价格上升时，该商品的需求量减少；相反，价格下降时需求量增加。

三、统计学的分类

（一）描述统计学和推断统计学

按照描述统计和推断统计方法的不同将统计学科分为描述统计学和推断统计学。

描述统计学（descriptive statistics）是研究如何取得反映客观现象的数据，并通过图、表形式对所收集的数据进行加工处理和显示，或通过综合概括性数字反映客观现象的规律性数量特征的一门学科。

推断统计学（inferential statistics）是研究如何根据样本数据去推断总体数量特征，它是在对样本数据进行描述的基础上，对统计总体的未知数量特征作出以概率形式表述的推断的方法论科学。

（二）理论统计学和应用统计学

理论统计学是指统计学的数学原理和方法原理。现代统计科学用到了几乎所有方面的数学知识，从事统计理论和方法研究的人员必须要有坚实的数学基础。此外，概率论也是统计推断的数学理论和理论基础，因此统计学应该包括概率论在内。

应用统计学是统计学在其他学科的应用，即研究如何应用统计方法解决实际问题。无论是在自然科学还是社会科学研究领域，都需要通过数据分析解决各种问题，因而统计方法的应用几乎扩展到了所有的学科领域。如生物统计、医疗卫生统计、工业统计、农业统计、人口统计、社会统计学等。

四、统计学与其他学科的关系

（一）统计学与数学的关系

1. 联系。

（1）数学为统计理论和统计方法的发展提供了数学基础，而统计学的主要特征是研究数据；

（2）统计方法与数学方法一样，不能独立地直接研究和探索自然现象与社会现象的规律，而是给各学科提供了一种研究和探索客观规律的数量方法。

2. 区别。

（1）数学研究的是抽象的数量规律，即数学研究的是没有量纲或单位的抽象的数；而统计学则是研究具体的、实际现象的数量规律，即统计学研究的是有具体实物或计量单位的数据。

（2）统计学与数学研究中所使用的逻辑方法不同。数学研究所使用的主要是演绎；统计学则是演绎与归纳相结合，占主导地位的是归纳。

（二）统计学与其他学科的关系

1. 统计学可以用到几乎所有的学科领域。
2. 统计学可以帮助其他学科探索学科内在的数量规律性。
3. 统计学不能解决各学科领域的所有问题。
4. 对统计分析结果的解释和由数量规律性出发研究各学科内在的本质规律需要各学科领域的专业人员研究完成。

总而言之，统计方法仅仅是有效的定量分析的工具。但能否真正解决各学科的问题，首先要看能否选择正确的工具，其次要在定量分析的同时将定性与定量分析正确适宜地结合，即运用各学科的专业知识对统计的结果作出合理的解释和分析。

第二节 统计学的产生与发展

一、统计的产生与发展

我们说，统计的起源可以追溯到远古时代，它是随着人类社会生产的发展、随着治国和管理的需要而产生并发展起来的，至今有四五千年的历史。

（一）原始社会时期的结绳记事

原始社会就出现了结绳记事、结绳计量的方法。所谓"事大，大结其绳；事小，小结其绳；结之多少，随物众寡"，这可以说是统计的萌芽。

（二）我国统计活动历史悠久

我国很早就出现了统计活动，并且一直到封建社会的很长一段时间里，在实际的统计活动及统计思想等众多方面都处于世界先进水平，只是到了封建社会后期，我国开始落后于其他国家。

早在 4 000 多年以前的夏朝，我国就有了人口、土地等方面的统计。当时为了治国治水的需要，进行过初步的国势调查，将全国分为九州，并按土质的优劣将九州的田、赋分成上中下三等，每等又分为上中下三级，形成了"三等九级"的复合分组。这被欧洲统计学者称为国势统计学最早的萌芽。

西周已设有专门负责国势调查的官员——职方氏。春秋战国时期的管仲提出了系统、周密的国情调查提纲与国情研究纲要，指出"举事必成，不知计数不可""不明于计数而欲举大事，犹无舟楫而欲经于水险也"，因此要求"明法审数"。说明统治阶级和精明的政治家认识到了统计的重要性。

秦国的商鞅提出"强国知十三数：境内仓、口之数，壮男、壮女之数，老、弱之数，官、士之数，以言说取食者之数，利民之数，马、牛、刍藁之数。"（反映综合国力的十三个指标）

到了秦汉，就有了地方田亩和户口的记录。

唐宋有了统计数据的汇编——《国计簿》《会计录》，同时在统计图表的理论和方法方面有了较大的发展。

明清时期，建立了经常人口登记和保甲制度（一种户籍制度，若干户为一甲，若干甲为一保），特别是明初的户贴制度被称为"世界上最早实行全面人口普查的历史纪录"。

（三）西方

古埃及为了建造金字塔和农业灌溉系统，进行了全国的人口及财产调查；而古罗马帝国以国势调查作为治理国家的有效手段，规定每 5 年进行一次人口、土地、牲畜、家奴的调查。到了封建社会，统计调查往往采取编制财产目录的形式，后来则成为说明各国国情的工具。

进入资本主义社会以后，随着社会生产力的发展，对于统计数据资料的需求增多，此时开始出现了专业的统计机构和研究组织，统计初步发展成为社会分工中的一个独立部门，到了 17 世纪中叶，统计学应运而生。

二、古典统计学的起源及其演变

统计学从古典统计学到现代统计学，几经演变，已有 300 多年的历史。我们说，古典统计学有三个源头：国势学、政治算术和概率论。

（一）国势学与统计学的演变

国势学产生于 17 世纪中叶的德国，以赫尔曼·康令（Hermann Conring）和戈特弗里德·阿亨瓦尔（Gottfried Achenwall）为代表。

1. 最初，康令将国势学从"国法学、地理学、历史学混合在一起的杂学"中分离出来，并对涉及国家的人口、版图、政体、财政、军备等方面的状况进行了文字性的记述，作为"实际政治家所必需的知识"。

2. 其后，阿亨瓦尔于 1749 年改称国势学为统计学，并将其明确定义为"主要采用文字记述的方法，把国家的显著事项全部记述下来的学科"。在这里，国势学几乎不用数字资料。因此，从严格意义上讲，它和我们现在所说的统计学是明显不同的，它虽有统计学之名，但无统计学之实。

康令与阿亨瓦尔等国势学者不注意社会经济现象的数量观察，客观上是由于在当时的社会条件下搜集统计资料较为困难；另外，国势学派从主观上蔑视对数量的观察，认为这超出了他们想象中的统计学的范畴。

3. 后期，随着英国政治算术学派的统计思想传入德国，随着社会的进步，在政治算术学派的影响下，为了更好地适应国家管理及经济发展的需要，德国的国势学派出现分化，从国势学中分化出的表式学派，改用列表的方法研究社会经济现象的数量方面，开始体现出统计学的特点。分化后的表式学派，逐渐发展为政府记录或政府统计，成为统计学的渊源之一，使徒有统计学虚名的国势学向近代统计学迈进了一步，其研究对象也由国家显著事项演变为社会经济现象的数量方面，研究方法也由文字记述演变为列表比较。

（二）政治算术与统计学的演变

政治算术产生于 17 世纪中叶的英国，其代表人物是威廉·配第（William Petty）和约翰·格朗特（John Graunt）。

配第在其所著的《政治算术》一书中，运用大量的数字数据将英国、法国和荷兰三国的"财富和力量"（即经济实力）进行比较，他在书中运用了数字、重量和尺度等进行数量对比分析的方法，为统计学的产生奠定了基础。马克思认为"威廉·配第创造的'政治算术'，即一般所说统计学"，因此，"威廉·配第是政治经济学之父，在某种程度上也可以说是统计学的创始人。"

格朗特是利用大量数据研究社会人口变动规律的创始人，因此，也可以算作是政治算术学派的鼻祖。他在《关于伦敦死亡表的观察》和《对死亡表的自然和政治观察》中，利用由寺院所提供的关于死亡和洗礼的人数数据，制作了死亡表，通过大量观察的方法，研究并发现了一系列人口统计规律，例如，男婴出生多于女婴，基本上是14：13；男性死亡率高于女性；新生婴儿在大城市的死亡率较高；一般疾病和事故的死亡率较为稳定，而传染病的死亡率波动较大。

由此可见，政治算术学派是以数量分析为特征，研究客观现象的数量关系，就其内容和方法来看，这应该算是统计学的真正的渊源。

政治算术在英国诞生后，很快在欧洲各国得以传播，进而涌现出一批政治算术学者，出版了一些人口统计与经济统计著作。但直到18世纪80年代以后，英国才逐渐以德国国势学所用的"统计学"名称来代替"政治算术"。

综上所述，作为统计学源流之一的政治算术的出现，标志着古典统计学的诞生。到了19世纪，沿着格朗特所开创的人口统计以及沿着配第所开创的经济统计有了进一步的发展。

（三）概率论与统计学的演变

作为统计学的第三个源头的古典概率论产生于17世纪中叶，奠基人为法国的布莱士·帕斯卡（Blaise Pascal）和皮埃尔·德·费马（Pierre de Fermat）。但在他们之前，已有一些数学家在研究赌博中的数量规律性了。意大利诗人但丁·阿利吉耶里（Dante Alighieri）早在15世纪就讨论过掷三颗骰子可能出现的各种点数。16世纪中叶，意大利科学家伽利略·伽利雷（Galileo Galilei）讨论了掷三颗骰子出现10点次数多于9点次数的原因。在数学家们对机会游戏研究的基础上，法国数学家帕斯卡和费马在讨论赌博中出现的各种具体问题时，提出了"概率"这一概念，用来描述某一事件发生的可能性，并归纳出概率的一般原理，为后来的概率论和统计学的发展奠定了基础。

后来，经过伯努利（Bernoulli）、德·莫佛尔（De Moirre）、拉普拉斯（Laplace）和约翰·卡尔·弗里德里希·高斯（Gauss）等著名数学家的相继努力，概率论在理论和应用两方面都取得了重大发展，并为后来统计学的发展奠定了重要的基础。

自17世纪中叶，统计学从三个不同的源头开始萌芽，随后经过几代统计学家的艰苦努力，历经两个半世纪，到19世纪末终于建成了古典统计学（主要是描述统计学）的基本框架。

三、近代统计学的形成及演变

比利时的凯特勒（Lambert Adolphe Jacques Quetelet）把国势学（当时主要是

指表式学派统计、政府记录或政府统计）、政治算术与古典概率论结合在一起，构建了一门近代统计学——社会物理学，为数理统计学的形成奠定了基础。

凯特勒第一次把概率论引入统计学的研究中，强调正态分布理论可用于各种科学，从数量方面研究随机现象的规律性，为统计方法提供了理论基础，在解决数量观察的准确性方面，为统计学开拓了广阔的道路。

欧美统计学界尊其为"近代统计学之父"，更有人将其所处的年代称之为"统计学的凯特勒时代"。

四、现代统计学的形成及其演变

在凯特勒的近代统计学的基础上，19 世纪末期以后，欧美统计学界产生了社会统计学和数理统计学这两门现代统计学。

（一）社会统计学的产生与统计学的演变

社会统计学产生于德国，它是由梅尔（Mayer）在政府统计（即表式学派发展而成）的基础上接受了凯特勒的主张而创立的，它推动了从记述的统计学向分析的统计学的转化。

（二）数理统计学的产生与统计学的演变

自从凯特勒把概率论引入统计学之后，数理统计学便开始在通用统计学中孕育成长起来。"数理统计学"最早出现在德国统计学者韦斯特坦于 1867 年发表的《关于数理统计学及其在政治经济学和保险学中的应用》一文中，此后，数理统计学的名称被广泛应用。

一般认为，数理统计学由描述统计学和推断统计学构成，并分成描述统计学派和推断统计学派。

到了 20 世纪 20 年代前后，以高尔顿（Galton）和皮尔逊（Pearson）等为代表的描述统计学派把近代统计学的理论与方法应用于生物遗传学的研究，整理和提出了频度分布、频度分布函数、回归、相关、拟合度等概念和方法，从而建立了描述统计学。与此同时，以戈塞特与费雪为代表的推断统计学派则把近代统计学的理论与方法应用于酿酒工业和田间试验研究，总结并导出了分布法则，提出了方差分析方法以及各种统计检验方法，创立了估计理论和检验理论等统计学的理论体系，开拓了统计学的新领域，也就是创立推断统计学。

描述统计学与推断统计学都以概率论为其理论基础，都把统计学看作是通用科学，可以用于研究自然现象与社会现象，并在发展过程中，都由通用的实质性科学，逐步演变为通用的方法论科学。

第二次世界大战以后，推断统计学的研究成为数理统计学的主流，特别是在美国，在推断统计学的理论和应用方面都取得了较大的成就。

（三）现代统计学的发展趋势

1. 多元化趋势。伴随着科学技术的发展，新兴行业的兴起与发展为统计学的多元发展提供更加宽广的领域。统计学通过与计算机学以及经济学的相互渗透，已经被应用到各个领域中，并发挥着其应有的作用，这种多元化的发展趋势正在演变为今后统计学发展的一种主要趋势。

2. 推动统计学发展的多源力量。数据发展驱动统计发展，如缺失数据的处理，图像图表等形式数据的丰富化，高维数据问题的处理越来越重要，网络和调查测试的数据，定性数据或数据模糊化处理都对统计学提出了新的要求和挑战。

3. 实践驱动统计学发展。由于新型数据的出现，开创了新的方法和研究方向。例如聚类方法应对海量数据的出现；对空间的数据和方法越来越重视；不再局限于对均值建模，充分挖掘数据所隐含的信息。

4. 数理统计热点——贝叶斯、生存分析和高维统计。不论是美国统计学会JASA 期刊还是英国皇家学会 JRSS 期刊等，几乎每期都有关于"贝叶斯统计"的论文。

5. 统计数据处理手段的发展，经历了手工、机械、机电、电子等数个阶段，数据处理手段的每一次飞跃，都给统计实践带来革命性的发展。计算机运行能力的提高使得大规模统计调查数据的处理更加准确、充分与快捷。随着计算机应用得越来越广泛，统计学越来越离不开计算机技术，而计算机技术应用的深入，也同样离不开统计方法的发展与完善。

第三节 统计学的基本概念

一、统计总体与样本

（一）总体与总体单位

1. 概念。总体：是指客观存在的、在某种共性的基础上由许多个别事物结合起来的整体。总体单位：构成总体的个别事物被称为总体单位。

例如，在工业企业普查中，"工业企业"就是一个总体，其中每一个工业企业就是总体单位。

2. 总体具有的特征。

（1）同质性。即构成总体的各个单位必须具有某一方面的共性，这个共性是确定总体范围的标准。例如，在对全国大学生就业状况调查中，全国所有大学学生就是此项调查的总体，而全国所有大学的每一位学生则是调查的总体单位，在我国大学就读的大学生就是各个总体单位的共性，它确定了总体的范围。

（2）大量性。即总体是由许多单位组成的，而不是仅有的少数个别单位。

总体根据它所包含的总体单位的数目是否有限分为有限总体和无限总体。对于有限总体既可以进行全面调查也可以进行非全面调查；而对于无限总体只能进行非全面调查。

（3）差异性。即各总体单位之间，除了必须在某一方面有共性之外，其他方面必然存在差异。例如工业普查中，各工业企业的经济类、行业性质、职工人数、资金总额、产值等必然存在着差异。这些差异是统计研究的基础，如果各总体单位之间不存在任何差异，则没有必要进行统计调查和研究。

3. 总体和总体单位根据统计研究的目的来确定。随着统计研究目的的变化，总体和总体单位也会发生变化。例如，一个企业、一所大学，既可以是某一调查研究的总体单位，也可以是另一调查研究的总体。

（二）样本

样本是由从总体中按一定规则抽选出来的一部分单位组成的一个小的整体，它是总体的代表，又称为抽样总体或子样。

在现实生活中，要么总体都是无限总体；要么总体规模较大，总体单位数量较多，因此，现代统计学所采用的研究思路一般是根据样本信息来推断总体。所以说，样本是现代统计学中非常重要的概念。

注意：在一个具体问题的研究中，总体是唯一确定的，而样本却不唯一的。

二、标志与指标

（一）标志

标志是用来说明总体单位特征的名称。

标志可分为品质标志和数量标志。品质标志是说明总体单位质的特征的，不能用数值来表示。数量标志是表示总体单位量的特征，用数值来表示。

一个总体单位常常是品质标志和数量标志兼而有之，这就要求我们用不同的方法研究某一个总体单位的各个方面。例如，调查某企业职工情况，该企业的每一个职工是总体单位，性别、民族、工种、籍贯、年龄、工资额等调查项目就是标志，其中性别、民族、工种、籍贯是说明总体单位属性特征的，为品质标志，对于品质标志只能用文字回答问题；而年龄、工资额是说明总体单位数量特征的，为数量标志，对于数量标志则需要用数字来回答问题。

（二）统计指标

1. 统计指标。统计指标是反映现象总体数量特征的概念和数值。如在工业普查中，所有工业企业构成该调查的总体，工业企业总数、工业职工人数、工资总额、平均工资、固定资产总值、利润总额等都是指标，上述指标从不同方面反映总体的数量特征。

2. 统计指标的分类。

（1）按统计指标反映的内容，分为数量指标和质量指标。

数量指标反映的是总体的总规模、总水平或工作总量，如全国人口数、国内生产总值等。

质量指标反映的是总体内部的数量对比关系或一般水平，如企业男女职工比例、人均收入等。

（2）按统计指标数值表现形式不同，可以分为总量指标、相对指标和平均指标。

总量指标反映的是总体绝对数量的多少，是以绝对数的形式来表示的。

相对指标：反映的是总体的相对水平，是以相对数的形式来表示的，如年龄的构成、性别比、人口密度等；

平均指标：反映的是总体的一般水平，是以平均数形式来表示的。

3. 统计指标体系。我们说，单个指标只能反映总体某一方面的数量特征，为了全面系统地认识一个总体，需要同时使用许多指标，通常我们将由反映同类现象，同时相互间具有内在联系的一系列统计指标构成的整体，称为统计指标体系。

（三）指标和标志的联系与区别

指标和标志的区别：第一，指标说明总体的特征，而标志则说明总体单位的特征；第二，指标只反映总体的数量特征，所有指标都要用数字来回答问题，没有用文字回答问题的指标；而标志则既有反映总体单位数量特征的，也有反映总体单位的品质特征的，只有数量标志才用数字回答问题，品质标志则用文字回答问题。

指标和标志的联系：第一，许多指标的数值都是由总体单位的数量标志的标志值汇总而来的；第二，由于总体和总体单位可随统计研究的目的而易位，所以指标和数量标志在一定的条件下可转化。

三、变量

（一）概念界定

变量的概念有广义和狭义两种界定。

广义变量是指可变的量，即包括品质变量和数值变量。

狭义变量即为数值变量，它是指各种可变的数量标志和所有的统计指标，它都是以数值表示的。

变量的具体表现即为变量值。其中，品质变量值表现为具体的属性；数值变量值表现为一系列数值。

（二）数值变量的分类

1. 按数值变量取值是否连续可分为离散型变量和连续型变量。

离散型变量是指凡是变量值只能以整数出现的变量，即在任意两个相邻的取值之间不会有其他取值可取，如人口数、学校数、工厂数量、机器台数等都只能有整数而不可能带小数，这些就是离散型变量。

连续型变量指凡变量值可作无限分割的变量，也就是说，在任意两个相邻的取值之间都可以有一系列数值存在，如体重、身高、收入、产值、利润等是可以带小数而且其数值是可以无限分割的，在两个数字之间还可以有连续不断变化的其他数字，这些变量就属于连续型变量。

注意：在某些特殊场合，连续变量也可作离散变量处理。如人口按年龄分组时，可分为 0、1、2、3……，其含义是"0"表示不满 1 岁，"1"表示满 1 岁而不足 2 岁，"2"表示满 2 岁而不足 3 岁，依次类推。约定俗成，众所周知或事先明确规定，为了不发生错漏统计现象，连续变量可离散化处理。

2. 按性质可将变量区分为确定性变量和随机变量。

确定性变量是指其取值由于受到某些确定性因素的影响，因而呈现出有规律变动的变量。如圆的面积仅受到半径的影响，因而它是确定性变量。

随机变量是指由于受到众多因素的综合影响，而使其取值表现出一定的波动性与随机性的变量。如人的身高受基因、人种、地域、气候、营养等多因素的影响，并且影响程度各不相同。统计学中所研究的变量绝大多数都属于随机变量。

四、数据的计量尺度

根据计量学的一般分类方法，按照对事物计量的精确程度，可将所采用的计量尺度由低级到高级、由粗略到精确分为四个层次，即定类尺度、定序尺度、定距尺度和定比尺度。

我们学习和了解四种计量尺度，一方面是对数据的计量特点有所认识，另一方面是根据数据的不同计量尺度选择不同的统计方法进行进一步的分析和研究。

（一）定类尺度

定类尺度又称类别尺度或列名尺度，是最粗略、计量层次最低的计量尺度，这种计量尺度只能按照事物的某种属性对其进行平行的分类或分组。例如人口按照性别分为男女两类；企业按照经济性质分为国有、集体、私营、独资、合资企业等。这些分类是将所观察的个体区分为不同的类型，属于定类尺度。

定类尺度的概念要点：

1. 计量层次最低，是对事物最基本的测度，是其他计量尺度的基础。

2. 对事物进行平行分类。定类尺度只是测度了事物之间的类别差，对各类之间的其他差别却没有反映，因此使用该尺度对事物所作的分类，各类别之间是平等的并列关系，无法区分优劣或大小。

3. 具有 = 或 ≠ 的数学特性。由于定类尺度只能区分事物是同类或不同类，因此它具有 = 和 ≠ 的数学特性。

4. 各类别可以指定数字代码表示。为了便于统计处理，特别是为了便于计算机识别，可以对不同类别用不同的数字或编码来表示，这些数字只是给不同类别的一个代码，并不意味着这些数字可以区分大小或进行任何数学运算。

5. 使用时必须符合类别穷尽（不遗漏）和类别互斥（不重复）的要求。类别穷尽是指在所作的全部分类中，必须保证每一个元素或个体都能归属于某一类别，不能有所遗漏；类别互斥是指每一个元素或个体都只能归属于一个类别，而不能在其他类别中重复出现。

6. 数据表现为类别。

（二）定序尺度

定序尺度又称为顺序尺度，是对事物之间等级差或顺序差别的一种测度。

定序尺度的概念要点：

1. 在对事物分类的同时给出各类别的顺序。定序尺度不仅可以将事物分成不同的类别，而且还可以确定这些类别的优劣或顺序。如产品等级就是对产品质量好坏的一种次序测度，它可以将产品分为一、二、三等级及次品等；成绩分为优、良、中、及格、不及格等；教育水平分为小学、中学、大学等。

2. 对事物的计量比定类尺度精确。

3. 它只测度了类别之间的顺序，但未测量出类别之间的准确差值。

4. 数据表现为"类别"，但有序，包括定类尺度的特性。

5. 具有 > 或 < 的数学特性。

（三）定距尺度

定距尺度又称间隔尺度，它不仅能将事物区分为不同类型并进行排序，而且可以准确地指出类别之间的差距是多少。定距尺度是对事物类别或次序之间间距的测度，如温度零下 5 摄氏度、零度、零上 5 摄氏度，这就是定距尺度的测度；经济增长率可以取值为 5%、-1% 测量尺度，都只能测度差距，而不能测算其比值来展开比较。

定距尺度的概念要点：

1. 对事物的准确测度，比定序尺度更为精确。

2. 数据表现为"数值"，可以计算差值，具有 + 或 - 的数学特性。

3. 没有绝对零点，即定距尺度"0"是一个有意义的数值，如温度为 0 度表示温度是 0 度，而不是没有温度。

（四）定比尺度

定比尺度又称比率尺度，它与定距尺度属于同一层次，是对事物精准的测度，其计量的结果也表示为数值，它除了具有上述三种计量尺度的全部特性外，还具有一个特性，那就是可以计算两个测度值之间的比值。这就要求定比尺度中必须有一个绝对固定的"零点"，这是它与定距尺度的唯一差别。也就是说，定比尺度中,"0"表示"没有"或"不存在",如一个人的收入为"0"表示这个人没有收入;一种产品的产量为"0",表示没有产量或没有该种产品。因此,采用定比尺度计量的结果通常不会出现"0"值,现实生活中,大多数情况下使用的都是定比尺度。

定比尺度的概念要点:

1. 对事物的准确测度。

2. 与定距尺度处于同一层次。

3. 数据表现为"数值"。

4. 有绝对"零点"。

5. 具有×或÷的数学特性。

有人形象地将定距尺度比喻成从桌面上开始测量高度,定比尺度则是从地面上开始测量高度。定比尺度中由于"0"表示不存在,因而其数值不仅可以比较大小、计算差值,还可以计算数值之间的比值。如甲工资为 1 000 元,乙工资为 500 元,则可以说甲工资是乙工资的两倍。而作为定距尺度的温度变量,不能说温度 5 摄氏度是 -5 摄氏度的 -1 倍。因此,定距尺度只能进行加减运算,而定比尺度可进行加减乘除的运算。

(五) 四种计量尺度的比较

四种计量尺度的比较如表 1.1 所示。

表 1.1 　　　　　　　　　　　四种计量尺度比较

项目	定类尺度	定序尺度	定距尺度	定比尺度
分类 (= , ≠)	√	√	√	√
排序 (< , >)		√	√	√
间距 (+ , −)			√	√
比值 (× , ÷)				√

这四种计量尺度对事物的测量层次是由低级到高级、由粗略到精确逐步递进的,高层次的计量尺度具有低层次计量尺度的全部特性,高层次计量尺度的测量结果可转化为低层次计量尺度的测量结果,如考试成绩可由百分制转化为五分制。一般来说,在统计分析中,要求测量的层次越高越好,因为高层次的计量尺度包括更多的数学特性,所运用的统计分析方法越多,分析结果越好。

五、数据的类型和表现形式

(一) 数据的类型

1. 按照所采用的计量尺度不同,可以将统计数据分为定类数据、定序数据、定距数据和定比数据。

通常将这四类统计数据分为两种类型:定性数据和定量数据。定性数据是说明事物的品质特征表现的具体类别，不能用数值表示；这类数据包括定类数据和定序数据。定量数据是说明现象数量特征表现的，能够甚至必须用数值来表现；这类数据包括定距数据和定比数据。对不同类型的数据，可采用不同的统计方法来处理和分析。比如，对定性数据一般只采用分组法计算，分析各组的频数或频率，而对定量数据则可用更多的统计方法去处理，计算、分析更多的统计指标或统计量。

2. 依据对客观现象观察视角不同分为截面数据、时序数据和面板数据。

截面数据又称为静态数据，它是指在同一时间、同一总体内不同单位的数量进行观察而获得的数据。例如，2020 年我国 31 个省份的进出口总额就属于横截面数据，有 31 个观测值。

时序数据全称时间序列数据，又称为动态数据，它是指在不同时间对同一总体的数量表现进行观察而获得的数据。例如，1978～2010 年我国进出口总额数列则属于时序数据，有 43 个观测值。

面板数据是指同时具有时间和空间特征的数据类型，例如，1978～2020 年我国 31 个省份进出口总额数据则为面板数据，它由 31 个省份 43 年的数据构成，总计 1 333 个观测值。

3. 按数据内部组织结构可分为结构化数据、非结构化数据和半结构化数据。由大数据解决方案处理的数据来源，可能是人为产生，也可能是由机器生成。人为产生的数据是人与系统交互时的结果，如社交媒体、博客博文、电子邮件、照片分享等在线服务产品。机器生成的数据是指由软件程序和硬件设施对现实世界作出回应所产生的数据。例如，一个记录着安全服务的某次授权的日志文件，传感器数据、遥感数据等。人为产生的数据和机器生成的数据都是多源的，并且以多种不同的格式呈现。因此，按照数据格式（即数据内部组织结构）将数据分为结构化数据、非结构化数据和半结构化数据。

结构化数据是指可以使用关系型数据库表示和存储，表现为二维形式的数据，通常用来捕捉不同对象实体之间的关系。例如，ERP 和 CRM 等企业的应用以及信息系统中都会产生结构化数据。结构化数据的存储和排列很有规律，很少对其进行特殊考虑，这对查询和修改等操作有很大帮助，如银行交易信息、发票信息以及消费者记录等。

非结构化数据是指不遵循统一的数据模式或者模型的数据，是没有固定结构的数据。这种类型的数据一般直接将整体进行存储，存储格式可以是文本也可以是二进制。一个文本文档可能包含许多博文和推文。而二进制文件大多是包含着图像、音频、视频的媒体文件。从技术上讲，文本文件和二进制文件都是根据文件格式本身定义的结构，但是这个层面的结构不在讨论之中，并且非结构化的概念与包含在文件中的数据相关，而与文件本身无关。该数据类型不能被直接处理或者用 SQL 语句查询。若它们需要存储在关系型数据库中，则会以二进制大型对象（BLOB）形式存储在表中。

半结构化数据有一定的结构与一致性约束，但本质上不具有关系性，是结构化数据的一种形式。它并不符合关系型数据库或其他数据表的形式关联起来的数据模型结构，但包含相关标记，用来分隔语义元素以及对记录和字段进行分层。这类数据常常存在文本文件中，如 XML 数据、JSQN 数据、传感器数据等。

（二）数据的表现形式

统计数据的表现形式只要有绝对数、相对数和平均数这三种形式。

1. 绝对数。用以反映客观现象数量规模、数量水平，其表现形式为绝对数形式，计量单位一般为实物单位或价值单位，有时也采用复合单位。实物单位可以是自然计量单位，也可以是物理计量单位，如人口数量规模使用"人"计量，机器数量规模用"台"计量，而对于一些化工产品和燃料，常常还需折合成标准实物计量单位。价值单位是以货币形式计量，例如国民经济核算中常用指标国内生产总值、进出口总额等就是以价值单位为计量单位。复合计量单位是由两种或两种以上计量单位复合而成的，如货物周转量的计量单位为"吨公里"，耗电量的计量单位为"千瓦时"等。

2. 相对数。相对数由两个互相联系的数值对比求得。常用的相对数包括结构相对数、比例相对数、比较相对数、动态相对数、计划完成程度和强度相对数等。

3. 平均数。平均数反映现象总体的一般水平或分布的集中趋势。关于这部分的内容，本教材将在第四章作详细介绍。

附录：R 语言介绍

20 世纪初，计算机科学技术的进步促进了统计学的快速发展。由于统计的计算涉及的数据量大、计算量大、过程复杂，早期的手工乃至半自动计算技术很难胜任，直至计算机的诞生迅速催生了大量用于实现统计计算的统计软件，比如 EViews、SAS、SPSS、STATA、Matlab、R 等。

R 软件是一个具有统计分析及强大作图功能的软件系统，目前由 R 核心开发小组（R Development Core Team）维护。R 可以看作是由著名的贝尔实验室（Bell Laboratories）的一个开发小组开发的 S 语言的一种实现或形式，提供了一系列统计和图形显示工具。因此，R 是一种软件，也可以说是一种语言。现在 R 已经成为一款功能强大、使用灵活、更新速度快、广受统计人欢迎的统计分析软件。R 语言有许多的优点，比如：

与大多数统计软件相比，R 是一个用于统计计算的很成熟的免费软件和开源软件，代码全部公开，对所有人免费。

R 是跨平台的，可以在多种操作系统下运行，支持在 Windows、Mac、Linux 等计算机系统上都有相应的版本；也可以在多种编程环境 IDE 中编写运行，如 visual studio。

R 统计分析能力尤为突出，R 内嵌了许多实用的统计分析函数，统计分析的结果也能被直接显示出来，R 的部分统计功能整合在 R 语言的底层，大多数功能则以包的形式提供。R 有上万软件包（截至 2022 年 3 月有 18 000 多个）。

R 绘图功能强大，强调交互式数据分析，支持复杂算法描述，图形可视化功能强。

一、R 软件的安装、启动与运行

（一）访问 R 网址主页（https：//www. r-project. org），单击 download R 链接。

Getting Started

R is a free software environment for statistical computing and graphics. It compiles and runs on a wide variety of UNIX platforms, Windows and MacOS. To **download R**, please choose your preferred CRAN mirror.

If you have questions about R like how to download and install the software, or what the license terms are, please read our answers to frequently asked questions before you send an email.

（二）找到 China 分类，单击选择第一个清华大学的镜像地址进入。

China

https://mirrors.tuna.tsinghua.edu.cn/CRAN/	TUNA Team, Tsinghua University
https://mirrors.bfsu.edu.cn/CRAN/	Beijing Foreign Studies University
https://mirrors.ustc.edu.cn/CRAN/	University of Science and Technology of China
https://mirror-hk.koddos.net/CRAN/	KoDDoS in Hong Kong
https://mirrors.e-ducation.cn/CRAN/	Elite Education
https://mirrors.lzu.edu.cn/CRAN/	Lanzhou University Open Source Society
https://mirrors.nju.edu.cn/CRAN/	eScience Center, Nanjing University
https://mirrors.tongji.edu.cn/CRAN/	Tongji University
https://mirrors.sjtug.sjtu.edu.cn/cran/	Shanghai Jiao Tong University
https://mirrors.sustech.edu.cn/CRAN/	Southern University of Science and Technology (SUSTech)
https://mirrors.nwafu.edu.cn/cran/	Northwest A&F University (NWAFU)

（三）根据电脑系统类型选择对应版本，单击 Download R for Windows 进行下载。

The Comprehensive R Archive Network

CRAN
Mirrors
What's new?
Task Views
Search

Download and Install R

Precompiled binary distributions of the base system and contributed packages, **Windows and Mac** users most likely want one of these versions of R:

- Download R for Linux (Debian, Fedora/Redhat, Ubuntu)
- Download R for macOS
- Download R for Windows

R is part of many Linux distributions, you should check with your Linux package management system in addition to the link above.

（四）单击 install R for the first time 进入，单击 Download R 4. 1. 2 for Windows 下载 R 当前的最新版本。

R for Windows

CRAN
Mirrors
What's new?
Task Views
Search

About R
R Homepage
The R Journal

Subdirectories:

base	Binaries for base distribution. This is what you want to **install R for the first time**.
contrib	Binaries of contributed CRAN packages (for R >= 2.13.x; managed by Uwe Ligges). There is also information on third party software available for CRAN Windows services and corresponding environment and make variables.
old contrib	Binaries of contributed CRAN packages for outdated versions of R (for R < 2.13.x; managed by Uwe Ligges).
Rtools	Tools to build R and R packages. This is what you want to build your own packages on Windows, or to build R itself.

R-4.1.2 for Windows (32/64 bit)

CRAN
Mirrors
What's new?
Task Views
Search

Download R 4.1.2 for Windows (86 megabytes, 32/64 bit)
Installation and other instructions
New features in this version

If you want to double-check that the package you have downloaded matches the package distributed by CRAN, you can compare the md5sum of the .exe to the fingerprint on the master server. You will need a version of md5sum for windows: both graphical and command line versions are available.

（五）双击下载的安装文件，按照提示完成以下操作。

（六）切记：如果更改安装路径，不要出现中文目录。

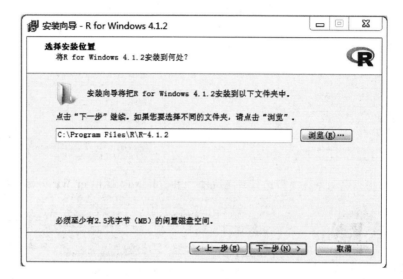

（七）根据电脑系统位数选择需要安装的组件，如果电脑为 64 位，就不需要安装 32 – bit Files 了。

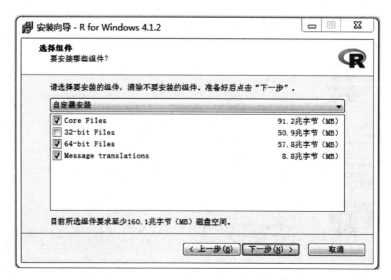

（八）一直"下一步"，直到安装结束，桌面上会出现 R 图标，此时点击打开 R x64 4.1.2 就可以使用了。

二、R 的在线帮助

R 软件中的每个函数和包，要理解它们的含义，熟悉它们的使用方法，都有相对应的帮助说明，使用中遇到疑问时，可以随时查看帮助文件。比如，要想了解 mean 函数的功能和使用方法，使用 help 或"？"命令查询该函数，命令为：

```
> help(mean)
> ? mean
```

R 软件就会输出 mean（）函数的具体说明。帮助中的例子部分的信息是很有用的。当对一个函数不太清楚时，通过帮助文件，可以得到很大的协助。

R 程序包的安装与使用：

命令方式，在已经联网的条件下，在命令提示符后键入

```
>install.packages ("Rcmdr")
```

完成程序包 Rcmdr 的安装。

在命令提示符后键入

```
>library (Rcmdr)
```

加载程序包 Rcmdr。

注意：R 命令对字母大小写敏感（即大、小写同名字母被视为不同符号），

这在使用命令方式安装和载入程序包时要特别注意。

三、R 的数据类型和数据结构

R 语言中常见的数据类型分别是字符型（character）、数值型（numeric）、复数型（complex）以及逻辑型（logical）等。对象的类型和长度可以分别通过函数 mode() 和 length() 得到。

本章主要介绍 R 语言的数据结构，包括向量，矩阵，数组，列表和数据框。让我们从向量开始，逐个探讨每一种数据结构。

（一）向量

向量是具有相同基本类型的元素序列，相当用于存储数值型、字符型或逻辑型数据的一维数组。在 R 中可以用 c() 函数来创建一个向量。各类向量如下例所示：

```
> x1 < - c(1,2,3,4,5,6,7,8,9)
> x2 < - c("a","b","c","d","e")
> x3 < - c(TRUE, FALSE, TRUE, FALSE, TRUE, FALSE)
```

这里，x1、x2、x3 分别为行向量，x1 是数值型向量，x2 是字符型向量，x3 是逻辑型向量。

函数 length() 可以返回向量的长度，mode() 返回向量的数据类型，例如

```
> length(X1)
[1] 9
> mode(X1)
[1] "numeric"
```

（二）矩阵

矩阵是一个二维数组，是具有相同基本类型的数据集合，其中元素通过两个下标访问，比如矩阵 A 的第 i 行第 j 列元素为 A [i, j]。可以用函数 matrix 创建矩阵。

```
> matrix(data = NA, nrow = 1, ncol = 1, byrow = FALSE, dimnames = NULL)
```

其中，data 为数组的数据向量，nrow 和 ncol 用于指定行和列的维数，注意 nrow 和 ncol 的乘积应为矩阵元素个数，选项 byrow 则表明矩阵应当按行填充还是按列填充，默认情况下按列填充，dimnames 给定行和列的名称。例如：

```
> A < -matrix(1:12,nrow=3,ncol=4)
> A
     [,1] [,2] [,3] [,4]
[1,]   1    4    7    10
[2,]   2    5    8    11
```

```
[3,]    3    6    9    12
> B < - matrix(1:12,nrow = 4,ncol = 3)
> B
     [,1] [,2] [,3]
[1,]    1    5    9
[2,]    2    6    10
[3,]    3    7    11
[4,]    4    8    12
```

（三）数组

数组是一个带有多个下标且型态相同的元素集合，可以用函数 array 创建数组。

```
> array (data = NA, dim = length(data), dimnames = NULL)
```

其中，data 是一个向量数据，dim 是一个数值型向量，给出各个维度下标的最大值，dimnames 是可选的，给定行和列的名称。

```
> arr1 < - array(1:12,dim = c(2,3,2))
> arr1
, , 1
     [,1] [,2] [,3]
[1,]    1    3    5
[2,]    2    4    6
, , 2
     [,1] [,2] [,3]
[1,]    7    9    11
[2,]    8    10    12
> dim1 < - c("A1","A2")
> dim2 < - c("B1","B2","B3")
> dim3 < - c("C1","C2","C3","C4")
> arr2 < - array(1:24,c(2,3,4),dimnames = list(dim1,dim2,dim3))
> arr2
, , C1
    B1 B2 B3
A1  1  3  5
A2  2  4  6
, , C2
    B1 B2 B3
A1  7  9 11
A2  8 10 12
, , C3
```

```
     B1 B2 B3
A1 13 15 17
A2 14 16 18
, , C4
     B1 B2 B3
A1 19 21 23
A2 20 22 24
```

（四）列表

列表可以看作是不同对象的集合，包含任何类型的对象，且在列表中要求每一个成分都要有一个名称。可以使用 list() 函数来创建列表。

> list(name1 = object1, name2 = object2,...)

```
> list1 < - list(studentName = c("小红","小黄","小蓝","小紫"),
major = c("会计学","财务管理","审计学"),
score = matrix(c(80,90,75,85,92,83,73,70,69,88,81,89), nrow = 3))
> list1
$ studentName
[1] "小红" "小黄" "小蓝" "小紫"
$ major
[1] "会计学" "财务管理" "审计学"
$ score
     [,1] [,2] [,3] [,4]
[1,]  80   85   73   88
[2,]  90   92   70   81
[3,]  75   83   69   89
```

（五）数据框

在 R 语言中，数据框（data. frame）组织数据的结构与矩阵相似，但是其各列的数据类型可以不相同。一般情况，数据框的每列是一个变量，每行是一个观测样本。数据框可以看成是矩阵，又可以看作为一种特殊的列表对象。数据框使用 data. frame() 函数来创建，其格式如下：

```
> df1 < -data.frame(name = c("王三","马四","刘五","张六"), sex = c("男",
"女","男","男"), score = c(90,85,82,93))
> df1
  name sex score
1 王三  男   90
2 马四  女   85
3 刘五  男   82
4 张六  男   93
```

```
> df2 < - data.frame(name = c("王三", "马四", "刘五", "张六"), sex = c("男",
"女", "男", "男"), score = c(90, 85, 82, 93), row.names = c("s1", "s2", "s3",
"s4"))
> df2
  name sex score
s1 王三  男    90
s2 马四  女    85
s3 刘五  男    82
s4 张六  男    93
> name < - c("王三", "马四", "刘五", "张六")
> sex < - c("男", "女", "男", "男")
> score < - c(90, 85, 82, 93)
> df3 < - data.frame(name, sex, score)
> df3
  name sex score
1 王三  男    90
2 马四  女    85
3 刘五  男    82
4 张六  男    93
> lst < - list(name = c("王三", "马四", "刘五", "张六"), sex = c("男", "女",
"男", "男"), score = c(90, 85, 82, 93))
> df4 < - as.data.frame(lst)
> df4
  name sex score
1 王三  男    90
2 马四  女    85
3 刘五  男    82
4 张六  男    93
```

练 习 题

一、单项选择题

1. 统计总体的基本特征是（　　）。

  A. 同质性、大量性、差异性　　　　B. 数量性、大量性、差异性

  C. 数量性、综合性、具体性　　　　D. 同质性、大量性、可比性

2. 考生《统计学》的考试成绩分别为：70 分、76 分、86 分、89 分、97 分，这 5 个数是（　　）。

  A. 指标　　　　　　　　　　　　　B. 标志

  C. 变量　　　　　　　　　　　　　D. 标志值

3. 总体和总体单位不是固定不变的，由于研究目的的改变（　　）。

    A. 总体单位有可能变换为总体，总体也可能变换为总体单位

    B. 总体单位只能变换为总体，总体不能变换为总体单位

    C. 总体只能变换为总体单位，总体单位不能变换为总体

    D. 任何条件下，总体单位和总体都可以互换

4. 某市对所有高等学校进行调查，该市某一高校师生有 15 680 人，其中学生 11 600 人，教职员工 4 080 人，该校最大的学院有学生 1 050 人。上述数值中总体指标有（　　）个。

    A. 3   B. 1

    C. 4   D. 0

5. "统计"一词的三种含义是（　　）。

    A. 统计调查、统计整理、统计分析

    B. 统计工作、统计资料、统计科学

    C. 统计咨询、统计信息、统计监督

    D. 统计理论、统计方法、统计分析

6. 下列标志中，属于数量标志的是（　　）。

    A. 学生的专业   B. 学生的年龄

    C. 学生的性别   D. 学生的住址

7. 某工人月工资 500 元，则"工资"是（　　）。

    A. 数量标志   B. 品质标志

    C. 质量标志   D. 数量指标

8. 研究某市工业企业固定资产的投资情况，统计总体单位是（　　）。

    A. 全市所有的工业企业

    B. 全市每一个工业企业

    C. 全市工业企业的所有固定资产

    D. 全市每一个工业企业的固定资产

9. 统计指标按其说明的总体现象的内容不同，可以分为（　　）。

    A. 基本指标和派生指标

    B. 数量指标和质量指标

    C. 实物指标和价值指标

    D. 绝对数指标、相对数指标和平均数指标

10. 统计学的基本方法包括（　　）。

    A. 调查方法、整理方法、分析方法、预测方法

    B. 调查方法、汇总方法、预测方法、实验设计

    C. 相对数法、平均数法、指数法、汇总法

    D. 实验设计、大量观察、统计描述、统计推断

11. 要了解某市国有工业企业生产设备情况，则统计总体是（　　）。

    A. 该市国有的全部工业企业

B. 该市国有的每一个工业企业

C. 该市国有的某一台设备

D. 该市国有工业企业的全部生产设备

12. 变量是（　　）。

　　A. 可变的质量指标　　　　　　　　B. 可变的数量标志和指标

　　C. 可变的品质标志　　　　　　　　D. 可变的数量标志

13. 下列属于品质标志的是（　　）。

　　A. 工人年龄　　　　　　　　　　　B. 工人性别

　　C. 工人体重　　　　　　　　　　　D. 工人工资

14. 标志是说明（　　）。

　　A. 总体单位的特征的名称　　　　　B. 总体单位量的特征的名称

　　C. 总体质的特征的名称　　　　　　D. 总体量的特征的名称

15. 产品合格率、废品量、劳动生产率、单位产品成本和利税额这5个指标，有（　　）个属于质量指标。

　　A. 1　　　　　　　　　　　　　　　B. 2

　　C. 3　　　　　　　　　　　　　　　D. 4

二、多项选择题

1. 统计指标的特点有（　　）。

　　A. 数量性　　　　　　　　　　　　B. 社会性

　　C. 总体性　　　　　　　　　　　　D. 综合性

　　E. 具体性

2. 变量按其是否连续可分为（　　）。

　　A. 确定性变量　　　　　　　　　　B. 随机性变量

　　C. 连续变量　　　　　　　　　　　D. 离散变量

　　E. 常数

3. 品质标志表示事物的质特征，数量标志表示事物的量特征，所以（　　）。

　　A. 数量标志可以用数值表示

　　B. 品质标志可以用数值表示

　　C. 数量标志不可以用数值表示

　　D. 品质标志不可以用数值表示

　　E. 两者都可以用数值表示

4. 某企业是总体单位，数量标志有（　　）。

　　A. 所有制　　　　　　　　　　　　B. 职工人数

　　C. 月平均工资　　　　　　　　　　D. 年工资总额

　　E. 产品合格率

5. 数量指标有（　　）。

　　A. 进出口贸易额　　　　　　　　　B. 工资总额

　　C. 流动资金周转速度　　　　　　　D. 人口密度

E. 物资库存量

6. 质量指标有（ 　　 ）。

A. 工厂产品合格率 B. 工厂检出废品量

C. 商业网点密度 D. 工人出勤人数

三、简答题

1. 试指出下列变量属于哪个测量尺度：（1）性别；（2）籍贯；（3）高校教师的职称；（4）民族；（5）温度；（6）宗教信仰；（7）托福成绩；（8）人的体重；（9）产品等级；（10）每月上课天数；（11）经济增长率。

2. 要调查某经销商销售的所有品牌的智能手机的状况，试指出总体、总体单位是什么。试举若干品质标志、数量标志、数量指标、质量指标。

统计思想的总结

在大数据时代和信息时代，掌握基本的数据分析能力和解读常见的社会经济数据已成为人们工作和生活的正常需求。满足这些需求的主要途径就是学习并正确应用统计学；而如何有效地学习和掌握统计学却成为大多数初学者非常头痛的问题。面对大量的统计数据、种类繁多的统计方法，倍感头绪众多复杂，对统计学学习望而生畏。

那么，如何学习统计学？有效学习的方法是什么？其实最复杂的事情往往用最简单的办法解决就是最好的答案。对于大多数人来讲，学习统计学的主要目的就是应用，同时具备运用统计方法分析数据的专业能力和继续学习统计知识的学习能力。通常学完统计学留在脑海中的不是概念和公式，而是统计思想。因此，无论是统计专业能力的培养还是统计学习能力的提升，了解和把握统计思想是获取这些能力的正确途径。本教材就分组思想、平均思想、推断思想、传递思想、相关思想、动态思想、宏观思想等主要统计思想，从统计学的角度进行剖析和解读，旨在为致力于掌握和运用统计学解决实际问题的人们提供借鉴，激发更多的人喜欢和热爱统计学的学习，并让统计学的学习变得更加容易。

第二章 统计数据的收集方法

【问题提出】

疫情对城市地价的影响

2020 年 11 月，中国国土勘测规划院发布了《2020 年第三季度全国主要城市地价监测报告》，报告指出，2020 年第三季度全国主要监测城市总体地价较上年同期增长 1.65%，增速较上一个季度下降 0.4 个百分点。

疫情之下，各城市的地价是否受到疫情的影响？影响程度如何？主要影响了城市地价的哪些方面？为了回答这些问题，我们要考虑为进行研究所需要的数据，这里包括：我们从哪里获得数据？如果需要调查，有那么多的潜在被调查者，我们应当向谁进行调查？选中被调查者以后，我们怎样实施？有些研究问题可能需要通过实验方法获得数据，那么怎样使用实验方法获得数据呢？应当怎样控制误差以便获得较高质量的数据？这些工作都是一项统计研究活动所不可缺少的环节。本章将对上述有关问题加以讨论。

从统计数据本身的来源看，统计数据最初都是来源于直接的调查或实验。但从使用者的角度看，统计数据主要来源于两种渠道：一是来源于直接的调查和科学实验，对使用者来说，这是统计数据的直接来源，我们称之为第一手或直接的统计数据；二是来源于别人调查或实验的数据，对使用者来说，这是统计数据的间接来源，我们称之为第二手或间接的统计数据。在目前网络技术不断发展的大数据时代，有相当一部分的数据可以从网络上爬取得到，通过网络爬取得到的数据也称为网络数据。

第一节 间接数据的收集

如果与研究内容有关的原信息已经存在，我们只是对这些原信息重新加工、整理，使之成为进行统计分析可以使用的数据，则把它们称为间接来源的数据或二手资料。

一、间接数据的重要性

对大多数使用者来说，亲自去调查往往是比较困难的。相对而言，二手资料的收集就比较容易，采集数据的成本低，并且能很快得到。二手资料的作用也非常广泛，除了分析要研究的问题，根据二手资料还可以提供研究问题的背景，帮助研究者更好地定义问题，检验和回答某些疑问和假设，寻找研究问题的思路和途径。因此，收集二手资料是研究者需要考虑并采用的，分析也应该从对二手资料的分析开始。

二、间接数据的获取渠道

从搜索范围看，间接数据可以取自系统外部，也可以取自系统内部。

（一）从系统外部获取

数据取自系统外部的主要渠道有：统计部门和各级政府部门公布的有关数据，如定期发布的统计公报、定期出版的各类统计年鉴；各类经济信息中心、信息咨询机构、专业调查机构、各行业协会和联合会提供的市场信息和行业发展的数据情报；各类专业期刊、报纸、图书所提供的文献资料；各种会议，如博览会、展销会、交易会及专业性、学术性研讨会上交流的有关资料；从互联网或图书馆查阅到的相关资料；等等。

（二）从系统内部获取

取自系统内部的资料，如果就经济活动而言，则主要包括业务资料，如与业务经营活动有关的各种单据、记录；经营活动过程中的各种统计报表；各种财务、会计核算和分析资料等。

三、使用时的注意事项

二手资料有很大的局限性，研究者在使用二手资料时要保持谨慎的态度。因为二手资料并不是为特定的研究问题而产生的，所以在回答所研究的问题方面可能是有欠缺的，如资料的相关性不够，口径可能不一致，数据也许不准确，也许过时了，等等。因此，在使用二手资料前，对二手资料进行评估是必要的。

对二手资料进行评估时可以考虑如下内容。

1. 资料是谁收集的？这主要是考察数据收集者的实力和社会信誉度。例如，对于全国性的宏观数据，与某个专业性的调查机构相比，政府有关部门公布的数据可信度更高。

2. 为了什么目的而收集？为了某个集团的利益而收集的数据是值得怀疑的。

3. 数据是怎样收集的？收集数据可以有多种方法，不同方法所采集到的数据，其解释力和说服力都是不同的。如果不了解收集数据所用的方法，则很难对数据的质量作出客观的评价。数据的质量来源于数据的产生过程。

4. 是什么时候收集的？过时的数据，其说服力自然受到质疑。

利用二手资料对使用者来说既经济又方便，但使用时应注意统计数据的含义、计算口径和计算方法，以避免误用或滥用。同时，在引用二手资料时，一定要注明数据的来源，以尊重他人的劳动。

近年来，互联网已经成为数据来源的重要渠道，几乎所有的政府机构和大公司都有自己的网站并提供公共访问端口，访问者可以从中获得有用的数据。表2.1给出部分重要网站，这些网站都建有可供访问的数据库。

表 2.1　　　　　　　　　　　提供统计数据的部分网站

	相关网站	网址	数据内容
政府部门	国家统计局	http：//www. stats. gov. cn	统计年鉴、统计月报等
	工业和信息化部	http：//www. miit. gov. cn	工业运营相关信息
	中国人民银行	http：//www. pbc. gov. cn/	中国金融市场政策及运营相关数据
	银保监会	http：//www. cbirc. gov. cn	银行金融相关数据
	中国海关	http：//www. customs. gov. cn	中国进出口相关数据
	国家知识产权局	http：//www. sipo. gov. cn	专利相关查询
专业网站	国务院发展研究中心信息网	http：//www. drcnet. com. cn	宏观经济、财经、货币金融等
	中国经济社会大数据研究平台	https：//data. cnki. net/	宏观、微观经济等
	中国产业信息数据	https：//www. chyxx. com/data/	各行业相关信息
	国家地球系统科学数据中心	http：//www. geodata. cn/data/	地理系统数据
	中经网统计数据库	https：//db. cei. cn/	行业研究报告、宏观数据
	EPSDATA	https：//www. epsnet. com. cn/	行业研究报告、宏观数据
学术数据库	中国知网	https：//www. cnki. net/	期刊、学位论文、统计年鉴等
	万方数据	https：//www. wanfangdata. com. cn/	期刊、学位论文等

第二节　直接数据的收集

统计数据的直接来源主要有两个渠道：一是调查或观察；二是实验。调查是取得社会经济数据的重要手段，其中有统计部门进行的统计调查，也有其他部门或机构为特定目的而进行的调查，如市场调查等。实验是取得自然科学数据的主要手段。

根据统计调查的范围划分，可分为全面调查和非全面调查两大类。全面调查是对调查对象的所有单位一一进行调查。普查、全面统计报表制度都属于全面调查。非全面调查是对调查对象其中的一部分单位进行调查，抽样调查、重点调查、典型调查都属于非全面调查。

根据统计调查的时间标志划分，可分为连续性（经常性）和不连续性（一次性）调查两大类。连续性（经常性）调查是指随着研究对象的变化，连续不断地进行调查登记，如统计报表制度。不连续性（一次性）调查是指间隔一段较长的时间对事物的变化进行一次性调查，如普查、典型调查。

根据统计调查的组织形式划分，可分为定期报表形式和专门调查。定期报表制度是按国家统一规定的表式和内容，定期地向各级领导机构报送统计资料的一种形式。专门调查是为某一专题研究而组织的专项调查，如抽样调查、典型调查、普查。

下面根据调查范围的划分，分别介绍各种调查方法。

一、全面调查

（一）普查

普查是专门组织的一种全面调查，它主要是用以调查某些不能或不宜用定期的全面报表搜集的统计资料。这是一种摸清国情、国力的重要调查方法。世界各国都定期地（一般是 10 年）进行人口普查、农业普查等。例如，我国在 1990年、2000 年、2010 年和 2020 年分别进行了第四次、第五次、第六次和第七次全国人口普查。全国及各省份的普查可以摸清基本情况，获得丰富的统计数据。但普查涉及千家万户，所花费的时间、人力、财力和物力都较大，因而只能间隔较长时间进行一次，而两次普查之间的年份以抽样调查方法获得连续的统计数据。

普查的基本要求有：（1）要有严密的组织和高质量的普查人员队伍。（2）要有严格的时间要求。普查中要规定普查的标准时点，即对调查对象进行登记时要依据事先规定好的统一时点，所有调查资料必须都是反映在这一时点上的情况。（3）普查的登记工作应在整个普查范围内同时进行，以保证普查资料的时效性、准确性，避免资料的搜集工作拖得太久。（4）调查项目和指标必须集中统一。（5）同类普查的内容和时间在历次普查中应尽可能保持连贯性。

一般情况下，普查工作应尽可能按一定周期进行，以便进行历次普查资料的动态对比分析，认识客观发展规律。因工作量大，普查时间周期较长、耗资也较多，一般不宜经常举行。

（二）全面统计报表制度

全面统计报表制度，是依照国家有关法规，自上而下地统一布置，以一定的原始记录为依据，按照统一的表式、统一的指标项目、统一的报送时间和报送程序，自下而上逐级地定期提供统计资料的一种调查方式。全面统计报表的实施范围，是调查对象的全部单位均要填报。

统计报表的主要特点：第一，资料的来源是各个基层单位的原始记录。第二，逐级上报和汇总。第三，属于经常性（连续性）调查，调查项目相对稳定。

二、非全面调查

（一）抽样调查

抽样调查是按随机原则从调查对象中抽取一部分单位作为样本进行观察，然后根据所获得的样本数据，对调查对象总体特征作出具有一定可靠程度的推断。例如，你想了解消费者对某商品的满意度，可以从全体消费者中抽取出一个样本（如抽取 500 人）开展调查，获得样本数据。这里的全体消费者对该商品的满意度就是总体，它是包含所研究的全部个体的集合。所抽取出来的 500 个消费者对该商品的满意度就是一个样本，它是从总体中抽取的一部分个体所组成的集合，其样本量为 500。

与其他调查方法相比，抽样调查具有如下几个特点。

第一，经济性优。这是抽样调查最显著的优点。由于调查的样本通常是总体中的小部分，调查的工作量小，可以节省大量的人力、物力、财力和时间，调查费用较低。

第二，时效性强。抽样调查可以迅速、及时地获取所需要的信息。由于工作量小，调查的准备时间、调查时间、数据处理时间等都可以大大缩减，从而提高数据的时效性。与普查等全面调查方法相比，抽样调查可以频繁地进行。随着事物的发生和发展，及时取得有关信息，以弥补普查等全面调查的不足。

第三，适应面广。抽样调查可以获得更广泛的信息，它适用于对各个领域、各种问题的调查。从适用的范围和问题来看，抽样调查可用于调查全面调查能够调查的现象，也能调查全面调查所不能调查的现象，特别适合对一些特殊现象的调查，如产品质量检查、农产品试验、医药的临床试验等。从调查的项目和指标来看，抽样调查的内容和指标可以设计得更详细、更深入，能获得更全面、更广泛和更深入的数据。

第四，准确性高。抽样调查的数据质量有时比全面调查更高，这是因为全面调查的工作量大、环节多、登记性误差（或调查误差）往往更大。而抽样调查由于工作量小，可使各环节的工作做得更细致，误差往往更小。虽然用样本数据去推断总体特征时，不可避免地会有推断误差，但这种推断误差的大小是可以计算并加以控制的，因此推断的结果通常是可靠的。

（二）重点调查

重点调查，是在调查对象中选择一部分重点单位进行的一种非全面调查。重点调查的关键是准确恰当地选取重点样本。选取重点样本时，一般采取系统分析、综合比较的方法，选择对总体能起主要或决定作用的因素。这些重点单位虽然数目不多，但它们具有所研究现象的总量在总体总量中占据绝大部分的特点。

因此，当调查的任务只要求掌握事物的基本状况与基本的发展趋势，而不要求掌握全面的准确资料，而且在总体中确实存在着重点单位时，进行重点调查是比较适宜的。例如，为了掌握全国电商零售领域的销售状况，可以选择针对天猫、淘宝、京东、唯品会等几个大型电商企业进行调查，而不必要向全国所有电商企业调查，即可掌握情况。

同全面调查比较，重点调查可以节省人力、财力，而且及时。所以当调查任务只要求掌握事物的基本情况时，采用重点调查较好。

（三）典型调查

典型调查，是一种非全面的专门调查，它是根据调查的目的与要求，在对被调查对象进行全面分析的基础上，有意识地选择若干具有典型意义的或有代表性的被调查对象进行调查。其主要作用是：第一，补充全面调查的不足，例如补充定期报表、年度报表只有数据而没有具体情况的不足。第二，在一定条件下可以验证全面调查数据的真实性。

典型调查同其他调查方法比较，具有灵活机动、通过少数典型即可取得深入、具体的统计数据的优点。但是，这种调查由于受"有意识地选出若干有代表性"的限制，在很大程度上受人们主观认识上的影响。因此，必须同其他调查结合起来使用，才能避免出现片面性。

（四）抽样调查、重点调查和典型调查的比较

1. 相同点。三种调查方法都是非全面调查，即只对总体中的部分单位进行调查，均具有灵活简便、省时、省力、省费用的优点，所收集的资料时效性强。

2. 不同点。

（1）调查目的不同。

抽样调查虽然是非全面调查，但它的目的却在于取得反映总体情况的信息资料，因而，也可起到全面调查的作用。

典型调查是根据调查目的，在对研究对象总体进行全面分析的基础上，有意识地从中选取若干个总体单位进行系统周密调查研究的一种非全面调查。

重点调查也是一种非全面调查，它是在全部单位中选择一部分重点单位进行调查，以取得统计数据的一种非全面调查方法。其目的是了解总体的基本情况。

（2）调查对象不同。

抽样调查从研究对象的总体中抽取一部分个体作为样本进行调查，据此推断有关总体的数字特征，经济性好、实效性强、适应面广、准确性高。

典型调查选择的调查对象比抽样调查抽取的样本更具有代表性，它也是通过从总体中选择个别对象进行调查研究，从而推断总体特征的调查方法。

重点调查的调查对象的标志值在所要研究的标志总量中占有很大比重或有较大代表性，能反映总体的基本状况。

（3）推断总体的可靠程度不同。

抽样调查是按照随机原则从调查对象中抽取一部分单位作为样本，在给定概率和误差范围条件下，可以推断的准确性和可靠性。

重点调查是在调查对象中选择一部分重点单位进行调查，在选取重点单位时没有按照随机原则，因此不能根据样本推断总体情况。

典型调查有意识地选择若干具有典型意义的或有代表性的被调查对象进行调查，在一定条件下可以推断总体总量，但又不知道可靠程度。

各类调查的特点，列表说明如表2.2所示。

表 2.2 各类统计调查方法的特点

调查方式	调查范围	调查频率	收集资料方法
普查	全面	一次或周期	采访、报告
抽样调查	非全面	经常或一次	直接观察或采访
统计报表	全面	经常	报告
重点调查	非全面	经常	直接观察或采访
典型调查	非全面	经常	直接观察或采访、报告

第三节 数据的收集方式

调查的方法有很多，对于一项具体的社会调查到底应该采用什么方法，应以最有效地实现调查目的和要求为依据进行选定。无论采用何种调查方式，在取得数据时都需要使用一些具体的搜集方法。这些方法归纳起来可分为询问调查和观察实验两大类。

一、询问调查

询问调查是调查者与被调查者直接或间接接触以获得数据的一种方法。常用的询问方法有：

（一）访问调查

访问调查又称派员调查，是调查者与被调查者通过面对面交谈从而得到所需资料的调查方法。这又可分为标准式访问和非标准式访问两种。标准式访问又称结构式访问，是按照调查人员事先设计好的，有固定格式的标准化问卷或表格，有顺序地依次提问，并由受访者作出回答。其优点是能够对调查过程加以控制，从而获得比较可靠的调查结果。

非标准式访问又称非结构式访问，它事先不制作统一的问卷或表格，没有统一的提问顺序，调查人员只是给一个题目或提纲，由调查人员和受访者自由交谈，从中获得所需资料。访问调查在市场和社会调查中常被采用。

（二）邮寄调查

邮寄调查是通过邮寄等方式将调查表或问卷送至被调查者手中，由被调查者填写，然后将调查表寄回的一种调查方法。这是一种标准化调查，其特点是，调查人员和被调查者没有直接的语言交流，信息的传递完全依赖于调查表。邮寄调查在统计部门进行的统计报表及市场调查机构进行的问卷调查中经常使用。

（三）电话调查

电话调查是调查人员利用电话同被调查者进行语言交流，从而获得信息的一种调查方法。该方法具有时效快，费用低等特点。随着电话的普及，电话调查也越来越广泛。电话调查可以按照事先设计好的问卷进行，也可以针对某一专门问题进行电话采访。电话调查所提问题要明确，且数量不宜过多。

（四）电脑辅助调查

电脑辅助调查也叫作电脑辅助电话调查，就是在电话调查时，调查的问卷、答案都由计算机显示，整个调查过程，包括电话拨号、调查记录、数据处理等也都借助于计算机来完成的一种调查方法。目前，电脑辅助调查已在一些发达国家和地区广泛应用，并已开发出了各种电脑辅助电话调查系统。

（五）座谈会

座谈会也称为集体访谈法，就是将一组被调查者集中在调查现场，让他们对调查的主题发表意见，从而获取资料的方法。参加座谈会的被调查者应是所调查问题的专家或有经验者，人数不宜太多，通常为 6 ~ 10 人，研究人员应对被调查者进行严格的甄别、筛选。讨论方式主要看主持人的习惯和爱好。这种方法能获取其他方法无法取得的资料，因为在彼此交流的环境里，被调查者相互影响、启发、补充，不断修正自己的观点，这就有利于研究者从中获得较为广泛深入的想法和意见，而且座谈会不会因为问卷过长而遭到拒访。

（六）个别深度访谈

深度访问是一种一次只要一名被调查者参加的特殊的定性研究。"深访"暗示着要不断深入被调查者的思想中，努力发掘其行为的真实动机。深访是一种无结构的个人访问，调查者运用大量的追问技巧，尽可能让被调查者自由发挥，表达他的想法和感受。深度访问常用个人隐私问题，或敏感问题。

除了上述这些常用调查方法之外，随着社会发展和科技进步，近年来出现了利用卫星、无人飞机、移动通信等技术和手段进行调查的新型调查方法。各种调查方法各有优劣，调查者需要根据调查目的、调查对象特点、调查时间、调查费用等诸多因素进行合理选择。

二、观察实验

（一）观察法

观察法，这是指就调查对象的行动和意识，调查人员边观察、边记录收集信息的方法。这是一种可替代直接发问的方法。运用这种方法，训练有素的观察员或调查员到重要地点，利用感觉器官或设置一定的仪器，观测和记录人们的行为和举动。采用观察方法，由于调查人员不是强行介入，被调查者无须任何反应，因而常常能在被观测者不易察觉的情况下获得信息数据。

（二）实验法

实验法，这是一种特殊的观察调查方法。实验法是在所设定的特殊实验场所、特殊状态下，对调查对象进行实验以取得所需资料的一种调查方法。根据场所不同，实验法可分为在室内进行的室内实验法和在市场或外部进行的市场实验法。室内实验法可用于广告认知的实验等，例如，在同日的同种报纸上，版面大小相同，分别刊登 A、B 两种广告，然后将其散发给读者，以测定其反应结果。市场实验法可用于消费者需求调查等。例如，企业让消费者免费使用一种新产品，以得到消费者对新产品看法的数据。

三、网络数据的收集

大数据时代下，数据规模也是海量增长。在互联网中存在大量的数据，这些数据可以以数字、表格等结构化的形式存在，也可以以声音、图片、文字、视频等非结构化的形式存在。人们可以利用网络爬虫等技术手段，自动或人工获取数据，并对这些爬取的数据进行加工和整理，进而用来分析。这些数据相对于爬取数据的人而言，也是二手资料，因为数据从无到有的过程是别人实现的，不是爬取数据的人实现的，爬取数据的人只是完成了数据整合或整理工作。网络爬虫是一种按照一定的规则，自动地抓取万维网信息的程序或脚本。网络爬虫按照系统结构和实现技术，大致可以分为以下几种类型：通用网络爬虫（general purpose web crawler）、聚焦网络爬虫（focused web crawler）、增量式网络爬虫（incremental web crawler）、深层网络爬虫（deep web crawler）。实际的网络爬虫系统通常是几种爬虫技术相结合实现的。

（一）通用网络爬虫

通用网络爬虫，爬行对象从一些种子 URL 扩充到整个 Web，主要为门户站点搜索引擎和大型 Web 服务提供商采集数据。由于商业原因，它们的技术细节很少公布出来。这类网络爬虫的爬行范围和数量巨大，对于爬行速度和存储空间要求较高，对于爬行页面的顺序要求相对较低，同时由于待刷新的页面太多，通常采用并行工作方式，但需要较长时间才能刷新一次页面。虽然存在一定缺陷，通用网络爬虫适用于为搜索引擎搜索广泛的主题，有较强的应用价值。

（二）聚焦网络爬虫

聚焦网络爬虫，又称主题网络爬虫，是指选择性地爬行那些与预先定义好的主题相关页面的网络爬虫。与通用网络爬虫相比，聚焦网络爬虫只需要爬行与主题相关的页面，极大地节省了硬件和网络资源，保存的页面也由于数量少而更新快，还可以很好地满足一些特定人群对特定领域信息的需求。

（三）增量式网络爬虫

增量式网络爬虫，是指对已下载网页采取增量式更新和只爬行新产生的或者已经发生变化网页的爬虫，它能够在一定程度上保证所爬行的页面是尽可能新的页面。与周期性爬行和刷新页面的网络爬虫相比，增量式爬虫只会在需要的时候爬行新产生或发生更新的页面，并不重新下载没有发生变化的页面，可有效减少数据下载量，及时更新已爬行的网页，减小时间和空间上的耗费，但是增加了爬行算法的复杂度和实现难度。

（四）深层网络爬虫

Web 页面按存在方式可以分为表层网页（surface web）和深层网页（deep web，也称 invisible web pages 或 hidden web）。表层网页是指传统搜索引擎可以索引的页面，以超链接可以到达的静态网页为主构成的 Web 页面。Deep Web 是那些大部分内容不能通过静态链接获取的、隐藏在搜索表单后的，只有用户提交一些关键词才能获得的 Web 页面。例如那些用户注册后内容才可见的网页就属于 Deep Web。

网络爬虫的实现途径有很多种，可以通过一些网站爬虫工具来实现，如八爪鱼（octoparse）等，也可以通过程序语言来实现，如 R 语言，python 等。这里涉及编程内容，感兴趣的读者可查阅编程相关书籍。

第四节　调查方案与问卷设计

一、调查方案设计

开展调查之前要设计相应的调查方案，只有设计好相应的调查方案，才能有序地开展调查。调查方案的设计可按照以下步骤进行。

（一）确定调查目的

制定统计调查方案的首要问题是明确调查的任务和目的。对于任何经济社会现象，可以根据不同的任务，从不同的目的来搜集数据。任务和目的不同，调查的内容和范围也就不同。

（二）确定调查的对象和调查单位

确定调查对象和调查单位，是为了回答向谁调查、由谁来具体提供统计数据的问题。调查对象，是指需要调查的现象总体，该总体是由许多性质相同的调查单位组成的。调查单位，是指所要调查的具体单位，它是进行调查登记的标志的承担者。报告单位亦称填报单位，它是负责报告调查内容、提交统计资料的单位。调查单位与报告单位，有时一致，有时不一致。例如，调查目的是取得全国2021年汽车产量和产值，那么所有汽车生产企业就是调查对象，而构成汽车企业这个总体的每一个汽车生产企业就是调查单位。

（三）调查表和问卷的设计

调查表也可称为调查问卷，将各个调查问题按照一定的顺序排列在一定的表格上，就构成了调查表。

（四）确定调查方法和组织方式

统计调查方法是保障统计数据准确性、及时性的重要条件。统计调查方法包括普查、全面统计报表制度、抽样调查、重点调查、典型调查等多种方法，在互联网发达的今天还可以使用网上发放问卷的方式进行调查。每一种调查方法都有其特定的功能、优势和局限性，因此在设计调查方法时应该根据调查目的、调查对象和调查条件综合考虑，选择切合实际的调查方法。

（五）确定调查时间

统计调查时间包括两种含义，即调查时间和调查期限。调查时间，是指调查数据所属的时间。调查期限，是进行调查工作的时限，包括收集资料和报送资料的工作所需的时间。

（六）调查经费预算

在进行调查经费预算过程中，首先要求对与调查有关的所有工作项目的时间、人力、设备、原材料等进行仔细考察，然后再转化为所需要的经费。所有工作项目估算的费用汇总就形成了调查总体费用的直接估计，在此基础上再加上适当的间接费用（如管理费用、不可预见费用等）就形成了调查的总预算。

（七）调查的计划实施

完成以上所有步骤后，按照拟订好的计划，实施调查。

二、问卷设计

问卷设计是根据调查目的和要求，将比较抽象的调研问题逐步细化，演变为现场调查中向被调查者询问的比较具体的问题的工作过程。进行问卷设计，除具备所涉及调查内容的专业知识外，也需要统计学、社会学、心理学及计算机等多方面的知识。

（一）问卷的类型

1. 根据使用问卷方法的不同，可分为自填式问卷和访谈式问卷。

（1）自填式问卷指的是调查者将调查问卷发送或邮寄给被调查者，由被调查者自己阅读和填答。

自填式问卷的优点有以下三点：第一，节省时间、经费和人力。由于自填式问卷可以在很短的时间内同时调查很多人的情况，且不用逐一进行访问和交谈，十分省时省力，且不受地域限制。第二，具有很好的匿名性。对于某些社会现象或者有关个人隐私等敏感性问题，被调查者在调查员不在场的情况下可以减轻心理压力，有利于他们如实填答问卷。第三，可避免某些人为误差。自填式问卷采用的是统一设计和印制的问卷，因而无论是在问题的表达、答案的类型等，所有问卷都是完全相同的，很大程度上排除了不同调查人员所带来的不同影响。

自填式问卷也有相应的缺点：第一，问卷的回收率有时难以保证。由于自填式问卷十分依赖被调查者的合作，因此，当被调查者兴趣不大、态度不积极，或被调查者由于时间、精力等方面的限制而无法完成问卷填答工作时，问卷的有效率常常受到影响。第二，对被调查者的文化水平有一定要求。被调查者起码要能看得懂问卷，能够理解问题及答案的含义，能够理解填答问卷的正确方式，才能按要求填答问卷。第三，问卷的质量得不到保证。由于被调查者是在没有调查人员在场的情况下进行问卷的填答工作，对于理解不清的问题，无法及时向调查人员询问，各种错答、误答等情况时有发生，导致问卷质量较差。

（2）访谈式问卷是指由调查员通过现场询问，并根据被调查者口头回答的结果代写为填写的问卷。

访谈式问卷的优点有以下几点：第一，易于控制多方面信息。由于访谈式问卷是由调查者通过现场询问被调查者，调查者可以及时观察到被调查者的反应及居住环境、语言能力等。第二，有较高的回答率。面对面交谈时被调查者往往不好意思拒绝调查者，大大提高了被调查者的回答率。第三，适用于对文字理解有困难的人群。对于文化水平不高或者阅读理解较困难的人群，访谈式问卷可以避免这一局限，调查者可通过口头描述向被调查者详细解释。

访谈式问卷也有相应的缺点：第一，成本高。访谈式问卷的成本取决于需要调查的区域范围的大小，在较大地理范围内进行访谈，不仅会产生较高的交通费，还会占用更多的工作人员，成本会相当高。第二，被调查者可能会受调查者影响。被调查者可能产生迎合调查者期望的倾向，从而给出无效的答案。

2. 根据问卷结构的不同，可分为结构型问卷、非结构型问卷和半结构型问卷。

（1）结构型问卷也称为封闭式问卷。问卷中问题的答案是预先设计的有限的选择项，要求被调查者在填写问卷时，按照要求在这些选项中选择一个或多个答案，或对这些选项进行排序等。由于已经设置了有限的答案供被调查者选择，对被调查者来说填写问卷比较容易，适用于广泛的、不同阶层的调查对象。

（2）非结构型问卷又称为开放式问卷。这种问卷在设计时通常不为问题预设答案，任由被调查者根据自己的感受和想法随意作答。非结构型问卷一般较少作为单独的问卷使用，尤其是在调查样本较大时更是鲜有使用，非结构型问卷通常是在一项调查工作的最初作为探索性的调查工具，或是在对某些问题需要作进一步深入调查时使用。

（3）半结构型问卷介于结构型问卷和非结构型问卷之间。问卷的答案既有事先预设的、固定的、标准的选型类型，也有让调查者自由回答的类型。因此，半结构型问卷兼具结构型问卷与非结构型问卷的优点，这类问卷在实际市场调查中运用比较广泛。

（二）问卷设计基本原则

1. 目的明确性原则。任何问卷调查都是有目的的：证实或证伪某个结论。目的明确是问卷设计的基础，只有目的明确具体，才能提出明确的假设，才能围绕假设来设计题项。

2. 题项的适当性原则。选择的题项要与研究假设相符，即所选择的问题是针对研究假设的，是研究假设合理的内涵和外延；所选题项在数量上要适当，确定适当数量的题项可根据以下两点来确定：（1）根据一般经验；（2）根据预试结果。

3. 语句理解的一致性原则。语句理解一致性是指研究者与被调查者，以及被调查者之间对问卷题项语句的理解都要一致，如果不一致，就达不到研究者所要测量的目的。

4. 调查对象的合适性原则。即选择的调查对象要符合对研究假设的推论；问卷的结构、题项的形式及用语都要考虑调查对象的合适性。

（三）问卷设计的基本步骤

1. 研究题目及研究假设。明确问卷的研究主题，在对调查课题进行文献梳理和经验观察的基础上提出研究假设或研究设想。

2. 指标确定及探索性工作。在第一步的基础上对研究假设或研究设想中的主要概念给予操作化定义，提出主要的调查项目并确定测量指标。通过观察、开座谈会、个别访谈等方式，收集调查对象对问题概念的理解，以便于问卷初稿的设计。

3. 设计问卷初稿。在第二步的基础上，根据研究主题设置相应题目，题目的设置应具有明确性、连续性、逻辑性和必要性。

4. 试用及评价。问卷初稿设计好之后，不能直接将它用于正式调查，必须对问卷初稿进行试用，通过试用发现问题后对问卷进行再次修改，修改完善后的问卷才可以正式投入使用。

（四）注意事项

1. 不提不必要的问题。调查问卷的问题应直接为目的服务，问卷问题应紧紧围绕主题提出，逐步递进，与研究主题无关的题目不应出现。

2. 措辞要得体。问卷的言语要符合被调查人群的表达习惯和思维习惯，应考虑被调查者的文化程度、年龄、职业、地区等因素，尽量做到通俗易懂。

3. 问题的含义要清晰。每个问题应设计得具体、明确，避免产生歧义，使所有被调查者对同个问题有相同的理解。

4. 题目不能带有诱导性。问题的题性要设置在中立位置，不带有任何提示和主观臆断，提问应创造自由回答的氛围，避免诱导性。

5. 题目的顺序要排列得当。设计问卷时，问题的顺序要有一定的规律可循，问题前后连贯，先易后难，合乎逻辑。

（五）案例

假设现在要调查某品牌智能手机消费者使用的满意度情况。在进行调查方案设计与问卷设计后，可设计如下问卷进行调查，在问卷的开头应告诉被调查者采用的是记名制还是不记名制，问卷问题应包括被调查者基本信息、与手机使用满意度相关的问题。篇幅原因只展示部分问卷。

某品牌智能手机使用满意度市场调查问卷

您好！我们大学生正在做关于某品牌智能手机使用满意度的市场调查。为了帮助手机商家更好地了解消费者对智能手机使用的满意情况，我们展开了此次调查活动，问卷采用不记名制，希望您在百忙之中抽出一点宝贵的时间协助我们完成这份问卷，您的意见对我们很重要。谢谢您的合作！

一、基本信息

1. 您的性别是？
（1）男　　　　（2）女

2. 您的年龄是？
（1）18~30 岁　　（2）31~45 岁　　（3）46~55 岁　　（4）56 岁及以上

3. 您的学历是？
（1）初中及以下　　（2）高中/中专　　（3）大专/本科　　（4）研究生及以上

4. 您的职业是？
（1）国家机关、党群组织、事业单位相关人员　（2）公司职员　（3）私人企业主　（4）专业技术人员　（5）工人　（6）农民　（7）学生　（8）其他
……

附录：软件操作（R 语言）

网页爬虫是一种按照一定的规则自动抓取互联网（万维网）信息的程序或者脚本。或者简单点说，爬虫就是利用写好的程序自动地提取网页的信息。它的基本设计思想是从某一初始页面开始分析网页内容，如果是符合预设目标的内容则收集存储，如果是 url 链接则继续访问该链接地址的内容。网页爬虫从起始页面访问开始，依次经过内容分析、数据采集、进入新链接等阶段，不断循环直到满足终止条件时才停止搜索。

案例 2.1： 使用 R 语言的 rvest 包、jiebaR 包和 wordcloud2 包，选取中国政府网（www. gov. cn）上的网页进行数据抓取分析。

解： 使用 R 语言完成该例题，具体操作如下所示。

```
1.加载必要程序包.以导入 rvest 包为示例,如下所示.
    > install.packages("rvest",repo = "https://mirrors.tuna.tsinghua.edu.
cn/CRAN/")#使用清华大学的镜像库
    > library(rvest)
2.网页爬虫.代码如下所示.
    > library(rvest)   #加载包
    > url < - "http://www.gov.cn/xinwen/2022 - 04/01/content_ 5683038.htm"
#存放获取网页地址
    > web < - read_ html(url,encoding = "utf - 8")#读取 html 文档,读取数据,规
定编码
    > position < - web % >% html_ nodes("div.content div p") % >% html_
text()
    > position
输出结果:
    [1] "新华社北京 4 月 1 日电 国家主席习近平 4 月 1 日晚在北京以视频方式会见欧洲理
事会主席米歇尔和欧盟委员会主席冯德莱恩."
    [2] "习近平指出,8 年前,我提出中国愿同欧洲一道打造中欧和平、增长、改革、文明四大
伙伴关系,中方的这一愿景至今未改变,当前形势下更有现实意义.中欧有着广泛共同利益和
深厚合作基础,中方对欧政策保持稳定连贯,希望欧方形成自主的对华认知,奉行自主的对华
政策,同中方一道,推动中欧关系行稳致远,为动荡的世界局势提供一些稳定因素"
    [3] ""
    [4] "4 月 1 日晚,国家主席习近平在北京以视频方式会见欧洲理事会主席米歇尔和欧盟
委员会主席冯德莱恩.新华社记者 黄敬文 摄"
    [5] "习近平强调,中欧要做维护世界和平的两大力量,以中欧关系的稳定性应对国际形
势的不确定性.要带头维护以联合国为核心的国际体系、以国际法为基础的国际秩序、以联合
国宪章宗旨和原则为基础的国际关系基本准则,共同抵制阵营对抗思维复活、反对制造"新冷
战",维护世界和平和稳定."
```

3.分析、统计词频.代码如下所示.

```
> library(jiebaR)  #加载包
> engine_ s < -worker (stop_ word = "D: \\ spat \\ stopwords.txt")#初始化
分词引擎并加载停用词
> seg < -segment(position,engine_ s)#分词
> f < - freq(seg)#统计词频
> f < -f[order(f[2),decreasing =TRUE),]#根据词频降序排列
> f
```

输出结果:

	char	freq
188	中方	13
54	世界	12
47	发展	10
120	中欧	10
140	合作	10
116	主席	9
124	习近平	9
211	乌克兰	9
174	危机	8
9	中国	7
101	欧洲	7
302	国际	7
18	和平	6
22	维护	6
111	局势	6
160	关系	6
171	欧方	6
190	经济	6
65	支持	5
125	提供	5
287	会见	5
64	月	4
71	原则	4
91	米歇尔	4
117	国家	4
131	方式	4
142	冯德	4
162	基础	4
191	应对	4
194	莱恩	4
234	北京	4

340	人道主义	4
33	多样性	3
58	持续	3
96	日晚	3
100	欧盟	3
103	稳定	3
106	欧洲理事会	3
113	联合国	3
114	欧中	3
121	投资	3
129	自主	3

4.对爬取文本进行可视化.代码如下所示.

```
> library(wordcloud2)  #加载包
> f1 < -f[1:100,] #提取前100词
> wordcloud2(f1,size = 0.8 ,shape = "circle")#形状设置为圆形
输出结果(鼠标放在词上会显示词频).
```

练 习 题

一、单项选择题

1. 某政府机构想尽快了解社会公众对其出台的一项政策的态度，最恰当的数据收集方式是（　　）。

　　A. 访问调查　　　　　　　B. 座谈会

　　C. 电脑辅助调查　　　　　D. 邮寄调查

2. 某地为推广先进企业的生产经营管理经验，对效益最好的几个企业进行调查，此种调查属于（　　）。

　　A. 重点调查　　　　　　　B. 典型调查

　　C. 普查　　　　　　　　　D. 抽样调查

3. 二手资料的特点是（　　）。

　　A. 收集方便、数据采集快、采集成本低

　　B. 采集数据的成本低，收集较困难

　　C. 数据可靠性较好

　　D. 数据的相关性较好

4. 某所大学需要了解学生每天的时间分配情况，改善学校的上自习困难问题。调查人员将问卷发给上自习者，填写后再收上来。此种收集数据的方法属于（　　）。

　　A. 面访式问卷调查　　　　B. 自填式问卷调查

  C. 实验调查   D. 观察式调查

5. 下列调查中，最适合采用抽样调查的是（　　）。

  A. 对某地区现有 16 名百岁以上老人睡眠时间的调查

  B. 对"神州十三号"运载火箭发射前零部件质量情况的调查

  C. 对某校九年级三班学生视力情况的调查

  D. 对某市场上某一品牌电脑使用寿命的调查

二、多项选择题

1. 评价二手资料的准则包括（　　）。

  A. 资料是由谁收集的   B. 资料是为什么目的而收集的

  C. 资料是怎样收集的   D. 资料是什么时候收集的

  E. 资料的收集是否方便

2. 问卷设计的基本步骤包括（　　）。

  A. 明确研究题目及研究假设

  B. 指标的确定

  C. 进行探索性工作

  D. 设计问卷初稿

  E. 试用及评价

3. 下列调查方法中（　　）属于非全面调查。

  A. 抽样调查   B. 重点调查

  C. 实验调查   D. 典型调查

三、名词解释题

1. 抽样调查

2. 重点调查

3. 典型调查

4. 普查

5. 非全面调查

四、简答题

1. 什么是二手资料以及使用二手资料需要注意些什么？

2. 联系实际案例简要说明数据的来源。

3. 获取直接数据的渠道主要有哪些？

4. 重点调查和典型调查的区别是什么，各自有什么特点？

5. 抽样调查与典型调查有何异同点？

6. 问卷设计的步骤有哪些？

7. 问卷设计的基本原则有哪些？

8. 问卷的类型有哪些？

统计思想的总结

在大数据时代和信息时代，掌握基本的数据分析能力和解读常见的社会经济数据已成为人们工作和生活的正常需求。满足这些需求的主要途径就是学习并正确应用统计学。统计数据是总体单位属性特征或数量特征的随机表现，或者是样本单位属性特征或数量特征表现特征值的随机表现，设法获得更接近现象本质特征的统计数据是实现统计研究目的的基本保障。

统计是数据的科学，涉及数据的收集、分类、汇总、组织、分析以及数字信息的解释。在开展一项研究之前，收集研究所需要的数据是人们进行统计分析的基础，没有数据的支撑，很难对所研究内容进行规律性分析并发现其本质，因此获取数据的方法非常重要。在收集数据时，要明确研究目的所需要的数据类型及性质，不同的研究目的对数据有不同的要求，而不同的数据也对应着不同的收集方法。明确研究对数据的要求是什么，才能根据要求制定相应的数据收集方案。

对于统计人来说，在收集数据以及进行后续分析时，一定要保持公正、客观的态度，禁止数据造假，要做到如实统计、规范统计、诚信统计。

第三章 统计数据的整理与可视化

【问题提出】

中国人口年龄构成

由《中国统计年鉴2021》可知，2020年中国人口年龄构成情况如下：全国人口中，0～14岁人口为25 277万人，占17.9%；15～64岁人口为96 871万人，占68.6%；65岁及以上人口为19 064万人，占13.5%。根据上述数据绘制中国人口年龄构成表，如表3.1所示。

表3.1　　　　　　　　　　　2020年中国人口年龄构成

年龄	人口数（万人）	比重（%）
0～14岁	25 277	17.9
15～64岁	96 871	68.6
65岁及以上	19 064	13.5
总计	141 212	100.0

资料来源：国家统计局．中国统计年鉴2021［M］．北京：中国统计出版社，2021．

在面对普查、抽样调查等统计调查中所获得的数据时，我们要从中汲取有用的信息，探究数字背后所显示的变化。但是在调查中所涉及的数据往往较为繁杂，为了能够更加有效地利用收集到的信息，我们可以通过构建类似于表3.1中国人口年龄构成的统计表，对报道中的数据进行分组整理，同时还可以根据统计表绘制相关统计图，使数据能够得到直观的展示。因此，如何正确地整理统计数据以及合理进行统计数据的可视化是一个很重要的问题，也是本章所要介绍的内容。

第一节　统计数据的整理

一、统计整理的含义与程序

（一）统计整理的含义

统计整理是根据统计研究的目的，对所搜集到的资料进行科学加工，使之系统化、条理化的工作过程。统计整理分为两种：第一种是对统计调查所得到的原始资料进行整理，称为汇总性整理；第二种是对现成的综合统计资料进行整理，即对次级资料进行再整理。

统计数据整理的内容包括根据研究目的设计整理汇总方案。统计汇总方案的设计包括两方面：一是确定总体的处理方法，主要是如何对所要研究的总体进行统计分组；二是确定汇总哪些统计指标。汇总方案确定之后，可根据汇总方案，进行数据处理，计算各项指标数值，并利用统计表或统计图的形式，描述整理的结果，显示研究对象总体的数量特征。

（二）统计整理的程序

（1）原始统计资料的审核。原始数据的正确与否直接影响统计数据和统计分析结论的质量，因此，必须认真审核原始数据，要利用各种方法如指标之间应有的逻辑关系和协调关系去检查原始数据的完整性与准确性。

（2）资料的分组和汇总。分组是对资料按其性质和特点，划分为若干类。汇总是指加总计算形成各项统计指标。统计分组和统计指标是整理的中心工作。

（3）编制统计表或绘制统计图。

（4）统计数据资料的积累、保管和公布。

二、统计分组

（一）统计分组的概念与种类

1. 统计分组。根据统计研究的目的和客观现象的内在特点，按某个标志（或几个标志）把被研究的总体划分为若干个不同性质的组，称为统计分组。统计分组兼有分和合双重含义，对于总体而言，是"分"，即将同质总体区分为性质相异的若干部分；对于总体单位而言，是"合"，即将性质相同或相近的不同总体单位结合为一组。

2. 统计分组的原则。

（1）穷尽原则。使总体中的每一个单位都应有组可归，或者说各分组的空间足以容纳总体所有的单位。

（2）互斥原则。在特定的分组标志下，总体中的任何一个单位都只能归属于某一组，而不能同时或可能归属于几个组。

3. 统计分组的种类。

（1）按分组标志的多少，分为简单分组和复合分组。简单分组就是对研究现象按一个标志进行分组，它只能从某一方面说明和反映事物的分布状况和内部结构。复合分组是指用两个或两个以上标志分组，即先按一个标志分组，在此基础上再按第二个标志分小组，又再层叠地按第三个标志分成更小的组。

（2）按分组的标志的性质不同，分为品质分组（或称属性分组）和数量分组（或称变量分组）。品质分组是指按品质（或属性）标志进行分组，如企业按经济类型进行分组。品质分组所形成的数列称为品质数列。数量分组是指按数量标志分组，如企业按年销售收入分组。数量标志的变异性体现在它不断变动自身的数量上，故也称为变量分组。变量分组所形成的数列称为变量数列。

（二）统计分组的方法

1. 品质分组的方法。按品质标志分组，有些分组比较简单，分组标志一经确定，组的名称和组数也随之确定。例如，人口按性别分为男、女两组。有些品质分组还取决于统计分析对分组层次的不同要求。例如，我国把社会经济各部门划分为第一、第二和第三产业，第一产业还可细分，对于这种类别繁多的分组又称为分类。

2. 数量分组的方法。按数量标志分组，应注意如下两个问题：首先，分组时各组数量界限的确定必须能反映事物质的差别。其次，应根据被研究的现象总体的数量特征，采用适当的分组形式，确定相宜的组距、组限。

（1）单项式分组与组距式分组。单项式分组就是用一个变量值作为一组，形成单项式变量数列。变量值又称标志值，按数量标志分组，数量标志的表现就是变量的取值。单项式分组一般适用于离散型变量且变量变动范围不大的场合。组距式分组就是将变量依次划分为几段区间，一段区间表现为从"……到……"的距离，把一段区间内的所有变量值归为一组，形成组距式变量数列，区间的距离就是组距。组距式分组常用于连续型变量或者变动范围较大的离散型变量。

（2）间断组距式分组和连续组距式分组。在组距式分组中，每组包含许多变量值，每一组变量值中最小值为下限，最大值为上限。组距是上下限之间的距离，相邻两组的界限称为组限。凡是组限不相连的称为间断组距式分组，如表3.2所示。凡是组限相连，即以同一数值作为相邻两组的共同界限，称为连续组距式分组，如表3.3所示。离散型变量，可间断组距式分组，也可连续组距式分组。连续型变量，只能采用连续组距式分组。在连续组距式分组中遵循"上限不在内"原则：凡是总体某一个单位的变量值是相邻两组的界限值，这一个单位归入作为下限值的那一组内。

表3.2   间断组距式分组

年龄（岁）	0~9	10~19	20~29	30~39	40~49	合计
频数	2	7	19	15	7	50

表3.3   连续组距式分组

学生成绩（分）	60以下	60~70	70~80	80~90	90~100	合计
频数	2	7	19	15	7	50

（3）等距分组与异距分组。等距分组就是标志值在各组保持相等的组距，即各组的标志值变动都限于相同的范围，一般适用于标志值变动比较均匀的场合。异距分组即各组的组距不相等，适用于标志值分布很不均匀、标志值相等的

量具有不同意义、标志值按一定比例发展变化的场合。

（三）相关指标的计算

1. 组距。

（1）连续式分组的组距计算公式：

$$组距 = 本组上限 - 本组下限 \tag{3.1}$$

（2）间断式分组的组距计算公式：

$$组距 = 本组上限 - 本组下限 + 1 \tag{3.2}$$

（3）开口组的组距以相邻组的组距为本组的组距。

2. 组中值。上下限之间的中点数值称为组中值，计算平均指标或进行其他统计分析时，常以组中值来代表各组标志值的平均水平。组中值的计算公式：

$$组中值 = \frac{上限 + 下限}{2} \tag{3.3}$$

3. 组数。组数等于全距与组距的比值，全距是指一组中最大值与最小值之间的差距。组数的多少与组距的大小有直接的关系，组距大，组数就少；组距小，组数就多。美国学者斯特杰斯提出确定组数和组距的一种经验公式，称为斯特杰斯公式：

$$组数 = 1 + 3.3 \lg N \tag{3.4}$$

由此可以推出：

$$组距 = (最大变量值 - 最小变量值) / (1 + 3.3 g N) \tag{3.5}$$

第二节　频数分布

一、频数分布的基本概念与种类

（一）频数分布

在统计分组的基础上，将总体所有单位按某一标志进行归类排列，并计算其相应出现的次数，这样得到的分布称为频数分布或次数分布。通过对凌乱分散的原始资料进行有次序的整理，形成一系列反映总体各组之间单位分布状况的数列，即分布数列。

（二）分布数列的两个要素

分布数列由两个要素构成：一个是总体按某标志所分的组；另一个是各组所出现的单位数，即频数，亦称次数。就变量数列而言，总体按数量标志分组，分组标志在各组有不同的数量表现，形成标志值数列，一般用 x 表示；频数（次）用 f 表示。

（三）频数分布的种类

根据分组标志的不同，分布数列可分为品质分布数列和变量分布数列。

（1）品质分布数列。它是按品质标志分组的数列，用来观察总体单位中不同属性的单位分布情况，如表 3.4 所示。

表 3.4 　　　　　　　　　　　**2020 年我国人口性别构成情况**

人口性别分组	人口数（万人）	占人口的比重（%）
男	72 334	51.24
女	68 844	48.76
合计	141 178	100.00

资料来源：国家统计局. 中国统计年鉴 2021［M］. 北京：中国统计出版社，2021.

（2）变量分布数列。它是将总体按数量标志分组，将分组后形成的各组变量值与该组中所分配的单位次数或频数，按照一定的顺序相对应排列所形成的分布数列，如表 3.5 所示。

表 3.5 　　　　　　　　　　　　**某班级统计学成绩分布**

考试分数（分）	人数（人）	频率（%）
60 以下	2	4
60 ~ 70	7	14
70 ~ 80	19	38
80 ~ 90	15	30
90 ~ 100	7	14
合计	50	100

二、变量分布数列的编制

（一）单项式变量分布数列的编制

单项式变量分布数列，可以直接将每一变量值作为一组，如表 3.6 所示。单项式变量数列的编制比较明确、容易。但是用连续变量分组来编制分布数列时，或者虽是离散变量，但数值很多，变化范围很大时，单项数列就不能适用，而应考虑采用组距数列的形式。

表 3.6 　　　　　　　　　　　**某工厂生产车间工人按日产量分布**

日产量	工人数（人）	频率（%）
20	2	5.0
21	7	17.5
22	11	27.5
23	12	30.0
24	8	20.0
合计	40	100.0

（二）组距式变量分布数列的编制

组距式变量分布数列的编制可通过一个实例来进行说明。

例3.1： 对某企业30个工人完成产品产量的情况进行调查，原始资料如下。

98	81	95	84	93	86	91	102	100	103
105	100	104	108	107	108	106	109	112	114
109	117	125	115	120	119	118	116	129	113

解： 第一步，计算全距。将各变量值由小到大排序，确定最大值，最小值，并计算全距。变量的最大值是129，最小值是81，计算可得全距为48。第二步，确定组数和组距。本例中根据一般将成绩分成优、良、中、及格和不及格的五档评分习惯，先确定组数为5。在等距分组时，组距 = 全距/组数，因此由计算可得组距为9.6，为了符合习惯和计算方便，组距近似地取10。第三步，确定组限。关于组限的确定，应注意如下几点：第一，最小组的下限（起点值）应低于最小变量值，最大组的上限（终点值）应高于最大变量值。第二，组限的确定应有利于表现出总体分布的特点，应反映出事物质的变化。第三，为了方便计算组限应尽可能取整数，最好是5或10的整倍数。第四步，编制频数（频率）分布表，最终编制的频数（频率）分布如表3.7所示。

表3.7　　　　　　　　某企业工人完成产品产量情况频数分布

产品产量（件）	频数（人）	频数（%）
80～90	3	10.0
90～100	4	13.3
100～110	12	40.0
110～120	8	26.7
120～130	3	10.0
合计	30	100.0

三、累计频数和累计频率

为了更详细地认识变量的分布特征，还可以计算累计频数和累计频率，编制累计频数和累计频率数列。累计频数和累计频率有向上累计频数（频率）和向下累计频数（频率）两种。以变量值大小为依据，由变量值小的组向变量值大的组累计频数和频率，成为向上累计频数和向上累计频率。向上累计数的意义是小于及等于该组上限的各组的频数或频率之和。相反，由变量值大的组向变量值小的组累计各组的频数或频率，称为向下累计频数或向下累计频率。向下累计数的意义是大于及等于该组下限的各组的频数或频率之和。

编制向上累计频数（或频率）分布的方法是：先列出各组的上限，然后由标志值低的组向标志值高的组依次累计。向上累计频数表明某组上限以下的各组单位数之和是多少，向上累计频率表明某组上限以下的各组单位数之和占总体单位数的比重。编制向下累计频数（或频率）分布的方法是：先列出各组的下限，然后由标志值高的组向标志值低的组依次累计。向下累计频数表明某组下限以上的各组单位数之和是多少，向下累计频率表明某组下限以上的各组单位数之和占总体单位数的比重。

例 3.2：以例 3.1 的资料，分别进行向上累计和向下累计。

解：具体计算结果如表 3.8 所示。

表 3.8 某企业产品产量累计情况

产品产量（件）	频数（人）	频率（%）	向上累计		向下累计	
			频数（人）	频率（%）	频数（人）	频率（%）
80 ~ 90	3	10.0	3	10.0	30	100.0
90 ~ 100	4	13.3	7	23.3	27	90.0
100 ~ 110	12	40.0	19	63.3	23	76.7
110 ~ 120	8	26.7	27	90.0	11	36.7
120 ~ 130	3	10.0	30	100.0	3	10.0
合计	30	100.0	—	—	—	—

四、次数分布的主要类型

（一）钟形分布

钟形分布的特征是"两头小、中间大"，即靠近中间的变量值分布的次数多，靠近两端的变量值分布的次数少，如果将变量值与其对应的频数在直角坐标系中对应的点连接起来绘制成曲线图，宛如一口钟，所以又称钟形分布，如图 3.1 所示。在自然或社会经济现象中，有许多次数分布是属于钟形分布的。例如，人体体重、身高，学生的成绩，居民货币收入，单位面积的农产品产量，市场价格等现象都属于钟形分布。

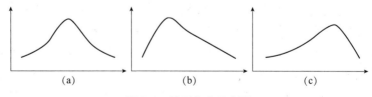

图 3.1 钟形分布示意图

如图 3.1（a）所示，其分布特征是以变量的平均数为对称轴，左右两侧对称，两侧变量值分布的次数随着与其平均距离的增大而渐次减少，在统计中，称这种分布为正态分布。图3.1中的（b）、（c）为非对称分布，它们有不同方向的偏态，图3.1（b）中曲线是正偏（右偏）分布，图3.1（c）中曲线是负偏（左偏）分布。

（二）U形分布

U形分布的特征是：靠近中间的变量值分布的次数少，靠近两端的变量值分布的次数多，形成"两头大，中间小"的分布特征。将这种分布绘成曲线，像英文字母"U"的形状，故称U形分布，如图3.2所示。例如，人口死亡率的分布，一般是婴幼儿死亡率和老年人死亡率均较高，而中年人死亡率最低，所以人口年龄分组的死亡率是呈U形分布。

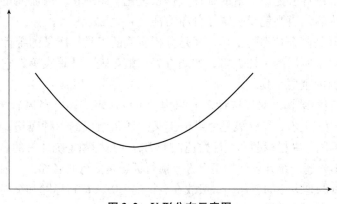

图3.2　U形分布示意图

（三）J形分布

J形分布的特征是"一边小，一边大"，即大部分变量值集中在某一端分布。J形分布有两种类型，一种是正J形分布，即次数随着变量值的增大而增多，如投资额按利润率大小分布，如图3.3（a）所示。另一种是反J形分布，即次数随着变量值的增大而减小，如成年人数量按年龄大小分组，表现出年龄越高人数越少，如图3.3（b）所示。

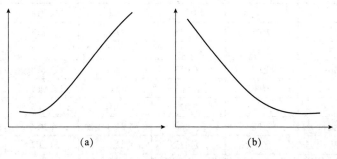

(a)   (b)

图3.3　J形分布示意图

第三节　统计数据的可视化

一、统计表

(一) 统计表的定义与结构

1. 统计表的定义。对统计调查所获得的原始数据资料进行整理,可得到说明社会现象及其发展过程的数据,把这些数据按一定的顺序排列在表格上,就形成了统计表。统计表能使大量的统计数据系统化、条理化,因而能更清晰地表述统计资料的内容,直观地反映统计分布特征。

统计表既是调查整理的工具,又是分析研究的工具,广义的统计表包括统计工作各个阶段中所用的一切表格,如调查表、整理表、计算表等,它们都是用来提供统计资料的重要工具。

2. 统计表的结构。对于统计表的结构,可以从表式和内容两个方面来认识。

(1) 从表式上看,统计表是由纵横交叉的线条组成的一种表格,表格包括总标题、横行标题、纵栏标题和指标数值四个部分。总标题是统计表的名称,说明该表的基本内容,置于统计表格的正上方。横行标题是横行的名称,一般放在表格的左方。纵栏标题是纵栏的名称,一般放在表格的上方。横行标题和纵栏标题共同说明填入表格中的统计数据的内容。指标数值列在横行和纵栏的交叉处,用来说明总体及其组成部分的数量特征,是统计表的核心部分。具体形式如表3.9所示。

表 3.9　　　　　　2020 年主要商品进口数量、金额及其增长速度

商品名称	单位	数量	比上年增长 (%)	金额 (亿元)	比上年增长 (%)
大豆	万吨	10 033	13.3	2 743	12.5
食用植物油	万吨	983	3.2	515	17.7
铁矿砂及其精矿	万吨	117 010	9.5	8 229	17.8
煤及褐煤	万吨	30 399	1.5	1 411	−12.1
原油	万吨	54 239	7.3	12 218	−26.8
成品油	万吨	2 835	−7.2	818	−30.4
天然气	万吨	10 166	5.3	2 315	−19.4
初级形状的塑料	万吨	4 063	10.1	3 628	−1.2
纸浆	万吨	3 063	12.7	1 088	−7.6
钢材	万吨	2 023	64.4	1 165	19.8
未锻轧铜及铜材	万吨	668	34.1	2 988	33.4
集成电路	亿个	5 435	22.1	24 207	14.8
汽车(包括底盘)	万辆	93	−11.4	3 242	−3.5

资料来源:国家统计局.中华人民共和国 2020 年国民经济和社会发展统计公报 [M].北京:中国统计出版社,2020.

（2）从内容上看，统计表主要由主词栏和宾词栏两个部分组成。主词栏是统计表要说明的总体及其组成部分；宾词栏是统计表用来说明总体数量特征的各个统计指标，如表 3.9 所示，主词一般列在表的左方，宾词一般列在表的右方。必要时，主宾词可以变换位置或合并排列。此外，统计表还有补充数据、注解、资料来源、填表单位、填表人等。

（二）统计表的分类

1. 按主词的结构分类。根据主词是否分组和分组的程度，分为简单表、分组表和复合表。

（1）简单表。主词未经任何分组的统计表称为简单表，也称一览表，主词罗列各单位的名称，如表 3.9 所示。

（2）分组表。主词只按一个标志进行分组形成的统计表，也称简单分组表，如表 3.10 所示。

表 3.10   2020 年对主要国家和地区货物进出口金额、增长速度及其比重

国家或地区	出口额（亿元）	比上年增长（%）	占全部出口比重（%）	进口额（亿元）	比上年增长（%）	占全部进口比重（%）
东盟	26 550	7.0	14.8	20 807	6.9	14.6
欧盟	27 084	7.2	15.1	17 874	2.6	12.6
美国	31 279	8.4	17.4	9 319	10.1	6.6
日本	9 883	0.1	5.5	12 090	2.1	8.5
韩国	7 787	1.8	4.3	11 957	0.0	8.4
中国香港	18 830	−2.2	10.5	482	−22.9	0.3
中国台湾	4 163	9.5	2.3	13 873	16.2	9.8
巴西	2 417	−1.5	1.3	5 834	5.8	4.1
俄罗斯	3 506	2.1	2.0	3 960	−6.1	2.8
印度	4 613	−10.5	2.6	1 445	16.7	1.0
南非	1 055	−7.5	0.6	1 422	−20.4	1.0

资料来源：国家统计局.中华人民共和国2020年国民经济和社会发展统计公报［M］.北京：中国统计出版社，2020.

（3）主词按两个或两个以上标志进行分组的统计表，也称复合分组表，如表 3.11 所示。

表 3.11   2020 年货物进出口总额及其增长速度

指标	金额（亿元）	比上年增长（%）
货物进出口总额	321 557	1.9
货物出口额	179 326	4.0
其中：一般贸易	106 460	6.9
加工贸易	48 589	−4.2
其中：机电产品	106 608	6.0
高新技术产品	53 692	6.5

指标	金额（亿元）	比上年增长（%）
货物进口额	142 231	−0.7
其中：一般贸易	86 048	−0.7
加工贸易	27 853	−3.2
其中：机电产品	65 625	4.8
高新技术产品	47 160	7.2
货物进出口顺差	37 096	—

资料来源：国家统计局. 中华人民共和国 2020 年国民经济和社会发展统计公报［M］. 北京：中国统计出版社，2020.

2. 按宾词设计分类。按宾词设计分类可分为宾词简单排列、分组平行排列和分组层叠排列等三种。

（1）宾词简单排列。宾词不进行任何分组，按一定顺序排列在统计上，如表 3.8 所示。

（2）分组平行排列。宾词栏中各分组标志彼此分开，平行排列，如表 3.12 所示。

表 3.12 　　　　　　　　　　**各地区社会商品零售总额**

按地区分组	按商品性质和用途分组		按城乡分组		按经济类型分组			
	消费品零售总额	农业生产数据销售额	城镇	乡村	国有	集体	个体	其他
北京								
天津								
⋮								
合计								

（3）分组层叠排列。统计指标同时有层次地按两个或两个以上标志分组，各种分组层叠在一起，如表 3.13 所示。

表 3.13 　　　　　　　　　　**××地区房地产经营情况**

按经济类型分组	实收资本		经营收入						
	总额	其中：国家资本	总额	其中					
				土地使用权转让收入	商品房销售收入				
					小计	住宅	办公楼	其他	
国有									
外资									
⋮									
总计									

（三）统计表的设计

（1）线条的绘制。表的上下两端应以粗线绘制，表内纵横线应以细线绘制，表格左右两端一般不画线，采用"开口式"。

（2）合计栏的设置。统计表各纵列需合计时，一般应将合计列在最后一行，各横行若需要合计时，可将合计列在最前一栏或最后一栏。

（3）标题设计。统计表的总标题，横行、纵栏标题应以简练而又准确的文字表述统计资料的内容、资料所属的空间和时间范围。

（4）指标数值。表中的数据应填写整齐，对准位数。填好的统计表不应出现空白单元格，当数字因小可略而不计时，可写上"0"；当缺某项数字资料时，可用符号"…"表示；不应有数字时用符号"—"表示。

（5）计量单位。统计表必须注明数字数据的计量单位。当整张表只有一种计量单位时，可以把它写在表头的右上方。如果表中指标数值计量单位不同，可在横行标题后添一列计量单位。

（6）注解或资料来源。必要时，在统计表下应加注解或说明，以便查阅使用。

二、统计图

（一）统计图的概念

统计图是以图形形象地表现统计资料的一种形式。用统计图表现统计资料，具有鲜明醒目、富于表现、易于理解的特点，因而绘制统计图是统计整理的重要内容之一。统计图可以揭示现象的内部结构和依存关系，显示现象的发展趋势和分布状况，有利于进行统计分析与研究。

（二）定性数据的图示

定性数据主要分为定类数据和定序数据两种，其中定类数据的图示主要有条形图、帕累托图、饼图和环形图四种，定序数据的图示主要有累积频数分布或频率图。

1. 条形图。条形图是以相同宽度条形的长短或高度来比较统计指标数值大小的图形。条形图可以横置或者纵置，纵置时也称为柱形图。条形图有单式、复式等形式。绘制条形图应注意以下几个问题：在图形中条形的宽度、条形之间距离要相等；图形上的尺度必须以 x 轴或 y 轴为等线；图形中要注明相应的数字；各条形的排列应有一定的顺序，如比较现象在时间上的变动时，条形应按时间顺序排列。

例3.3：一家市场调查公司为研究不同类型饮料的市场占有率，对随机抽取的一家超市进行了调查。调查员在某天对 50 名顾客购买饮料的类型进行了记录，如果一个顾客购买某一类型的饮料，就将这一饮料的类型记录一次，下面就是记录的原始数据。根据数据绘制饮料类型的条形图。

绿茶	可乐	绿茶	果汁	露露	露露	绿茶	可乐	露露	可乐
绿茶	可乐	可乐	其他	绿茶	可乐	其他	绿茶	可乐	其他
其他	露露	露露	其他	露露	可乐	绿茶	绿茶	果汁	果汁

果汁	绿茶	可乐	可乐	可乐	可乐	其他	露露	果汁	其他
露露	可乐	其他	可乐	露露	可乐	绿茶	其他	果汁	绿茶

解：根据原始数据可得饮料类型的频数分布如表 3.14 所示。

表 3.14 饮料类型频数分布

饮料类型	频数（次）
绿茶	11
可乐	15
果汁	6
露露	9
其他	9
合计	50

根据表 3.14 绘制饮料类型条形图如图 3.4 所示。

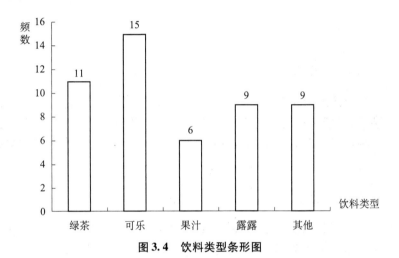

图 3.4 饮料类型条形图

2. 帕累托图。帕累托图是以意大利经济学家 V. Pareto 的名字命名的。该图是按各类别数据出现的频数多少排序后绘制的条形图。通过对条形的排序，容易看出哪类数据出现得多，哪类数据出现得少。根据例 3.3 中饮料类型绘制的帕累托图如图 3.5 所示。图中左侧的纵轴给出了计数值，即频数，右侧的纵轴给出了累积百分比。

3. 饼图。饼图也称圆形图，是用圆形及圆内扇形的面积来表示数值大小的图形。饼图主要用于表示总体中各组成部分所占的比例，对于研究结构性问题十分有用。在绘制饼图时，总体中各部分所占的百分比用圆内的各个扇形面积来表示，这些扇形的中心角度，是按各部分百分比占 360° 的相应比例确定的。根据例 3.3 中不同饮料类型数据绘制的饼图如图 3.6 所示。

4. 环形图。环形图与饼形图类似，但又有区别。环形图中间有一个“空洞”，总体或样本中的每一部分数据用环中的一段表示。饼图只能显示一个总体和样本各部分所占的比例，而环形图则可以同时绘制多个总体或样本的数据系列，每一个总体或样本的数据系列为一个环。因此环形图可显示多个总体或样本各部分所占的相应比例，从而有利于我们进行比较研究。

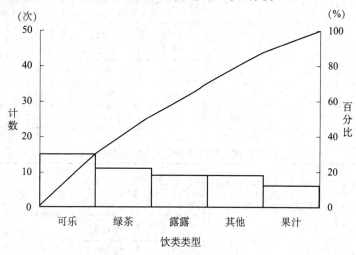

图 3.5 不同类型饮料的帕累托图

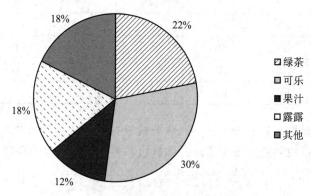

图 3.6 不同类型饮料的构成

　　例 3.4：在一项城市住房问题的研究中，研究人员在甲、乙两个城市各抽样调查 300 户，其中的一个问题是："您对您家庭目前的住房状况是否满意？"。根据调查收集到的数据绘制的两个城市家庭对住房状况评价的频数分布如表 3.15、表 3.16 所示，请根据频数分布表绘制甲、乙两个城市对住房状况评价的环形图。

表 3.15　　　　　　　　　　甲城市家庭对住房状况评价的频数分布

回答类别	甲城市					
	户数 （户）	百分比 （%）	向上累积		向下累积	
			户数 （户）	百分比 （%）	户数 （户）	百分比 （%）
非常不满意	24	8	24	8	300	100
不满意	108	36	132	44	276	92
一般	93	31	225	75	168	56

回答类别	甲城市					
	户数（户）	百分比（%）	向上累积		向下累积	
			户数（户）	百分比（%）	户数（户）	百分比（%）
满意	45	15	270	90	75	25
非常满意	30	10	300	100	30	10
合计	300	100	—	—	—	—

表 3.16　　　　　　　乙城市家庭对住房状况评价的频数分布

回答类别	乙城市					
	户数（户）	百分比（%）	向上累积		向下累积	
			户数（户）	百分比（%）	户数（户）	百分比（%）
非常不满意	21	7	21	7	300	100
不满意	99	33	120	40	279	93
一般	78	26	198	66	180	60
满意	63	21	261	87	102	34
非常满意	39	13	300	100	39	13
合计	300	100	—	—	—	—

　　解： 根据频数分布表绘制甲、乙两个城市对住房状况评价的环形图如图 3.7 所示，其中里面的环是甲城市家庭对住房状况的评价，外面的环是乙城市家庭对住房状况的评价。

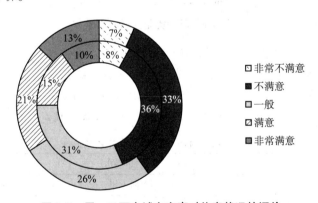

图 3.7　甲、乙两个城市家庭对住房状况的评价

　　5. 累计频数（频率）分布图。根据例 3.4 中甲城市家庭对住房状况评价的频数分布表所提供的累积频数和累积频率，绘制累积频数分布如图 3.8、图 3.9 所示。

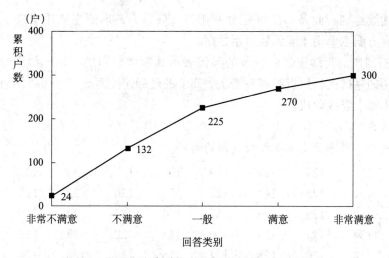

图 3.8 甲城市家庭对住房状况评价的向上累积分布

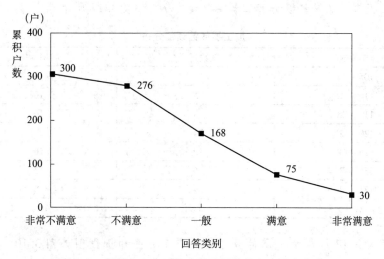

图 3.9 甲城市家庭对住房状况评价的向下累积分布

（三）定量数据的图示

上面介绍的统计图都适用于定量数据，此外，定量数据还有以下图示方法，这些方法并不适用于定性数据。

1. 直方图。直方图用于显示连续型变量的次数分布，是用矩形的宽度和高度（即面积）来表示频数分布的图形。绘制直方图时，横轴表示各组组限，纵轴表示频数（一般标在左方）和频率（一般标在右方）。依据各组组距的宽度与频数的高度绘制成直方形。

直方图与条形图不同。首先，条形图是用条形的长度（横置时）表示各类别频数的多少，其宽度（表示类别）则是固定的；直方图是用面积表示各组频数的多少，矩形的高度表示每一组的频数或频率，宽度则表示各组的组距，因此，其高度与宽度均有意义。其次，由于分组数据具有连续性，直方图的各矩形通常是连续排列，而条形图则是分开排列。最后，条形图主要用于展示分类数据，而直方图主要用于展示数值型数据。

2. 折线图。折线图是以线段的起伏表示其数量分布的特征，绘图时，可以在直方图的基础上，用折线将各组次数高度的坐标连接而成，也可以用组中值与次数求坐标点连接而成。

例 3.5：某生产车间 50 名工人日加工零件数原始资料（单位：个）如下所示，请根据资料进行直方图和折线图的绘制。

117	122	124	129	139	107	117	130	122	125
108	131	125	117	122	133	126	122	118	108
110	118	123	126	133	134	127	123	118	112
112	134	127	123	119	113	120	123	127	135
137	114	120	128	124	115	139	128	124	121

解：根据原始资料绘制加工零件数频数分布如表 3.17 所示。

表 3.17　　　　　　　　　　加工零件数频数分布

零件数	频数（个）	频率（%）
105 ~ 110	3	6
110 ~ 115	5	10
115 ~ 120	8	16
120 ~ 125	14	28
125 ~ 130	10	20
130 ~ 135	6	12
135 ~ 140	4	8
合计	50	100

根据表 3.17 绘制加工零件数频数分布直方图和折线图如图 3.10、图 3.11 所示。

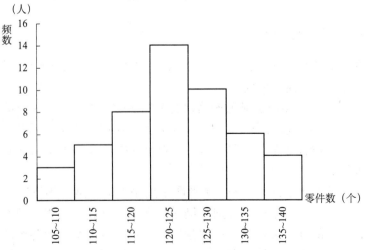

图 3.10　加工零件数频数分布直方图

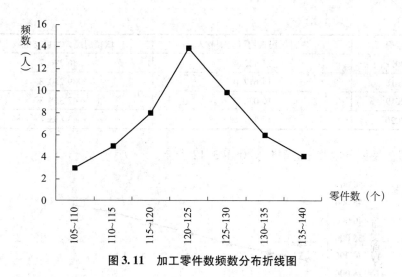

图3.11　加工零件数频数分布折线图

3. 茎叶图。茎叶图用于显示未分组的原始数据的分布，由"茎"和"叶"两部分构成，其图形是由数字组成的，保留原始资料的信息。通常情况下是将数据的高位数值作树茎，低位数字作树叶。例如，对于$n(20 \leqslant n \leqslant 300)$个数据，茎叶图最大行数不超过$L = (10 \times \log_{10}^{n})$。

茎叶图类似于横置的直方图，但又有区别。直方图可大体上看出一组数据的分布状况，但没有给出具体的数值；茎叶图既能看出数据分布的形状及数据的离散状况，又能给出每一个原始数值，保留了原始数据的信息，茎叶图中的数据可以随时记录、随时添加，方便记录与表示。

4. 箱线图。箱线图是利用一组数据的五个特征值：最小值、最大值、下四分位数、中位数、上四分位数来描述数据的一种方法。主要用于反映原始数据的分布特征，还可以进行多组数据分布特征的比较，通过箱线图可以看出数据是否具有对称性，分布的分散程度等。其绘制方法是：首先找出一组数据的5个特征值，然后连接两个四分位数画出箱子，再将最大值和最小值与箱子相连接，中位数在箱子中间。

5. 线图。线图是在平面坐标上用折线表现数量变化特征和规律的统计图，线图主要用于显示时间序列数据，以反映事物发展变化的规律与趋势。绘制线图时应注意以下几点：时间一般绘在横轴，指标数据绘在纵轴；图形的长宽比例要适当，其长宽比例大致为10：7；一般情况下，纵轴数据下端应从"0"开始，以便于比较，数据与"0"之间的间距过大时，可以采取折断的符号将纵轴折断。

例3.6：2014～2020年我国城乡居民人均可支配收入如表3.18所示，根据数据绘制时间序列图。

表3.18　　　　　　**2014～2020年我国城乡居民人均可支配收入**　　　　　　单位：元

年份	农村居民人均可支配收入	城镇居民人均可支配收入
2014	10 488.9	28 843.9
2015	11 421.7	31 194.8
2016	12 363.4	33 616.2

年份	农村居民人均可支配收入	城镇居民人均可支配收入
2017	13 432.4	36 396.2
2018	14 617.0	39 250.8
2019	16 020.7	42 358.8
2020	17 131.5	43 833.8

解：根据上述数据绘制线图如图 3.12 所示。

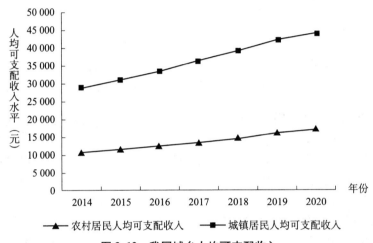

图 3.12　我国城乡人均可支配收入

6. 散点图。散点图是以一个变量为横轴，另一个变量为纵轴，利用散点的分布形态反映变量统计关系的一种图形，能直观表现出影响因素、预测现象之间的总体关系趋势，还能反映变量间关系的密切程度。

例 3.7：小麦的单位面积产量与降水量和温度有一定的关系，为了了解它们之间的关系形态，收集到的数据如表 3.19 所示。请绘制小麦产量与降水量的散点图，并分析它们之间的关系。

表 3.19　　　　　　　　小麦产量与降水量和温度的数据

温度（℃）	降水量（毫米）	产量（千克/公顷）
6	25	2 250
8	40	3 450
10	58	4 500
13	68	5 750
14	110	5 800
16	98	7 500
21	120	8 250

解：根据表 3.19 中的数据绘制的散点图如图 3.13 所示。

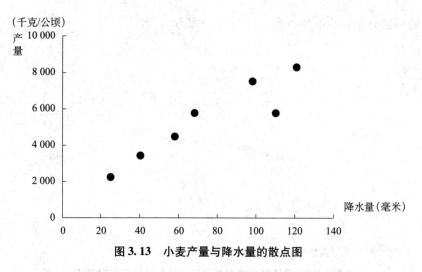

图 3.13　小麦产量与降水量的散点图

7. 气泡图。气泡图可用于展示三个变量之间的关系。它与散点图类似，绘制时将一个变量放在横轴，另一个变量放在纵轴，第三个变量则用气泡的大小来表示。例如，根据表 3.19 中的数据绘制的气泡图如图 3.14 所示。

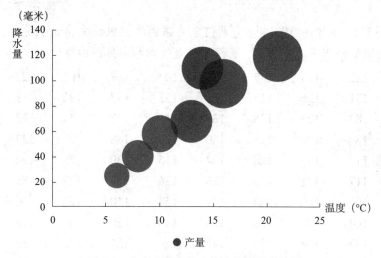

● 产量

图 3.14　小麦产量与降水量和温度的气泡图

8. 雷达图。雷达图是显示多个变量的常用图示方法，也称为蜘蛛图。设有 n 组样本 S_1，S_2，…，S_n，每个样本测得 P 个变量 X_1，X_2，…，X_P，要绘制这 P 个变量的雷达图，具体做法是：先画一个圆，然后将圆 P 等分，得到 P 个点，令这 P 个点分别对应 P 个变量，再将这 P 个点与圆心连线，得到 P 个辐射状的半径，这 P 个半径分别作为 P 个变量的坐标轴，每个变量值的大小由半径上的点到圆心的距离表示，再将同一样本的值在 P 个坐标上的点连线。这样，n 个样本形成的 n 个多边形就是一张雷达图。

雷达图在显示或对比各变量的数值总和时十分有用。假定各变量的取值具有相同的正负号，则总的绝对值与图形所围成的区域成正比。此外，利用雷达图也可以研究多个样本之间的相似程度。根据例 3.4 中甲乙两个城市家庭对住房状况评价的频数分布表绘制雷达图，如图3.15所示。

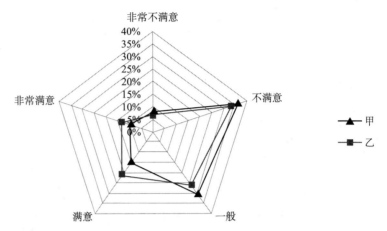

图 3.15　甲乙两个城市家庭对住房状况的评价雷达图

附录：软件操作（R 语言）

案例3.1：某专业100名学生两门专业课的考试成绩总和如下所示，请根据数据进行频数分布表、直方图、折线图、茎叶图和箱线图的绘制。

168	122	124	147	139	107	117	167	122	125
108	131	125	117	122	133	137	122	118	119
110	182	123	133	133	145	127	144	128	112
189	134	127	123	160	113	148	123	127	135
137	114	125	128	124	115	139	128	124	121
188	117	131	130	138	126	149	123	185	157
184	194	146	184	141	154	150	125	186	119
134	164	132	126	129	140	120	108	118	164
173	157	174	179	146	120	151	136	137	181
165	183	112	153	153	136	160	126	120	118

解：使用 R 语言完成该例题，具体操作如下所示。

（1）导入数据。导入数据所使用的代码如下所示。

```
>library("readxl")
>cj = read_ excel("D:/data/cj.xlsx")
>cj
```

（2）生成频数分布表。生成频数分布表的代码如下所示。

```
library(plyr)
count < - table(round_ any(cj $cjzh,10,floor)) #floor 向下取整,倍数为 10
count < -as.numeric(count) #将因子变量转化为数值变量
```

```
pcount < - prop.table(count)*100
cumpl < - cumsum(pcount)
name < - paste(seq(100,190,by = 10),"_ ",seq(110,200,by = 10),seq = "")
tt < - data.frame("频数" = count,"频率" = pcount,"累积频率" = cumpl, row.names = name)
round(tt,4)
```

输出结果如附图 3.1 所示。

	频数	频率	累积频率
100 _ 110	3	3	3
110 _ 120	14	14	17
120 _ 130	29	29	46
130 _ 140	18	18	64
140 _ 150	9	9	73
150 _ 160	7	7	80
160 _ 170	7	7	87
170 _ 180	3	3	90
180 _ 190	9	9	99
190 _ 200	1	1	100

附图 3.1　学生考试成绩频数分布表

（3）绘制直方图。绘制直方图的代码如下所示。

```
hist(cj $ cjzh,breaks = c(100,110,120,130,140,150,160,170,180,190,
200),labels = T,freq = T,col =1:7,xlab = "成绩总和",ylab = "频数",main = "等距
分组的直方图")
```

输出结果如附图 3.2 所示。

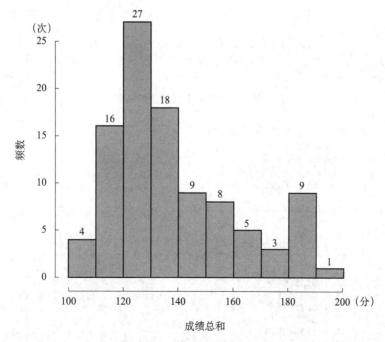

附图 3.2　学生考试成绩直方图

（4）绘制折线图。绘制折线图的代码如下所示。

```
> plot(count,type = "b",axes = F,xlab = "成绩",ylab = "频数")
> kd = c("100 -110","110 -120","120 -130","130 -140","140 -150","150 -
160","160 -170","170 -180","180 -190","190 -200")
> axis(side = 1,at = 1:length(count),labels = kd)
> axis(side = 2)
> box()
```

输出结果如附图3.3所示。

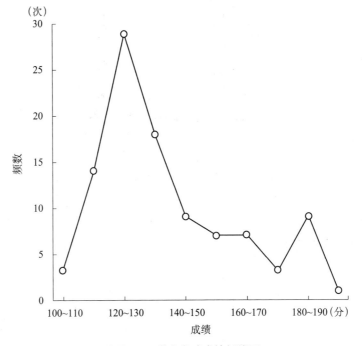

附图3.3 学生考试成绩折线图

（5）绘制茎叶图。绘制茎叶图的代码如下所示。

```
> stem(cj $ cjzh)
```

输出结果如附图3.4所示。

```
The decimal point is 1 digit(s) to the right of the |

10 | 788
11 | 02234577788899
12 | 0001222233334445555566677788889
13 | 0112333445566777899
14 | 014566789
15 | 0133477
16 | 0044578
17 | 349
18 | 123445689
19 | 4
```

附图3.4 学生考试成绩茎叶图

（6）绘制箱线图。绘制箱线图的代码如下所示。

```
>boxplot(cj $cjzh)
```

输出结果如附图3.5所示。

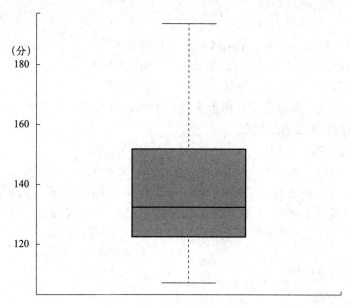

附图3.5 学生考试成绩箱线图

练 习 题

一、单项选择题

1. 将全部变量值依次划分为若干个区间，并将这一区间的变量值作为一组，这样的分组方法称为（   ）。

    A. 单变量值分组   B. 组距分组

    C. 等距分组   D. 连续分组

2. 按某一标志分组的结果表现为（   ）。

    A. 组内同质性、组间同质性   B. 组内同质性、组间差异性

    C. 组内差异性、组间同质性   D. 组内差异性、组间差异性

3. 在统计分组时，若某个标志值刚好等于相邻两组上下限数值时（   ）。

    A. 将此数值归入上限所在组   B. 将此数值归入下限所在组

    C. 归入这两组中任意一组均可   D. 另设一组，归入其中

4. 把保定市所有商店按商品销售额分组（   ）。

    A. 只能进行单项式分组

    B. 只能进行组距式分组

    C. 既可以进行单项式分组，也可以进行组距式分组

    D. 无法进行分组

5. 组中值是（　　　）。

　　A. 一个组的上限与下限之差

　　B. 一个组的上限与下限之间的中点值

　　C. 一个组的最小值

　　D. 一个组的最大值

6. 对于大批量的数据，最适合描述其分布的图形是（　　　）。

　　A. 条形图　　　　　　　　　　B. 茎叶图

　　C. 直方图　　　　　　　　　　D. 饼图

7. 一名研究人员希望通过图形来说明 8 月以来甘肃地区二手房租金每天的变化，下列图形中最合适的是（　　　）。

　　A. 直方图　　　　　　　　　　B. 散点图

　　C. 折线图　　　　　　　　　　D. 茎叶图

8. 研究人员想了解消费者购车时的颜色偏好趋势，抽取新近售出的 40 辆车并记录其颜色种类（黑、白、红、绿、棕）和深浅类型（亮色、偏淡、中等、偏浓）。以下展示数据的图表中，（　　　）不适合用来处理这一样本数据。

　　A. 散点图　　　　　　　　　　B. 饼图

　　C. 条形图　　　　　　　　　　D. 频数图

9. 气泡图主要用于描述（　　　）。

　　A. 两个变量之间的相关关系

　　B. 三个变量之间的相关关系

　　C. 两个变量的对比关系

　　D. 三个变量的对比关系

二、简答题

1. 什么是统计分组？统计分组的原则是什么？

2. 统计表的结构和分类。

3. 直方图和茎叶图的区别。

三、计算题

1. 采用抽样方式调查某地区 50 户居民的月消费品支出额数据资料如下所示。

886 928 999 946 864 1050 927 852 1027 928 978 816 1 000 918 1 040 1 100 900 866 905 954 890 1 006 926 900 999 886 1 120 893 900 800 938 864 919 863 981 916 818 946 926 895 967 921 978 821 924 651 850 950 949 854

要求：

（1）试根据上述数据编制次（频）数分布和频率分布数列。

（2）编制向上和向下累计频数、频率数列。

（3）绘制直方图、折线图、曲线图、向上累计分布曲线图、向下累计分布曲线图。

（4）根据图形说明居民月人均可支配收入分布的特征。

2. 某行业协会的 40 家企业某年的产品销售收入数据如下所示。152 124 129 116 100 103 92 95 127 104 105 119 114 115 87 103 118 142 135 125 117 108 105 110 107 137 120 136 117 108 97 88 123 115 119 138 112 146 113 126

要求：

（1）根据以上数据进行适当分组，编制频数分布表，并计算出累计频数和累计频率。

（2）行业协会规定：产品销售收入在 125 万元以上的企业为先进企业，115 万 ~ 125 万元的企业为良好企业，105 万 ~ 115 万元的企业为一般企业，105 万元以下的企业为落后企业。将以上数据按先进企业、良好企业、一般企业、落后企业分组。

3. 某省考试院对某年参加成人自学考试的 12 000 名考生按年龄分组，数据如表 3.20 所示。

表 3.20　　　　某年参加成人自学考试的 12 000 名考生年龄分组

项目	18 ~ 19 岁	20 ~ 21 岁	22 ~ 24 岁	25 ~ 29 岁	30 ~ 34 岁	35 ~ 39 岁	40 ~ 44 岁	45 ~ 59 岁
人数占比（%）	1.9	34.7	34.1	17.2	6.4	2.7	1.8	1.2

要求：

（1）根据以上数据，绘制年龄分布直方图。

（2）根据直方图分析成人自学考试人员年龄分布的特点。

统计思想的总结

人类对客观现象的认识，总是先分类观察后综合判断，先局部分解分析后总体归纳概括。这种由个体到总体的认识过程都需要经历统计分组阶段才能有效实现。因为，统计分组相对于总体是一种区分，相对于个体则是一种合并，可以在区分中观察分析差异，在合并中综合概括共性。分组思想，就是统计通过个体现象的同类归并来实现对总体差异的认识，"物以类聚，人以群分"，这是对统计分组思想的通俗解读和表达。

统计分组是统计学的两个基本构成要素之一，分组思想几乎体现在调查、整理和分析等统计实践活动的各个方面。从统计学的角度看，要求分组总体或样本中的个体至少在某一方面属性或特征是相同的，且同时至少在某一方面属性或特征是不同的，这是统计分组的前提条件。无论是对定性数据还是对定量数据进行统计分组，其最终都是为了解数据的分布特征和分布规律。本质上讲简单分组是对概率分布函数的可视化呈现，复合分组是对总体或样本中的个体进行网格化分割；其共同点是使得不同类型个体间的差异以更加具体化、精细化的方式呈现出来，从而有助于人们在精准、深入了解总体或样本数量特征的基础上，对不同类型的个体制定差异化的策略和方案。广义上讲，分组思想亦然是有效学习统计学的方法。在统计学的学习和应用过程中，最重要的问题是如何能够让统计数据与统计方法之间保持合理的对应和正确的匹配关系；通过对统计数据、统计方法进行分类，了解不同统计数据的特点、把握不同统计方法的适用范围，可以有效解决两者之间的合理配置问题。统计的分组思想，提示我们认识事物时，要秉承"求同存异"的立场，在对立中求统一，不能不加区别地一概而论。

第四章　数据分布特征的描述

【问题提出】

平均数能否正确反映居民收入水平

2021年2月25日，全国脱贫攻坚总结表彰大会在北京人民大会堂隆重举行。经过八年持续奋斗，我国如期完成了新时代脱贫攻坚目标任务，现行标准下农村贫困人口全部脱贫，贫困县全部摘帽；为全面建成小康社会作出了重大贡献，为开启全面建设社会主义现代化国家新征程奠定了坚实基础。贫困人口脱贫以户为单位，主要衡量指标是"一超过、两不愁、三保障"，2020年贫困人口脱贫验收的标准为年人均纯收入稳定超过4 000元。那么用平均数是否能够正确地反映居民收入水平呢？

网上有这样一段顺口溜，批评用平均收入来反映居民收入水平的做法："张庄有个张千万，9个邻居穷光蛋，加在一起求平均，个个收入超百万。"这个批评既有正确之处，也可能存在一定误解。正确之处是：平均数受极端值的影响很大，简单地用平均收入反映居民收入水平，有可能掩盖两极分化的现象。可能存在的误解则是：用很少出现的小样本计算结果作为反对用平均收入反映居民收入水平的理由是不够充分的。事实上，统计中的居民平均收入并不是根据小样本计算的而是根据大量观察结果计算的，平均收入确实可以代表一定时期居民的收入水平。在统计上，平均数在很多场合并不适用，而是要考量中位数，否则，会掩盖掉许多群体差异。用平均数做决策依据，有时并不能满足多样多层需求。当然，为了更好地反映其代表性，还可以计算居民收入水平的方差和变异系数等指标。

本章将重点介绍如何利用描述统计的方法，反映数据分布的集中趋势、分布的离散程度以及分布的形状。通过本章的学习，你将对上述问题有更全面和深刻的认识。

第一节　数据分布集中趋势的测定

一、测定集中趋势指标的作用

集中趋势是一组数据向其中心值聚集或靠拢的倾向和程度。测度集中趋势就是寻找数据一般水平的代表值或中心值。不同类型的数据用不同的集中趋势测度值，低层次数据的集中趋势测度值适用于高层次数据的测度，反过来，高层次数据的集中趋势测度值并不适用于低层次数据的测度。

（一）两类测度集中趋势的指标

位置平均数——根据数据所处位置直接观察或根据与特定位置有关的部分数据确定的平均数，主要有众数和中位数。

数值平均数——根据全部数据计算得到的代表值，主要有算术平均数、调和平均数和几何平均数。

（二）作用

1. 可以反映变量分布的集中趋势和一般水平。如用平均工资代表职工工资分布的中心，反映职工工资的一般水平。

2. 可用来比较同一现象在不同空间或不同阶段的发展水平。不受总体规模大小的影响，在一定程度上使偶然因素的影响相互抵消。

3. 平均指标也是统计推断中的一个重要统计量，是进行统计推断的基础。

二、众数和中位数

（一）众数

众数是集中趋势的测度值之一，它是一组数据中出现次数最多的变量值。众数不受极端值的影响，在一组数据中可能没有众数或有几个众数。主要适用于分类数据、顺序数据、数值型数据。

众数的确定比较简单，对于分类数据、顺序数据和数值型数据只需直接观察找出次数最多的变量值即为众数；对于组距式数列，首先找出次数最多的组，即众数组，然后一般通过下列公式计算确定众数：

$$M_0 = L + \frac{f_0 - f_{-1}}{(f_0 - f_{-1}) + (f_0 - f_{+1})} \times d \tag{4.1}$$

或

$$M_0 = U - \frac{f_0 - f_{+1}}{(f_0 - f_{-1}) + (f_0 - f_{+1})} \times d \tag{4.2}$$

其中，M_0 为众数；L 为众数组的下限；U 为众数组上限；f_{-1} 为众数组前一组的次数；f_0 为众数组的次数；f_{+1} 为众数组后一组的次数；d 为众数组的组距。

例 4.1：根据表 4.1 中的数据，计算众数。

表 4.1　　　　　　　　某城市居民关注广告类型的频数分布

广告类型	人数（人）	比例	频率（%）
商品广告	112	0.56	56.0

广告类型	人数（人）	比例	频率（%）
服务广告	51	0.26	25.5
金融广告	9	0.05	4.5
房地产广告	16	0.08	8.0
招生招聘广告	10	0.05	5.0
其他广告	2	0.01	1.0
合计	200	1	100

解：这里的变量为"广告类型"，这是个分类变量，不同类型的广告就是变量值。我们看到，在所调查的 200 人当中，关注商品广告的人数最多，为 112 人，占被调查人数的 56%，因此众数为"商品广告"这一类别，即：$M_0 =$ 商品广告。

例 4.2：根据表 4.2 中的数据，计算众数。

表 4.2　　　　　　　　某城市家庭对居住状况评价的频数分布

回答类别	甲城市	
	户数（户）	频率（%）
非常不满意	24	8
不满意	108	36
一般	93	31
满意	45	15
非常满意	30	10
合计	300	100

解：这里的数据为顺序数据，变量为"回答类别"。该城市中对住房表示不满意的户数最多，为 108 户，因此众数为"不满意"这一类别，即 $M_0 =$ 不满意。

例 4.3：根据表 4.3 数据，计算 50 名工人日加工零件数的众数。

表 4.3　　　　　　　某车间 50 名工人日加工零件数分组表

按零件数分组	频数（人）	频率（%）
5	3	6
6	5	10
7	8	16
8	14	28
9	10	20
10	6	12
11	4	8
合计	50	100

解：这里的数据为数值型数据，可以看出：日加工零件为 8 件的频数最多，为 14 人，所以众数为 8，即 $M_0 = 8$（件）。

例 4.4：某公司 30 名工人劳动生产率（千克/时）资料如表 4.4 所示。

表 4.4		某公司 30 名工人劳动生产率	单位：千克/时
劳动效率	人数（f）	累计次数（向上累计）	累计次数（向下累计）
0 ~ 2	5	5	30
2 ~ 4	7	12	25
4 ~ 6	10	22	18
6 ~ 8	8	30	8
合计	30	—	—

解： 根据表 4.4 的资料，我们不难发现，出现次数最多的是第 3 组，即众数组 4~6 这一组。众数计算如下：

$$M_0 = L + \frac{f_0 - f_{-1}}{(f_0 - f_{-1}) + (f_0 - f_{+1})} \times d$$

$$= 4 + \frac{10 - 7}{10 - 7 + (10 - 8)} \times 2$$

$$= 4 + 1.2 = 5.2 \text{（公斤/时）}$$

或

$$M_0 = U - \frac{f_0 - f_{+1}}{(f_0 - f_{-1}) + (f_0 - f_{+1})} \times d$$

$$= 6 - \frac{10 - 8}{10 - 7 + (10 - 8)} \times 2$$

$$= 6 - 0.8 = 5.2 \text{（公斤/时）}$$

（二）中位数

中位数是集中趋势的测度值之一。将总体中各单位的标志值按大小顺序加以排列，处在数列中间位置的标志值就是中位数。它不受最大、最小两个极端数值的影响；且部分数据的变动对中位数没有影响，当一组数据中的个别数据变动较大时，常用它来描述这组数据的集中趋势。

中位数的确定方法依据掌握资料的不同而有所区别。对于未分组资料，只需将各变量值按大小顺序排列，根据变量值的个数确定中位数所在位次。若总体单位数是奇数，中间位置的标志值即为中位数；若总体单位数是偶数，则位居中间的两个标志值的算术平均数为中位数。对于顺序及分组资料，其中位数的确定方法是累计次数（向上累计或向下累计）的一半，找出中位数组的数值即可；对于组距式变量数列，确定中位数所在组的方法与单项式变量数列相同，然后一般通过下列公式计算确定中位数：

$$M_e = L + \frac{\frac{\sum f}{2} - F_{m-1}}{f_m} \times d \tag{4.3}$$

或

$$M_e = U - \frac{\frac{\sum f}{2} - F_{m+1}}{f_m} \times d \tag{4.4}$$

其中，M_e 代表中位数；$\sum f$ 是总体单位总数；L 是中位数所在组的下限；U 是中位数所在组的上限；f_m 是中位数所在组的次数；F_{m-1} 为中位数所在组的前一组的向上累计次数；F_{m+1} 为中位数所在组的后一组的向下累计次数；d 为中位数所在组的组距。

例4.5：根据表4.5中的数据，计算甲城市家庭对住房满意状况评价的中位数。

表4.5　　　　　　甲城市家庭对住房状况评价的频数分布

回答类别	甲城市	
	户数（户）	累计频数
非常不满意	24	24
不满意	108	132
一般	93	225
满意	45	270
非常满意	30	300
合计	300	—

解：中位数的位置为：300/2＝150。从累计频数看，中位数是在"一般"这一组别中，即：$M_e ＝$ 一般。

例4.6：以某公司30名工人劳动生产率（千克/时）资料为例，由表4.4可得：根据30/2＝15，可以看出中位数所在组为第3组，则中位数的计算如下：

$$M_e = L + \frac{\frac{\sum f}{2} - F_{m-1}}{f_m} \times d$$

$$= 4 + \frac{\frac{30}{2} - 12}{10} \times 2 = 4.6 \text{（千克/时）}$$

或

$$M_e = U - \frac{\frac{\sum f}{2} - F_{m+1}}{f_m} \times d$$

$$= 6 - \frac{\frac{30}{2} - 8}{10} \times 2 = 4.6 \text{（千克/时）}$$

通过上述计算可以发现：中位数的确定仅取决于它在数列中的位置，所以不受极端数值的影响，在这一点上优于算术平均数。因此，在某些经济现象中，用中位数来表示现象的一般水平比算术平均数更具代表性。

（三）四分位数和十分位数

四分位数是将数据由小到大排序后，位于全部数据 1/4、2/4、3/4 位置上的数值。

十分位数是将数据由小到大排序后，位于全部数据 1/10、2/10、3/10、…、9/10位置上的数值。

分位数与其他指标结合，可以更详细地反映数据分布特征。

三、算术平均数

算术平均数（$\bar{x}$）是统计中最基本、最常用的一种平均数，也是最常用的集中趋势测度值。算术平均数是一组数据的均衡点所在，易受极端值的影响，主要适用于数值型数据。它是用分布数列中总体各单位标志值的总和除以全部单位数而得到的比值。其基本计算公式为：

$$算术平均数 = \frac{总体标志总量}{总体单位总量} \tag{4.5}$$

在实际应用中，由于所掌握的资料不同，算术平均数可分为简单算术平均数和加权算术平均数两种。

（一）简单算术平均数

简单算术平均数是直接将总体各单位的标志值相加之和除以总体单位的个数而得到的平均数。其计算公式为：

$$\bar{x} = \frac{x_1 + x_2 + x_3 + \cdots + x_n}{n} = \frac{\sum x}{n} \tag{4.6}$$

其中，$\bar{x}$ 代表算术平均数；x 代表各单位标志值；n 代表总体单位个数。

例4.7： 某工厂生产班组有 5 个工人，日产零件数分别为 21 件、23 件、25 件、27 件和 29 件，则平均每人日产零件数为：

$$\bar{x} = \frac{21 + 23 + 25 + 27 + 29}{5} = 25 （件）$$

可见，简单算术平均数适用于资料未分组的情况下。

（二）加权算术平均数

为了体现各变量值轻重不同的影响作用，对各个变量值赋予不尽相同的权数 f_i。当各变量值出现的次数不同，也就是资料已经分组形成变量数列的情况下，平均数的计算要采用加权算术平均数的形式。其计算公式为：

$$\bar{x} = \frac{x_1 f_1 + x_2 f_2 + x_3 f_3 + \cdots + x_n f_n}{f_1 + f_2 + f_3 + \cdots + f_n} = \frac{\sum xf}{\sum f} = \sum x \cdot \frac{f}{\sum f} \tag{4.7}$$

其中，x 代表各组的标志值；f 代表各组所对应的次数（权数）；$\dfrac{f}{\sum f}$ 代表各组次数占总次数的比重（频率）。

从上述计算公式中我们不难发现：加权算术平均数（$\bar{x}$）的大小，不仅取决于各组变量值（x）的大小，而且受各组次数占总次数比重的影响。某组的次数占总次数比重越大，说明该组标志值对平均数的影响程度越高；反之，某组的次数占总次数的比重越小，说明该组标志值对平均数的影响程度越小。平均数的数值大小总是趋近于次数占总次数比重较大那一组的标志值。可见，各组次数占总次数比重的大小对平均数的大小起着权衡轻重的作用。当各组次数相等时，也就是各组次数占总次数比重完全相同时，权数（包括绝对数权数 f 和比重权数 $\dfrac{f}{\sum f}$）对平均数的影响作用也就消失了；这时，加权算术平均数就等于简单算术平均数。即：当 $f_1 = f_2 = f_3 = \cdots = f_n$，则 $\bar{x} = \dfrac{\sum xf}{\sum f} = \dfrac{f\sum x}{nf} = \dfrac{\sum x}{n}$。这说明简单算术平均数是加权算术平均数的一种特例。

由于变量数列包括单项式变量数列和组距式变量数列两种，所以，加权算术平均数的计算也分为以下两种情况。

1. 根据单项式数列计算加权算术平均数时，直接用各组标志值与各组次数乘积的总和除以各组次数总和即可。

例 4.8：某公司 100 名工人的日产量如表 4.6 所示。

表 4.6　　　　　　　　　　　　**某公司工人日产量**

日产量（件）x	工人数（人）f	日总产量（件）xf
20	10	200
21	20	420
22	40	880
23	20	460
24	10	240
合计	100	2 200

解：这 100 名工人的平均日产量为：

$$\bar{x} = \frac{\sum xf}{\sum f} = \frac{2\,200}{100} = 220 \text{（件）}$$

2. 根据组距式变量数列计算加权算术平均数时，首先在一定假定条件下（即假定变量值在各组内是均匀分布的）计算各组的组中值以代表各组的标志值，其次用各组标志值与各组次数乘积的总和除以各组次数总和即可。

例 4.9：某轻工企业 60 名工人四、五月包装某种产品的数量如表 4.7 所示。

表 4.7　　　　　**某轻工企业 60 名工人四、五月包装某种产品的数量**

按包装量分组（件）	工人数（人）		组中值（件）x	总包装量（件）	
	四月 f_1	五月 f_2		四月 xf_1	五月 xf_2
400 以下	5	3	350	1 750	1 050
400~500	13	5	450	5 850	2 250

按包装量分组（件）	工人数（人）		组中值（件）	总包装量（件）	
	四月 f_1	五月 f_2	x	四月 xf_1	五月 xf_2
500～600	18	12	550	9 900	6 600
600～700	15	20	650	9 750	13 000
700～800	7	15	750	5 250	11 250
800 以上	2	5	850	1 700	4 250
合计	60	60	—	34 200	38 400

解：60 名工人平均每人日包装量为：

$$四月：\bar{x}_1 = \frac{\sum x_1 f_1}{\sum f_1} = \frac{34\ 200}{60} = 570（件/人）$$

$$五月：\bar{x}_2 = \frac{\sum x_2 f_2}{\sum f_2} = \frac{38\ 400}{60} = 640（件/人）$$

可见，在各组标志值不变的情况下，各组人数占总人数比重的大小，对平均数大小起着决定性的作用。四月日包装量在 600 件以下的有 36 人，占总人数的 60%，使得平均包装量低于 600 件；五月日包装量在 600 件以上的有 40 人，占总人数的 67%，导致平均包装量高于 600 件。

需要说明的是：在计算加权算术平均数时，对于权数（f）的选择必须慎重，务必使各组标志值和权数的乘积等于各组的标志总量，并且具有实际经济意义。

例 4.10：某市某局所属 15 个企业产值计划完成情况如表 4.8 所示。

表 4.8　　　　　　　　**某市某局所属 15 个企业产值计划完成情况**

计划完成程度（%）	企业数（个）	计划任务数（万元）f	组中值（%）x	实际完成数（万元）xf
90～100	5	100	95	95
100～110	8	800	105	840
110～120	2	100	115	115
合计	15	1 000	—	1 050

在计算管理局 15 个企业产值计划平均完成程度时，究竟以企业数为权数还是以计划任务数为权数是本题的关键。企业数虽然是完成产值计划不同程度的次数，但并不适合作权数。各组的计划完成程度（组中值）与企业数相乘没有实际经济意义；而各企业由于规模大小不同，下达的计划任务数也应有所区别。所以，分析产值计划平均完成程度时，必须根据下达的计划任务数来计算，即以计划任务数为权数；通过实际完成产值数与产值计划任务数的对比来确定 15 个企业平均计划完成程度。计算过程为：

$$平均计划完成程度（\%）= \frac{实际完成产值数}{计划任务数} \times 100\% = \frac{\sum xf}{\sum f}$$

$$= \frac{95\% \times 100 + 105\% \times 800 + 115 \times 100\%}{100 + 800 + 100}$$

$$= \frac{1\ 050}{1\ 000} \times 100\% = 105\%$$

（三）算术平均数的主要数学性质

1. 算术平均数与变量值个数的乘积等于各个变量值的总和。
2. 各变量值与算术平均数的离差之总和等于零。
3. 各变量值与算术平均数的离差平方之总和为最小。

四、调和平均数

调和平均数也称为倒数平均数，是集中趋势的测度值之一，也是算术平均数的另一种表现形式；它易受极端值的影响，主要用于数值型数据。

其计算公式为：

$$H_m = \frac{\sum M_i}{\sum \dfrac{M_i}{X_i}} \tag{4.8}$$

调和平均数仍然是总体标志总量和总体单位总量对比的结果，只是由于掌握的数据不同，在计算形式上不同于算术平均数而已；所以，它可以看作是算术平均数的一种变形。

例4.11：某蔬菜批发市场三种蔬菜的日成交数据如表4.9所示，计算三种蔬菜该日的平均批发价格。

表4.9　　　　　　　　　某日三种蔬菜的批发成交数据

蔬菜名称	批发价格（元）X_i	成交额（元）M_i	成交量（千克）M_i/X_i
甲	1.20	18 000	15 000
乙	0.50	12 500	25 000
丙	0.80	6 400	8 000
合计	—	36 900	48 000

解：三种蔬菜平均批发价格为：

$$H_m = \frac{\sum M_i}{\sum \dfrac{M_i}{X_i}} = \frac{36\ 900}{48\ 000} = 0.769 \ （元/千克）$$

五、几何平均数

几何平均数是 n 个变量值连乘积的 n 次方根。它适合于计算现象的平均比率或平均速度，反映现象增长率的平均水平。几何平均数按所掌握的资料不同，分为简单几何平均数和加权几何平均数。

（一）简单几何平均数

简单几何平均数适用于计算未分组变量值的平均比率或平均速度，其计算公式为：

$$G = \sqrt[n]{x_1 \cdot x_2 \cdot x_3 \cdots x_n} = \sqrt[n]{\Pi x} \qquad (4.9)$$

其中，G 代表几何平均数；x 代表各个变量值；n 代表变量值的个数；Π 代表连乘符号。

例 4.12： 某机械厂生产机器，设有毛坯、粗加工、精加工、装配 4 个连续作业的车间，本月份毛坯车间制品合格率为 97%，粗加工车间制品合格率为 93%，精加工车间制品合格率为 91%，装配车间制品合格率为 87%。在确定车间平均合格率时，由于后续车间的合格率是在前一车间制品全部合格的基础上计算的，全厂产品的总合格率并不等于各车间制品合格率之和，而是等于各车间制品合格率的连乘积；所以，不能采用算术平均数和调和平均数，必须利用几何平均数来计算，即：

$$\text{车间平均合格率} = \sqrt[n]{\Pi x}$$
$$= \sqrt[4]{97\% \times 93\% \times 91\% \times 87\%} = 91.93\%$$

在变量值较多的情况下，计算几何平均数需开高次方，为了计算上的方便，可以用对数简化计算，对几何平均数计算公式的两边同时取对数，则有：

$$\lg G = \frac{1}{n}(\lg x_1 + \lg x_2 + \lg x_3 + \cdots + \lg x_n) = \frac{\sum \lg x}{n}$$

可见，几何平均数的对数，实质上是各个变量值对数的算术平均数。求出了几何平均数的对数之后，再由反对数找出真数，即为几何平均数。

在上例中，按对数方法计算车间平均合格率为：

$$\lg G = \frac{1}{4}(\lg 0.97 + \lg 0.93 + \lg 0.91 + \lg 0.87) = 1.96$$

求反对数得车间产品合格率为 91.93%。

（二）加权几何平均数

加权几何平均数适用于计算分组数列的平均比率或平均速度，其计算公式为：

$$G = \sqrt[f_1 + f_2 + f_3 + \cdots + f_n]{x_1^{f_1} \cdot x_2^{f_2} \cdots x_n^{f_n}} = \sqrt[\sum f]{\Pi x^f} \qquad (4.10)$$

其中，f 为变量值的次；$\sum f$ 表示次数总和；x 代表各组变量值；Π 为连乘符号。

为了计算上的方便，对上述公式两边同时取对数，得：

$$\lg G = \frac{f_1 \lg x_1 + f_2 \lg x_2 + f_3 \lg x_3 + \cdots + f_n \lg x_n}{f_1 + f_2 + f_3 + \cdots + f_n} = \frac{\sum f \lg x}{\sum f} \tag{4.11}$$

由此可见，加权几何平均数的对数，实质上是各变量值对数的加权平均数。求出几何平均数的对数后，再由反对数找到真数，即为几何平均数。

例4.13：某建设银行某项投资的年利率是按复利计算的，25年的年利率分配是：1年为8%，4年为9%，8年为10%，10年为12%，2年为14%。在确定平均年利率时，由于按复利计息，各年的利息是在前年的累计存款额（本金加利息）的基础上计息，所以，应先将各年的利率换算成各年本利率（1 + 年利率）。这时，总的本利率就等于各年本利率的连乘积，可以用加权几何平均数公式计算出年平均本利率，然后用年平均本利率扣除100%，即可得到平均年利率。计算过程如表4.10所示。

表4.10　　　　　　　　　平均本利率计算过程表

本利率（%）	年数（次数）f	本利率的对数 $\lg x$	次数乘对数 $f \cdot \lg x$
108	1	2.03	2.03
109	4	2.04	8.15
110	8	2.04	16.33
112	10	2.05	20.49
114	2	2.06	4.11
合计	25	—	51.12

解：按对数方法计算年平均本利率为：

$$\lg G = \frac{\sum f \lg x}{\sum f} = \frac{51.12}{25} = 2.04$$

求反对数得：

年平均本利率 $G = 109.65\%$

平均年利率 $G = 109.65\% - 100\% = 9.65\%$

由此可见，凡是现象的变量值连乘积等于总比率或总速度，都可以使用几何平均数来计算其平均比率或平均速度。

六、集中趋势测度值比较

（一）众数、中位数和算术平均数的比较

1. 算术平均数综合反映了全部数据的信息，众数和中位数由数据分布的特定位置确定。

2. 算术平均数和中位数在任何一组数据中都存在而且具有唯一性，但计算和应用众数有两个前提条件：数据项数众多；数据具有明显的集中趋势。

3. 算术平均数只能用于定量（数值型）数据，中位数适用于定序数据和定量数据，众数适用于所有形式（定性数据和定量数据）的数据。

4. 算术平均数要受数据中极端值的影响，而众数和中位数都不受极端值的影响。

5. 算术平均数可以推算总体的有关总量指标，而中位数和众数则不宜用作此类推算。

（二）数据类型和所适用的集中趋势测度值

数据类型和所适用的集中趋势测度值如表4.11所示。

表 4.11　　　　　　　　数据类型和所适用的集中趋势测度值

数据类型	分类数据	定序数据	数值型数据
适用的测度值	众数	中位数	算术平均数
	—	四分位数	调和平均数
	—	众数	几何平均数
	—	—	中位数
	—	—	四分位数
	—	—	众数

第二节　数据分布离散程度的测定

一、测定离散程度指标的作用

离散程度是数据分布的另一个重要特征，离散程度测度值是对数据分散程度的描述，它反映了各变量值远离其中心值的程度，因此也称为离中趋势。同时，它从另一个侧面说明了集中趋势测度值的代表程度，不同类型的数据有不同的离散程度测度值。

二、异众比率

异众比率指非众数值的次数之和在总次数中所占比重，主要用于衡量一组数据以众数为分布中心的集中程度，即衡量众数代表一组数据一般水平的代表性。其值越小，数据集中程度越高，众数代表性越大。

计算公式为：

$$V_r = \frac{\sum F_i - F_m}{\sum F_i} = 1 - \frac{F_m}{\sum F_i} \tag{4.12}$$

例 4.14：以表4.1中的数据为例，计算异众比率。

解：

$$V_r = \frac{200 - 112}{200} = 44\%$$

在所调查的200人当中，关注非商品广告的人数占44%，异众比率较大。因此，用"商品广告"来反映城市居民对广告关注的一般趋势，代表性较差。

三、极差、四分位差和平均差

（一）极差

极差是一组数据的最大值与最小值之差，通常用R表示。

$$R = x_{max} - x_{min} \tag{4.13}$$

对于总体数据而言，极差是变量变化的范围或幅度大小，故也称为全距。组距数列中，极差 = 最高组的上限 − 最低组的下限。极差的优点是计算简便、含义直观、容易理解，是离散程度的最简单测度值；但是，它易受极端值影响且未考虑数据的中间分布情况，不能充分说明全部数据的差异程度。

（二）四分位差

四分位差也是离散程度的测度值之一，不受极端值的影响，适用于顺序数据和数值型数据。四分位差为第三四分位数（Q_3）与第一四分位数（Q_1）之差，常用Q_d表示，计算公式为：

$$Q_d = Q_3 - Q_1 \tag{4.14}$$

四分位差是一种顺序统计量，适用于定序数据和定量数据，尤其是当用中位数来测度数据集中趋势时。它在一定程度上是对极差的一种改进，避免了极端值的干扰，但它对数据差异的反映仍然是不充分的，实质上是两端各去掉1/4的数据之后的极差，表示占全部数据一半的中间数据的离散程度。四分位差越大，表示数据离散程度越大。

例4.15：（1）假设某小组6名成员的年龄如表4.12所示，计算6名成员年龄的四分位差。

表4.12　　　　　　　　　某小组6名成员的年龄

年龄	23 岁	21 岁	30 岁	28 岁	25 岁	26 岁
排序	21 岁	23 岁	25 岁	26 岁	28 岁	30 岁
位置	1	2	3	4	5	6

解： Q_L 位置 $= \frac{N+1}{4} = \frac{6+1}{4} = 1.75$；$Q_U$ 位置 $= \frac{3(N+1)}{4} = \frac{3 \times (6+1)}{4} = 5.25$

$Q_L = 21 + 0.75 \times (23 - 21) = 22.5$；$Q_U = 28 + 0.25 \times (30 - 28) = 28.5$

$$Q_D = Q_U - Q_L = 28.5 - 22.5 = 6$$

（2）当小组为7名成员时，7名成员的年龄如表4.13所示，计算6名成员年龄的四分位差。

表 4.13   某小组 7 名成员的年龄

年龄	23 岁	21 岁	30 岁	32 岁	28 岁	25 岁	26 岁
排序	21 岁	23 岁	25 岁	26 岁	28 岁	30 岁	32 岁
位置	1	2	3	4	5	6	7

解： Q_L 位置 $= \dfrac{N+1}{4} = \dfrac{7+1}{4} = 2$；$Q_U$ 位置 $= \dfrac{3(N+1)}{4} = \dfrac{3(7+1)}{4} = 6$

$$Q_L = 23；Q_U = 30$$

$$Q_D = Q_U - Q_L = 30 - 23 = 7$$

（三）平均差

平均差是各个数据与其均值的离差绝对值的算术平均数，反映各个数据与其均值的平均差距，通常以 A. D 表示。计算公式为：

未分组数据：

$$A. D = \frac{\sum\limits_{i=1}^{n} |x_i - \bar{x}|}{n} \tag{4.15}$$

已分组数据：

$$A. D = \frac{\sum\limits_{i=1}^{n} |x_i - \bar{x}| f_i}{\sum\limits_{i=1}^{n} f_i} \tag{4.16}$$

平均差含义清晰，能够全面地反映数据的离散程度；但取离差绝对值进行平均，数学处理上不够方便，在数学性质上也不是最优的。

例 4.16： 根据表 4.14 中的数据，计算工人日加工零件数的平均差。

表 4.14   某车间 50 名工人日加工零件平均差计算表

按零件数分组	组中值（x_i）	频数（f_i）	$\|x_i - \bar{x}\|$	$\|x_i - \bar{x}\| f_i$
105 ~ 110	107. 5	3	15. 7	47. 1
110 ~ 115	112. 5	5	10. 7	53. 5
115 ~ 120	117. 5	8	5. 7	45. 6
120 ~ 125	122. 5	14	0. 7	9. 8
125 ~ 130	127. 5	10	4. 3	43. 0
130 ~ 135	132. 5	6	9. 3	55. 8
135 ~ 140	137. 5	4	14. 3	57. 2
合计	—	50	—	312

解：

$$M_D = \frac{\sum\limits_{i=1}^{n} |x_i - \bar{x}| f_i}{\sum\limits_{i=1}^{n} f_i} = \frac{312}{50} = 6.24 \text{（个）}$$

四、方差和标准差

（一）方差

方差是离散程度的测度值之一，也是最常用的离散程度测度值。它反映了数据分布的离中趋势，反映了各变量值与均值的平均差异。根据总体数据计算的，称为总体方差或标准差；根据样本数据计算的，称为样本方差或标准差。

总体方差（σ^2）的计算公式为：

未分组数据：

$$\sigma^2 = \frac{\sum_{i=1}^{n}(x_i - \bar{x})^2}{n} \tag{4.17}$$

组距分组数据：

$$\sigma^2 = \frac{\sum_{i=1}^{n}(x_i - \bar{x})^2 f_i}{\sum_{i=1}^{n} f_i} \tag{4.18}$$

（二）标准差

标准差是方差的算术平方根，总体标准差一般用 σ 表示。

标准差比方差更容易理解。在社会经济现象的统计分析中，标准差比方差的应用更为普遍，经常被用作测度数据与均值差距的标准尺度。

例4.17：根据表4.15中的数据，计算工人日加工零件数的标准差。

表4.15　　　　　某车间50名工人日加工零件标准差计算表

按零件数分组	组中值（x_i）	频数（f_i）	$(x_i - \bar{x})^2$	$(x_i - \bar{x})^2 f_i$
105~110	107.5	3	246.49	739.47
110~115	112.5	5	114.49	572.45
115~120	117.5	8	32.49	259.92
120~125	122.5	14	0.49	6.86
125~130	127.5	10	18.49	184.90
130~135	132.5	6	86.49	518.94
135~140	137.5	4	204.49	817.96
合计	—	50	—	3 100.5

解：　$\sigma = \sqrt{\dfrac{\sum_{i=1}^{n}(x_i - \bar{x})^2 f_i}{\sum_{i=1}^{n} f_i}} = \sqrt{\dfrac{3\,100.5}{50}} = 7.87$（个）

（三）样本方差和样本标准差

样本方差的计算公式如下。

未分组数据：

$$S_{n-1}^2 = \frac{\sum_{i=1}^{n} (x_i - \bar{x})^2}{n - 1} \qquad (4.19)$$

组距分组数据：

$$S_{n-1}^2 = \frac{\sum_{i=1}^{n} (x_i - \bar{x})^2 f_i}{\sum_{i=1}^{n} f_i - 1} \qquad (4.20)$$

样本方差自由度是一组数据中可以自由取值的数据的个数。当样本数据的个数为 n 时，若样本均值 $\bar{x}$ 确定后，只有 $n-1$ 个数据可以自由取值，其中必有一个数据不能自由取值。

例如，样本有 3 个数值，即 $x_1 = 2$，$x_2 = 4$，$x_3 = 9$，则 $x = 5$。当 $x = 5$ 确定后，x_1、x_2 和 x_3 有两个数据可以自由取值，另一个则不能自由取值，比如 $x_1 = 6$，$x_2 = 7$，那么 x_3 则必然取 2，而不能取其他值。

样本方差用自由度去除，其原因可从多方面来解释：从实际应用角度看，在抽样估计中，当用样本方差去估计总体方差 σ^2 时，它是 σ^2 的无偏估计量。

例 4.18：计算原始数据 10，5，9，13，6，8 的样本方差和样本标准差。

解：

样本方差：

$$S_{n-1}^2 = \frac{\sum_{i=1}^{n} (x_i - \bar{x})^2}{n - 1}$$

$$= \frac{(10 - 8.5)^2 + (5 - 8.5)^2 + \cdots + (8 - 8.5)^2}{6 - 1} = 8.3$$

样本标准差：

$$S_{n-1} = \sqrt{\frac{\sum_{i=1}^{n} (x_i - \bar{x})^2}{n - 1}} = \sqrt{8.3} = 2.88$$

五、离散系数

前面的各变异指标都是有计量单位的，它们的数值大小不仅取决于数据的离散程度，还受数据本身水平高低和计量单位的影响。对不同变量（或不同数据组）的离散程度进行比较时，只有当它们的平均水平和计量单位都相同时，才能利用上述变异指标来分析；否则，须利用离散系数来比较它们的离散程度。

离散系数也称为变异系数，是对两组数据的差异程度进行相对比较。它消除了数据水平高低和计量单位的影响，测度了数据的相对离散程度，用于对不同组别数据离散程度的比较。离散系数通常是标准差与其相应的均值之比，计算公式为：

$$V_\sigma = \frac{\sigma}{\bar{x}} \qquad (4.21)$$

离散系数大，说明数据的离散程度大，其平均数的代表性就差；反之亦然。

例 4.19：某管理局抽查了所属的 8 家企业，其产品销售数据如表 4.16 所示。试比较产品销售额与销售利润的离散程度。

表 4.16　　　　　　　　　**某管理局所属 8 家企业的产品销售数据**　　　　　　单位：万元

企业编号	产品销售额x_1	销售利润x_2
1	170	8.1
2	220	12.5
3	390	18.0
4	430	22.0
5	480	26.5
6	650	40.0
7	950	64.0
8	1 000	69.0

解：

$\overline{x_1} = 536.25$ 万元

$S_1 = 309.19$ 万元

$V_1 = 309.19/536.25 = 0.577$

$\overline{x_2} = 32.5215$ 万元

$S_2 = 23.09$ 万元

$V_2 = 23.09/32.5215 = 0.710$

结论：计算结果表明，$V_1 < V_2$，说明产品销售额的离散程度小于销售利润的离散程度。

六、离散程度测度值比较

数据类型和所适用的离散程度测度值如表 4.17 所示。

表 4.17　　　　　　　　　**数据类型和所适用的离散程度测度值**

数据类型	定类数据	定序数据	数值型数据
	异众比率	四分位差	方差或标准差
	—	异众比率	离散系数
适用的测度值	—	—	平均差
	—	—	极差
	—	—	四分位差
	—	—	异众比率

第三节　数据分布偏态与峰态的测定

一、偏态及其测度

偏态指数据分布的不对称程度或偏斜程度，以对称分布为标准来区分。偏态分布又分左偏（负偏）（见图4.1）和右偏（正偏）（见图4.2）。测度偏态的统计量是偏态系数，记作 SK。偏态系数等于 0 为对称分布，偏态系数大于 0 为右偏分布，偏态系数小于 0 为左偏分布。

计算公式为：

$$SK = \frac{\sum_{i=1}^{K}(x_i - \bar{x})^3 F_i}{\sigma^3 \sum F_i} \qquad (4.22)$$

图4.1　左偏分布　　　　　　　　图4.2　右偏分布

例4.20：已知某电脑公司连续 4 个月每天的销售量分组的有关数据如表4.18所示。试计算电脑销售量的偏态系数。

表4.18　　　　　　　　某电脑公司销售量的频数分布

按销售量分组（台）	频数（天）
140～150	4
150～160	9
160～170	16
170～180	27
180～190	20
190～200	17
200～210	10
210～220	8
220～230	4
230～240	5
合计	120

解：某电脑公司销售量偏态系数及峰态系数计算如表4.19所示。

表4.19　　　　　某电脑公司销售量偏态系数及峰态系数计算

按销售量分组（台）	组中值（x_i）	频数（天）	$(x_i-\bar{x})^3 F_i$	$(x_i-\bar{x})^4 F_i$
140～150	145	4	−256 000	10 240 000
150～160	155	9	−243 000	7 290 000

续表

按销售量分组（台）	组中值（x_i）	频数（天）	$(x_i - \bar{x})^3 F_i$	$(x_i - \bar{x})^4 F_i$
160～170	165	16	−128 000	2 560 000
170～180	175	27	−27 000	270 000
180～190	185	20	0	0
190～200	195	17	17 000	17 000
200～210	205	10	80 000	1 600 000
210～220	215	8	216 000	6 480 000
220～230	225	4	256 000	10 240 000
230～240	235	5	625 000	31 250 000
合计	—	120	540 000	70 100 000

将计算结果代入式（4.22）得：

$$SK = \frac{\sum_{i=1}^{K} (x_i - \bar{x})^3 F_i}{\sigma^3 \sum F_i} = \frac{\sum_{i=1}^{11} (x_i - 185)^3 F_i}{21.58^3 \times 120} = \frac{540\ 000}{21.58^3 \times 120} = 0.448$$

结论：偏态系数为正值，但数值不是很大，说明电脑销售量的分布为右偏分布，但偏斜程度不是很大。

二、峰态及其测度

峰态反映了数据分布平峰或尖峰的程度，测度峰态的统计量是峰态系数。

峰态系数 =3 说明扁平程度适中，峰态系数 <3 为扁平分布，峰态系数 >3 为尖峰分布。

计算公式为：

$$K = \frac{\sum_{i=1}^{K} (x_i - \bar{x})^4 F_i}{\sigma^4 \sum F_i} \qquad (4.23)$$

当峰态系数 K 等于 3、K 大于 3 及 K 小于 3 时的分布如图 4.3 所示。

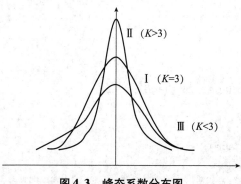

图 4.3 峰态系数分布图

例 4.21：根据表 4.19 中的计算结果，计算电脑销售量的峰度系数。代入式 (4.23) 得：

$$K = \frac{\sum\limits_{i=1}^{K} (x_i - \bar{x})^4 F_i}{\sigma^4 \sum F_i} = \frac{70\ 100\ 000}{21.58^4 \times 120} = 2.694$$

由于峰态系数 $K = 2.694 < 3$，说明电脑销售量的分布与正态分布相比略有一些偏平。

附录：软件操作（R 语言）

案例 4.1：某次核酸采集 25 个人的年龄（单位：岁）分别为：19，15，29，25，24，23，21，38，22，18，30，20，19，19，16，23，27，22，34，24，41，20，31，17，23。通过 R 语言计算这组数据的众数、中位数、平均数、四分位数和四分位差、极差、方差和标准差以及离散系数、偏态系数和峰态系数的实现过程如下：

```
1.众数：
  > zsX < - as.numeric(names(table(age))[table(age) == max(table
(age))]);zsX
  [1]19 23
2.中位数：
  >medianX < - median(age);medianX
  [1] 23
3.平均数：
  >meanX < - mean(age);meanX
  [1] 24
4.四分位数与四分位差：
  > Q < -quantile(age) #四分位数
  > Q
   0%   25%   50%   75%   100%
   15    19    23    27    41
  > Q[4] -Q[2] #四分位差
  75%
    8
5.极差：
  >diffX < - max(age) -min(age);diffX
  [1] 26
6.方差和标准差：
  >VarX < - var(age);VarX
  [1] 44.25
  >sdX < - sd(age);sdX
```

```
[1] 6.652067
```

7.离散系数:
```
>changeX < - sd(age)/meanX ;changeX
[1] 0.277169
```

8.偏态系数:
```
>library(EnvStats)
>sekX < - skewness(age) ;sekX
[1] 1.08011
```

9.峰态系数:
```
>library(EnvStats)
>kurX < - kurtosis(age) ;kurX
[1] 0.7727051
```

当数据类型为分组数据时,我们如何通过 R 语言来实现某组数据分布特征的测度呢?

案例 4.2: 以表 4.14 中的数据为例,通过 R 语言计算某车间 50 名工人日加工零件的平均数、方差和标准差,实现步骤如下:

若 lj.L 与 lj.U 为保存成绩的分组上界跟下界,freq 是各组的人数:
```
>lj.L < - c(105,110,115,120,125,130,135)
>lj.U < - c(110,115,120,125,130,135,140)
>freq < - c(3,5,8,14,10,6,4)
> lj.mid = (lj.U + lj.L)/2 #计算组中值(midpoint)
> lj.mid
[1] 107.5 112.5 117.5 122.5 127.5 132.5 137.5
```

1.平均数:
```
> n = sum(freq) #n = 样本数
> m = length(freq) #m = 组数
> f.sum = sum(freq * lj.mid)
>f.mean = f.sum/n
>f.mean
[1] 123.2
```

2.方差和标准差:
```
> f.sum2 = sum(freq * (lj.mid - f.mean)^2)
> f.s2 = f.sum2/n
> f.s2
[1] 62.01
>f.s = sqrt(f.s2) #分组数据的样本标准差
>f.s
[1] 7.874643
```

练 习 题

一、单项选择题

1. 若标志总量是各单位标志值直接相加得到的，则计算平均指标的形式是（　　）。

    A. 算术平均数   B. 调和平均数

    C. 几何平均数   D. 中位数

2. 平均差与标准差的主要区别在于（　　）。

    A. 意义不同   B. 计算条件不同

    C. 数学处理的方法不同   D. 计算结果不同

3. 用标准差比较分析两个同类总体平均指标的代表性，其基本的前提条件是（　　）。

    A. 两个总体的标准差应相等   B. 两个总体的平均数应相等

    C. 两个总体的单位数应相等   D. 两个总体的离差之和应相等

4. 两个总体的平均数不等，但标准差相等，则（　　）。

    A. 平均数小，代表性大   B. 平均数大，代表性大

    C. 无法进行正确判断   D. 两个平均数代表性相同

5. 已知某中学课外兴趣小组 8 个学生的身高分别为（单位：厘米）：172、165、169、174、170、173、168、179，则这些学生的中位数为（　　）。

    A. 172   B. 4.5

    C. 4   D. 171

6. 如果偏态系数小于 0，峰态系数小于 3，可判断次数分布曲线为（　　）。

    A. 左偏分布，呈尖顶峰度   B. 右偏分布，呈尖顶峰度

    C. 左偏分布，呈平顶峰度   D. 右偏分布，呈平顶峰度

二、多项选择题

1. 数据的分布特征可以从以下（　　）方面进行测度和描述。

    A. 集中趋势   B. 分布的偏态

    C. 分布的峰态   D. 离散程度

    E. 长期趋势

2. 受极端变量值影响的集中趋势度量指标有（　　）。

    A. 众数   B. 中位数

    C. 算数平均数   D. 调和平均数

    E. 几何平均数

3. 加权算数平均数大小的影响因素有（　　）。

    A. 变量值   B. 样本容量

    C. 权数   D. 分组的组数

    E. 数据的类型

4. 数据型数据离散程度的测度指标有（　　　）。
　　A. 异众比率　　　　　　　　B. 极差
　　C. 标准差　　　　　　　　　D. 四分位数
　　E. 离散系数
5. 离散系数的主要作用有（　　　）。
　　A. 说明数据的集中趋势
　　B. 比较不同计量单位数据的离散程度
　　C. 说明数据的偏态程度
　　D. 比价不同变量值水平数据的离散程度
　　E. 说明数据的峰态程度

三、名称解释题

1. 众数
2. 四分位数
3. 异众比率
4. 极差
5. 离散系数

四、简答题

1. 测度数据分布形状的测度值有哪些？
2. 众数、中位数和平均数的特点和应用场合。
3. 异众比率、四分位差、方差或标准差的应用场合。
4. 标准差和方差反映了数据的什么特征？

五、计算题

1. 一家汽车零售店的 10 名销售人员 5 月销售的汽车数量（单位：台）排序后如下。2　4　7　10　10　10　12　12　14　15

　　要求：

　　（1）计算汽车销售量的众数、中位数和平均数。
　　（2）根据定义公式计算四分位数。
　　（3）计算销售量的标准差。
　　（4）说明汽车销售量分布的特征。

2. 随机抽取 25 个网络用户，得到他们的年龄数据（单位：周岁）如下。19　15　29　25　24　23　21　38　22　18　30　20　19　19　16　23　27　22　34　24　41　20　31　17　23

　　要求：

　　（1）计算众数、中位数。
　　（2）计算四分位数。
　　（3）计算平均数和标准差。
　　（4）计算偏态系数和峰态系数。
　　（5）对网民年龄的分布特征进行综合分析。

3. 某银行为缩短顾客到银行办理业务等待的时间，准备采用两种排队方式进行试验：一种是所有顾客都进入一个等待队列；另一种是顾客在三个业务窗口处列队 3 排等待。为比较哪种排队方式使顾客等待的时间更短，两种排队方式各随机抽取 9 名顾客。得到第一种排队方式的平均等待时间为 7.2 分钟，标准差为 1.97 分钟。第二种排队方式的等待时间（单位：分钟）如下。5.5 6.6 6.7 6.8 7.1 7.3 7.4 7.8 7.8

要求：

（1）计算第二种排队时间的平均数和标准差。

（2）比较两种排队方式等待时间的离散程度。

（3）如果让你选择一种排队方式，你会选择哪一种？试说明理由。

4. 某百货公司 6 月各天的销售额数据（单位：万元）如下。257 276 297 252 238 310 240 236 265 278 271 292 261 281 301 274 267 280 291 258 272 284 268 303 273 263 322 249 269 295

要求：

（1）计算该百货公司日销售额的平均数和中位数。

（2）计算四分位数。

（3）计算日销售额的标准差。

六、论述题

1. 怎样理解平均数在统计学中的地位？

2. 一组数据的分布特征可以从哪几个方面进行测度？

3. 对于比率数据的平均为什么采用几何平均？

4. 为什么要计算离散系数？

统计思想的总结

统计学自 17 世纪中叶产生至今，各种统计思想、统计方法日臻完善。统计学的研究目的是揭示社会经济现象的数量特征和数量规律。数量特征和数量规律的描述是通过对大量个体进行观察和分析得到的，而如何将大量个体的数据转化成为一般的数量结论，平均思想就是直接的、有效的、具体的实现方式。平均思想是一种思维方式，即在认识客观事物的过程中客观全面地看问题，从控制偶然性或抽象差异性出发，通过综合与平均，达到对现象的规律性或必然性的认识。例如，简单算术平均数通过对原始数据 x_i 求平均，得到的结果均值表示数据的一般水平和集中趋势；平均差、方差通过对 $|x_i - \bar{x}|$、$(x_i - \bar{x})^2$ 求平均，得到的结果表示数据的离散程度和变异程度；偏态系数通过对 $(x_i - \bar{x})^3$ 求平均，得到的结果表示数据分布的偏斜程度；峰态系数通过对 $(x_i - \bar{x})^4$ 求平均，得到的结果表示数据分布的扁平程度。不同点在于平均对象不同，平均结果就不相同，平均结果的作用和功能也相应存在着差异；相同点是都在求平均数，通过求平均将大量个体的数据由综合转化为一般的数量结论，从而为揭示社会经济现象的数量

特征和数量规律提供基础信息。理解平均思想的关键在于把握平均对象的内涵和特点，因为平均对象的内涵和特点决定了平均结果的作用和功能。

平均思想告诉我们统计认识问题是从其发展的一般规律来看，侧重点不在于总规模或个体。人们熟悉的价值规律是典型的均值思想。均值思想要求从总体上看问题，但要求观察其一般发展趋势，避免个别偶然现象的干扰。如评比时，将各评委的评分去掉一个或两个最高分和最低分，使其能反映集中趋势。均值思想产生了许多计算方法，如众数、中位数、百分数、调和平均数、几何平均数等。这几种平均数是针对不同的信息处理而采取不同的方法计算的，其本质是一样的。

第五章　抽样分布与参数估计

【问题提出】

《文学文摘》输在哪里

　　1936 年美国正从经济大恐慌中复苏，全国仍有 900 万人失业。当年的美国总统大选，由民主党党员罗斯福和共和党党员兰登进行角逐。《文学文摘》杂志对结果进行了调查预测，他们根据当时的电话号码簿及该杂志订户俱乐部会员名单，邮寄 1 000 万份问卷调查表，回收约 240 万份。工作人员获得了大量的样本，对此进行了精确的计算，根据数据的整理分析结果，他们断言：在总统选举中，兰登将以 57% 比 43%，领先 14 个百分点击败罗斯福。与之相反，一个名叫乔治·盖洛普的人，对《文学文摘》调查结果的可信度提出质疑，他也组织了抽样调查，抽取了 5 万份问卷进行民意测验，他的预测与《文学文摘》截然相反，认为罗斯福必胜无疑。结果，罗斯福赢得了 2 770 万张民众选票，兰登得到了 1 600 万张选票；罗斯福赢得了除缅因州、佛蒙特州以外 48 个州的民众选票，获得选举团 523 张选票的 98%，而兰登的选票低于 2%。最终，罗斯福以 62% 比 38% 压倒性地大胜兰登。这一结果使《文学文摘》销声匿迹，而盖洛普则名声大噪。

　　《文学文摘》也曾成功地预测美国 1912～1932 年历次总统选举，而这一次的结果却截然相反。究其失败的原因，便是在抽样方法上出现了问题，《文学文摘》抽取样本时所依据的并不是美国全体选民，而是根据电话号码簿和俱乐部会员名单来编制抽样范围，这样一来，大量的下等阶层民众意见未能被选取。而盖洛普采用的配额抽样法则考虑到了不同市州、性别、人种和社会阶层的调查对象，更能准确地代表美国的所有选民，从而正确作出预测。

　　由此可见，不同的抽样方法会使我们对目标总体的参数估计产生巨大的偏差，如何选取合适的抽样方法，如何对总体参数进行准确的估计，这一章节便会介绍相应的抽样技术与参数估计。

第一节　有关基本概念

一、总体和样本

（一）总体

总体（population）又称母体，它是指所要研究对象的全体，由许多客观存在的具有某种共同性质的单位构成。比如，要检验一批灯泡的使用寿命，这批灯泡构成的集合就是总体，每个灯泡就是一个个体。总体单位数用 N 表示。

总体根据其所包含的单位数目是否可数可以分为有限总体和无限总体。有限总体是指总体的范围能够明确确定，而且元素是有限可数的。比如，一批待检验的灯泡就是有限总体。无限总体是指总体所包括的元素是无限的、不可数的。比如，对某地区天气的观测记录数据，可以随着时间无限延伸下去，由这些观测数据构成的总体就是一个无限总体。

总体分为有限总体和无限总体主要是为了判别在抽样中每次抽取是否独立。对于无限总体，每次抽取一个单位，并不影响下一次的抽样结果，因此每次抽取可以看作是独立进行的。而对于有限总体，抽取一个单位后，总体元素就会减少一个，前一次的抽样结果往往会影响第二次的抽样结果，因此每次抽取是不独立的。这些因素会影响到抽样推断的结果。

通常情况下，统计上所说的总体是一组观测数据，或是一群人或一些物品的集合，总体中包括的单位数用 N 表示。

（二）样本

样本（sample）又称子样，来自总体，是从总体中按随机原则抽选出来的部分，由抽选的单位构成。比如，从一批待检验灯泡中随机抽取 100 个，这 100 个灯泡就构成了一个样本，然后根据这 100 个灯泡的平均使用寿命去推断这批灯泡的平均使用寿命。样本单位数用 n 表示。

值得注意的是，总体包含全部的研究对象，因此它是唯一的、确定的，而通过随机抽选得出的样本是不确定的、可变的、随机的。

二、样本容量与样本个数

（一）基本概念

1. 样本容量（sample size）是指一个样本中所包含的单位数，用 n 表示，它是抽样推断中非常重要的概念。比如，中国人的身高值为一个总体，随机抽取测量 100 个人的身高，那么这 100 个人的身高数据就是总体的一个样本，其样本容量为 100。样本容量的大小与推断估计的准确性有着直接的联系，即在总体既定的情况下，样本容量越大其统计估计量的代表性误差就越小，反之，样本容量越小其估计误差也就越大。在抽样调查中，样本容量的确定很重要。因为样本容量太大，会造成人力、物力和财力的很大浪费；样本容量太小，会使抽样误差太大，使调查结果与实际情况相差很大，影响调查的效果。

2. 样本个数又称样本可能数目，指从一个总体中所可能抽取的样本的个数。对于有限总体，样本个数可以计算出来。样本个数的多少与总体容量、样本容量、抽样方法有关。这个概念只是对有限总体有意义，对无限总体没有意义。

（二）重复抽样与不重复抽样

在了解到样本的相关概念后，我们引入两种不同形式的抽样：重复（置）抽样与不重复（置）抽样。

1. 重复抽样是"有放回的抽样"，它是从总体单位中抽取一个单位进行观察、记录后，再放回总体中，然后再抽取下一个单位，这样连续抽取样本的方法。可见，重复样本是全部总体单位数在抽选过程中始终未减少，总体上各单位被抽中的可能性前后相同，而且各单位有被重复抽中的可能。

例如从 A、B、C、D、E 五个字母中随机抽取两个作为样本。显然，在此情况下，总体单位数 $N=5$，样本单位数 $n=2$，由于是重复抽样，每个字母在第一次抽取后都会被放回，在第二次抽取过程中仍有可能被抽到。

当我们考虑到抽样顺序时，第一次抽到字母 A 第二次抽到字母 B 与第一次抽到字母 B 第二次抽到字母 A 这两个抽样结果是不同的。具体的抽样结果如下所示。

$$A\begin{cases}A\\B\\C\\D\\E\end{cases} \quad B\begin{cases}A\\B\\C\\D\\E\end{cases} \quad C\begin{cases}A\\B\\C\\D\\E\end{cases} \quad D\begin{cases}A\\B\\C\\D\\E\end{cases} \quad E\begin{cases}A\\B\\C\\D\\E\end{cases}$$

因此，考虑到抽样顺序时，样本个数 $= N^n = 5^2 = 25$。

当我们不考虑抽样顺序时，第一次抽到字母 A 第二次抽到字母 B 与第一次抽到字母 B 第二次抽到字母 A 这两个抽样结果是相同的。具体的抽样结果如下所示。

$$A\begin{cases}A\\B\\C\\D\\E\end{cases} \quad B\begin{cases}B\\C\\D\\E\end{cases} \quad C\begin{cases}C\\D\\E\end{cases} \quad D\begin{cases}D\\E\end{cases} \quad E\begin{cases}E\end{cases}$$

因此，不考虑抽样顺序时，样本个数 $= C_{N+n-1}^{n} = \dfrac{(N+n-1)!}{(N-1)!\ n!} = 15$。

2. 不重复抽样是"不放回的抽样"，它是在逐个抽取个体时，每次被抽到的个体不放回总体中参加下一次抽取的方法。采用不重复抽样方法时，总体单位数在抽样过程中逐渐减小，总体中各单位被抽中的概率先后不同。不放回抽样也指整个样本一次同时抽取的抽样方法。

例如从 A、B、C、D、E 五个字母中随机抽取两个作为样本。$N=5$，$n=2$，由于是不重复抽样，每个字母在第一次抽取后不会被放回，在第二次抽取过程中不会再被抽到。

当我们考虑到抽样顺序时，第一次抽到字母 A 第二次抽到字母 B 与第一次抽到字母 B 第二次抽到字母 A 这两个抽样结果是不同的。具体的抽样结果如下所示。

$$
A\begin{cases}B\\C\\D\\E\end{cases}\quad
B\begin{cases}A\\C\\D\\E\end{cases}\quad
C\begin{cases}A\\B\\D\\E\end{cases}\quad
D\begin{cases}A\\B\\C\\E\end{cases}\quad
E\begin{cases}A\\B\\C\\D\end{cases}
$$

因此，考虑到抽样顺序时，样本个数 $= P_N^n = \dfrac{N!}{(N-n)!} = 20$。

当我们不考虑抽样顺序时，第一次抽到字母 A 第二次抽到字母 B 与第一次抽到字母 B 第二次抽到字母 A 这两个抽样结果是相同的。具体的抽样结果如下所示。

$$
A\begin{cases}B\\C\\D\\E\end{cases}\quad
B\begin{cases}C\\D\\E\end{cases}\quad
C\begin{cases}D\\E\end{cases}\quad
D\begin{cases}E\end{cases}\quad
E\begin{cases}\ \end{cases}
$$

因此，不考虑抽样顺序时，样本个数 $= C_N^n = \dfrac{N!}{(N-n)!\ n!} = 10$。

综上，当 N 和 n 一定时，样本个数的多少与抽样方法有关，其计算方法列表如表 5.1 所示。

表 5.1　　　　　　　　　　　不同抽样方法下的样本个数

抽样方法	重复抽样	不重复抽样
考虑顺序	$A = N^n$	$A = P_N^n = \dfrac{N!}{(N-n)!}$
不考虑顺序	$A = C_{N+n-1}^{n} = \dfrac{(N+n-1)!}{(N-1)!\ n!}$	$A = C_N^n = \dfrac{N!}{(N-n)!\ n!}$

三、总体参数和样本统计量

(一) 总体参数

总体参数 (parameter) 是用来反映总体数量特征的指标。研究者所关心的总体参数通常有总体平均数 μ (mu), 总体标准差 σ (sigma), 总体比例 P 等, 其数值是唯一的、确定的。比如, 我们想要知道某一地区所有人口的平均年龄, 这项参数值是客观的、实际存在的, 只不过我们由于总体数据过于庞大而不了解它, 正因如此, 才需要进行抽样, 根据样本计算出某些值, 然后去估计总体参数。

(二) 样本统计量

样本统计量 (statistic) 是反映样本数量特征的指标, 它是研究者根据样本数据计算出来的一个量, 由于抽样是随机的, 因此样本统计量是关于样本的函数, 是随机变量。

由于样本统计量是由抽样得到的有限样本计算而来, 所以其数值往往是知道的。抽样的目的就是根据样本统计量去估计总体参数。比如, 用样本平均数 $\bar{x}$ (x-bar) 去估计总体平均数 μ, 用样本标准差 s 去估计总体标准差 σ, 用样本比例 p 去估计总体比例 P 等。

在日常研究中, 常用的样本统计量有:

1. $\bar{X} = \dfrac{1}{n} \sum\limits_{i=1}^{n} X_i$ 是样本的均值, 它反映的是总体 X 数学期望的信息。样本均值是最常用的统计量。

2. $S^2 = \dfrac{1}{n-1} \sum\limits_{i=1}^{n} (X_i - \bar{X})^2$ 是样本方差, 它反映的是总体 X 方差的信息。样本方差 S^2 及样本标准差 S 也是最常用的统计量。

3. $V = S/\bar{X}$ 是样本变异系数, 它反映出总体变异系数 C 的信息。其中变异系数定义为 $C = \sqrt{D(x)}/E(X)$, 它反映出随机变量在以它的均值为单位时取值的离散程度。此统计量消除了均值不同对不同总体的离散程度的影响, 常用来刻画均值不同时不同总体的离散程度。

4. $m_k = \dfrac{1}{n} \sum\limits_{i=1}^{n} X_i^k$, 称 m_k 为样本 k 阶矩。它反映出总体 k 阶矩的信息。显然, $m_1 = \bar{X}$ 就是样本均值。

5. $v_k = \dfrac{1}{n-1} \sum\limits_{i=1}^{n} (X_i - \bar{X})^k$, 称 v_k 为样本 k 阶中心矩。它反映出总体 k 阶中心矩的信息。显然, v_2 就是样本方差。

6. $a_3 = \sqrt{n-1} \sum\limits_{i=1}^{n} (X_i - \bar{X})^3 \Big/ \Big[\sum\limits_{i=1}^{n} (X_i - \bar{X})^2 \Big]^{3/2}$, 称 a_3 为样本偏度。它反

映出总体偏度的信息。偏度反映了随机变量密度函数曲线在众数（密度函数在这一点达到最大值）两边的偏斜性。正态随机变量 $X \sim N(\mu, \sigma^2)$ 的偏度 $a_3 = 0$。

7. $a_4 = (n-1) \sum_{i=1}^{n} (X_i - \overline{X})^4 / \left[\sum_{i=1}^{n} (X_i - \overline{X})^2 \right]^2 - 3$，称 a_4 为样本峰度。它反映出总体峰度的信息。峰度反映了密度函数曲线在众数附近的"峰"的尖峭程度。正态随机变量 $X \sim N(\mu, \sigma^2)$ 的峰度 $a_4 = 0$。

总体、样本、参数、统计量概念的关系如图 5.1 所示。

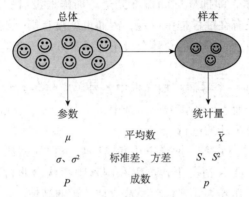

图 5.1　总体、样本、参数、统计量的关系

四、抽样框

（一）基本概念

抽样框（sampling frame）又称"抽样框架""抽样结构"，是包括全部抽样单位的名单框架。它的作用不仅在于提供备选单位的名单以供抽选，它还是计算各个单位入样概率的依据。若没有抽样框，则不能计算样本单位的概率，从而无法进行概率选样。实际上，它就是指可以备选作为样本的全部抽样单位（总体单位）的顺序或编排形式。这个概念最早出现在美国的农业抽样调查中。他们认为，目标总体确定后，还是比较抽象的，应该把全部作为备选的单位编排成目录，使总体包括单位的名称、地址、编号等落实在文字上。这样也可保证各单位既不遗漏，又不被重复抽取。好的抽样框应做到完整而不重复。

（二）抽样框的种类

抽样框根据抽样单位的属性可以分为以下三种：

1. 名单抽样框。名单抽样框即列出全部总体单位的名录一览表。如大学学生花名册、职工名单、工商企业名录等。

2. 区域抽样框。区域抽样框即按行政区域或地理位置将总体划分为若干小区域，以小区域为抽样单位。如人口调查、农作物产量调查等。

3. 时间抽样框。时间抽样框是将总体单位按时间顺序排列。如对河水进行质量监测、地区天气观测等。

在抽样调查中，编制抽样框是一个实际的、重要的问题，因此必须要认真对待。

（三）抽样框问题

常见的抽样框问题可以概括为以下四种基本类型。

1. 缺失一些元素，即抽样框涵盖不完全。抽样框没有覆盖全部目标总体单位，有些目标单位没有在抽样框中出现，因而也就没有机会被选入样本，这些单位成为丢失目标单位。对丢失的总体单位不能发现并纠正会造成调查中对总量的估计偏低。

2. 多个元素对应一个号码。抽样框中各号码应与各元素一一对应，某一号码对应抽样框中多个元素，当该号码被选中，所对应的多个元素会捆绑式地进入样本中，不利于后续推断的进行。

3. 空白或存在异类元素。抽样框中包含一些空白元素或者不属于研究对象的非目标总体元素。正常情况下，可以在调查中辨认出非目标元素并把它们剔除。由于抽样框中存在异类元素，容易造成估计量的高估。

4. 重复号码，即一个元素对应多个号码。在这样的抽样框中进行抽样，会导致对应多个号码的某一元素入样的概率大于其他元素，从而造成样本的偏斜，使估计量产生偏差。

五、抽样效率与设计效果

在样本容量相同的情况下，抽样方差越小表明抽样效率越高。设计效果是设计方案的方差与简单随机抽样的方差之比。设计效果通常用英文字母 $Deff$ 表示，其计算公式为：

$$Deff = \frac{\sigma_D^2}{\sigma_{srs}^2} \tag{5.1}$$

六、抽样的类型

在实际抽样调查活动中，比较关键的步骤是抽样。抽样方法主要有两种：非概率抽样和概率抽样。

（一）非概率抽样

不满足概率抽样要求的抽样都被归为非概率抽样（non-probability sampling）。非概率抽样没有完全按照随机原则选取样本单位，其中单个单位被选中的概率是不可知的，样本统计量的分布不确定，因而无法计算抽样误差，也无法使用样本的结果对总体相应的参数进行推断。

非概率抽样不是依据随机原则，而是根据研究目的对数据的要求，采用某种方式从总体中抽出部分单位对其实施调查。因为非概率抽样是直接从研究者研究目的出发，所以它具有以下优点。

（1）快速简便，针对性强；

（2）费用相对于概率抽样比较低；

（3）不需要任何抽样框；

（4）对探索性研究和调查设计的开发很有用。

同时，非概率抽样也存在以下缺点。

（1）不能对总体进行推断；

（2）由于不知总体单元的入样概率，故不能计算估计值的抽样误差。

虽然从理论上讲，非概率抽样不能保证抽出来的个体对总体的代表性，不能够由样本特征准确地推断总体的特征，但是由于该种方法简单、经济、便捷，所以也是人们常用的方法。常用的非概率抽样方式有：

1. 方便抽样。方便抽样（convenience sampling），也称为便利抽样、偶遇抽样。它主要用于初期评估的探索性研究。调查过程中由调查员依据方便的原则自行确定抽入样本的个体。如，在实施问卷调查过程中，访问员碰人即问或被调查者主动回答问题。方便抽样的优点是容易实施，调查成本低；缺点是样本的确定带有随意性，样本无法代表有明确定义的总体。

2. 判断抽样。判断抽样（judgment sampling），是调查者根据主观经验和判断从总体中选取有代表性的个体构成样本的一种非概率抽样方法。例如，要了解全国钢铁企业的生产状况，可以选择产量较大的几个钢铁企业，对这些重点单位进行调查，就可以了解钢铁产量的大致情况及产量变化的基本走势。判断抽样不能获得估计值的精度，其精度取决于抽样者的经验，适用于总体中的个体极不相同而样本容量又很小的情况。

3. 配额抽样。配额抽样（quota sampling），类似于概率抽样中的分层抽样，是非概率抽样方法中常用的一种抽样方法。其操作比较简单，而且可以保证总体中不同类别的个体都能包括在所抽的样本中，使得样本结构和总体结构类似。例如，在市场调查中，规定男女消费者的样本各多少进行抽样。

配额抽样通常分为两个步骤：第一，根据研究人员认为较重要的一些变量把总体分类，指定每一类中的样本数额；第二，在每一类中使用方便抽样或判断抽样的方法抽选指定数量的个体形成样本。

4. 雪球抽样。雪球抽样（snowball sampling），也称为滚雪球抽样，其原理是先找到最初的样本，然后根据他们提供的信息去获得新的个体形成样本。这种过程不断继续，直到完成规定的样本容量为止。例如，欲对冬泳爱好者进行某项调查，调查人员首先找到若干名冬泳爱好者，然后通过他们找到更多的冬泳爱好者。滚雪球抽样往往用于对稀少的特定群体的调查。

5. 自愿样本。自愿样本指被调查者自愿参加，成为样本中的一分子，向调查人员提供有关信息。例如，参与互联网上刊登的调查问卷活动，向某类节目拨打热线电话等，都属于自愿样本。自愿样本与抽样的随机性无关，样本的组成往往集中于某类特定的人群，尤其集中于对该调查活动感兴趣的人群，因此，这种样本是有偏的。我们不能依据样本信息对总体的状况进行估计，但自愿样本仍可以为研究人员提供许多有价值的信息，它可以反映某类群体的一般看法。

（二）概率抽样

概率抽样（probability sampling），也称随机抽样（random sampling），是指遵循随机原则进行的抽样，总体中每个个体都有一定的机会被选入样本。被抽中的单元既不取决于调查人员的愿望，也不取决于被调查者的态度，根据随机原则，每一个单元都有一定的概率被抽中且其被抽中的概率是已知的，或是可以计算出来的。从理论上讲，概率抽样是最科学的抽样方法，它能保证抽取出来的样本对总体的代表性。相较于非概率抽样，概率抽样可以通过样本对总体进行推断，并能计算估计值的抽样误差，这是概率抽样的优点。相对地，相较于非概率抽样，概率抽样设计比较复杂，而且费用也比较高。

概率抽样分为等概率抽样（equal probability sampling）和不等概率抽样（unequal probability sampling）。前者是指总体中每个单位被抽中的概率都相等，反之则称为不等概率抽样。调查的实践中，经常采用的概率抽样方式有以下几种。

1. 简单随机抽样。可分为有放回和无放回两种方式。有放回抽样也称为重复抽样（repeated sampling），在一个个体被选入样本后，记录其编号，然后又将其放回总体中继续参与随后的抽样过程；无放回抽样也称不重复抽样（non-repetitive sampling），在一个个体被选入样本后，不再放回总体中继续参与随后的抽样过程。

简单随机抽样（simple random sampling）也称纯随机抽样，是一种最基本的抽样方法，它是直接从总体中抽选个体，每个个体被选入样本的概率都相等，其数学性质简单，理论也最为成熟，其他抽样方法都是在它的基础之上发展起来的。这种方法的突出特点是简单、直观，用样本统计量对总体参数进行估计及计算估计量误差比较方便。但是，简单随机抽样需要包含总体所有个体（即总体容量 N）的抽样框（sampling frame，是指为抽样所使用的所有调查对象的名册或清单），并对抽样框中的每个个体编号，然后从中按照随机的原则一个个地抽取 n 个个体作为样本。但是当 N 很大时，构造这样的抽样框并不容易。根据这种方法抽出的个体较为分散，会给后续调查实施增加困难。这种方法没有充分利用其他辅助信息来提高估计效率。因此在规模较大的调查中很少直接采用简单随机抽样，一般是把这种方法和其他抽样方法结合起来使用。

简单随机抽样相较于其他抽样方法有以下优点。

（1）比较容易理解和掌握；

（2）抽样框不需要其他辅助信息；

（3）理论上比较成熟，有现成的方差估计公式。

但是由于简单随机抽样相较于其他抽样比较简单，也会带来相应缺点。

（1）没有利用辅助信息；

（2）样本分散，面访费用较高；

（3）有可能抽到较差的样本；

（4）抽选大样本比较费时。

2. 系统抽样。系统抽样（systematic sampling），也称等距抽样。它是将总体 N 个个体按某种顺序排列，按规则确定一个随机起点，再每隔一定间隔逐个抽取样本单位的抽样方法。若在总体 N 中抽取 n 个单元为样本，典型的系统抽样是先计算抽样间隔 $k = N/n$，从数字 1 到 k 之间随机抽取一个数字 r 作为初始单位，以后依次取 $r + k, r + 2k, \cdots, r + (n-1)k$。如图 5.2 所示。

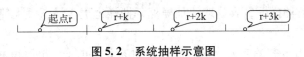

图 5.2　系统抽样示意图

圆形系统抽样方法：当 N 不能被 n 整除时，用圆形系统抽样法可以避免出现样本量可能不一致的情况。把总体单元假想排列在一个圆上，取 $k = N/n$ 最接近的整数，作为间隔，然后在 1 到 N 之间，抽取随机起点 r，则被抽中的单元顺序号为：$r, r + k, r + 2k, \cdots, r + (n-1)k$。

如：$N = 55$，$n = 9$，就取 $k = 6$，在 1 ~ 55 取一个随机起点。例如 $r = 42$，则被抽中的单元是 42，48，54，5，11，17，23，29 和 35。

系统抽样的优点：

（1）没有抽样框时可代替简单随机抽样方法；

（2）不需要辅助的抽样框信息；

（3）样本的分布比较好，估计值容易计算。

系统抽样的缺点：

（1）若抽样间隔与总体的某种周期性变化一致，会得一个差的样本；

（2）不使用辅助信息使抽样效率不高；

（3）使用概念框时，不能预先知道样本量；

（4）没有一个无偏的方差估计量；

（5）当 N 不能被 n 整除时会得到样本量不同的样本。

3. 整群抽样。整群抽样（cluster sampling），是先将总体分为 R 个群或子总体，然后按某种方式从中随机抽取 r 个群，再对抽中的群中所有个体都进行调查的一种抽样方式。如图 5.3 所示。

整群抽样的优点：

（1）能大大降低收集数据的费用，由于群通常是由那些地理位置邻近的或隶属于同一系统的单位构成，因此调查的地点相对集中，从而节省了调查费用，方便了调查的实施；

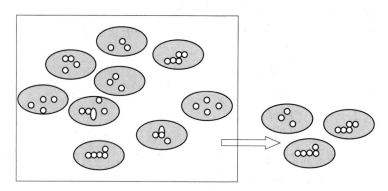

图 5.3　整群抽样示意图

（2）当总体单元自然形成群时，整群抽样只需要群的抽样框，而不必要求包括所有单位的抽样框，容易取得抽样框，抽样也更容易，大大简化了编辑抽样框的工作量；

（3）当群内单元差异大，而不同群之间的差异小时，可以提高效率。

整群抽样的缺点：

（1）若群内各单元有趋同性，同一群内的单位或多或少有些相似，在样本量相同的条件下整群抽样的抽样误差通常比较大，精度效率将会降低；

（2）由于不知道群内有多少单元，所以通常无法预先知道总样本量；

（3）方差估计比简单随机抽样更为复杂。

4. 分层抽样。分层抽样（stratified sampling）也称类型抽样，它首先将要研究的总体按某种特征或某种规则划分为不同的层（组），然后按照等比例或最优比例的方式从每一层（组）中独立、随机地抽取个体，最后将各层的样本结合起来对总体的目标量进行估计。如图 5.4 所示。

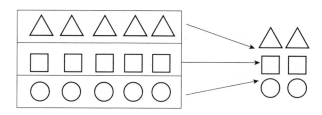

图 5.4　分层抽样示意图

分层抽样有许多优点。这种抽样方法保证了样本中包含有各种特征的抽样单位，样本结构与总体结构比较相近，从而可以有效地提高估计的精度；当层（组）是按行业或行政区划分时，分层抽样为组织实施调查提供了方便。这些优点使分层抽样在实践中得到了广泛的应用。

分层抽样的优点：

（1）由于性质相同的单元分在同一层，层内差异缩小，可以提高抽样效率；

（2）可以得到各层子总体的估计，分层抽样既可以对总体参数进行估计，也可以对各层的目标量进行估计；

（3）操作与管理方便；

（4）能避免得到一个"差"的样本。

分层抽样的缺点：

（1）对抽样框的要求比较高，必须有分层的辅助信息；

（2）收集或编制抽样框的费用比较高；

（3）若调查变量与分层的变量不相关，效率可能降低；

（4）估计值的计算比简单随机抽样复杂。

5. 多阶段抽样。多阶段抽样（multi-stage sampling），是采用类似整群抽样的方法，首先抽取群，但并不是调查群内所有单位，而是再进一步抽样，从选中的群中抽取出若干个单位进行调查。因为取得这些接受调查的单位需要两个步骤，所以将这种抽样方式称为二阶段抽样。这里，群是初级抽样单位，第二阶段抽取的是最终抽样单位。将这种方法推广，使抽样的段数增多，就称为多阶段抽样。例如第一阶段抽取初级单位，第二阶段抽取二级单位，第三阶段抽取接受调查的最终单位就是三阶段抽样，同样的方法还可以定义四阶段抽样。不过，即便是大规模的抽样调查，抽取样本的阶段也应当尽可能少。因为每增加一个抽样阶段，就会增添一份估计误差，用样本对总体进行估计也就更加复杂。如图5.5所示。

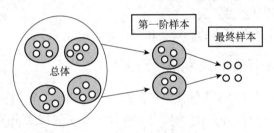

图5.5　多阶抽样示意图

多阶段抽样的优点：

（1）当群具有同质性时，多阶抽样的效率高于整群抽样；

（2）样本的分布比简单随机抽样集中，采用面访可以节约时间和费用；

（3）不需要整个总体单元的名录框，只要群的名录框和抽中群的单元名录框，同时由于实行了再抽样，使调查单位在更广的范围内展开。在较大规模的抽样调查中，多阶段抽样是经常采用的方法。

多阶段抽样的缺点：

（1）效率不如简单随机抽样；

（2）通常不能提前知道最终的样本量；

（3）调查的组织较整群抽样复杂；

（4）估计值与抽样方差的计算较为复杂。

6. 多相抽样。多相抽样（multiple sampling）是指在同一个抽样框内，先抽一个大样本，收集基本的信息，然后在这个大样本中再抽一个子样本，收集调查的详细信息。如图 5.6 所示。

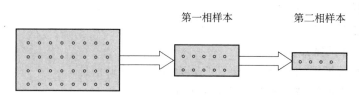

图 5.6　多相抽样示意图

多相抽样的优点：

（1）与简单随机抽样相比能显著提高估计值精度；

（2）能用来获得抽样框中所没有的辅助信息（特别是分层信息）；

（3）适用于某些调查指标的数据收集费用特别高，或会给被调查者带来较重的回答负担的情况。

多相抽样的缺点：

（1）如果需要根据第一相的结果来进行第二相调查，得到整个调查结果的时间比单相调查长；

（2）由于对某些样本单元访问次数超过一次，故所需费用比第一相调查要多；

（3）调查的组织会很复杂；

（4）估计值和抽样误差的计算会相当复杂。

（三）概率抽样与非概率抽样的比较

概率抽样与非概率抽样是性质不同的两种抽样类型，在调查中采用何种抽样类型，取决于多种因素，包括研究问题的性质、使用数据要说明的问题、调查对象的特征、调查费用和时间等。

概率抽样是依据随机原则抽选样本，这时统计量的理论分布是存在的，因此可以根据调查的结果对总体的有关参数进行估计，计算估计误差，得到总体参数的置信区间，并且在进行抽样设计时，对估计的精度提出要求，计算为满足特定精度要求所需要的样本量。所以，如果调查的目的在于掌握研究对象总体的数量特征，得到总体参数的置信区间，就应当使用概率抽样的方法。当然，概率抽样的技术含量更高，无论是抽选样本还是对调查数据进行分析，都要求有较高的统计学专业知识，调查的成本也比非概率抽样高。

由于非概率抽样不是依据随机原则抽选样本，样本统计量的分布是不确切的，因而无法使用样本的结果对总体相应的参数进行推断。如果调查的目标是用样本的调查结果对总体相应的参数进行估计，计算估计误差，得到总体参数的置信区间，这时就不适合采用非概率抽样。非概率抽样的特点是操作简便、时效快、成本低，而且对于抽样中的统计学专业技术要求不是很高。非概率抽样适合探索性的研究，调查的结果用于发现问题，为更深入的数量分析做好准备。非概率抽样也适合市场调查中的概念测试，如产品包装测试、广告测试等。

有时在一项研究项目中，也可以把概率抽样和非概率抽样相结合，发挥各自的特点，满足研究中的不同需求。

<h1 style="text-align:center">第二节　抽样误差</h1>

一、抽样调查中的误差来源

（一）统计误差

统计误差是统计调查中得到的统计数据与现象实际的数量特征之间的差异。统计过程由设计、调查、整理、计算和制表构成，各段工作难免不周或发生误差，由此产生统计误差。主要包括登记性（调查）误差和代表性（样本）误差。前者指在整个统计调查过程中由人为因素引起的各种技术性和责任性的误差，如课题选择误差、调查设计误差、分析误差等。后者主要指抽样过程中样本代表性误差。

（二）统计误差的分类

1. 登记性误差。登记性误差又称调查误差或工作误差，是指在调查和汇总过程中，由于观察、测量、登记、计算等方面的差错或被调查者提供虚假信息等造成的误差。例如，由于指标含义不清，口径不同而造成的误差；由于被调查者提供不实的资料，以及在登记、计算、抄写上有差错等而出现的误差。登记性误差是所有统计调查都可能发生的。一般来说，调查范围越广，调查单位越多，内容越复杂，产生登记性误差的可能性越大。

2. 代表性误差。代表性误差是以样本指标推断总体指标时，由于样本结构与总体结构不一致等原因造成的代表程度上的误差。

代表性误差根据成因可分为两类：

（1）系统误差。它是指在抽样调查中，由于破坏随机原则而产生的偏差。例如，有意识多选好的单位或较差的单位进行调查而造成的误差，即是系统性误差。只要遵循了随机原则就可以避免产生系统性误差，系统性误差和登记性误差一样，都是抽样组织工作造成的，应该采取措施预防误差发生或将其减小到最低程度。

（2）随机误差。即使遵循随机原则抽样，由于偶然性因素的影响，仍会产生抽样指标值与总体指标值之间的不一致。

（三）抽样误差

抽样误差是指不包括登记性误差和系统性误差在内的随机误差，它衡量抽样估计的精确度。

抽样误差是指由于随机抽样的偶然因素使样本各单位的结构不足以代表总体各单位的结构，而引起抽样指标和全局指标的绝对离差。抽样误差不是由调查失误引起的，而是随机抽样所特有的误差。

抽样误差是统计推断所固有的，虽然无法避免，但可以运用数学公式计算。确定其具体的数量界限，并通过抽样设计程序加以控制，因此抽样误差也可以称为可控制的误差。

二、抽样误差的计算

（一）抽样实际误差

抽样实际误差是指某一次具体抽样中，样本指标值与总体参数真实值之间的偏差，如样本平均数与总体平均数之间的绝对离差。但是，在抽样中，由于总体指标数值是未知的，因此，抽样实际误差是无法计算的。同时，抽样实际误差仅仅是一系列可能出现的误差数值之一，因此，抽样实际误差没有概括所有可能产生的抽样误差。

（二）抽样平均误差

抽样平均误差是指所有可能的样本指标值与总体指标值之间的平均差异程度，即样本估计值的标准差。从一个总体中我们可能抽取很多个样本，因此样本指标如样本均值或样本成数将随着不同的样本而有不同的取值，它们对总体指标如总体均值或总体成数的离差有大有小，即抽样误差是个随机变量。而抽样平均误差则是反映抽样误差的一般水平的一个指标，但由于所有可能样本均值的平均数等于总体均值，样本成数的平均数等于总体成数，因此，我们不能用简单算术平均的方法来求抽样平均误差，而应采取标准差的方法来计算抽样平均误差。

样本指标主要有样本均值和样本成数两种，因此，测定样本指标的平均误差也有以下两种。

1. 样本均值的平均误差。样本均值的平均误差就是样本均值的标准差，它反映样本均值的所有可能值对总体平均数的平均离散程度。计算公式为：

$$\sigma(\bar{x}) = \sqrt{\frac{\sum (\bar{x}_i - \mu)^2}{m}} \tag{5.2}$$

其中，$\bar{x}_i$ 为各个可能样本的平均数 $(i = 1, 2, 3, \cdots, m)$；μ 为总体平均数；m 为重复抽样条件下所有可能样本数。

在数学上可以证明，对于重复简单随机抽样，抽样平均数的平均误差的等价公式为：

$$\sigma(\bar{x}) = \sqrt{\frac{\sigma^2}{n}} \tag{5.3}$$

例 5.1：某班组 5 个工人的日工资分别为 34 元、38 元、42 元、46 元、50

元。在此情况下，总体参数 $\mu=42$、$\sigma^2=32$。

现用重复抽样的方法从 5 人中随机抽 2 个构成样本，一共形成 $5^2=25$ 个样本。如表 5.2 所示。

表 5.2　　　　　　　　　　　　重复抽样结果　　　　　　　　　　单位：元

样本	样本平均数$\overline{X}$	样本	样本平均数$\overline{X}$	样本	样本平均数$\overline{X}$
34，34	34	38，34	36	42，34	38
34，38	36	38，38	38	42，38	40
34，42	38	38，42	40	42，42	42
34，46	40	38，46	42	42，46	44
34，50	42	38，50	44	42，50	46
样本	样本平均数$\overline{X}$	样本	样本平均数$\overline{X}$		
46，34	40	50，34	42		
46，38	42	50，38	44		
46，42	44	50，42	46		
46，46	46	50，46	48		
46，50	48	50，50	50		

解：通过上表结果得到的样本平均数的频数分布如表 5.3 所示。

表 5.3　　　　　　　　　　　样本平均数频数分布

样本平均数（元）	34	36	38	40	42	44	46	48	50	合计
频数	1	2	3	4	5	4	3	2	1	25

便可计算得到：$E(\overline{X})=\overline{\overline{X}}=\dfrac{\sum \overline{X}f}{\sum f}=42$

$$\sigma^2(\overline{X})=\dfrac{\sum (\overline{X}-\overline{\overline{X}})^2 f}{\sum f}=16$$

验证了以下两个结论：$E(\overline{X})=\mu$，$\sigma^2(\overline{X})=\dfrac{\sigma^2}{n}$

抽样平均数的标准差反映所有的样本平均数与总体平均数的平均误差，称为抽样平均误差，用 $\sigma_{\overline{x}}$ 表示，$\sigma_{\overline{x}}=\dfrac{\sigma}{\sqrt{n}}$。

对于不重复简单随机抽样的等价公式为：

$$\sigma(\bar{x})=\sqrt{\dfrac{\sigma^2}{n}\left(\dfrac{N-n}{N-1}\right)} \tag{5.4}$$

其中，σ^2 为总体方差，$\dfrac{N-n}{N-1}$ 称为不重复抽样误差公式的修正因子。

当 N 的数值较大，$N-1$ 接近于 N，这样得到近似公式为（其中 f 为抽样比）：

$$\sigma(\bar{x})=\sqrt{\dfrac{\sigma^2}{n}\left(1-\dfrac{n}{N}\right)}=\sqrt{\dfrac{\sigma^2}{n}(1-f)} \tag{5.5}$$

2. 样本成数（比例）的抽样平均误差。总体中具有某种特征的单位占全部总体单位的比例称为总体比例，记作 P，样本中具有此种特征的单位占全部样本单位数的比例称为样本比例，记作 p。

在重复抽样条件下，样本成数抽样平均误差的公式为：

$$\sigma(p) = \sqrt{\frac{p(1-p)}{n}} \qquad (5.6)$$

在不重复抽样条件下，样本成数抽样平均误差的公式为：

$$\sigma(p) = \sqrt{\frac{p(1-p)}{n}\left(1 - \frac{n}{N}\right)} \qquad (5.7)$$

（三）抽样极限（允许）误差

抽样极限（允许）误差，又称置信区间，是指一定概率下抽样误差的可能范围，说明样本估计量在总体参数周围变动的范围，记作 Δ。

1. 样本均值的抽样极限（允许）误差。样本均值的抽样极限（允许）误差就是以绝对值形式表示的样本均值的抽样误差的可能范围，用符号表示为：$|\bar{x} - \mu| \leq \Delta_{\bar{x}}$，$\mu - \Delta_{\bar{x}} \leq \bar{x} \leq \mu + \Delta_{\bar{x}}$。

2. 样本比例的抽样极限（允许）误差。样本比例的抽样极限（允许）误差就是以绝对值形式表示的样本比例的抽样误差的可能范围，用符号表示为：$|p - P| \leq \Delta_P$，$P - \Delta_P \leq p \leq P + \Delta_P$。

在实际抽样估计中，是以已知的样本指标值推断总体指标值，因此，需要将上述不等式加以变换：$\bar{x} - \Delta_{\bar{x}} \leq \mu \leq \bar{x} + \Delta_{\bar{x}}$，$p - \Delta_p \leq P \leq p + \Delta_p$。

第三节　抽样分布

本章所讨论的均为简单重复随机抽样。容量为 n 的样本 $(x_1, x_2, \cdots, x_n)$ 称为简单随机样本，它满足两个条件：（1）$x_1, x_2, \cdots, x_n$ 相互独立，（2）$x_i(i=1,2,\cdots,n)$ 都与总体 x 同分布。

一、抽样分布的概念和种类

（一）抽样分布

抽样分布（sampling distribution）是根据所有可能样本计算出来的某一统计量的数值分布。以样本平均数为例，它是总体平均数的一个估计量，如果按照相同的样本容量，相同的抽样方式，反复地抽取样本，每次可以计算一个平均数，所有可能样本的平均数所形成的分布，就是样本平均数的抽样分布。

（二）抽样分布的种类

抽样分布有极限分布和精确分布两类。极限分布也叫作大样本分布，它只有正态分布一种形式；精确分布又叫作小样本分布，其前提是总体服从正态分布，它是正态分布的导出分布，包括 t 分布、F 分布和 χ^2 分布等形式。

二、常用的概率分布

（一）正态分布

定义：如果总体各个体的标志值以总体平均数为中心，形成钟形对称分布，其分布曲线向两侧扩展，逐渐向横轴逼近，无限延伸出去，但不接触横轴，则这种分布就叫作正态分布，或高斯分布、常态分布。服从正态分布的总体称为正态总体。

如果一个随机变量 X 服从正态分布，则其分布的密度函数（分布曲线方程）为：

$$f(x) = \frac{1}{\sigma \sqrt{2\pi}} e^{-\frac{1}{2}\left(\frac{x-\mu}{\sigma}\right)^2} \tag{5.8}$$

当 $\mu = 0$，$\sigma = 1$ 时，称该分布为标准正态分布。标准正态分布的密度函数为：

$$f(x) = \frac{1}{\sqrt{2\pi}} e^{-\frac{1}{2}x^2} \tag{5.9}$$

任何正态分布，它的样本落在任意区间 (a, b) 内的概率等于直线 $x = a$，$x = b$，横坐标和曲线 $f(x)$ 所夹的面积（可由正态分布概率积分表查得）。经计算，正态总体的样本落在：

$(-\sigma, +\sigma)$ 概率是 68.27%；

$(-2\sigma, +2\sigma)$ 概率是 95.45%；

$(-3\sigma, +3\sigma)$ 概率是 99.73%；

$(-1.96\sigma, +1.96\sigma)$ 概率是 95%.

（二）χ^2 分布

定义：设随机变量 $Y_i \sim N(0,1)(i = 1, 2, \cdots, n)$，且相互独立，则 $Y = \sum Y_i^2$ 服从自由度为 n 的 χ^2 分布，记作 $Y \sim \chi^2(n)$。

自由度是统计学中常用的一个概念，它可以解释为独立变量的个数，还可以解释为二次型的秩。例如，$Y = X^2$ 是自由度为 1 的 χ^2 分布，$\text{rank}(Y) = 1$；$Z = \sum_{i=1}^{n} X_i^2$ 是自由度为 n 的 χ^2 分布，$\text{rank}(Z) = n$。

χ^2 分布的概率密度函数为：

$$f(x) = \begin{cases} \dfrac{1}{2^{\frac{n}{2}}\Gamma\left(\dfrac{n}{2}\right)} x^{\frac{n}{2}-1} e^{-\frac{x}{2}}, & x > 0 \\ 0, & x < 0 \end{cases}$$

(5.10)

其中，n 是正整数，$\Gamma\left(\dfrac{n}{2}\right)$ 是 Γ（伽马）函数 $\Gamma(y) = \int_0^{+\infty} e^{-t} t^{y-1} dt (y > 0)$ 在 $y = \dfrac{n}{2}$ 时的函数值。

χ^2 分布的主要性质有：

1. $f(x)$ 恒为正；

2. χ^2 分布呈右偏形态；

3. χ^2 分布随 n 的不断增大而逐渐趋于正态分布。

不同 n 情况下的 χ^2 分布如图 5.7 所示。可以证明的是，χ^2 分布 $\chi^2(n)$ 的数学期望和方差分别为 $EY = n$，$DY = 2n$。由于本教材供统计专业学者参考应用，限于篇幅，不对 χ^2 分布、t 分布、F 分布的数学期望和方差进行数学公式推理，对其证明过程有兴趣的读者可参见数学形式比较严谨的有关数理统计图书。

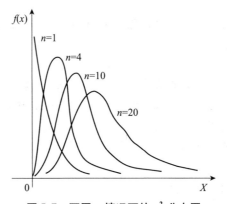

图 5.7 不同 n 情况下的 χ^2 分布图

（三）t 分布

定义：若 $X \sim N(0,1)$，$Y \sim \chi^2(n)$，且 X 与 Y 相互独立，则称随机变量 $T = \dfrac{X}{\sqrt{\dfrac{Y}{n}}}$ 服从自由度为 n 的 t 分布，记作：$T \sim t(n)$。t 分布也被称为学生分布。

推论：若 $X \sim N(\mu, \sigma^2)$，σ^2 未知，则 $T = \dfrac{\overline{X} - \mu}{S/\sqrt{n}}$ 服从自由度为 $n-1$ 的 t 分布，记作：$T \sim t(n-1)$。

t 分布 $t(n)$ 的概率密度函数为：

$$f(t) = \frac{\Gamma\left(\frac{n+1}{2}\right)}{\sqrt{n\pi}\,\Gamma\left(\frac{n}{2}\right)}\left(1 + \frac{t^2}{n}\right)^{-\frac{n+1}{2}} \tag{5.11}$$

t 分布的密度函数是偶函数，其图形如图 5.8 所示。

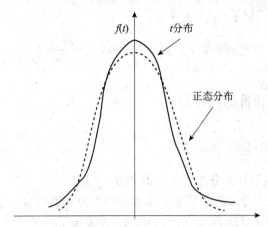

图 5.8　t 分布与正态分布的比较

由图 5.8 可以看出，t 分布的密度函数曲线与标准正态分布 $N(0,1)$ 的密度函数曲线非常相似，都是单峰偶函数。只是，$t(n)$ 的密度函数的两侧尾部要比 $N(0,1)$ 的两侧尾部粗一点（厚尾）。

t 分布具有如下性质：

1. t 分布对称于纵轴，与 $N(0,1)$ 相似；

2. 在 $n<30$（小样本）时，t 分布的方差大于 $N(0,1)$ 的方差；

3. 在 $n\geqslant30$（大样本）时，t 分布随 n 的增大而趋于 $N(0,1)$。

t 分布 $t(n)$ 的数学期望与方差分别为：$ET=0$，$DT=n/(n-2)$，$(n>2)$。

（四）F 分布

定义：若 $X\sim\chi^2(n_1)$，$Y\sim\chi^2(n_2)$，且 X 与 Y 相互独立，则称随机变量 $F=\frac{X/n_1}{Y/n_2}=\frac{X}{Y}\cdot\frac{n_2}{n_1}$ 服从第一自由度为 n_1，第二自由度为 n_2 的 F 分布，记作：$F\sim F(n_1,n_2)$。

F 分布的概率密度函数为：

$$f(x) = \begin{cases} 0, x\leqslant 0 \\ \dfrac{\Gamma\left(\dfrac{n_1+n_2}{2}\right)}{\Gamma\left(\dfrac{n_1}{2}\right)\Gamma\left(\dfrac{n_2}{2}\right)}\left(\dfrac{n_1}{n_2}\right)\left(\dfrac{n_1}{n_2}x\right)^{\frac{n_1}{2}-1}\left(1+\dfrac{n_1}{n_2}x\right)^{-\frac{n_1+n_2}{2}}, x>0 \end{cases} \tag{5.12}$$

F 分布的主要性质有：

1. F 分布呈右偏态；

2. $f(x)$ 恒为正;

3. 在 F_0 处取最大值 $(n_1 > 2, f_0 < 1)$; $F_0 = \dfrac{n_1 - 2}{n_1} \cdot \dfrac{n_2}{n_2 + 2}$;

4. 随 n_1, n_2 的不断增大, F 分布的右偏程度逐渐减弱, 但不会趋向正态;

5. 具有倒数性质, 即若 $X \sim F(n_1, n_2)$, 则 $1/X \sim F(n_2, n_1)$;

6. 若 $t \sim t(n)$, 则 $t^2(n) \sim F(1, n)$。

其数学期望和方差分别为 $EX = \dfrac{n_2}{n_2 - 2}$, $DX = \dfrac{2n_2^2(n_1 + n_2 - 2)}{n_1 (n_2 - 2)^2 (n_2 - 4)}$, $n_2 > 4$。

三、样本统计量的抽样分布

(一) 样本均值的抽样分布

1. 如果总体服从正态分布, 且均值和方差均为已知, 即 $X \sim N(\mu, \sigma^2)$, 则可以证明不论样本量大小如何, 样本均值都围绕总体均值而服从正态分布, 并且其抽样分布的方差等于总体方差的 $1/n$, 即 $\bar{x} \sim N(\mu, \sigma^2/n)$。

2. 对于非正态总体, 若均值 μ 和 σ^2 有限, 则根据中心极限定理, 当样本量 n 充分大时, 样本均值仍然围绕着总体均值近似地服从正态分布, 即 $\bar{x} \sim N(\mu, \sigma^2/n)$。

3. 如果总体服从正态分布, 方差未知, 小样本, 则样本均值的抽样分布服从自由度为 $n - 1$ 的 t 分布, 即统计量 $T = \dfrac{\bar{x} - \mu}{s/\sqrt{n}} \sim t(n - 1)$。

4. 如果总体服从正态分布, 方差未知, 大样本, 则样本均值的抽样分布服从 $\bar{x} \sim N(\mu, s^2/n)$。

(二) 样本比例的抽样分布

当从总体中抽取一个容量为 n 的样本时, 样本中具有某种特征的单位数服从二项分布, 即有 $x \sim B(n, P)$, 且有:

$$E(X) = nP \tag{5.13}$$

$$V(X) = nP(1 - P) \tag{5.14}$$

因此, 样本比例 $p = x/n$ 也服从二项分布, 且有:

$$E(p) = E\left(\frac{x}{n}\right) = \frac{1}{n}E(x) = P \tag{5.15}$$

$$V(p) = V\left(\frac{x}{n}\right) = \frac{1}{n^2}V(x) = \frac{1}{n}P(1 - P) \tag{5.16}$$

根据中心极限定理, 当时 $n \to \infty$, 二项分布趋近于正态分布。所以, 在大样本下, 若 nP 和 $n(1 - P)$ 均大于 5, 样本比例近似服从正态分布: $p \sim N\left(P, \dfrac{1}{n}P(1 - P)\right)$。

第四节　参数估计

参数估计是推断统计的重要内容之一。它是在抽样及抽样分布的基础上，根据样本统计量来推断总体参数。

一、基本概念

（一）参数估计

参数估计（parameter estimation）是用样本统计量去估计总体参数。比如，用样本均值 $\bar{x}$ 估计总体均值 μ，用样本比例 p 估计总体比例 P，用样本方差 s^2 估计总体方差 σ^2 等。如果将总体参数笼统地用一个符号 θ 表示，用于估计总体参数的统计量用 $\hat{\theta}$ 表示，参数估计也就是如何用 $\hat{\theta}$ 来估计 θ。

（二）估计量与估计值

在参数估计中，用来估计总体参数的统计量称为估计量（estimator），用符号 $\hat{\theta}$ 表示。样本均值、样本比例、样本方差等都可以是一个估计量。根据一个具体的样本计算出来的估计量的数值称为估计值（estimated value）。比如，要估计一个班学生考试的平均分数，从中抽取一个随机样本，全班的平均分数是不知道的，称为参数，用 θ 表示，根据样本计算的平均分数 $\bar{x}$ 就是一个估计量，用 $\hat{\theta}$ 表示。假定计算出来的样本平均分数为 80 分，这个 80 分就是估计量的具体数值，称为估计值。

二、参数估计的方法

参数估计的方法有点估计和区间估计两种。

（一）点估计

点估计（point estimate）是用样本统计量 $\hat{\theta}$ 的某个取值直接作为总体参数 θ 的估计值。比如，将样本均值 $\bar{x}$ 直接作为总体均值 μ 的点估计值，用样本比例 p 直接作为总体比例 P 的估计值，用样本方差 s^2 直接作为总体方差 σ^2 的估计值，等等。假定要估计一个班学生考试成绩的平均分数，根据抽出的一个随机样本计算的平均分数为 80 分，用 80 分作为全班平均考试分数的一个估计值，这就是点估计。再比如，若要估计一批产品的合格率，抽样结果合格率为 96%，将 96% 直接作为这批产品合格率的估计值，这也是一个点估计。

虽然在重复抽样条件下点估计的均值有可能等于总体真值,但由于样本是随机的,抽出一个具体的样本得到的估计值很大可能不同于总体真值。在用点估计值代表总体参数值的同时,还必须给出点估计值的可靠性,也就是说,必须能说出点估计值与总体参数的真实值接近的程度。但一个点估计值的可靠性是由它的抽样标准误差来衡量的,这表明一个具体的点估计值无法给出估计的可靠性的度量,因此就不能完全依赖于一个点估计值,而是围绕点估计值构造总体参数的一个区间。

(二) 区间估计

1. 区间估计的概念。区间估计(interval estimate)是在点估计的基础上,给出总体参数估计的一个区间范围,该区间通常由样本统计量加减抽样误差得到。与点估计不同,进行区间估计时,根据样本统计量的抽样分布可以对样本统计量与总体参数的接近程度给出一个概率度量。

2. 区间估计的基本原理。通过从总体中抽取的样本,根据一定的可靠性与精确度的要求,构造出适当的区间,以作为总体分布参数(或参数的函数)的真值所在范围的估计。下面将以总体均值的区间估计为例来说明区间估计的基本原理。

由样本均值的抽样分布可知,在重复抽样或无限总体抽样的情况下,样本均值的数学期望等于总体均值,即 $E(\bar{x}) = \mu$,样本均值的标准误差为 $\sigma_{\bar{x}} = \sigma/\sqrt{n}$。由此可知样本均值 $\bar{x}$ 落在总体均值 μ 的两侧各为 1 个抽样标准差范围内的概率为 0.6827;落在 2 个抽样标准差范围内的概率为 0.9545;落在 3 个抽样标准差范围内的概率为 0.9973;等等。

实际上,可以求出样本均值 $\bar{x}$ 落在总体均值 μ 的两侧任何一个抽样标准差范围内的概率。但实际估计时,情况恰好相反。$\bar{x}$ 是已知的,而 μ 是未知的,也正是将要估计的。由于 $\bar{x}$ 与 μ 的距离是对称的,如果某个样本的平均值落在 μ 的两个标准差范围之内,反过来,μ 也就被包括在以 $\bar{x}$ 为中心左右两个标准差的范围之内。因此约有95%的样本均值会落在 μ 的两个标准差的范围之内。也就是说,约有95%的样本均值所构造的两个标准差的区间会包括 μ。通俗地说,如果抽取 100 个样本来估计总体的均值,由 100 个样本所构造的 100 个区间中,约有 95 个区间包含总体均值,另外 5 个区间则不包含总体均值。

3. 区间估计中的相关问题。

(1)置信区间。在区间估计中,由样本统计量所构造的总体参数的估计区间称为置信区间(confidence interval)。其中区间的最小值称为置信下限,最大值称为置信上限。

(2)置信水平。将构造置信区间的步骤重复多次,置信区间中包含总体参数真实值的次数所占的比例称为置信水平(confidence level),也称为置信度或置信系数。

置信水平通常用 $1-\alpha$ 来表示，常用的取值是 90%、95%、99%。

当样本量给定时，置信区间的宽度随着置信水平的增大而增大，从直觉上说，区间比较宽时，才会使这一区间有更大的可能包含总体参数的真实值。

当置信水平固定时，置信区间的宽度随着样本量的增大而减小，换言之，较大的样本所提供的有关总体的信息要比较小的样本多。

（3）理解置信区间需要注意的问题：

第一，如果用某种方法构造的所有区间中有 95% 的区间包含总体参数的真实值，5% 的区间不包含总体参数的真实值，那么，用该方法构造的区间称为置信水平为 95% 的置信区间。

第二，总体参数的真实值是固定的、未知的，而用样本构造的区间则是不固定的。若抽取不同的样本，用该方法可以得到不同的区间，从这个意义上说，置信区间是一个随机区间，它会因样本的不同而不同，而不是所有的区间都包含总体参数的真实值。

第三，在实际问题中，进行估计时往往只抽取一个样本，此时所构造的是与该样本相联系的一定置信水平下的置信区间。由于用该样本所构造的区间是一个特定的区间，而不再是随机区间，所以无法知道这个样本所产生的区间是否包含总体参数的真实值。

一个特定的区间"总是包含"或"绝对不包含"参数的真实值，不存在"以多大的概率包含总体参数"的问题。但是，用概率可以知道在多次抽样得到的区间中大概有多少个区间包含了参数的真实值。

（三）评价估计量的标准

什么样的估计量才算是一个好的估计量呢？这就需要有一定的评价标准，统计学家给出了评价估计量的一些标准，主要有以下几个。

1. 无偏性。无偏性（unbiasedness）是指估计量抽样分布的数学期望等于被估计的总体参数。设总体参数为 θ，所选择的估计量为 $\hat{\theta}$，如果 $E(\hat{\theta})=\theta$，则称 $\hat{\theta}$ 为 θ 的无偏估计量。

根据样本均值的抽样分布可知，$E(\bar{x})=\mu$，$E(p)=P$，同样可以证明，$E(s^2)=\sigma^2$，因此 $\bar{x}$，p，s^2 分别是总体均值 μ，总体比例 P，总体方差 σ^2 的无偏估计量。

2. 有效性。一个无偏的估计量并不意味着它就非常接近被估计的参数，它还必须与总体参数的离散程度比较小。有效性（efficiency）是指对同一个总体参数的两个无偏估计量，有更小标准差的估计量更有效。假定有两个用于估计总体参数的无偏估计量，分别用 $\hat{\theta}_1$ 和 $\hat{\theta}_2$ 表示，它们的抽样分布的方差分别用 $D(\hat{\theta}_1)$ 和 $D(\hat{\theta}_2)$ 表示，如果 $\hat{\theta}_1$ 的方差小于 $\hat{\theta}_2$ 的方差，即 $D(\hat{\theta}_1)<D(\hat{\theta}_2)$，就称 $\hat{\theta}_1$ 是比 $\hat{\theta}_2$ 更有效的一个估计量。在无偏估计的前提下，估计量的方差越小，估计就

越有效。

3. 一致性。一致性（consistency）是指随着样本量的增大，估计量的值越来越接近被估计总体的参数。换言之，一个大样本给出的估计量要比一个小样本给出的估计量更接近总体的参数。根据样本均值的抽样分布可知，样本均值抽样分布的标准差为 $\sigma_{\bar{x}} = \sigma/\sqrt{n}$。由于 $\sigma_{\bar{x}}$ 与样本量大小有关，样本量越大，$\sigma_{\bar{x}}$ 的值就越小，因此可以说，大样本量给出的估计量更接近总体均值 μ。

（四）总体均值的区间估计

在对总体均值进行区间估计时，需要考虑总体是否为正态分布，总体方差是否已知，用于构造估计量的样本是大样本还是小样本等几种情况。

1. 正态总体，方差已知，或非正态总体、大样本，方差已知。

$$\bar{x} \sim N(\mu, \sigma^2/n) \tag{5.17}$$

而样本均值经过标准化以后的随机变量则服从标准正态分布，即：

$$Z = \frac{\bar{x} - \mu}{\sigma/\sqrt{n}} \sim N(0,1) \tag{5.18}$$

根据区间估计的原理和方法，可以构造总体均值 μ 的置信区间，对于给定 $1-\alpha$ 的置信水平，可以令：

$$P\left\{-Z_{\alpha/2} < Z < Z_{\alpha/2}\right\} = 1-\alpha$$

$$P\left\{-Z_{\alpha/2} < \frac{\bar{x} - \mu}{\sigma/\sqrt{n}} < Z_{\alpha/2}\right\} = 1-\alpha$$

$$P\left\{\bar{x} - Z_{\alpha/2}\frac{\sigma}{\sqrt{n}} < \mu < \bar{x} + Z_{\alpha/2}\frac{\sigma}{\sqrt{n}}\right\} = 1-\alpha$$

在给定的置信水平 $1-\alpha$ 下，总体均值 μ 的置信区间为：

$$\left(\bar{x} - Z_{\alpha/2}\frac{\sigma}{\sqrt{n}}, \bar{x} + Z_{\alpha/2}\frac{\sigma}{\sqrt{n}}\right) \tag{5.19}$$

$\frac{\sigma}{\sqrt{n}} = \sigma(\bar{x})$ 为样本均值的平均误差，$Z_{\alpha/2}\frac{\sigma}{\sqrt{n}} = \Delta_{\bar{x}}$ 为样本均值的极限（允许）误差。

2. 正态总体、大样本，方差未知，或非正态总体、大样本，方差未知。可以用样本方差代替总体方差，此时样本均值的抽样分布服从 $\bar{x} \sim N(\mu, s^2/n)$。

同理可得，在给定的置信水平 $1-\alpha$ 下，总体均值 μ 的置信区间为：

$$\left(\bar{x} - Z_{\alpha/2}\frac{s}{\sqrt{n}}, \bar{x} + Z_{\alpha/2}\frac{s}{\sqrt{n}}\right) \tag{5.20}$$

3. 正态总体、小样本，方差未知。则样本均值的抽样分布服从自由度为 $n-1$ 的 t 分布，即：

$$T = \frac{\bar{x} - \mu}{s/\sqrt{n}} \sim t(n-1) \tag{5.21}$$

同理可得，在给定的置信水平 $1-\alpha$ 下，总体均值 μ 的置信区间为：

$$\left(\bar{x} - t_{\alpha/2}(n-1)\frac{s}{\sqrt{n}}, \bar{x} + t_{\alpha/2}(n-1)\frac{s}{\sqrt{n}} \right) \tag{5.22}$$

例 5.2：对某型号的电子元件进行耐用性能检查，抽查资料分组如表 5.4 所示，要求估计该批电子元件的平均耐用时数的置信区间（置信度为 95%）。

表 5.4 电子元件耐用时数

耐用时数（小时）	组中值（小时）	元件数（个）
900 以下	875	1
900 ~ 950	925	2
950 ~ 1 000	975	6
1 000 ~ 1 050	1 025	25
1 050 ~ 1 100	1 075	43
1 100 ~ 1 150	1 125	19
1 150 ~ 1 200	1 175	3
1 200 以上	1 225	1
合计	—	100

解：由上述公式，要求 $p\left(\left| \dfrac{\overline{X} - \mu}{\sigma_{\overline{X}}} \right| \leqslant \dfrac{\Delta}{\sigma_{\overline{X}}} \right) = 1 - \alpha$，$p\left(\left| \dfrac{\overline{X} - \mu}{S/\sqrt{n}} \right| \leqslant \dfrac{\Delta}{S/\sqrt{n}} \right) = 1 - \alpha$。

注意在求 $\dfrac{\Delta}{S/\sqrt{n}}$ 时，查的是标准正态分布表，如果查 t 分布表，则等于 1.984。

可以求得 $\overline{X} = \dfrac{\sum Xf}{\sum f} = 1\,065.50$（小时），$\sigma_{\overline{X}} = \dfrac{S}{\sqrt{n}} = \dfrac{54.91}{\sqrt{100}} = 5.491$（小时）

$$F(z) = 0.95 \Rightarrow z = 1.96$$

$$z = \frac{\Delta}{\sigma_{\overline{X}}} \Rightarrow \Delta = z\sigma_{\overline{X}} = 1.96 \times 5.491 = 10.76$$

所以 $\overline{X} - \Delta = 1\,065.50 - 10.76 = 1\,054.74$，$\overline{X} + \Delta = 1\,065.50 + 10.76 = 1\,076.26$
平均耐用时数在 1 054.74 ~ 1 076.26 小时，可靠程度为 95%。

（五）总体比例的区间估计

前面已经介绍了有关样本比例的抽样分布，可以证明的是，在大样本下，若 np 和 $n(1-p)$ 均大于 5，则样本比例近似服从正态分布：$p \sim N\left(P, \dfrac{1}{n}P(1-P) \right)$，也就是样本比例 p 近似服从期望值为 P，方差为 $\dfrac{1}{n}P(1-P)$ 的正态分布。因此可以用 Z 统计量来构造总体比例 P 的置信区间：

$$z = \frac{p - P}{\sqrt{\dfrac{P(1-P)}{n}}} \sim N(0, 1) \tag{5.23}$$

在估计 P 时，由于 P 未知，因此在上式中用样本比例 p 代替 P 计算估计量的标准误差。在给定的置信水平 $1-\alpha$ 下，总体比例 P 的置信区间为：

$$\left(p - Z_{\alpha/2}\sqrt{\frac{p(1-p)}{n}}, p + Z_{\alpha/2}\sqrt{\frac{p(1-p)}{n}}\right) \tag{5.24}$$

第五节　样本容量的确定

一、确定样本容量的必要性

在前面的讨论中，我们都是假定样本容量是已知的，但是在实际问题里，需要自己动手设计调查方案，这时，如何决定样本容量大有学问。如果 n 选得过大，会增加费用；如果 n 选得过小，会使估计误差增大。因此，如何确定一个适当的样本量，是抽样估计中需要考虑的问题。

确定样本容量是制定抽样调查方案中一个非常重要的环节，主要是因为：

1. 样本容量大小影响抽样估计的精确度。在进行抽样估计时，总是希望提高估计的可靠程度。但是在一定的样本量下，要提高估计的可靠程度（置信水平），就应扩大置信区间，而过宽的置信区间在实际估计中往往是没有意义的。想要缩小置信区间，又不降低置信程度，就需要增加样本量。

2. 样本容量大小影响抽样调查的成本和效益。在进行抽样估计时，大容量样本可以减少估计误差，提高估计效果，但是在样本容量选取过大时，抽样调查的成本会大幅地增加，带来的效益则不会有大幅度变化，这是一般调查发起者不愿接受的，所以如何在确保估计精度的前提下，尽可能地减少调查成本尤为重要。

二、样本容量的影响因素

1. 被调查现象的变异程度。当被调查现象总体的变异程度大，即方差大时，样本容量越大。反之，样本容量越小。

2. 抽样允许误差。在抽样调查中，允许的极限误差越大，样本容量越小；反之，样本容量越大。

3. 抽样的概率保证度。研究者要求的概率保证度越高，样本容量也会越大；反之，样本容量越小。

4. 抽样调查方法。不同的抽样调查方法所需的样本容量也不相同。一般来说，在相同条件下，重复抽样样本容量较大，不重复抽样样本容量较小。

5. 抽样组织形式。不同的抽样组织形式如简单随机抽样、分层抽样、整群抽样等由于其抽样方法设计效应的不同，所需的样本量也不一样。

三、必要样本容量的确定方法

（一）估计总体均值时样本容量的确定

总体均值的置信区间为 $\left(\bar{x} - Z_{\alpha/2}\dfrac{\sigma}{\sqrt{n}}, \bar{x} + Z_{\alpha/2}\dfrac{\sigma}{\sqrt{n}}\right)$，其中，$z_{\alpha/2}\dfrac{\sigma}{\sqrt{n}} = \Delta_{\bar{x}}$ 为样本均值的极限（允许）误差。只要任意三个因素确定，就可以推导出第四个因素，从而样本容量的公式为：

$$n = \frac{Z_{\alpha/2}^2 \sigma^2}{\Delta_{\bar{x}}^2} \qquad (5.25)$$

（二）估计总体成数时样本量的确定

总体成数的置信区间为 $\left(p - Z_{\alpha/2}\sqrt{\dfrac{p(1-p)}{n}}, p + Z_{\alpha/2}\sqrt{\dfrac{p(1-p)}{n}}\right)$。

类似地，样本容量的公式为：

$$n = \frac{Z_{\alpha/2}^2 p(1-p)}{\Delta_p^2} \qquad (5.26)$$

例5.3：要对某批木材进行检验，根据以往经验，木材长度的标准差为0.4米，而合格率为90%。现采用重复抽样方式，要求在95.45%的概率保证程度下，木材平均长度的极限误差不超过0.08米，抽样合格率的极限误差不超过5%，问必要的样本单位数应该是多少？

解：由题目得：$\sigma = 0.4$　$p = 90\%$　$F(z) = 95.45\%$　$\Delta_{\bar{x}} = 0.08$　$\Delta_p = 5\%$

样本平均数的单位数 $n = \dfrac{z^2\sigma^2}{\Delta_{\bar{x}}^2} = \dfrac{2^2 \times 0.4^2}{0.08^2} = 100$（棵）

样本成数的单位数 $n = \dfrac{z^2 p(1-p)}{\Delta_p^2} = \dfrac{2^2 \times 0.9 \times 0.1}{0.05^2} = 144$（棵）

例5.4：要对某批木材进行检验，根据以往经验，木材的合格率分别为90%、92%、95%。现采用重复抽样方式，要求在95.45%的概率保证程度下，抽样合格率的极限误差不超过5%，问必要的样本单位数应该是多少？

解：由题目得：木材的合格率分别为90%、92%、95%，而要求得抽样必要的样本单位数，即要保证其在合格率最低（90%）时也需满足抽样要求。

因此，样本成数的单位数 $n = \dfrac{z^2 p(1-p)}{\Delta_p^2} = \dfrac{2^2 \times 0.9 \times 0.1}{0.05^2} = 144$（棵）

四、确定样本容量应注意的问题

在计算样本容量时，一般情况下总体的方差与成数都是未知的，可用有关资料替代：

1. 用历史资料已有的方差与成数代替。

2. 在进行正式抽样调查前进行几次试验性调查，用试验中方差的最大值代替总体方差。

3. 成数方差在完全缺乏资料的情况下，就用成数方差的最大值 0.25 代替。

4. 如果进行一次抽样调查，同时估计总体均值与成数，用上面的公式同时计算出两个样本容量，可取一个最大的结果，同时满足两方面的需要。

5. 在本节上述公式计算结果如果有小数，那么这时样本容量不按四舍五入法则取整数，而是取比这个数大的最小整数代替。例如计算得到：$n = 56.03$，那么，样本容量取 57，而不是 56。

附录：软件操作（R 语言）

案例 5.1：对于给定的均值 60、标准差为 12 的正态总体：

（1）确定容量为 4 的随机样本的均值落在 59~62 的概率；

（2）确定容量为 16 的随机样本的均值落在 59~62 的概率；

（3）确定容量为 25 的随机样本的均值落在 59~62 的概率。

计算 X 落在某一区间的概率，即 $P(59 < X < 62)$ 其中 $X \sim N(60, 144)$，即 X 服从均值为 60、标准差为 12 的正态分布。

```
1. > pnorm(62,60,12 /sqrt(4)) - pnorm(59,60,12 /sqrt(4))
[1] 0.1967425
2. > pnorm(62,60,12 /sqrt(16)) - pnorm(59,60,12 /sqrt(16))
[1] 0.3780661
3. > pnorm(62,60,12 /sqrt(25)) - pnorm(59,60,12 /sqrt(25))
[1] 0.4592105
```

案例 5.2：为了检验某种化肥的效果，厂商选择 20 块条件相似的试验田，施肥后得到这 20 块试验田的亩产量如附表 5.1 所示。

附表 5.1   **20 块试验田亩产量**   单位：千克

628	583	510	554	612	523	530	615	573	603
535	497	573	594	567	611	588	560	503	626

假定施该种肥的亩产量均服从正态分布，试求施这种肥的试验田平均亩产量的置信区间。（$\alpha = 0.05$）

```
> X < - c(628,583,510,554,612,523,530,615,573,603,535,497,573,594,567,
611,588,560,503,626)
>alpha = 0.05
>out = t.test(X,conf.level = 1 - alpha)
```

```
> round(out $ conf.int,2)
[1] 542.95 603.25
attr(,"conf.level")
[1] 0.95
```

案例 5.3：对某大学进行问卷调查，在一段时间内随机访问的 200 学生中发现有 125 名为女生，试建立该校女生比例 π 的置信水平为 95% 的置信区间。

```
> x = 125;n = 200; alpha = 0.05 #设定参数值
使用 epitools 包
>library(epitools)
> out1 = binom.approx(x = x,n = n,conf.level = 1 - alpha)
>round(c(out1 $ lower,out1 $ upper),4)
[1] 0.5579 0.6921
```

练 习 题

一、单项选择题

1. 下列指标为随机变量的是（　　）。
    A. 抽样误差　　　　　　　　B. 抽样平均误差
    C. 允许误差　　　　　　　　D. 样本容量

2. 从某生产线上每隔 55 分钟抽取 5 分钟的产品进行检验，这种抽样方式属于（　　）。
    A. 等距抽样　　　　　　　　B. 分层抽样
    C. 整群抽样　　　　　　　　D. 简单随机抽样

3. 抽样误差之所以存在是由于（　　）。
    A. 破坏了随机抽样的原则
    B. 抽取的样本的结构不足以代表总体的结构
    C. 破坏了抽样的系统
    D. 调查人员的素质

4. 从均值为 μ，方差为 σ^2 的任意一个总体中抽取大小为 n 的样本，则（　　）。
    A. 当 n 充分大时，样本均值 $\bar{x}$ 的分布近似服从正态分布
    B. 只有当 $n < 30$ 时，样本均值 $\bar{x}$ 的分布近似服从正态分布
    C. 样本均值 $\bar{x}$ 的分布与 n 无关
    D. 无论 n 多大，样本均值 $\bar{x}$ 的分布都是非正态分布

二、名词解释题

1. 样本容量

2. 抽样极限误差

3. 估计量

4. 无偏性

5. 置信水平

三、简答题

1. 请列举一些你所了解的以及接受的抽样调查。

2. 概率抽样与非概率抽样的区别。

3. χ^2 分布、t 分布、F 分布及正态分布之间的关系。

4. 评价估计量好坏的标准。

5. 请试着解释 95% 的置信区间。

四、计算题

1. 已知总体 $N = \{5,6,7,8,9,10,11\}$，$n = 5$，试求：

（1）重复抽样与不重复抽样的所有可能样本数。

（2）第一个单位在第 m 次被选入样本的概率。

（3）第一个单位被选入样本的概率。

（4）抽到 $\{5,6,7,8,9\}$ 的概率。

2. 在总体 $N(52,6.3^2)$ 中，随机抽取一个样本量为 36 的样本，求样本均值 $\overline{Y}$ 落在 $50.8 \sim 53.8$ 的概率。

3. 某调查公司受某消费品生产公司的委托，想在某一地区进行一项民意测验，了解消费者中喜欢该公司消费品的人占多大比例，要求允许绝对误差不超过 0.1，调查估计值的置信水平为 95%，预计的回答率为 65%，试问此次调查的样本量应取多少才能满足需要？

4. 要估计某居民区人均日收听广播时间，已知标准差为 15 分钟。现在随机抽取 25 位居民，这 25 人的平均日收听广播的时间为 60 分钟，求整个居民区的平均日收听广播时间的 95% 置信区间。

5. 为估计某地区每个家庭日均生活用水量为多少，抽取了 450 个家庭的简单随机样本，得到样本均值为 200 升，样本标准差为 50 升。

（1）试用 95% 的置信水平，计算该地区家庭日均用水量的置信区间。

（2）在所调查的 450 个家庭中，女性户主家庭为 180 个。以 95% 的置信水平，计算女性为户主的家庭比例的置信区间。

6. 随机地从一批钉子中抽取 16 枚，测得其长度（单位：厘米）如下：
2.14，2.10，2.13，2.15，2.13，2.12，2.13，2.10，2.15，2.12，2.14，2.10，2.13，2.11，2.14，2.11。

设钉长分布为正态分布，试求总体平均数 μ 的置信水平为 90% 的置信区间。

（1）已知 $\sigma = 0.01$（厘米）；

（2）若 σ 未知。

统计思想的总结

　　抽样技术作为统计学学习过程中必不可少的一环，它在我们如何更清晰深刻地理解"统计"两字中发挥着极为重要的作用，可谓是统计学的出发点。当我们在面对繁杂庞大的总体数据时，往往会限于资源、人力无法全面地认识了解事物总体。如何通过合适的方法从总体中选取部分可供研究且具有涵盖可以推断总体数量信息的代表性样本，便是抽样技术的内容。

　　当我们拥有了合理系统化的统计思想后，会发现统计学不再是一个个冗长的公式，而是有理可循的、逐步贴合事实真相的一门科学。究竟该如何编制抽样框，选取多大的样本量，需要构造什么样的统计量去得到总体的数量属性，在面对抽样误差时应该如何处理？种种问题都会在进行实际调查时遇到，因此我们的理论知识框架亦不能薄弱。我们统计学者的研究都是集中在对样本数据的处理上，我们要学会"以小观大"，面对有限的样本数据作出对事物总体精准正确的判断。

　　当然，也要求学习者们掌握相应的统计基础理论知识，如正态分布的特性及衍生形式，参数估计中的各类检验统计量及置信区间，它们可以说是整个统计学的理论基础，在日后的应用中发挥着至关重要的作用。参数估计即是一种推断渠道，这个过程便是通过样本来认识总体的过程。夯实的理论基础能帮助我们更快地进入"统计学者"这个角色。

第六章　假设检验

【问题提出】

假设检验的来源——从"女士品茶"到假设检验

20世纪20年代某一个夏日，一群英国的绅士和他们的夫人正围坐在户外的桌旁，享用下午的奶茶。调制奶茶时，可以先倒茶后倒奶，也可以先倒奶后倒茶。这时，有一位女士声称，她能够通过事后的品尝，分辨出这两种不同方法调制的奶茶。大多数人对这位女士的说法表示怀疑，他们不能想象，仅仅因为倒茶和奶的顺序不同，就会产生明显的味觉差异。在场的著名统计学家费歇尔对此产生了很大兴趣，他设计了如下实验，来检验该女士的说法是否成立。

他先请该女士暂时回避。取8个一样的杯子，杯子里装上用同样比例的奶和茶调制而成的奶茶，其中4个杯子先倒茶后倒奶，另外4个杯子先倒奶后倒茶。然后，再请女士通过品尝分辨其制作方式。根据她品茶的结果，来判断她是否真的具有通过品尝来区分两种奶茶的能力。费歇尔提出的这种统计方法，后来被称为显著性检验。也许正是这件事，激发了这位统计学家的灵感，在开创假设检验这类研究方向上起到了重要的作用。本章将介绍假设检验的基本思想、基本方法及实际应用。通过本章的学习，相信读者也能利用假设检验的方法对"女士品茶"这类问题作出适当的判断。

第一节　假设检验的基本思想

假设检验的基本思想为：第一，对所考察总体的分布形式或总体的某些未知参数作出某些假设，称之为原假设。第二，根据检验对象构造合适的检验统计量，并通过数理统计分析确定在原假设成立的条件下该检验统计量的抽样分布。第三，在给定的显著性水平下，根据抽样分布得出原假设成立时的临界值，由临界值构造拒绝域和接受域。第四，由所抽取的样本资料计算样本统计量的取值，并将其与临界值进行比较，从而对所提出的原假设作出接受还是拒绝的统计判断。假设检验就是利用样本中所蕴含的信息对事先假设的总体情况作出推断。假设检验不是毫无根据的，而是在一定的统计概率下支持这种判断。

引例 1：袋装咖啡的平均重量是否符合要求

某品牌的咖啡厂商声称其生产的袋装咖啡每袋的平均重量是 150 克。现从市场上抽取简单随机样本 $n = 100$ 袋，测得其平均重量为 149.8 克，样本标准差 $s = 0.872$ 克。试问该厂商的装袋咖啡的平均重量是否真如厂商所宣称的是 150 克。

已知条件：厂商自己说总体均值 $\mu = 150g$，但是我们通过抽样得出的样本均值 $\bar{x} = 149.8g$，两者相差 $0.2g$，那么造成这 0.2 克的差异是由抽样误差引起的还是真实情况就如厂商说的存在明显差异呢？假设检验就是帮助我们来判断造成这个差异的原因的。如果判断出差异是由抽样误差引起的，那我们就没有理由去反驳厂商，如果判断出差异不是由抽样误差引起的，那就说明真实情况确实和厂商说的不一致，存在显著差异，因此我们也将假设检验称作显著性检验。

引例 2："女士品茶"

仍以"女士品茶"为例，一种奶茶由牛奶与茶按照一定比例混合而成，可以先倒茶后倒奶（记为 TM），也可以反过来（记为 MT）。某女士声称她可以鉴别是 TM 还是 MT，周围品茶的人对此产生了议论，"这怎么可能呢？""她在胡言乱语。""不可想象。"在场的费希尔也在思索这个问题，他提议做一项试验来检验如下假设（命题）是否可以接受。

假设 H：该女士无此种鉴别能力

他准备了 10 杯调制好的奶茶，TM 与 MT 都有。服务员一杯一杯地奉上，让该女士品尝，说出是 TM 还是 MT，结果那位女士竟然正确地分辨出 10 杯奶茶中的每一杯。这时该如何对此作出判断呢？

费希尔的想法是：假如假设 H 是正确的，即该女士无此种鉴别能力，她只能猜，每次猜对的概率为 $1/2$，10 次都猜对的概率为 $2^{-10} < 0.001$，这是一个很小的概率，在一次试验中几乎不会发生的事件，如今该事件竟然发生了，这只能说明原假设 H 不当，应予以拒绝，而认为该女士确有辨别奶茶中 TM 与 MT 的能力。这就是费希尔用实验结果对假设 H 的对错进行判断的思维方式，假如试验结果与假设 H 发生矛盾就拒绝原假设 H，否则就接受原假设。

通过上述例子我们不难理解：假设检验所遵循的推断依据是统计中的"小概率原理"，即小概率事件在一次试验中几乎是不会发生的。再例如，在 10 000 件的产品中，如果只有 1 件是次品，那么可以得知，在一次试验中随机抽取 1 件次品的概率就为 0.01%，此概率是非常小的。或者是说，在一次随机抽样试验中，次品几乎是不会被抽到的。反过来，如果从这批产品中任意抽取 1 件，恰好是次品，我们就可以断定该次品率应该不是很小的，否则我们就不会那么轻易地就能抽到次品；从而，我们就有足够的理由否认产品的次品率是很低的假设。

第二节　假设检验的相关概念

一、两种水平

通过上一节的内容可知，假设检验所遵循的推断依据是统计中的"小概率原理"，那么通常概率要多大才能算得上是小概率呢？假设检验中把这个小概率称为显著性水平 α，其取值的大小与我们能否作出正确判断有着相当大的关系。然而，α 的取值并没有固定的标准，只能根据实际需要来确定，在应用中，通常取 $\alpha = 0.01$，$\alpha = 0.05$。一般来说，犯第一类错误可能造成的损失越大，α 的取值应当越小。在实际研究中，为了平衡犯第一类错误与犯第二类错误的需要，我们通常将显著性水平确定为 0.05。

除了显著性水平之外，还有一个概念容易与其混淆，就是区间估计当中的置信水平。置信水平是指在区间估计中，置信区间中包含总体参数真实值的区间占所有置信区间的比例；而显著性水平是指在假设检验中，在零假设正确的情况下进行多次抽样，其中错误地拒绝零假设的样本个数占所有样本个数的比例。

在假设检验中，为了平衡犯第一类错误与犯第二类错误的需要，通常将显著性水平确定为 5%，而在区间估计中，为了平衡估计的可靠性与准确性的需要，通常将置信水平确定为 95%。因此，95% 表示置信水平，5% 表示显著性水平。

二、两种假设

在假设检验中，原假设（零假设）是研究者收集证据予以反对的假设，一般用 H_0 表示，原假设是建立在假定原来总体没有发生变化的基础之上的，也就是总体参数没有显著变化。备择假设是研究收集证据予以支持的假设，是原假设的对立假设，是在否认原假设之后所要接受的内容，通常这是我们真正感兴趣的一个判断，原假设与备择假设不可能同时成立。所谓假设检验问题实质上就是要判断 H_0 是否正确，若拒绝原假设 H_0，则意味着接受备择假设 H_1。

从"女士品茶"的例子可知，在进行假设检验时要对实验结果提出原假设和备择假设，其中，该女士无此种鉴别能力为原假设，若原假设与实验结果不符，则接受备择假设，即认为该女士有此种鉴别能力。

在引例 2 中，我们可以提出两个假设：假设平均袋装咖啡重量与所要控制的标准没有显著差异，记为 $H_0: \mu = 150$；假设平均袋装咖啡重量与所要控制的标准有显著差异，记为 $H_1: \mu \neq 150$。

根据假设的形式可分为双侧检验与单侧检验，如表 6.1 所示。

表 6.1 检验形式

假设	研究的问题		
	双侧检验	左侧检验	右侧检验
H_0	$m = m_0$	$m \geqslant m_0$	$m \leqslant m_0$
H_1	$m \neq m_0$	$m < m_0$	$m > m_0$

三、两类错误

假设检验中的第一类错误是指原假设事实上正确，可是检验统计量的观测值却落入拒绝域，因而否定了本来正确的假设，这是弃真的错误。发生第一类错误 α 的概率在双侧检验时是两个尾部的拒绝域面积之和；在单侧检验时是单侧拒绝域的面积。

显著性检验中的第二类错误是指原假设事实上不正确，而检验统计量的观测值却落入了不能拒绝域，因而没有否定本来不正确的原假设，这是取伪的错误。发生第二类错误的概率 β 是把来自 $\theta = \theta_1 (\theta_1 \neq \theta_0)$ 的总体的样本值代入检验统计量所得结果落入接受域的概率。

根据不同的检验问题，对于 α 和 β 大小的选择有不同的考虑。例如，在引例 1 中，如果检验者站在卖方的立场上，他较为关心的是不要犯第一类错误，即不要发生产品本来合格却被错误地拒收这样的事情，这时，α 要较小。反之，如果检验者站在买者的立场上，他关心的是不要把本来不合格的产品误当作合格品收下，也就是说，最好不要犯第二类错误，因此，β 要较小。

在样本容量 n 不变的条件下，犯两类错误的概率常常呈现反向的变化，要使 α 和 β 都同时减小，除非增加样本的容量。为此，统计学家奈曼与皮尔逊提出了一个原则，即在控制犯第一类错误的概率 α 情况下，尽量使犯第二类错误的概率 β 小。在实际问题中，我们往往把要否定的陈述作为原假设，而把拟采纳的陈述本身作为备择假设，只对犯第一类错误的概率 α 加以限制，而不考虑犯第二类错误的概率 β。

两类错误之间的关系：在样本容量固定的情况下，减少犯第一类错误的概率将增大犯第二类错误的概率，减少犯第二类错误的概率将增大犯第一类错误的概率；即不能同时减少犯两类错误的概率。

四、两个概率值

两个概率值即显著性水平（小概率事件发生概率）和 P 值。显著性水平在两种水平这部分内容中已经进行介绍，接下来重点介绍 P 值的概念。

为避免事先人为地确定显著性水平 α，同时也为了避免查统计分布表的不便，许多统计软件同时使用 P 值的概念。不同的检验问题中计算 P 值的方法会不同，但 P 值可以一般地定义为样本统计量取某个值的样本次数占样本统计量所有取值的样本次数的比例，是能拒绝零假设的最小显著性水平。一般的统计软件会提供 P 值的输出结果，人们不必针对每个显著性水平 α 查相应分布的分位数，只要直接比较 α 与 P 的值即可。当 $\alpha > P$ 时，拒绝零假设，当 $\alpha < P$ 时接受零假设，这为实际判断提供了极大的方便。

五、两种显著性

两种显著性即统计显著性与实际显著性。统计显著性与实际显著性是有区别的，一个统计显著的结果在实际中不一定真是一个显著结果。假设研制了一种新型的减肥药，并对 10 000 人进行了人体试验。得到的结论是，一般人服用两年后减重 1 千克，你认为人们会对这种减重 1 千克的减肥药感兴趣吗？该新型减肥药的效果具有统计显著性，但是没有实际显著性。一个结果在实际中显著与否只有在研究清楚了来龙去脉后才能下结论。

第三节 假设检验的决策方法

一、临界值规则

假设检验中，还有另外一种得出结论的方法：根据所提出的显著性水平标准（它是概率密度曲线的尾部面积）查表得到相应的检验统计量的数值，称作临界值，直接用检验统计量的观测值与临界值作比较，观测值落在临界值所划定的尾部（称之为拒绝域）内，便拒绝原假设；观测值落在临界值所划定的尾部之外（称之为不能拒绝域）的范围内，则认为拒绝原假设的证据不足。这种得出检验结论的方法，我们称之为临界值规则。临界值的双侧检验和单侧检验如图 6.1 所示。

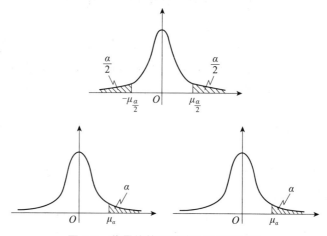

图 6.1 临界值的双侧检验和单侧检验

在临界值检验规则中，我们经常用到两种重要的检测方法：Z 检验与 t 检验。

Z 检验这种检验又称为正态分布检验，该检验认为所检验的统计量服从正态分布。例如，从正态分布总体中抽取一个样本，则样本均值 $\overline{X}$ 服从正态分布 $N(\mu,\sigma_{\overline{X}}^2)$；从一般非正态总体中抽样，当样本容量 n 很大时，样本均值 $\overline{X}$ 近似地服从正态分布 $N(\mu,\sigma_{\overline{X}}^2)$，其中 $\overline{X} = \dfrac{\sum X}{n}$，$\sigma_{\overline{X}} = \dfrac{\sigma}{\sqrt{n}}$，$\sigma$ 为总体标准差。因为统计量 $Z = \dfrac{\overline{X} - \mu}{\sigma/\sqrt{n}} \sim N(0,1)$，所以，我们可以利用标准正态分布来进行检验。根据给定的显著性水平，从标准正态分布的临界表中查得临界值 $Z_{-\alpha/2}$ 或 $Z_{-\alpha}$，将 Z 统计量的取值与临界值比较来作出取舍原假设的判断。

在 t 检验中，当总体的标准差 σ 未知时，需要用样本标准差 $s = \sqrt{\dfrac{\sum (X - \overline{X})^2}{n - 1}}$ 来代替，从而构成统计量 $t = \dfrac{\overline{X} - \mu}{s/\sqrt{n}} \sim t(n - 1)$。同样，从 t 分布的临界表中查得临界值 $t_{-\alpha/2}$ 或 $t_{-\alpha}$，并将样本统计量的 t 值与其比较作出判断。

二、P 值规则

所谓 P 值，实际上是检验统计量超过（大于或小于）具体样本观测值的概率。如果 P 值小于所给定的显著性水平，则认为原假设不太可能成立；如果 P 值大于所给定的标准，则认为没有充分的证据否定原假设。

P 值检验的原理：建立原假设后，在假定原假设成立的情况下，参照备择假设可以计算出检验统计量超过或者小于（还要依照分布的不同、单侧检验、双侧检验的差异而定）由样本所计算出的检验统计量的数值的概率，这便是 P 值；而后将此 P 值与事先给出的显著性水平 α 进行比较，如果 P 值小于 α，也就是说，假设对应的为小概率事件，根据上述的"小概率原理"，我们就可以否定原假设而接受对应的备择假设。如果 P 值大于 α，我们就不能否定原假设。

例如，对应上面的 Z 检验中，如果是双侧检验，根据上面的说明，可以计算 $p = \left\{ \left| \dfrac{\overline{X} - \mu}{\sigma/\sqrt{n}} \right| > Z \right\}$，其中 Z 表示样本所计算出的检验统计量，若 $p \leqslant \alpha$，那么我们就可以否认原假设，反之就不能否定原假设。

综上所述，我们可以总结出利用 P 值进行检验的准则：若 $p < \alpha$，拒绝 H_0，若 $p > \alpha$，则接受 H_0。如图 6.2、图 6.3 所示。显然，P 值规则和临界值规则是等价的。在做检验的时候，只用其中一个规则即可。

P 值规则较之临界值规则具有更明显的优点。这主要是：第一，它更加简捷；第二，在 P 值规则的检验结论中，对于犯第一类错误的概率的表述更加精确。推荐使用 P 值规则。最后在得出结论时要注意，在假设检验中，相对而言，当原假设被拒绝时，我们能够以较大的把握肯定备择假设的成立。而当原假设未被拒绝时，我们并不能认为原假设确实成立。

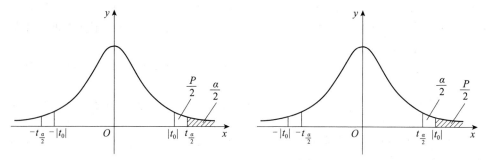

图 6.2　接受 H_0（$p > \alpha \Leftrightarrow |t_0| < t_{\frac{\alpha}{2}}$）　　图 6.3　拒绝 H_0（$p < \alpha \Leftrightarrow |t_0| > t_{\frac{\alpha}{2}}$）

三、两种方法之间的比较

根据 P 值法与根据临界值方法所得出的有关假设检验的结论总是相同的；即只要 P 值小于等于 α，则检验统计量的值将大于等于临界值。P 值方法的优点在于 P 值能够告诉我们结果有多么显著（实测显著性水平）。如果我们采用临界值方法，我们只能知道结果在规定的显著性水平是否显著。根据数据产生的 P 值来减小 α 的值以展示结果的精确性总是没有害处的。因此 P 值法的结论更加准确。另外，P 值法使用很方便。在统计推断中，只要涉及假设检验问题，不论是参数的假设检验还是非参数的假设检验，统计分析软件均会给出 P 值，从而可以很方便地得出是否可以拒绝 H_0 的结论。

例 6.1：引例 1 中某品牌的咖啡厂商声称其生产的袋装咖啡每袋的平均重量是 150 克。现从市场上抽取简单随机样本 $n = 100$ 袋，测得其平均重量为 149.8 克，样本标准差 $s = 0.872$ 克。试问该厂商的装袋咖啡重量的期望值是否真如厂商所宣称的是 150 克。

解：

$$H_0: \mu = 150 \qquad H_1: \mu \neq 150$$

由于咖啡的分袋包装生产线的装袋重量服从正态分布，所以其简单随机样本的均值 $\overline{X}$ 也服从正态分布。我们把 $\overline{X}$ 标准化成为标准正态变量：

$$Z = \frac{\overline{X} - E(\overline{X})}{\sqrt{V(\overline{X})}} \sim N(0, 1)$$

根据样本数据计算得出：

$$z = \frac{149.8 - 150}{\sqrt{0.872^2 / 100}} = -2.29$$

在 P 值规则检验下，假定 $\alpha = 0.05$，根据前面的结果，计算该问题的 P 值，并作出判断。

查标准正态概率表，当 $z = 2.29$，阴影面积为 0.9890，尾部面积为：1 −

0.9890 = 0.011，由对称性可知，当 $z = -2.29$ 时，左侧面积为 0.011。
$0.011 < \dfrac{\alpha}{2} = 0.025$。

0.011 这个数字意味着，假若我们反复抽取 $n = 100$ 的样本，在 100 个样本中仅有可能出现一个使检验统计量等于或小于 -2.29 的样本。该事件发生的概率小于给定的显著性水平，所以，可以判断 $\mu = 150$ 的假定是错误的，也就是说，根据观测的样本，有理由表明总体的 μ 与 150 克的差异是显著存在的。

在临界值检验规则下，假定 $\alpha = 0.05$，用临界值规则作出判断。查表得到，临界值 $z_{0.025} = -1.96$。由于 $z = -2.29 < -1.96$，即检验统计量的观测值落在临界值所划定的左侧（即落在拒绝域），因而拒绝 $\mu = 150$ 克的原假设。上面的检验结果意味着，由样本数据得到的观测值的差异提醒我们：装袋生产线的生产过程已经偏离了控制状态，正在向装袋重量低于技术标准的状态倾斜。

这就是说，在假设检验中，相对而言，当原假设被拒绝时，我们能够以较大的把握肯定备择假设的成立。而当原假设未被拒绝时，我们并不能认为原假设确实成立。

第四节　总体参数的假设检验

一、假设检验的基本步骤

根据前面的讨论和例子，假设检验的一般步骤可归纳如下：

1. 建立零假设 H_0；
2. 构造一个含待检参数 θ（不含其他未知参数）且分布已知的统计量 $u(X_1, X_2, \cdots, X_n; \theta)$，并确定其分布；
3. 对给定的显著性水平 α，由上述统计量及其分布，结合零假设 H_0，确定拒绝域 C，使得：

$$P\{(X_1, X_2, \cdots, X_n) \in C \mid H_0\} \leqslant \alpha$$

4. 根据样本值 $(x_1, x_2, \cdots, x_n)$ 是否落在 C 中作出是否拒绝 H_0 的统计决断：如果 $(x_1, x_2, \cdots, x_n) \in C$，则拒绝 H_0，$(x_1, x_2, \cdots, x_n) \notin C$，否则不能拒绝 H_0。

二、总体均值的假设检验

（一）总体为正态分布，总体方差已知

来自总体的样本为 $(X_1, X_2, \cdots, X_n)$。对于假设：$H_0: \mu = \mu_0$，在 H_0 成立的前提下，有检验统计量：

$$Z = \frac{\overline{X} - \mu_0}{\sqrt{\dfrac{\sigma^2}{n}}} \sim N(0,1)$$

例 6.2： 某机床厂加工一种零件，根据经验知道，该厂加工零件的椭圆度近似服从正态分布，其总体均值为 $\mu_0 = 0.081$ 毫米，总体标准差为 $s = 0.025$。现换一种新机床进行加工，抽取 $n = 200$ 个零件进行检验，得到的椭圆度为 0.076 毫米。试问新机床加工零件椭圆度的均值与以前有无显著差异（$\alpha = 0.05$）？

解：

$$H_0: \mu = 0.081 \quad H_1: \mu \neq 0.081$$

$$\alpha = 0.05 \quad n = 200$$

$$\text{检验统计量 } z = \frac{\bar{x} - \mu_0}{\sigma/\sqrt{n}} = \frac{0.076 - 0.081}{0.025/\sqrt{200}} = -2.83$$

决策： 此问题为双边检验。查标准正态分布表可知，$Z_{0.025} = 1.96$，由于 $|z| = 2.83 > Z_{0.025} = 1.96$，样本统计量落在了拒绝域，故在 $\alpha = 0.05$ 的水平上拒绝 H_0。

结论： 有证据表明新机床加工零件的椭圆度与以前有显著差异。

（二）总体分布未知，大样本

来自总体的样本为 $(X_1, X_2, \cdots, X_n)$。对于假设：$H_0: \mu = \mu_0$，在 H_0 成立的前提下，如果样本足够大（$n \geqslant 30$），近似地有检验统计量：

总体方差已知

$$Z = \frac{\bar{X} - \mu_0}{\sqrt{\dfrac{\sigma^2}{n}}} \sim N(0,1)$$

总体方差未知

$$Z = \frac{\bar{X} - \mu_0}{\sqrt{\dfrac{S^2}{n}}} \sim N(0,1)$$

例 6.3： 某电子元件批量生产的质量标准为平均使用寿命 1 200 小时。某厂宣称他们采用一种新工艺生产的元件质量大大超过规定标准。为了进行验证，随机抽取了 100 件作为样本，测得平均使用寿命 1 245 小时，标准差 300 小时。能否说该厂生产的电子元件质量显著地高于规定标准（$\alpha = 0.05$）？

解：

$$H_0: \mu \leqslant 1\,200 \quad H_1: \mu > 1\,200$$

$$\alpha = 0.05 \quad n = 100$$

$$\text{检验统计量 } z = \frac{\bar{x} - \mu_0}{\sigma/\sqrt{n}} = \frac{1\,245 - 1\,200}{300/\sqrt{100}} = 1.5$$

决策： 此问题为单边检验。查标准正态分布表可知，$Z_{0.05} = 1.645$，由于 $z = 1.5 < Z_{0.05} = 1.645$，样本统计量没有落在拒绝域，故在 $\alpha = 0.05$ 的水平上不能拒绝 H_0。

结论： 不能认为该厂生产的元件寿命显著地高于 1 200 小时。

（三）总体为正态分布，总体方差未知，小样本

来自总体的样本为 $(X_1, X_2, \cdots, X_n)$。对于假设：$H_0: \mu = \mu_0$，在 H_0 成立的前提下，有检验统计量：

$$t = \frac{\overline{X} - \mu_0}{\sqrt{\dfrac{S^2}{n}}} \sim t(n-1)$$

例6.4： 某机器制造出的肥皂厚度为5厘米，现欲了解机器性能是否良好，随机抽取10块肥皂为样本，测得平均厚度为5.3厘米，标准差为0.3厘米，试以0.05的显著性水平检验机器性能良好的假设。

解：

$$H_0: \mu = 5 \quad H_1: \mu \neq 5$$

$$\alpha = 0.05 \quad df = 10 - 1 = 9$$

$$检验统计量\ t = \frac{\bar{x} - \mu_0}{s/\sqrt{n}} = \frac{5.3 - 5}{0.3/\sqrt{10}} = 3.16$$

决策： 此问题为双边检验。查 t 分布分位数表可知，$t_{0.025}(9) = 2.2622$，由于 $t = 3.16 > t_{0.025}(9) = 2.2622$，样本统计量落入拒绝域，故在 $\alpha = 0.05$ 的水平上拒绝 H_0。

结论： 说明机器的性能不够好。

例6.5： 一个汽车轮胎制造商声称，某一等级的轮胎的平均寿命在一定的汽车重量和正常行驶条件下大于40 000公里，对一个由20个轮胎组成的随机样本做了试验，测得平均值为41 000公里，标准差为5 000公里。已知轮胎寿命的公里数服从正态分布，我们能否根据这些数据做出结论，该制造商的产品与他所说的标准相符（$\alpha = 0.05$）？

解：

$$H_0: \mu \geq 40\ 000 \quad H_1: \mu < 40\ 000$$

$$\alpha = 0.05 \quad df = 20 - 1 = 19$$

$$检验统计量\ t = \frac{\bar{x} - \mu_0}{s/\sqrt{n}} = \frac{41\ 000 - 40\ 000}{5\ 000/\sqrt{20}} = 0.894$$

决策： 此问题为单边检验。查 t 分布分位数表可知，$t_{0.05}(19) = 1.7291$，由于 $t = 0.849 < t_{0.05}(19) = 1.7291$，样本统计量没有落入拒绝域，故在 $\alpha = 0.05$ 的水平上不能拒绝 H_0。

结论： 制造商的产品与他所说的标准是相符的。

例6.6： 某厂采用自动包装机分装产品，假定每包产品的重量服从正态分布，每包标准重量为1 000克，某日随机抽查9包，测得样本平均重量为986克，样本标准差是24克。试问在 $\alpha = 0.05$ 的显著性水平上，能否认为这天自动包装机工作正常？

解：

$$H_0: \mu = 1\ 000 \quad H_1: \mu \neq 1\ 000$$

$$\alpha = 0.05 \quad df = 9 - 1 = 8$$

$$检验统计量\ t = \frac{\overline{X} - \mu_0}{s/\sqrt{n}} = \frac{986 - 1\ 000}{24/\sqrt{9}} = -1.75$$

决策：此问题为双边检验，查 t 分布分位数表可知，$t_{0.025}(8) = 2.306$，由于 $|t| = 1.75 < t_{0.025}(8) = 2.306$，样本统计量没有落入拒绝域，故在 $\alpha = 0.05$ 的水平上不能拒绝 H_0。

结论：样本数据没有充分说明这天的自动包装机工作不正常。

三、总体成数的假设检验

来自总体的样本为 $(x_1, x_2, \cdots, x_n)$。其中，各个 $x_i(i = 1, 2, \cdots, n)$ 只取 1（"成功"）和 0（"失败"）两个值。样本中"成功"的次数为 n_1。当 n 充分大时，样本比例 $P = n_1/n$ 近似服从正态分布 $N(\rho, \rho(1-\rho)/n)$。

因此，对于假设 $H_0 : \rho = \rho_0$，在 H_0 成立的前提下，有：

$$z = \frac{P - \rho_0}{\sqrt{\dfrac{\rho_0(1 - \rho_0)}{n}}} \sim N(0, 1)$$

例 6.7： 一项统计结果声称，某市老年人口（年龄在 65 岁以上）的比重为 14.7%，该市老年人口研究会为了检验该项统计是否可靠，随机抽选了 400 名居民，发现其中有 57 人年龄在 65 岁以上。调查结果是否支持该市老年人口比重为 14.7% 的看法（$\alpha = 0.05$）？

解：

$$H_0 : \pi = 14.7\% \quad H_1 : \pi \neq 14.7\%$$
$$\alpha = 0.05 \quad n = 400$$
$$\text{检验统计量 } z = \frac{0.1425 - 0.147}{\sqrt{\dfrac{0.147 \times (1 - 0.147)}{400}}} = 0.254$$

决策：此问题为双边检验。查标准正态分布表可知，$Z_{0.025} = 1.96$，由于 $|z| = 0.254 < Z_{0.025} = 1.96$，样本统计量没有落在拒绝域，故在 $\alpha = 0.05$ 的水平上不能拒绝 H_0。

结论：该市老年人口比重为 14.7%。

例 6.8： 一项调查结果声称，某市小学生每月零花钱达到 200 元的比例为 40%，某科研机构为了检验这个调查是否可靠，随机抽选了 100 名小学生，发现有 47 人每月零花钱达到 200 元，调查结果能否证实早先调查 40% 的看法（$\alpha = 0.05$）？

解：

由条件充分大，可以利用正态近似的公式进行计算。

$$H_0 : \rho = 40\% \quad H_1 : \rho \neq 40\%$$
$$\text{检验统计量 } z = \frac{P - \rho_0}{\sqrt{\rho_0(1 - \rho_0)/n}} = \frac{0.47 - 0.4}{\sqrt{0.4 \times (1 - 0.4)/100}} = 1.43$$

决策：此问题为双边检验。查标准正态分布表可知，$Z_{0.025} = 1.96$，由于 $|z| = 1.43 < Z_{0.025} = 1.96$，样本统计量没有落在拒绝域，故在 $\alpha = 0.05$ 的水平上

不能拒绝 H_0。

结论：调查结果不能推翻40%比重这个看法。

四、总体方差的假设检验

检验一个总体的方差或标准差，假设总体近似服从正态分布，检验统计量：

$$\chi^2 = \frac{(n-1)S^2}{\sigma_0^2} \sim \chi^2(n-1)$$

例6.9： 某厂商生产出一种新型的饮料装瓶机器，按设计要求，该机器装一瓶1升（1 000cm^3）的饮料误差上下不超过1cm^3。如果达到设计要求，表明机器的稳定性非常好。现从该机器装完的产品中随机抽取25瓶，分别进行测定（用样本减 1 000cm^3），得到的结果如下所示：0.3cm^3，−0.4cm^3，−0.7cm^3，1.4cm^3，−0.6cm^3，−0.3cm^3，−1.5cm^3，0.6cm^3，−0.9cm^3，1.3cm^3，−1.3cm^3，0.7cm^3，1cm^3，−0.5cm^3，0cm^3，−0.6cm^3，0.7cm^3，−1.5cm^3，−0.2cm^3，−1.9cm^3，−0.5cm^3，1cm^3，−0.2cm^3，−0.6cm^3，1.1cm^3。检验该机器的性能是否达到设计要求（$\alpha = 0.05$）。

解：

$$H_0：\sigma^2 \leqslant 1 \quad H_1：\sigma^2 > 1$$

$$\alpha = 0.05 \quad df = 25 - 1 = 24 \quad S = \frac{1}{n-1}\sum_{i=1}^{n}(X_I - \overline{X}^2) = 0.866$$

$$检验统计量 \chi^2 = \frac{(n-1)s^2}{\sigma_0^2} = \frac{(25-1) \times 0.866}{1} = 20.8$$

决策：此问题为双边检验。查 χ^2 分布分位数表可知，$\chi_{0.025}^2(24) = 36.415$，由于 $\chi^2 = 20.8 < \chi_{0.025}^2(24) = 36.415$，样本统计量没有落在拒绝域，故在 $\alpha = 0.05$ 的水平上不能拒绝 H_0。

结论：不能认为该机器的性能未达到设计要求。

附录：软件操作（R 语言）

一、正态总体均值的假设检验

案例6.1： 某种元件的寿命 X（以小时计）服从正态分布 $N(\mu, \sigma^2)$，其中μ、σ^2 均未知。现测得16只元件的寿命如下：

| 159 | 280 | 101 | 212 | 224 | 379 | 179 | 264 |
| 222 | 362 | 168 | 250 | 149 | 260 | 485 | 170 |

问是否有理由认为元件的平均寿命大于225小时？

解： 按题意需检验

$$H_0：\mu \leqslant \mu_0 = 225 \quad H_1：\mu > \mu_0 = 225$$

此问题是单边检验问题。使用 R 语言自带的 t.test() 函数来计算。

```
>X< -c (159,280,101,212,224,379,179,264,222,362,168,250,149,260,
485,170)
>t.test(X,alternative = "greater",mu =225)
One Sample t -test

data: X
t = 0.66852,df = 15,p -value = 0.257
alternative hypothesis:true mean is greater than 225
95 percent confidence interval:
  198.2321  Inf
sample estimates:
mean of x
  241.5
```

计算出 P 值是 0.256 980 1（>0.05），不能拒绝原假设，接受 H_0，即认为平均寿命不大于 225 小时。

二、正态总体方差的假设检验

案例 6.2： 已知维尼纶纤度在正常条件下服从正态分布，且标准差为 0.048，从某天产品中抽取 5 根纤维，测得其纤度为：

$$1.32 \quad 1.55 \quad 1.36 \quad 1.40 \quad 1.44$$

问这一天纤度的总体标准差是否正常（取 $\alpha = 0.05$）？

解： 按题意需检验

$$H_0: \sigma^2 = 0.048^2 \quad H_1: \sigma^2 \neq 0.048^2$$

此问题为双边检验问题。

```
>install.packages("TeachingDemos")
>library("TeachingDemos")
> x < -c(1.32,1.55,1.36,1.40,1.44)
>sigma.test (x,sigmasq = 0.048 ^2,conf.level = 0.95,alternative =
"two.sided")
One sample Chi -squared test for variance

data: x
X -squared = 13.507,df = 4,p -value = 0.01809
alternative hypothesis:true variance is not equal to 0.002304
95 percent confidence interval:
0.002792713 0.064241965
sample estimates:
var of x
 0.00778
```

计算出 P 值是 0.01809（<0.05），故拒绝原假设，接受 H_1，即认为这一天纤度的总体方差不正常。

三、二项分布的假设检验

前面介绍的是正态总体的假设检验问题，这里介绍非正态总体的检验问题。关于非正态总体的检验有很多，这里只介绍二项分布的假设检验问题。

类似于正态分布，我们也可以推导出二项分布的统计量和所服从的分布，导出相应的估计值（点估计和区间估计），以及相应的假设检验方法。

案例 6.3：有一批蔬菜种子的平均发芽率 $p_0 = 0.85$，现随机抽取 500 粒，用种衣剂进行浸种处理，结果有 445 粒发芽。试检验种衣剂对种子发芽率有无效果。

解：根据题意，所检验的问题为：

$$H_0: p = p_0 = 0.85 \quad H_1: p \neq p_0$$

```
>binom.test(445,500,p=0.85)
Exact binomial test
data: 445 and 500
number of successes = 445, number of trials = 500, p-value = 0.01207
alternative hypothesis: true probability of success is not equal to
0.85
95 percent confidence interval:  0.8592342 0.9160509
sample estimates:
probability of success  0.89
```

P 值 $= 0.01207 < 0.05$，拒绝原假设，认为种衣剂对种子发芽率有显著效果，从区间估计值来看，种衣剂可以提高种子的发芽率。

我们可作单侧检验来证实这一结论，下面举一个单侧检验的例子。

案例 6.4：据以往经验，新生儿染色体异常率一般为 1%，某医院观察了当地 400 名新生儿，只有 1 例染色体异常，问该地区新生儿染色体异常是否低于一般水平？

解：根据题意，所检验的问题为：

$$H_0: p \geqslant 0.01 \quad H_1: p < 0.01$$

```
>binom.test(1,400,p=0.01,alternative="less")
Exact binomial test
data:  1 and 400
number of successes = 1, number of trials = 400, p-value = 0.09048
alternative hypothesis: true probability of success is less than 0.01
95 percent confidence interval:
0.00000000 0.01180430
sample estimates:
probability of success
            0.0025
```

P 值 $=0.09048>0.05=\alpha$，并不能认为该地区新生儿染色体异常率低于一般水平。另外，从区间估计值也能说明这一点，区间估计的上界为 $0.0118>0.01$。

另一种输入法具有同样的结果。

```
>binom.test(c(1,399),p = 0.01,alternative = "less")
Exact binomial test
data: c(1,399)
number of successes = 1,number of trials = 400,p-value =
0.09048
alternative hypothesis:true probability of success is less than 0.01
95 percent confidence interval:
0.0000000 0.0118043
sample estimates:
probability of success
                0.0025
```

练 习 题

一、单项选择题

某电子元件的使用者要求，一批元件的废品率不能超过2‰，否则拒收。据此回答以下问题：

1. 使用者在决定是否接收进而进行抽样检验时，提出的原假设是（　　）。

    A. $H_0: P \geqslant 2‰$　　　　　　　　B. $H_0: P \leqslant 2‰$

    C. $H_0: P = 2‰$　　　　　　　　　D. 其他

2. 对上述检验问题，标准正态检验统计量的取值区域分成拒绝域和接受域两部分。拒绝域位于接受域之（　　）。

    A. 左侧　　　　　　　　　　　　B. 右侧

    C. 两侧　　　　　　　　　　　　D. 前三种可能性都存在

3. 在上述检验中，0.05 显著性水平对应的标准正态分布临界值是（　　）。

    A. 1.645　　　　　　　　　　　B. ±1.96

    C. −1.645　　　　　　　　　　D. ±1.645

4. 若计算的检验统计量的样本值为 1.50，电子元件的实际废品率是 3.5%，则会出现（　　）。

    A. 接受了正确的假设　　　　　　B. 拒绝了错误的假设

    C. 弃真错误　　　　　　　　　　D. 取伪错误

5. 使用者偏重于担心出现取伪错误而造成的损失，那么他宁可把显著性水平定得（　　）。

    A. 大　　　　　　　　　　　　　B. 小

　　C. 大或小都可以　　　　　　D. 先决条件不足无法决定

二、简答题

1. 假设检验与参数估计有什么相同点和不同点？

2. 什么是假设检验中的显著性水平？统计显著是什么意思？

3. 什么是假设检验中的两类错误？

4. 在假设检验问题中，若检验结果是接受原假设，则检验可能犯哪一类错误？若检验结果是拒绝原假设，则又有可能犯哪一类错误？

5. 两类错误之间存在什么样的数量关系？

6. 解释假设检验中的 P 值。

7. 显著性水平与 P 值有何区别？

8. 假设检验依据的基本原理是什么？

9. 在单侧检验中原假设和备择假设的方向应该如何确定？

10. 在假设检验中，χ^2 检验的作用有哪些？

三、计算题

1. 设 $X_1, X_2, \cdots, X_n$ 是来自 $N(\mu, 1)$ 的样本，考虑如下假设检验问题 $H_0: \mu = 2$，$H_1: \mu = 3$。若检验由拒绝域为 $W = \{\bar{x} > 2.6\}$ 确定，求：

（1）当 n = 20 时，求检验犯两类错误的概率；

（2）如果要使得检验犯第二类错误的概率 $\beta \leq 0.01$，n 最小应取多少？

2. 设总体为均匀分布 $U(0, \theta)$，$X_1, X_2, \cdots, X_n$ 是样本，考虑检验问题 $H_0: \theta > 3$，$H_1: \theta < 3$，拒绝域取为 $W = \{\bar{x}_{(n)} \leq 2.5\}$，求检验犯第一类错误的最大值 α，若要使得该最大值 α 不超过 0.05，n 至少应取多大？

3. 设 $X_1, X_2, \cdots, X_{16}$ 是来自正态总体 $N(\mu, 4)$ 的样本，考虑检验问题 $H_0: \mu = 6$，$H_1: \mu \neq 6$，拒绝域取为 $W = \{|\bar{x} - 6| \geq c\}$，试求 c 使得检验的显著性水平为 0.05，并求该检验在 $\mu = 6.5$ 处犯第二类错误的概率。

4. 有一批枪弹，出厂时，其初速率 $v \sim N(950, 1000)$（单位：米/秒）。经过较长时间储存，取 9 发进行测试，得样本值（单位：米/秒）如下：

　　　914　920　910　934　953　945　912　924　940

据经验，枪弹经储存后其初速率仍服从正态分布，且标准差保持不变，问是否可认为这批枪弹的初速有显著降低（$\alpha = 0.05$）？

5. 已知某炼铁厂铁水含碳量服从正态分布 $N(4.55, 0.1082)$。现在测定了 9 炉铁水，其平均含碳量为 4.484，如果铁水含碳量的方差没有变化，可否认为现在生产的铁水平均含碳量仍为 4.55（$\alpha = 0.05$）？

6. 由经验知某零件质量 $X \sim N(15, 0.052)$（单位：克），技术革新后，抽出 6 件零件，测得质量为：

　　　14.7　15.1　14.8　15.0　15.2　14.6

已知方差不变，问平均质量是否仍为 15g（$\alpha = 0.05$）？

7. 化肥厂用自动包装机包装化肥，每包的质量服从正态分布，其平均质量为 100 千克，标准差为 1.2 千克。某日开工后，为了确定这天包装机工作是否正常，随机抽取 9 袋化肥，称得质量如下：

99.3　98.7　100.5　101.2　98.3　99.7　99.5　102.1　100.5

设方差稳定不变，问这一天包装机的工作是否正常（$\alpha = 0.05$）？

8. 从一批钢管抽取 10 根，测得其内径（单位：毫米）为：

100.36　100.31　99.99　100.11　100.64　100.85

99.42　99.91　99.35　100.10

设这批钢管内直径服从正态分布 $N(\mu, \sigma^2)$，试分别在下列条件下检验假设（$\alpha = 0.05$）：

$$H_0: \mu = 100 \qquad H_1: \mu > 100$$

（1）已知 $\sigma = 0.5$；

（2）σ 未知。

9. 一种元件，要求其使用寿命不得低于 700 小时。现从一批这种元件中随机抽取 36 件，测得其平均寿命为 680 小时。已知该元件寿命服从正态分布，$\sigma = 60$ 小时，试在显著性水平 0.05 下确定这批元件是否合格。

10. 已知某苗圃中树苗高度服从正态分布，其高度的标准差为 8.2 厘米，根据长势估计其平均高度为 60 厘米。今从苗圃中随机抽取 64 株，测得苗高并求得其均值 $\overline{X} = 62$ 厘米，试在显著性水平 $\alpha = 0.05$ 的条件下检验所估的高度是否正确。

11. 假定考生成绩服从正态分布，在某地一次数学统考中，随机抽取了 36 位考生的成绩，算得平均成绩为 66.5 分，标准差为 15 分，问在显著性水平 0.05 下，是否可以认为这次考试全体考生的平均成绩为 70 分？

12. 一个小学校长在报纸上看到这样的报道："这一城市的初中学生平均每周看 8h 电视。"她认为她所在学校的学生看电视的时间明显小于该数字。为此她在该校随机调查了 100 个学生，得知平均每周看电视的时间 $\bar{x} = 6.5$ 小时，样本标准差为 $s = 2$ 小时。问是否可以认为这位校长的看法是对的（$\alpha = 0.05$）？

13. 设在木材中抽出 100 根，测其小头直径，得到样本平均数 $\bar{x} = 11.2$ 厘米，样本标准差为 $s = 2.6$ 厘米，问该批木材小头的平均直径能否认为不低于 12 厘米（$\alpha = 0.05$）？

14. 考察某鱼塘中鱼的含汞量，随机地取 10 条鱼测得各条鱼的含汞量（单位：毫克）为：

0.8　1.6　0.9　0.8　1.2　0.4　0.7　1.0　1.2　1.1

设鱼的含汞量服从正态分布 $N(\mu, \sigma^2)$，试检验假设 $H_0: \mu = 1.2$，$H_1: \mu > 1.2$（$\alpha = 0.10$）。

15. 如果一个矩形的宽度 W 与长度 L 的比 $\dfrac{w}{l} = \dfrac{1}{2}(\sqrt{5} - 1) \approx 0.618$，这样的矩形称为黄金矩形。下面列出某工艺品工厂随机取的 20 个矩形宽度与长度的比值：

0.693　0.749　0.654　0.670　0.662　0.672　0.615　0.606　0.690　0.628

0.668　0.611　0.606　0.609　0.553　0.570　0.844　0.576　0.933　0.630

设这一工厂生产的矩形的宽度与长度的比值总体服从正态分布，其均值为 μ，试检验假设（$\alpha = 0.05$）$H_0：\mu = 0.618$，$H_1：\mu \neq 0.618$。

16. 一个小型装置上有一精密零件，该装置对这一零件的尺寸要求非常严格，允许其长度的最大标准差为 0.011 毫米。该零件生产商从产品中抽出 28 个进行检验，样本的长度如下：

$$3.952 \quad 3.978 \quad 3.979 \quad 3.984 \quad 3.987 \quad 3.911 \quad 3.995$$
$$3.997 \quad 3.999 \quad 3.999 \quad 4.000 \quad 4.000 \quad 4.000 \quad 4.000$$
$$4.001 \quad 4.001 \quad 4.002 \quad 4.003 \quad 4.004 \quad 4.006 \quad 4.009$$
$$4.010 \quad 4.001 \quad 4.002 \quad 4.003 \quad 4.004 \quad 4.006 \quad 4.009$$

试在 $\alpha = 0.01$ 的显著性水平下检验该批零件能否满足该装置的要求。

17. 为了控制贷款规模，某商业银行有个内部要求，平均每项贷款数额不能超过 60 万元。随着经济的发展，贷款规模有增大的趋势。银行经理想了解在同样项目条件下，贷款的平均规模是否明显地超过 60 万元，故一个 $n = 144$ 的随机样本被抽出，测得 $\bar{x} = 68.1$ 万元，$s = 45$。用 $\alpha = 0.01$ 的显著性水平，据此对贷款规模有增大的趋势进行检验。

18. 从某县小学六年级男学生中用简单随机抽样方式抽取 400 名，测量他们的体重，算得平均值为 61.6 公斤，标准差是 14.4 公斤。如果不知六年级男生体重随机变量服从何种分布，可否用上述样本均值猜测该随机变量的数学期望值为 60 公斤？按显著性水平 0.05 和 0.01 分别进行检验（用临界值规则）。

19. 某种大量生产的袋装食品，按规定不得少于 250 克。今从一批该食品中任意抽取 50 袋，发现有 6 袋低于 250 克。若规定不符合标准的比例超过 5% 就不得出厂，问该批食品能否出厂（$\alpha = 0.05$）？

20. 一个生产防水手套的厂家，希望新的一批产品与前几批的产品质量一样好，至少不比前几批的质量差，以前产品不合格率大约为 10%。为此，厂家从新生产的产品中抽出 100 双进行检测，结果发现其中有 8 双质量出现问题。请以 $\alpha = 0.05$ 的显著性水平检验下列结论：

（1）新产品的质量是否与前几批一样好？

（2）新产品的质量是否比前几批的差？

21. 某公司负责人发现开出去的发票有大量笔误，而且断定这些发票中，有笔误的发票占 20% 以上。随机抽取 400 张发票，检查后发现其中有笔误的占 18%，这是否可以证明负责人的判断正确（$\alpha = 0.05$，用临界值规则）？

22. 从某地区劳动者有限总体中用简单随机放回的方式抽取一个 4 900 人的样本，其中具有大学毕业文化程度的为 600 人。我们猜测，在该地区劳动者随机试验中任意一人具有大学毕业文化程度的概率是 11%。要求检验上述猜测（$\alpha = 0.05$，用临界值规则）。

23. 已知维尼纶纤度在正常条件下服从正态分布，且标准差为 0.048。从某天产品中抽取 5 根纤维，测得其纤度为：

$$1.32 \quad 1.55 \quad 1.36 \quad 1.40 \quad 1.44$$

问这一天纤度的总体标准差是否正常（取 $\alpha=0.05$）？

24. 某电工器材厂生产一种保险丝。测量其熔化时间，依通常情况方差为 400，今从某天产品中抽取容量为 25 的样本，测量其熔化时间并计算得 $\bar{x}=62.24$，$s^2=404.77$，问这天保险丝熔化时间分散度与通常有无显著差异（$\alpha=0.05$，假定熔化时间服从正态分布）？

25. 某种导线的质量标准要求其电阻的标准差不得超过 0.005Ω。今在一批导线中随机抽取样品 9 根，测得样本标准差 $s=0.007\Omega$，设总体为正态分布。问在显著性水平 $\alpha=0.05$ 下，能否认为这批导线的标准差显著偏大？

统计思想的总结

假设检验的核心思想内容：拒绝还是接受原假设。学习本章节之后，心中可能会存在疑问，为什么概率比较小的时候就可以拒绝原假设？容易理解的解释就是假设检验的小概率反证法思想。首先，概率论中有一条基本原理——小概率事件在一次实验中基本不会发生，这是用假设检验进行统计推断的基础。通常我们在假设的条件下，构造出检验统计量，并且根据本次实验的结果计算出检验统计量的值及其概率值，如果概率值小于 0.01 或小于 0.05 时，就认为抽取的样本对应的事件为小概率事件。然后应用反证法的思想进行判断，先假设原假设是正确的，然后我们按照原假设 H_0 是正确的进行推理，算出相应的概率值。如果算出是小概率事件，按概率论的基本原理，小概率事件在我们的一次抽样中基本不会发生，但是我们一次抽样就抽取到了，这就产生了矛盾，我们就有比较大的确信度认为原假设不正确，则拒绝了原假设。即使犯错误，可能性也小于显著性水平。如果不是小概率事件就没有充分的理由拒绝原假设，从而接受备择假设。

不论是假设检验还是参数估计，其都是统计推断的核心内容，是利用样本推断总体的重要方法，前提条件都是要求使用的样本必须是随机样本。在实际应用中，由于严格满足随机性要求的样本很难获取，主观假定样本是随机样本并运用参数估计和假设检验进行统计推断往往是比较常见的，其结果就是由此造成的统计误差可能会比真实情况要大得多，这个方面的问题可能会被大多数人所忽视，需要引起高度的关注。

正确理解和把握推断思想，还要准确理解参数估计和假设检验的结果。参数估计和假设检验的结果不仅与样本信息、样本统计量的分布等这些客观因素有关，同时还与主观给定的置信水平和显著性水平有关。例如，在计算置信区间之前，往往要给定置信水平的数值；在对原假设和备择假设作出判断之前，往往要给定显著性水平的数值。考虑到区间估计的可靠性和准确性之间的平衡，置信水平一般取值为 95%；兼顾假设检验犯第一类错误和犯第二类错误概率之间的平衡，显著性水平一般取值为 5%。因此，参数估计和假设检验的结果是与一定概率相对应的，是具有或然性特征的。

第七章 方差分析

【问题提出】

抗癌药物筛选试验

在癌症的治疗过程中,药物治疗是一个很重要的环节,有效的抗癌药物的使用,可以帮助患者获得更长的生存时间,拥有活下来的希望。不同的抗癌药物对不同的癌症疗效不同,某医学研究所针对某种癌症进行了抗癌药物筛选试验,目的是筛选出针对这种癌症最合适的抗癌药物,研究拟采用30只小白鼠按不同窝别分为5组,分别观察五种药物对小白鼠肉瘤(S180)抑瘤效果,资料如表7.1所示,问五种药物有无抑瘤效果?

表7.1　　　　　　　　　　五种药物抑瘤效果的比较　　　　　　　　瘤重:克

窝别(5组)	对照	A	B	C	D	E
I	0.82	0.38	0.30	0.19	0.28	0.21
II	0.76	0.52	0.38	0.44	0.35	0.40
III	0.33	0.22	0.27	0.40	0.26	0.30
IV	0.50	0.20	0.24	0.46	0.22	0.26
V	0.78	0.28	0.15	0.30	0.18	0.32

如果用假设检验的办法比较五种抗癌药有无抑瘤效果,则需要五种药物分别与对照组两两比较。这样做不仅烦琐,而且使得检验所犯的累计错误增大,而这种试验设计数据的分析方法主要是本章将要介绍的方差分析,方差分析则很容易解决这样的问题。

方差分析是在20世纪20年代发展起来的一种统计方法,它是由英国统计学家费希尔在进行试验设计时为解释试验数据而引入的。目前,方差分析方法广泛用于分析心理学、生物学、工程和医药领域的试验数据。从形式上看,方差分析是比较多个总体的均值是否相等,但本质上它所研究的是变量之间的关系。在研究一个(或多个)分类型自变量与一个数值型因变量之间的关系时,方差分析是其中的主要方法之一。

第一节 方差分析的基本原理

一、方差分析及其有关概念

方差分析（analysis of variance，ANOVA）是检验多个总体均值是否相等的统计方法。它通过检验各总体的均值是否相等来判断分类型自变量对数值型因变量是否有显著影响。表面上看，方差分析是检验多个总体的均值是否相同，但本质上它所研究的是分类型自变量对数值型因变量的影响。比如，它们之间有没有关系，关系的强度如何等。

为了更好地理解方差分析的含义，下面先通过一个例子来说明方差分析的有关概念以及方差分析所要解决的问题。

例7.1：某服装生产企业设计了一款新式夏装，夏装的颜色共有四种：红色、黑色、蓝色和白色。这四种夏装的款式、布料、工艺、价格等可能影响销售量的因素全部相同，现从地理位置相似、经营规模相仿的五家商场上收集了该款夏装的销售情况。如表7.2所示，服装生产企业想知道夏装的颜色是否对销售量产生影响？

表7.2 　　　　　　　　商场夏装销售额 　　　　　　单位：万元

商场编号	红色	黑色	蓝色	白色
1	25.4	32.3	28.1	30.9
2	27.6	29.4	25.3	30.5
3	24.2	31.9	28.7	32.3
4	28.1	29.1	25.4	31.6
5	25.9	29.8	27.2	33.5

要分析"夏装的颜色"对"销售量"是否有显著影响，作出这种判断最终归结为检验这四种颜色夏装的销售额的均值是否相等。如果它们的均值相等，就意味着"夏装的颜色"对"销售量"是没有影响的；如果均值不全相等，则意味着"夏装的颜色"对"销售量"是有影响的。

在方差分析中，所要检验的对象称为因素或因子（factor）。因素的不同表现称为水平（level）或处理（treatment）。每个因子水平下得到的样本数据称为观测值。

比如，在上面的例子中，我们要分析夏装的颜色是否对销售量产生影响。这里的"夏装的颜色"是所要检验的对象，把它称为"因素"或"因子"；红色、黑色、蓝色、白色是"夏装的颜色"这一因素的具体表现，称为"水平"或"处理"；在每种颜色下得到的样本数据（销售额）称为观测值。由于这里只涉及"夏装的颜色"一个因素，因此称为单因素四水平的试验。因素的每一个水平可以看作是一个总体，比如，红色、黑色、蓝色、白色等四种颜色的夏装可以看作是四个总体，上面的数据可以看作是从这四个总体中抽取的样本数据。

在只有一个因素的方差分析（称为单因素方差分析）中，涉及两个变量：一个是分类型自变量，一个是数值型因变量。当研究分类型自变量对数值型因变量的影响时，所用的方法就是方差分析。比如，在上面的例子中，我们要研究"夏装的颜色"对"销售量"是否有影响，这里的"夏装的颜色"就是自变量，它是一个分类变量，红色、黑色、蓝色、白色就是"夏装的颜色"这个自变量的具体取值，这里称为"夏装的颜色"这个因素的水平或处理。"销售额"是因变量，它是一个数值型变量，不同的销售额就是因变量的取值。

二、方差分析的基本原理

（一）原理

我们怎样判断夏装的颜色对销售量是否有显著影响呢？或者说，夏装的颜色与销售量之间是否有显著的关系呢？为检验不同颜色的销售量之间是否有显著差异，需要考察数据误差的来源。下面结合表7.2中的数据说明数据之间存在的差异。

差异的产生来自两个方面：一方面是由因素中的不同水平造成的，称为系统性差异（或系统性误差），如夏装的不同颜色带来不同的销售量。另一方面是由于抽选样本的随机性而产生的差异，称为随机性差异（或随机性误差），如相同颜色的夏装在不同的商场销售量也不同。

两个方面产生的差异可以用两个方差来计量：一个叫组间方差，即水平之间的方差，是衡量不同总体下各样本之间差异的方差。在组间方差里，既包括系统性误差，也包括随机性误差。如不同颜色的夏装在不同地点（商场）产品销售量之间的差异既有系统性误差（即由于人们对不同颜色的偏爱造成的差异），也有随机性误差（即由于抽样的随机性造成的差异）。不同颜色的夏装在不同地点（商场）产品销售量之间的方差即为组间方差。另一个叫组内方差，即水平内部的方差，是衡量同一个总体下样本数据的方差。在组内方差里仅包括随机性差异，如可以把同一个颜色的夏装在不同地点（商场）产品销售量之间的差异看成是随机因素的影响，同一个颜色的夏装在不同地点（商场）产品销售量之间的方差即为组内方差。

如果不同的水平对结果没有影响，如夏装的不同颜色对销售量无影响，那么在水平之间的方差中，就仅仅有随机因素影响的差异，而没有系统性因素影响的差异。这样一来，组间方差与组内方差就应该非常接近，两个方差的比值就会接近于1；反之，如果夏装的不同颜色对销售量有影响，在组间方差中就不仅包括随机性误差，也包括系统性误差，这时，组间方差就会大于组内方差，两个方差的比值就会大于1。当这个比值大到某种程度时，我们就可以作出判断，说不同水平之间存在着显著性差异。因此，判断夏装的不同颜色对销售量是否有显著性影响的问题，实际上也就是检验销售量的差异主要是由于什么原因所引起的。如果这种差异主要是系统性误差，我们就说夏装的不同颜色对销售量有显著性影响。

（二）方差分析的基本假定

方差分析中有三个基本假定：

（1）每个总体都应服从正态分布。也就是说，对于因素的每一个水平，其观测值是来自正态分布总体的简单随机样本。

（2）各个总体的方差 σ^2 必须相同。也就是说，各组观察数据是从具有相同方差的正态总体中抽取的。

（3）观测值是独立的。

在上述假定成立的前提下，要分析自变量对因变量是否有影响，形式上也就转化为检验自变量的各个水平（总体）的均值是否相等。比如，判断夏装的颜色对销售量是否有显著影响，实际上也就是检验具有同方差的四个正态总体的均值（销售额的均值）是否相等。

第二节　单因素方差分析

根据所分析的分类型自变量的多少，方差分析可分为单因素方差分析和双因素方差分析。单因素方差分析是指方差分析中只涉及一个分类型自变量，其研究的是一个分类型自变量对一个数值型因变量的影响。

一、数学模型

设 A 表示因素，因素 A 有 r 个水平，分别用 $A_1,A_2,\cdots,A_r$ 表示，在水平 $A_i(i=1,2,\cdots,r)$ 下各做 $n_i(i=1,2,\cdots,r)$ 次独立重复试验，每个观测值用 $x_{ij},i=1,2,\cdots,r;j=1,2,\cdots,n_i$ 表示，即 x_{ij} 表示第 i 个水平（总体）的第 j 个观测值。其中，从不同水平中所抽取的样本量可以相等，也可以不相等。所有试验的结果可列表，如表7.3所示。

表7.3　　　　　　单因素方差分析的数据结构

观测值 (j)	因素 (i)			
	A_1	A_2	$\cdots$	A_r
1	x_{11}	x_{21}	$\cdots$	x_{r1}
2	x_{12}	x_{22}	$\cdots$	x_{r2}
$\vdots$	$\vdots$	$\vdots$	$\vdots$	$\vdots$
n	x_{1n_1}	x_{2n_2}	$\cdots$	x_{rn_r}

将第 i 个水平下的观测值 $x_{i1},x_{i2},\cdots,x_{in_i}$ 看作来自正态总体 $N(\mu_i,\sigma^2)$ 的一个样

本，其中 μ_i，σ^2 均未知，且每个总体相互独立，考虑线性统计模型：

$$\begin{cases} x_{ij} = \mu_i + \varepsilon_{ij}, i = 1,2,\cdots,r; j = 1,2,\cdots,n_i. \\ \varepsilon_{ij} \sim N(0,\sigma^2) \text{ 且相互独立} \end{cases} \tag{7.1}$$

其中，μ_i 是第 i 个总体的均值，ε_{ij} 是相应的试验误差。

比较因素 A 的 r 个水平的差异归结为比较这 r 个总体的均值。即检验假设：

$$H_0 : \mu_1 = \mu_2 = \cdots = \mu_r$$

$$H_1 : \mu_1, \mu_2, \cdots, \mu_r \text{ 不全相等}$$

记

$$\mu = \frac{1}{n} \sum_{i=1}^{r} n_i \mu_i, n = \sum_{i=1}^{r} n_i, \alpha_i = \mu_i - \mu$$

这里 μ 表示总和的均值，α_i 为水平 A_i 对指标的效应，不难验证 $\sum_{i=1}^{r} n_i \alpha_i = 0$ 。

模型（7.1）又可以等价写成

$$\begin{cases} x_{ij} = \mu + \alpha_i + \varepsilon_{ij}, i = 1,2,\cdots,r; j = 1,2,\cdots,n_i \\ \varepsilon_{ij} \sim N(0,\sigma^2) \text{ 且相互独立} \\ \sum_{i=1}^{r} n_i \alpha_i = 0 \end{cases} \tag{7.2}$$

称模型（7.2）为单因素方差分析的数学模型，它是一种线性模型。

二、方差分析

方差分析包括提出假设、构造检验的统计量、作出统计决策等步骤。

（一）提出假设

为了检验因素 A 对试验指标的影响，需要提出如下形式的假设：

$$H_0 : \alpha_1 = \alpha_2 = \cdots = \alpha_r = 0 \qquad \text{因素 } A \text{ 对试验指标没有显著影响}$$

$$H_1 : \alpha_1, \alpha_2, \cdots, \alpha_r \text{ 不全为零} \qquad \text{因素 } A \text{ 对试验指标有显著影响}$$

如果拒绝原假设 H_0，则说明因素 A 的各水平的效应之间有显著的差异；否则，差异不明显。

在例 7.1 中，设红色夏装的销售额的均值为 μ_1，黑色夏装的销售额的均值为 μ_2，蓝色夏装的销售额的均值为 μ_3，白色夏装的销售额的均值为 μ_4。为检验夏装的颜色对销售量是否有影响，需要提出如下假设：

$$H_0 : \mu_1 = \mu_2 = \mu_3 = \mu_4 \qquad \text{夏装的颜色对销售量没有显著影响}$$

$$H_1 : \mu_1, \mu_2, \mu_3, \mu_4 \text{ 不全相等} \qquad \text{夏装的颜色对销售量有显著影响}$$

（二）构造检验的统计量

1. 计算各样本的均值。假定从第 i 个总体中抽取一个容量为 n_i 的简单随机样本，令 $\bar{x}_i$ 为第 i 个总体的样本均值，其计算公式为：

$$\bar{x}_i = \frac{\sum_{j=1}^{n_i} x_{ij}}{n_i}, i = 1, 2, \cdots, r \tag{7.3}$$

其中，n_i 表示第 i 个总体的样本量；x_{ij} 表示第 i 个总体的第 j 个观测值。例如，根据表 7.1 中的数据，计算红色夏装销售额的样本均值为：

$$\bar{x}_1 = \frac{\sum_{j=1}^{5} x_{1j}}{n_1} = \frac{25.4 + 27.6 + 24.2 + 28.1 + 25.9}{5} = 26.24$$

黑色夏装销售额的样本均值为：

$$\bar{x}_2 = \frac{\sum_{j=1}^{5} x_{2j}}{n_2} = \frac{32.3 + 29.4 + 31.9 + 29.1 + 29.8}{5} = 30.50$$

蓝色夏装销售额的样本均值为：

$$\bar{x}_3 = \frac{\sum_{j=1}^{5} x_{3j}}{n_3} = \frac{28.1 + 25.3 + 28.7 + 25.4 + 27.2}{5} = 26.94$$

白色夏装销售额的样本均值为：

$$\bar{x}_4 = \frac{\sum_{j=1}^{5} x_{4j}}{n_4} = \frac{30.9 + 30.5 + 32.3 + 31.6 + 33.5}{5} = 31.76$$

2. 计算全部观测值的总均值。它是全部观测值的总和除以观测值的总个数，令总均值为 $\bar{\bar{x}}$，其计算公式为：

$$\bar{\bar{x}} = \frac{\sum_{i=1}^{r} n_i \bar{x}_i}{n} = \frac{\sum_{i=1}^{r} \sum_{j=1}^{n_i} x_{ij}}{\sum_{i=1}^{r} n_i} \tag{7.4}$$

例如，根据表 7.2 中的数据，计算四种颜色夏装销售额的总均值为：

$$\bar{\bar{x}} = \frac{\sum_{i=1}^{r} \sum_{j=1}^{n_i} x_{ij}}{\sum_{i=1}^{r} n_i} = \frac{25.4 + 27.6 + 24.2 + \cdots + 32.3 + 31.6 + 33.5}{5 + 5 + 5 + 5} = 28.86$$

3. 各误差平方和。为检验 H_0 是否成立，需要确定检验因素 A 的统计量。需要从总平方和的分解入手。总平方和是全部样本观察值 $x_{ij}(i = 1, 2, \cdots, r; j = 1, 2, \cdots, n_i)$ 与总的样本平均值 $\bar{\bar{x}}$ 的误差平方和，记为 S_T，即：

$$S_T = \sum_{i=1}^{r} \sum_{j=1}^{n_i} (x_{ij} - \bar{\bar{x}})^2 = \sum_{i=1}^{r} \sum_{j=1}^{n_i} \left[(x_{ij} - \bar{x}_i) + (\bar{x}_i - \bar{\bar{x}}) \right]^2$$

$$= \sum_{i=1}^{r} \sum_{j=1}^{n_i} (\bar{x}_i - \bar{\bar{x}})^2 + \sum_{i=1}^{r} \sum_{j=1}^{n_i} (x_{ij} - \bar{x}_i)^2 + 2 \sum_{i=1}^{r} \sum_{j=1}^{n_i} (x_{ij} - \bar{x}_i)(\bar{x}_i - \bar{\bar{x}})$$

$$\tag{7.5}$$

例如，根据表 7.2 中的数据，以及上面计算出总均值 $\bar{\bar{x}} = 28.86$，则计算总平方和为：

$$\begin{aligned} S_T &= (25.4 - 28.26)^2 + (27.6 - 28.26)^2 + \cdots + \\ &\quad (31.6 - 28.26)^2 + (33.5 - 28.26)^2 \\ &= 142.65 \end{aligned}$$

其中，分解后的等式右边的第一项是各组均值 $\bar{x}_i (i = 1, 2, \cdots, r)$ 与总均值 $\bar{\bar{x}}$ 的误差平方和，反映各样本均值之间的差异程度，因此称为组间平方和或因子 A 的平方和。记为 S_A，即：

$$S_A = \sum_{i=1}^{r} \sum_{j=1}^{n_i} (\bar{x}_i - \bar{\bar{x}})^2 = n_i \sum_{i=1}^{r} (\bar{x}_i - \bar{\bar{x}})^2 \qquad (7.6)$$

例如，根据表 7.2 中的数据，以及上面的计算结果，计算组间平方和为：

$$\begin{aligned} S_A &= n_i \sum_{i=1}^{r} (\bar{x}_i - \bar{\bar{x}})^2 \\ &= 5 \times (26.24 - 28.86)^2 + 5 \times (30.50 - 28.86)^2 \\ &\quad + 5 \times (26.94 - 28.86)^2 + 5 \times (31.76 - 28.86)^2 \\ &= 108.25 \end{aligned}$$

第二项是由随机误差引起的，它是每个水平或组的各样本数据与其组均值的误差平方和，反映了每个样本各观测值的离散状况，因此称为组内平方和或误差平方和。记为 S_E，即：

$$S_E = \sum_{i=1}^{r} \sum_{j=1}^{n_i} (x_{ij} - \bar{x}_i)^2 \qquad (7.7)$$

在例 7.1 中，先求出每种颜色夏装的销售额与其均值的误差平方和，然后将四种颜色夏装的误差平方和加总，即为 S_E。根据上面的计算结果，计算误差平方和分别为：

红色：

$$\sum_{j=1}^{5} (x_{1j} - \bar{x}_1)^2 = (25.4 - 26.24)^2 + (27.6 - 26.24)^2 + \cdots + (25.9 - 26.24)^2$$
$$= 10.29$$

黑色：

$$\sum_{j=1}^{5} (x_{2j} - \bar{x}_2)^2 = (32.3 - 30.5)^2 + (29.4 - 30.5)^2 + \cdots (29.8 - 30.5)^2$$
$$= 8.86$$

蓝色：

$$\sum_{j=1}^{5} (x_{3j} - \bar{x}_3)^2 = (28.1 - 26.94)^2 + (25.3 - 26.94)^2 + \cdots + (27.2 - 26.94)^2$$
$$= 9.57$$

白色：

$$\sum_{j=1}^{5} (x_{4j} - \bar{x}_4)^2 = (30.9 - 31.76)^2 + (30.5 - 31.76)^2 + \cdots + (33.5 - 31.76)^2$$
$$= 5.67$$

然后将其加总可以得到：

$$S_E = 10.29 + 8.86 + 9.57 + 5.67 = 34.40$$

第三项可以证明：

$$2 \sum_{i=1}^{r} \sum_{j=1}^{n_i} (x_{ij} - \bar{x}_i)(\bar{x}_i - \bar{\bar{x}})$$

$$= 2 \sum_{i=1}^{r} (\bar{x}_i - \bar{\bar{x}}) \left[\sum_{j=1}^{n_i} (x_{ij} - \bar{x}_i) \right]$$

$$= 2 \sum_{i=1}^{r} (\bar{x}_i - \bar{\bar{x}}) \left(\sum_{j=1}^{n_i} x_{ij} - n_i \bar{x}_i \right) = 0$$

因此，上述各平方和的关系为：

$$S_T = S_A + S_E \tag{7.8}$$

上面的计算结果也可以验证这一点：

$$142.65 = 108.25 + 34.40$$

从上述三个误差平方和可以看出，S_A 是对随机误差和系统误差大小的度量，它反映了自变量对因变量的影响，也称为自变量效应或因子效应；S_E 是对随机误差大小的度量，它反映了除自变量对因变量的影响之外，其他因素对因变量的总影响，因此 S_E 也被称为残差变量，它所引起的误差也称为残差效应；S_T 是对全部数据总误差程度的度量，它反映了自变量和残差变量的共同影响，因此它等于自变量效应加残差效应。

4. 计算统计量。均方（方差）：由于各误差平方和的大小与观测值的多少有关，为了消除观测值多少对误差平方和大小的影响，需要将其平均，也就是用各平方和除以它们所对应的自由度，这一结果被称为均方，也被称为方差。

三个平方和所对应的自由度分别为：总平方和 S_T 的自由度为 $n-1$，其中 n 为全部观测值的个数。因素 A 的平方和 S_A 的自由度为 $r-1$，其中 r 为因素水平（总体）的个数。误差平方和 S_E 的自由度为 $n-r$。

为构造检验统计量，需要计算下列各均方。

S_A 的均方也称为组间均方或组间方差，记为 MS_A，其计算公式为：

$$MS_A = \frac{\text{组间平方和}}{\text{自由度}} = \frac{S_A}{r-1} \tag{7.9}$$

例如，根据例 7.1 计算的 MS_A 为：

$$MS_A = \frac{S_A}{r-1} = \frac{108.25}{4-1} = 36.08$$

S_E 的均方也称为组内均方或组内方差，记为 MS_E，其计算公式为：

$$MS_E = \frac{组内平方和}{自由度} = \frac{S_E}{n-r} \tag{7.10}$$

例如，根据例7.1计算的 MS_E 为：

$$MS_E = \frac{S_E}{n-r} = \frac{34.40}{20-4} = 2.15$$

将 MS_A 和 MS_E 进行对比，即得到所需要的检验统计量 F_A。当 H_0 为真时，二者的比值服从分子自由度为 $r-1$、分母自由度为 $n-r$ 的 F 分布，即：

$$F_A = \frac{MS_A}{MS_E} \sim F(r-1, n-r) \tag{7.11}$$

例如，根据例7.1计算得：

$$F_A = \frac{MS_A}{MS_E} = \frac{36.08}{2.15} = 16.79$$

（三）作出统计决策

计算出检验的统计量后，根据给定的显著性水平 α，在 F 分布表中查找与分子自由度 $df_1 = r-1$，分母自由度 $df_2 = n-r$ 相应的临界值 $F_\alpha(r-1, n-r)$。

若 $F_A > F_\alpha(r-1, n-r)$，则拒绝原假设 $H_0: \alpha_1 = \alpha_2 = \cdots = \alpha_r = 0$，表明因素 A 的 r 个水平有显著差异。

若 $F_A < F_\alpha(r-1, n-r)$，则接受原假设 $H_0: \alpha_1 = \alpha_2 = \cdots = \alpha_r = 0$，表明因素 A 的 r 个水平没有显著差异。

例如，根据上面的计算结果，计算出的 $F_A = 16.79$。假定取显著性水平 $\alpha = 0.05$，根据分子 $df_1 = r-1 = 4-1 = 3$ 和分母自由度 $df_2 = n-r = 20-4 = 16$，查 F 分布表得到临界值 $F_{0.05}(3,16) = 3.24$。由于 $F_A > F_\alpha$，拒绝原假设 H_0，即 $\mu_1 = \mu_2 = \mu_3 = \mu_4$ 不成立，表明 μ_1、μ_2、μ_3、μ_4 之间有显著的差异。也就是说，可以认为夏装的颜色对销售量有显著影响。

（四）方差分析表

前面详细介绍了方差分析的计算步骤和过程。为了使计算过程更加清晰，通常将上述过程的内容列在一张表内，这就是方差分析表。其一般形式如表7.4所示。

表7.4　　　　　　　　　　　　　单因素方差分析表

误差来源	平方和	自由度	均方	F 值	P 值	F 临界值
因素 A（组间）	S_A	$r-1$	MS_A	F_A	P_A	$F_\alpha(r-1, n-r)$
误差（组内）	S_E	$n-r$	MS_E	—	—	—
总和	S_T	$n-1$	—	—	—	—

在进行决策时，可以直接利用方差分析表中的 P 值与显著性水平 α 的值进行比较。若 $P_A < \alpha$，则拒绝 H_0；若 $P_A > \alpha$，则接受 H_0。

将例7.1的计算结果列成方差分析表，如表7.5所示。

表 7.5   四种颜色夏装销售量的方差分析表

差异源	SS	df	MS	F 值	P 值	F 临界值
组间	108.25	3	36.08	16.79	$3.38E-05$	3.24
组内	34.40	16	2.15	—	—	—
总和	142.65	19	—	—	—	—

例 7.2： 消费者与产品生产者、销售者或服务的提供者之间经常发生纠纷。发生纠纷后，消费者常常会向消费者协会投诉。为了对几个行业的服务质量进行评价，消费者协会在快递业、餐饮业、旅游业、通信业分别抽取了不同的企业作为样本。其中快递业抽取 7 家，餐饮业抽取 6 家，旅游业抽取 5 家，通信业抽取 5 家。每个行业中所抽取的这些企业，假定它们在服务对象、服务内容、企业规模等方面基本上是相同的。然后统计出最近一年中消费者对总共 23 家企业投诉的次数，结果如表 7.6 所示。

一般而言，受到投诉的次数越多，说明服务的质量越差。消费者协会想知道这几个行业之间的服务质量是否有显著差异。

表 7.6   四个行业被投诉次数

行业	被投诉次数						
快递业	47	56	39	30	24	43	34
餐饮业	58	29	19	35	46	41	—
旅游业	21	39	11	24	30	—	—
通信业	34	41	55	67	48	—	—

解： 设快递业被投诉次数的均值为 μ_1，餐饮业被投诉次数的均值为 μ_2，旅游业被投诉次数的均值为 μ_3，通信业被投诉次数的均值为 μ_4。

（1）为检验行业对被投诉次数是否有影响。需要提出如下假设：

$$H_0:\mu_1 = \mu_2 = \mu_3 = \mu_4 \quad 行业对被投诉次数没有显著影响$$
$$H_1:\mu_1,\mu_2,\mu_3,\mu_4 \text{ 不全相等} \quad 行业对被投诉次数有显著影响$$

（2）构造检验的统计量。为检验 H_0 是否成立，需要确定检验的统计量。在此结合表 7.5 的数据结构说明其计算过程。

①计算各样本的均值。

快递业的样本均值为：

$$\bar{x}_{1.} = \frac{\sum_{j=1}^{n_1} x_{ij}}{n_1} = \frac{47+56+39+30+24+43+34}{7} = 39$$

餐饮业的样本均值为：

$$\bar{x}_{2.} = \frac{\sum_{j=1}^{n_2} x_{ij}}{n_2} = \frac{58+29+19+35+46+41}{6} = 38$$

旅游业的样本均值为：

$$\bar{x}_3. = \frac{\sum_{j=1}^{n_3} x_{ij}}{n_3} = \frac{21 + 39 + 11 + 24 + 30}{5} = 25$$

通信业的样本均值为：

$$\bar{x}_4. = \frac{\sum_{j=1}^{n_4} x_{ij}}{n_4} = \frac{34 + 41 + 55 + 67 + 48}{5} = 49$$

②计算全部观测值的总均值。

$$\bar{x} = \frac{\sum_{i=1}^{r} \sum_{j=1}^{n_i} x_{ij}}{n} = \frac{47 + 56 + \cdots + 67 + 48}{7 + 6 + 5 + 5} = 37.87$$

其中，$n = n_1 + n_2 + n_3 + n_4 = 7 + 6 + 5 + 5 = 23$。

③计算各误差平方和。

a. 总平方和（S_T）为：

$$S_T = \sum_{i=1}^{r} \sum_{j=1}^{n_i} (x_{ij} - \bar{x})^2$$
$$= (47 - 37.87)^2 + \cdots + (48 - 37.87)^2$$
$$= 4\,164.61$$

它反映了全部 23 个观测值与这 23 个观测值平均数之间的差异。

b. 组间平方和（S_A）为：

$$S_A = \sum_{i=1}^{r} n_i (\bar{x}_i. - \bar{x})^2$$
$$= 7 \times (39 - 37.87)^2 + 6 \times (38 - 37.87)^2$$
$$+ 5 \times (25 - 37.87)^2 + 5 \times (49 - 37.87)^2$$
$$= 1\,456.61$$

c. 组内平方和（S_E）：先求出每个行业被投诉的次数与其均值的误差平方和，然后将四个行业的误差平方和加总，即为 S_E。计算误差平方和分别如下。

快递业：

$$\sum_{j=1}^{7} (x_{1j} - \bar{x}_1.)^2 = (47 - 39)^2 + (56 - 39)^2 + \cdots + (34 - 39)^2 = 700$$

餐饮业：

$$\sum_{j=1}^{6} (x_{2j} - \bar{x}_2.)^2 = (58 - 38)^2 + (29 - 38)^2 + \cdots (41 - 38)^2 = 924$$

旅游业：

$$\sum_{j=1}^{5} (x_{3j} - \bar{x}_3.)^2 = (21 - 25)^2 + (39 - 25)^2 + \cdots + (30 - 25)^2 = 434$$

通信业：

$$\sum_{j=1}^{5} (x_{4j} - \bar{x}_{4.})^2 = (34 - 49)^2 + (41 - 49)^2 + \cdots + (48 - 49)^2 = 650$$

然后将其加总可以得到：

$$S_E = 700 + 924 + 434 + 650 = 2\ 708$$

④计算统计量。

$$MS_A = \frac{S_A}{r - 1} = \frac{1\ 456.61}{4 - 1} = 485.54$$

$$MS_E = \frac{SSE}{n - r} = \frac{2\ 708}{23 - 4} = 142.53$$

$$F = \frac{MS_A}{MS_E} = \frac{485.54}{142.53} = 3.41$$

⑤方差分析表。

四个行业被投诉次数的方差分析表如表 7.7 所示。

表 7.7 　　　　　　　　　　四个行业被投诉次数的方差分析表

差异源	SS	df	MS	F 值	P 值	F 临界值
组间	1 456.61	3	485.54	3.41	0.038 8	3.13
组内	2 708	19	142.53	—	—	—
总和	4 164.61	22	—	—	—	—

（3）统计决策。根据上面的计算结果，计算出的 $F = 3.41$。假定取显著性水平 $\alpha = 0.05$，根据分子 $df_1 = k - 1 = 4 - 1 = 3$ 和分母自由度 $df_2 = n - k = 23 - 4 = 19$，查 F 分布表得到临界值 $F_{0.05}(3, 19) = 3.13$。由于 $F > F_\alpha$，拒绝原假设 H_0，即 $\mu_1 = \mu_2 = \mu_3 = \mu_4$ 不成立，表明 μ_1、μ_2、μ_3、μ_4 之间有显著的差异。也就是说，可以认为行业对投诉次数有显著影响。

三、关系强度的测量

如何度量两个变量之间的关系程度？可以用组间平方和（S_A）占总平方和（S_T）的比例大小来反映两个变量之间的关系强度，这一比例记为 R^2，即

$$R^2 = \frac{S_A(\text{组间平方和})}{S_T(\text{总平方和})} \tag{7.12}$$

其平方根 R 就可以用来测量两个变量之间的关系强度。

例如，根据表 7.6 的结果计算得：

$$R^2 = \frac{S_A}{S_T} = \frac{1\ 456.61}{4\ 164.61} = 0.349\ 8 = 34.98\%$$

这表明，行业（自变量）对被投诉次数（因变量）的影响效应占总效应的 34.98%，而残差效应则占 65.02%。也就是说，行业对被投诉次数差异解释的比例达到近 35%，而其他因素（残差变量）所解释的比例为 65% 以上。尽管 R^2 并不高，但行业对被投诉次数的影响已经达到了统计上显著的程度。

R^2 的平方根可以用来测量自变量与因变量之间的关系强度。例如，根据上面的结果可以计算出 $R = 0.591\ 4$，这表明行业与被投诉次数之间有中等以上的关系。

四、方差分析中的多重比较

当拒绝原假设时，表明 $\mu_i(i=1,2,\cdots,r)$ 之间的差异是显著的，但 μ_1 与 μ_2，μ_1 与 μ_3，$\cdots$，μ_1 与 μ_r，$\cdots$，μ_{r-1} 与 μ_r 之间究竟是哪一些均值不同呢？这就需要进一步分析，所使用的方法就是多重比较方法（multiple comparison procedures），它通过对总体均值之间的配对比较来进一步检验到底哪些均值之间存在差异。

多重比较方法有多种，这里介绍费希尔提出的最小显著差异方法（least significant difference），简记为 LSD。使用该方法进行检验的具体步骤为：

第一步，提出原假设，即 H_0：$\mu_i = \mu_j$，H_1：$\mu_i \neq \mu_j$。

第二步，计算检验统计量 $\bar{x}_i - \bar{x}_j$。

第三步，计算 LSD，其公式为：

$$LSD = t_{\alpha/2}\sqrt{MS_E\left(\frac{1}{n_i}+\frac{1}{n_j}\right)} \tag{7.13}$$

其中，$t_{\alpha/2}$ 为 t 分布的临界值，可通过查 t 分布表得到，其自由度为 $(n-r)$，这里的 r 是因素中水平的个数；MS_E 为组内均方；n_i 和 n_j 是第 i 个样本和第 j 个样本的容量。

第四步，根据显著性水平 α 作出决策：如果 $|\bar{x}_i - \bar{x}_j| > LSD$，则拒绝原假设 H_0；如果 $|\bar{x}_i - \bar{x}_j| < LSD$，则不能拒绝原假设 H_0。

例 7.3：根据例 7.2 的计算结果，对四个行业的均值作多重比较（$\alpha = 0.05$）。

解：

第一步，提出假设，即：

检验 1：H_0：$\mu_1 = \mu_2$，H_1：$\mu_1 \neq \mu_2$

检验 2：H_0：$\mu_1 = \mu_3$，H_1：$\mu_1 \neq \mu_3$

检验 3：H_0：$\mu_1 = \mu_4$，H_1：$\mu_1 \neq \mu_4$

检验 4：H_0：$\mu_2 = \mu_3$，H_1：$\mu_2 \neq \mu_3$

检验 5：H_0：$\mu_2 = \mu_4$，H_1：$\mu_2 \neq \mu_4$

检验 6：H_0：$\mu_3 = \mu_4$，H_1：$\mu_3 \neq \mu_4$

第二步，计算检验统计量。

$$|\bar{x}_1 - \bar{x}_2| = |39 - 38| = 1$$
$$|\bar{x}_1 - \bar{x}_3| = |39 - 25| = 14$$
$$|\bar{x}_1 - \bar{x}_4| = |39 - 49| = 10$$
$$|\bar{x}_2 - \bar{x}_3| = |38 - 25| = 13$$
$$|\bar{x}_2 - \bar{x}_4| = |38 - 49| = 11$$
$$|\bar{x}_3 - \bar{x}_4| = |25 - 49| = 24$$

第三步，计算 LSD。根据表 7.7 的结果，$MS_E = 142.53$。由于四个行业的样本量不同，需要分别计算 LSD。根据自由度 $= n - r = 23 - 4 = 19$，查 t 分布表得 $t_{\alpha/2} = t_{0.025} = 2.09$。对于各检验的 LSD 为：

$$检验 1：LSD_1 = 2.09 \times \sqrt{142.53 \times \left(\frac{1}{7} + \frac{1}{6}\right)} = 13.90$$

$$检验 2：LSD_2 = 2.09 \times \sqrt{142.53 \times \left(\frac{1}{7} + \frac{1}{5}\right)} = 14.63$$

$$检验 3：LSD_3 = LSD_2 = 14.63$$

$$检验 4：LSD_4 = 2.09 \times \sqrt{142.53 \times \left(\frac{1}{6} + \frac{1}{5}\right)} = 15.13$$

$$检验 5：LSD_5 = LSD_4 = 15.13$$

$$检验 6：LSD_6 = 2.09 \times \sqrt{142.53 \times \left(\frac{1}{5} + \frac{1}{5}\right)} = 15.80$$

第四步，作出决策。

$|\bar{x}_1 - \bar{x}_2| = 1 < 13.90$，不拒绝 H_0，不能认为快递业与餐饮业被投诉次数之间有显著差异；

$|\bar{x}_1 - \bar{x}_3| = 14 < 14.63$，不拒绝 H_0，不能认为快递业与旅游业被投诉次数之间有显著差异；

$|\bar{x}_1 - \bar{x}_4| = 10 < 14.63$，不拒绝 H_0，不能认为快递业与通信业被投诉次数之间有显著差异；

$|\bar{x}_2 - \bar{x}_3| = 13 < 15.13$，不拒绝 H_0，不能认为餐饮业与旅游业被投诉次数之间有显著差异；

$|\bar{x}_2 - \bar{x}_4| = 11 < 15.13$，不拒绝 H_0，不能认为餐饮业与通信业被投诉次数之间有显著差异；

$|\bar{x}_3 - \bar{x}_4| = 24 > 15.80$，拒绝 H_0，认为旅游业与通信业被投诉次数之间有显著差异。

五、关于方差分析的两点说明

1. 方差分析中变量的类型。方差分析中的因变量是数量型变量。自变量可以是品质型变量，也可以是数量型变量。当自变量是数量型变量的时候，也要对其作统计分组设计，也就是将它按品质型变量来处理。

2. 总体的正态性和同方差。方差分析适用于多个正态总体均值的比较，且要求它们具有相同的方差。不过在实际应用中，即使对于正态性和同方差性都存在很大背离的数据，方差分析仍不失为一种提供有用的近似信息的技术。

第三节　双因素方差分析

在大量的实际问题中，需要考虑影响试验数据的因素多于一个的情形。例如在化学试验中，几种原料的用量、反应时间、温度的控制等都可能影响试验结果，这就构成多因素试验问题。本节讨论双因素试验的方差分析。

当方差分析中涉及两个分类型自变量时，称为双因素方差分析，包括如下两种情形：第一种是无交互作用的双因素方差分析（又称为无重复双因素分析），两个因素对因变量的影响是相互独立的。第二种是有交互作用的双因素方差分析（又称为可重复双因素分析），两个因素搭配在一起会对因变量产生一种新的效应。

一、无交互作用的双因素方差分析

（一）数学模型

设有两个因素 A 和 B 作用于试验的指标。因素 A 有 r 个水平 $A_1, A_2, \cdots, A_r$，因素 B 有 S 个水平 $B_1, B_2, \cdots, B_s$，每一个观察值 $x_{ij}(i = 1, 2, \cdots, r; j = 1, 2, \cdots, s)$ 看作是由因素 A 的 r 个水平和因素 B 的 S 个水平所组成的 $r \times s$ 个总体中抽取的样本量为 1 的独立随机样本。将观测数据列表，如表 7.8 所示。

表 7.8　　　　　　　　　无交互作用的双因素方差分析的数据结构

因素 A	因素 B				平均值 $\bar{x}_{i.}$
	B_1	B_2	$\cdots$	B_s	
A_1	x_{11}	x_{12}	$\cdots$	x_{1s}	$\bar{x}_1.$
A_2	x_{21}	x_{22}	$\cdots$	x_{2s}	$\bar{x}_2.$
$\vdots$	$\vdots$	$\vdots$	$\vdots$	$\vdots$	$\vdots$
A_r	x_{r1}	x_{r2}	$\cdots$	x_{rs}	$\bar{x}_r.$
平均值 $\bar{x}_{.j}$	$\bar{x}_{.1}$	$\bar{x}_{.2}$	$\cdots$	$\bar{x}_{.s}$	$\bar{\bar{x}}$

表 7.8 中，$\bar{x}_{i.}$ 是因素 A 的第 i 个水平下各观测值的平均值，其计算公式为：

$$\bar{x}_{i.} = \frac{\sum\limits_{j=1}^{s} x_{ij}}{s}, i = 1, 2, \cdots, r \tag{7.14}$$

其中，$\bar{x}_{.j}$ 是因素 B 的第 j 个水平下各观测值的平均值，其计算公式为：

$$\bar{x}_{.j} = \frac{\sum\limits_{i=1}^{r} x_{ij}}{r}, j = 1, 2, \cdots, s \tag{7.15}$$

其中，$\bar{\bar{x}}$ 是全部 rs 个样本数据的总平均值，其计算公式为：

$$\bar{\bar{x}} = \frac{\sum\limits_{i=1}^{r} \sum\limits_{j=1}^{s} x_{ij}}{rs} \tag{7.16}$$

假定 $x_{ij} \sim N(\mu_{ij}, \sigma^2)$, $i = 1, 2, \cdots, r; j = 1, 2, \cdots, s$。其中 μ_{ij}, σ^2 均未知，且各 x_{ij} 相互独立，不考虑两因素间的交互作用。

假定:

$$\mu = \frac{1}{rs} \sum_{i=1}^{r} \sum_{j=1}^{s} \mu_{ij},$$

$$\mu_{i\cdot} = \frac{1}{s} \sum_{j=1}^{s} \mu_{ij}, i = 1, 2, \cdots, r$$

$$\mu_{\cdot j} = \frac{1}{r} \sum_{i=1}^{r} \mu_{ij}, j = 1, 2, \cdots, s$$

$$\alpha_i = \mu_{i\cdot} - \mu, i = 1, 2, \cdots, r$$

$$\beta_j = \mu_{\cdot j} - \mu, j = 1, 2, \cdots, s$$

可得:

$$\sum_{i=1}^{r} \alpha_i = 0, \sum_{j=1}^{s} \beta_j = 0$$

其中，μ 为总平均，α_i 为因素 A 的第 i 个水平的效应，β_j 为因素 B 的第 j 个水平的效应。则无交互作用的双因素方差分析数学模型为:

$$\begin{cases} x_{ij} = \mu + \alpha_i + \beta_j + \varepsilon_{ij}, i = 1, 2, \cdots, r; j = 1, 2, \cdots, s \\ \varepsilon_{ij} \sim N(0, \sigma^2), \text{且各 } \varepsilon_{ij} \text{ 相互独立} \\ \sum\limits_{i=1}^{r} \alpha_i = 0, \sum\limits_{j=1}^{s} \beta_j = 0 \end{cases} \tag{7.17}$$

其中，μ，α_i，β_j 及 σ^2 都是未知参数。

(二) 方差分析

与单因素方差分析类似，双因素方差分析也包括提出假设、构造检验的统计量、作出统计决策等步骤。

1. 提出假设。为了检验两个因素的影响，需要对两个因素分别提出如下假设。

对因素 A，"因素 A 对试验指标是否显著"提出的假设为:

$H_{01}: \alpha_1 = \alpha_2 = \cdots = \alpha_r = 0$　　　因素 A 对试验指标没有显著影响

$H_{11}: \alpha_1, \alpha_2, \cdots, \alpha_r$ 不全为零　　　因素 A 对试验指标有显著影响

对因素 B，"因素 B 对试验指标是否显著"提出的假设为:

$H_{02}: \beta_1 = \beta_2 = \cdots = \beta_s = 0$　　　因素 B 对试验指标没有显著影响

$H_{12}: \beta_1, \beta_2, \cdots, \beta_s$ 不全为零　　　因素 B 对试验指标有显著影响

2. 构造检验的统计量。为检验 H_{01}，H_{02} 是否成立，需要分别确定检验因素 A 和因素 B 的统计量。与单因素方差分析构造统计量的方法一样，也需要从总平方和的分解入手。总平方和是全部样本观察值 $x_{ij}(i=1,2,\cdots,r;j=1,2,\cdots,s)$ 与总的样本平均值 $\bar{\bar{x}}$ 的误差平方和，记为 S_T，即：

$$
\begin{aligned}
S_T &= \sum_{i=1}^{r}\sum_{j=1}^{s}(x_{ij}-\bar{\bar{x}})^2 \\
&= \sum_{i=1}^{r}\sum_{j=1}^{s}(\bar{x}_{i.}-\bar{\bar{x}})^2 + \sum_{i=1}^{r}\sum_{j=1}^{s}(\bar{x}_{.j}-\bar{\bar{x}})^2 + \sum_{i=1}^{r}\sum_{j=1}^{s}(x_{ij}-\bar{x}_{i.}-\bar{x}_{.j}+\bar{\bar{x}})^2
\end{aligned}
$$

$$(7.18)$$

其中，分解后的等式右边的第一项是因素 A 所产生的误差平方和，称为因素 A 的平方和，记为 S_A，即：

$$
S_A = \sum_{i=1}^{r}\sum_{j=1}^{s}(\bar{x}_{i.}-\bar{\bar{x}})^2 \tag{7.19}
$$

第二项是因素 B 所产生的误差平方和，称为因素 B 的平方和，记为 S_B，即：

$$
S_B = \sum_{i=1}^{r}\sum_{j=1}^{s}(\bar{x}_{.j}-\bar{\bar{x}})^2 \tag{7.20}
$$

第三项是由随机误差引起的，称为误差平方和，记为 S_E，即：

$$
S_E = \sum_{i=1}^{r}\sum_{j=1}^{s}(x_{ij}-\bar{x}_{i.}-\bar{x}_{.j}+\bar{\bar{x}})^2 \tag{7.21}
$$

上述各平方和的关系为：

$$
S_T = S_A + S_B + S_E \tag{7.22}
$$

在上述误差平方和的基础上计算均方，也就是将各平方和除以相应的自由度。与各误差平方和相对应的自由度分别是：

总平方和 S_T 的自由度为 $rs-1$；

因素 A 的平方和 S_A 的自由度为 $r-1$；

因素 B 的平方和 S_B 的自由度为 $s-1$；

误差平方和 S_E 的自由度为 $(r-1)(s-1)$。

为构造检验统计量，需要计算下列各均方：

因素 A 的均方，记为 MS_A，即：

$$
MS_A = \frac{S_A}{r-1} \tag{7.23}
$$

因素 B 的均方，记为 MS_B，即：

$$
MS_B = \frac{S_B}{s-1} \tag{7.24}
$$

随机误差项的均方，记为 MS_E，即：

$$
MS_E = \frac{S_E}{(r-1)(s-1)} \tag{7.25}
$$

为检验因素 A 对试验指标的影响是否显著，采用下面的统计量：

$$F_A = \frac{MS_A}{MS_E} \sim F(r-1,(r-1)(s-1)) \qquad (7.26)$$

为检验因素 B 的影响是否显著，采用下面的统计量：

$$F_B = \frac{MS_B}{MS_E} \sim F(s-1,(r-1)(s-1)) \qquad (7.27)$$

3. 作出统计决策。计算出检验统计量后，根据给定的显著性水平 α 和两个自由度，查 F 分布表得到相应的临界值 $F_\alpha(r-1,(r-1)(s-1))$ 与 $F_\alpha(s-1,(r-1)(s-1))$，然后将 F_A 和 F_B 与 F_α 进行比较。

若 $F_A > F_\alpha(r-1,(r-1)(s-1))$，则拒绝原假设 $H_{01}: \alpha_1 = \alpha_2 = \cdots = \alpha_r = 0$，表明检验的因素 A 对试验指标有显著影响。

若 $F_B > F_\alpha(s-1,(r-1)(s-1))$，则拒绝原假设 $H_{02}: \beta_1 = \beta_2 = \cdots = \beta_s = 0$，表明检验的因素 B 对试验指标有显著影响。

4. 方差分析表。为使计算过程更加清晰，通常将上述过程的内容列成方差分析表，其一般形式如表 7.9 所示。

表 7.9　　　　　　　　　有交互作用的双因素方差分析表的结构

误差来源	误差平方和	自由度	均方	F 值	P 值	F 临界值
因素 A	S_A	$r-1$	MS_A	F_A	P_A	$F_\alpha(r-1,(r-1)(s-1))$
因素 B	S_B	$s-1$	MS_B	F_B	P_B	$F_\alpha(s-1,(r-1)(s-1))$
误差	S_E	$(r-1)(s-1)$	MS_E	—	—	—
总和	S_T	$rs-1$	—	—	—	—

在进行决策时，可以直接利用方差分析表中的 P 值与显著性水平 α 的值进行比较。若 $P_A < \alpha$，则拒绝 H_{01}，若 $P_A > \alpha$ 则接受 H_{01}；若 $P_B < \alpha$ 则拒绝 H_{02}，若 $P_B > \alpha$ 则接受 H_{02}。

例 7.4：某手机厂商调查了 4 个品牌的手机在 5 个地区的销售情况，为了分析手机的品牌（"品牌"因素）和销售地区（"地区"因素）对销售量的影响，取得以下每个品牌在各地区的销售量数据，如表 7.10 所示。试分析品牌和地区对手机的销售量是否有显著影响（$\alpha = 0.05$）。

表 7.10　　　　　　　　4 个品牌的手机在 5 个地区的销售量数据　　　　　　　　单位：万部

项目		地区因素				
		地区 1	地区 2	地区 3	地区 4	地区 5
品牌因素	品牌 1	431	416	409	406	389
	品牌 2	411	434	429	396	399
	品牌 3	424	389	419	409	374
	品牌 4	354	346	364	326	364

解：首先对两个因素分别提出如下假设。

因素 A（品牌）：

$H_{01}: \mu_1 = \mu_2 = \mu_3 = \mu_4$　　　　　品牌对销售量没有显著影响

$H_{11}: \mu_1, \mu_2, \mu_3, \mu_4$ 不全相等　　　品牌对销售量有显著影响

因素 B（地区）:

$H_{02}:\mu_1 = \mu_2 = \mu_3 = \mu_4 = \mu_5$ 　　　地区对销售量没有显著影响

$H_{12}:\mu_1,\mu_2,\mu_3,\mu_4,\mu_5$ 不全相等　　地区对销售量有显著影响

双因素方差分析的计算较复杂，可直接利用 R 软件给出其计算结果，并将结果填在方差分析表中，具体操作见后面的附录中的软件操作。方差分析表如表 7.11 所示。

表 7.11　　　　　　　　　　　　方差分析表

误差来源	误差平方和	自由度	均方	F 值	P 值	F 临界值
因素 A	13 005	3	4 335	18.11	9.46e − 05	3.49
因素 B	2 012	4	503	2.10	0.144	3.26
误差	2 873	12	239	—	—	—
总和	17 889	19	—	—	—	—

根据方差分析表的计算结果得出以下结论:

由于 $F_A = 18.11 > F_\alpha = 3.49$，所以拒绝原假设 H_{01}，表明 μ_1,μ_2,μ_3,μ_4 之间的差异是显著的，这说明品牌对销售量有显著影响。

由于 $F_B = 2.10 < F_\alpha = 3.26$，所以接受原假设 H_{02}，表明 $\mu_1,\mu_2,\mu_3,\mu_4,\mu_5$ 之间的差异不显著，不能认为地区对销售量有显著影响。

直接用 P 值进行分析，结论也是一样。用于检验因素 A 的 $P = 9.46e − 05 < \alpha$，所以拒绝原假设 H_{01}，用于检验因素 B 的 $P = 0.144 > \alpha = 0.05$，所以接受原假设 H_{02}。

例 7.5: 恩格尔系数（Engel's Cofficient）是食品支出总额占个人消费支出总额的比重。它反映的是一个家庭、地区或者国家的富裕程度，国际上常用恩格尔系数来衡量一个国家或地区人民生活水平的状况。根据联合国粮农组织提出的标准，恩格尔系数在 59% 以上为贫困，50% ~ 59% 为温饱，40% ~ 50% 为小康，30% ~ 40% 为富裕，低于 30% 为最富裕。

随着经济的发展，我国城镇居民的恩格尔系数呈现出不断下降的趋势，各个地区城市之间和各个年份之间城镇居民恩格尔系数的差异性是否显著是本案例要解决的问题。所用的数据如表 7.12 所示。

表 7.12　　　　　　中国 31 个省份城镇居民近年来的恩格尔系数

省份	2015 年	2016 年	2017 年	2018 年	2019 年	2020 年
北京	22.1	21.1	19.8	20.0	19.3	21.0
天津	32.2	30.6	31.2	28.8	27.9	29.5
河北	26.0	26.1	24.6	25.1	25.7	26.9
山西	25.2	22.7	23.1	23.8	24.0	26.1
内蒙古	28.4	28.3	27.4	26.9	26.4	28.0
辽宁	28.3	27.6	27.5	26.8	26.9	29.5
吉林	25.8	26.0	25.8	24.8	25.0	27.9

省份	2015 年	2016 年	2017 年	2018 年	2019 年	2020 年
黑龙江	27.7	27.7	27.2	26.8	26.2	29.6
上海	26.2	25.1	24.7	24.1	23.4	25.7
江苏	28.1	28.0	27.5	26.1	25.5	26.9
浙江	28.2	28.2	27.9	27.1	27.1	27.4
安徽	33.7	32.5	32.1	31.0	31.2	32.6
福建	33.0	33.2	32.9	32.0	30.8	31.7
江西	32.3	32.0	31.1	30.0	29.1	31.4
山东	27.8	27.6	26.8	26.3	26.1	26.8
河南	28.1	28.0	26.7	25.7	25.3	27.1
湖北	32.0	31.4	30.8	28.1	27.8	31.1
湖南	31.2	29.9	28.4	27.3	27.9	31.7
广东	33.2	32.9	32.2	31.6	31.2	32.2
广西	34.4	34.4	33.2	30.7	30.5	33.9
海南	38.2	39.0	37.2	35.6	34.3	37.8
重庆	33.6	32.7	32.1	31.5	31.2	32.6
四川	35.2	34.5	33.3	32.2	32.6	34.8
贵州	31.2	33.2	33.0	32.4	32.2	31.9
云南	30.2	29.7	29.0	27.0	27.1	27.9
西藏	42.5	44.9	43.9	39.0	37.8	34.7
陕西	27.9	28.0	28.4	27.0	27.1	27.5
甘肃	30.6	29.6	29.2	28.7	28.6	28.7
青海	28.7	28.7	28.2	27.6	29.0	27.8
宁夏	25.7	24.0	24.5	24.5	24.3	27.1
新疆	30.7	29.1	27.9	28.5	29.0	31.3

资料来源：中经数据。

需要解决的问题：城镇居民恩格尔系数在各地区之间、年度之间是否存在显著差异。

解：（1）提出假设：

H_{01}：地区因素 A 对恩格尔系数没有显著影响；

H_{11}：地区因素 A 对恩格尔系数有显著影响。

H_{02}：时间因素 B 对恩格尔系数没有显著影响；

H_{12}：时间因素 B 对恩格尔系数有显著影响。

（2）将表7.12的数据输入 R 软件，进行"无交互作用的双因素分析"（具体操作参见附录中有关论述），方差分析表如表7.13所示。

表7.13 　　　　　　　　　　　　　　方差分析表

误差来源	误差平方和	自由度	均方	F 值	P 值	F 临界值
因素 A	2 776.0	30	92.53	88.17	$<2e-16$	1.54
因素 B	121.0	5	24.21	23.06	$<2e-16$	2.27

误差来源	误差平方和	自由度	均方	F 值	P 值	F 临界值
误差	157.4	150	1.05	—	—	—
总和	3 054.5	185	—	—	—	—

从表 7.13 可知：

$F_A = 88.17 > F_{0.05}(30,150) = 1.54$，拒绝 H_{01}，说明地区因素对恩格尔系数有显著影响；$F_B = 23.06 > F_{0.05}(5,150) = 2.27$，拒绝 H_{02}，说明时间因素对恩格尔系数有显著影响。所以，在显著性水平为 0.05 的前提下，省份和时间对恩格尔系数的影响是显著的。即城镇居民的恩格尔系数在 31 个省份和各时间之间均存在显著差异。

直接用 P 值进行分析，结论也是一样。用于检验因素 A 的 $P < 2e - 16$，所以拒绝原假设 H_{01}，用于检验因素 B 的 $P < 2e - 16$，所以拒绝原假设 H_{02}。

(三) 关系强度的测量

因素 A 平方和与因素 B 平方和加在一起度量了两个自变量对因变量的联合效应，联合效应与总平方和的比值定义为 R^2，其平方根 R 则反映了这两个自变量合起来与因变量之间的关系强度。即

$$R^2 = \frac{联合效应}{总效应} = \frac{S_A + S_B}{S_T} \tag{7.28}$$

例如，根据表 7.10 的输出结果计算，得：

$$R^2 = \frac{S_A + S_B}{S_T} = \frac{13\,005 + 2\,012}{17\,889} = 0.839\,4 = 83.94\%$$

这表明，品牌因素和地区因素合起来总共解释了销售量差异的 83.94%，其他因素（残差变量）只解释了销售量差异的 16.06%。而 $R = 0.916\,2$，表明品牌和地区两个因素合起来与销售量之间有较强的关系。

在双因素方差分析中，如果分别进行每个自变量与因变量的单因素方差分析，通常而言单因素方差分析与双因素方差分析所得出的结论一致。但双因素方差分析中的误差平方和比分别进行单因素方差分析时的任何一个误差平方和都小，而且 P 值也变得小了。这是因为在双因素方差分析中，误差平方和不包括两个自变量中的任何一个，因而减少了残差效应。而在分别进行单因素方差分析时，将因素 A 作自变量时，因素 B 被包括在残差中；同样，将因素 B 作自变量时，因素 A 被包括在残差中。因此，对于两个自变量而言，进行双因素方差分析要优于分别对两个因素进行单因素方差分析。

二、有交互作用的双因素方差分析

在上面的分析中，假定两个因素对因变量的影响是独立的，但如果两个因素搭配在一起会对因变量产生一种新的效应，就需要考虑交互作用对因变量的影

响，这就是有交互作用的双因素方差分析。

（一）数学模型

设有两个因素 A,B 作用于试验的指标。因素 A 有 r 个水平 $A_1,A_2,\cdots,A_r$，因素 B 有 s 个水平 $B_1,B_2,\cdots,B_s$，现对因素 A,B 的水平的每对组合 (A_i,B_j)，$i=1,2,\cdots,r;j=1,2,\cdots,s$ 都做 $t(t\geq2)$ 次试验（称为等重复试验），记第 k 次的观测值是 x_{ijk}，将观测数据列表，得到如表 7.14 所示的结果。

表 7.14　　　　　　　　有交互作用的双因素方差分析的数据结构

因素 A	因素 B			
	B_1	B_2	$\cdots$	B_s
A_1	$x_{111},x_{112},\cdots,x_{11t}$	$x_{121},x_{122},\cdots,x_{12t}$	$\cdots$	$x_{1s1},x_{1s2},\cdots,x_{1st}$
A_2	$x_{211},x_{212},\cdots,x_{21t}$	$x_{221},x_{222},\cdots,x_{22t}$	$\cdots$	$x_{2s1},x_{2s2},\cdots,x_{2st}$
$\vdots$	$\vdots$	$\vdots$		$\vdots$
A_r	$x_{r11},x_{r12},\cdots,x_{r1t}$	$x_{r21},x_{r22},\cdots,x_{r2t}$		$x_{rs1},x_{rs2},\cdots,x_{rst}$

假定：

$x_{ijk}\sim N(\mu_{ij},\sigma^2)$，$i=1,2,\cdots,r;j=1,2,\cdots,s;k=1,2,\cdots,t$，各 x_{ijk} 相互独立。

假定：

$$\mu=\frac{1}{rs}\sum_{i=1}^{r}\sum_{j=1}^{s}\mu_{ij}$$

$$\mu_{i\cdot}=\frac{1}{s}\sum_{j=1}^{s}\mu_{ij},i=1,2,\cdots,r$$

$$\mu_{\cdot j}=\frac{1}{r}\sum_{i=1}^{r}\mu_{ij},j=1,2,\cdots,s$$

$$\alpha_i=\mu_{i\cdot}-\mu,i=1,2,\cdots,r$$

$$\beta_j=\mu_{\cdot j}-\mu,j=1,2,\cdots,s$$

$$\delta_{ij}=\mu_{ij}-\mu_{i\cdot}-\mu_{\cdot j}+\mu,i=1,2,\cdots,r;j=1,2,\cdots,s$$

可得：

$$\sum_{i=1}^{r}\alpha_i=0,\sum_{j=1}^{s}\beta_j=0$$

其中，μ 为总平均，$\mu_{i\cdot}$ 为横行的各行平均值，$\mu_{\cdot j}$ 为纵栏的各栏平均值，α_i 为因素 A 的第 i 个水平的效应，β_j 为因素 B 的第 j 个水平的效应，δ_{ij} 称为 A_i 和 B_j 的交互效应。

所以，有交互作用的双因素方差分析数学模型为：

$$\begin{cases} x_{ijk}=\mu+\alpha_i+\beta_j+\delta_{ij}+\varepsilon_{ijk} \\ \varepsilon_{ijk}\sim N(0,\sigma^2)，且各\ \varepsilon_{ijk}\ 相互独立 \\ i=1,2,\cdots,r;j=1,2,\cdots,s;k=1,2,\cdots,t \\ \sum_{i=1}^{r}\alpha_i=0,\sum_{j=1}^{s}\beta_j=0,\sum_{i=1}^{r}\delta_{ij}=\sum_{j=1}^{s}\delta_{ij}=0 \end{cases} \quad (7.29)$$

其中，$\mu, \alpha_i, \beta_j, \delta_{ij}$ 及 σ^2 都是未知参数。

（二）方差分析

有交互作用的双因素方差分析也需要提出假设、构造检验的统计量、作出统计决策等步骤。

1. 提出假设。

（1）A 因子的主效应是否显著。对此我们可以检验假设：

$H_{01} : \alpha_1 = \alpha_2 = \cdots = \alpha_r = 0$　　　因素 A 对试验指标没有显著影响

$H_{11} : \alpha_1, \alpha_2, \cdots, \alpha_r$ 不全为零　　因素 A 对试验指标有显著影响

（2）B 因子的主效应是否显著。对此我们可以检验假设：

$H_{02} : \beta_1 = \beta_2 = \cdots = \beta_s = 0$　　　因素 B 对试验指标没有显著影响

$H_{12} : \beta_1, \beta_2, \cdots, \beta_s$ 不全为零　　因素 B 对试验指标有显著影响

（3）A，B 因子的交互效应是否显著。对此我们可以检验假设：

$H_{03} : \delta_{11} = \delta_{12} = \cdots = \delta_{rs} = 0$　　因素 A、B 的交互作用对试验指标没有显著影响

$H_{13} : \delta_{11}, \delta_{12}, \cdots, \delta_{rs}$ 不全为零　　因素 A、B 的交互作用对试验指标有显著影响

2. 构造检验的统计量。为检验 H_{01}，H_{02}，H_{03} 是否成立，需要分别确定检验因素 A、因素 B 以及因素 $A \times B$ 的统计量。与单因素方差分析构造统计量的方法一样，也需要从总平方和的分解入手。总平方和是全部样本观察值 x_{ijk} ($i = 1$，$2, \cdots, r; j = 1, 2, \cdots, s; k = 1, 2, \cdots, t$) 与总的样本平均值 $\bar{\bar{x}}$ 元的误差平方和，记为 S_T，即：

$$
\begin{aligned}
S_T &= \sum_{i=1}^{r} \sum_{j=1}^{s} \sum_{k=1}^{t} (x_{ijk} - \bar{\bar{x}})^2 \\
&= \sum_{i=1}^{r} \sum_{j=1}^{s} \sum_{k=1}^{t} \left[(x_{ijk} - \bar{x}_{ij \cdot}) + (\bar{x}_{i \cdot \cdot} - \bar{\bar{x}}) + (\bar{x}_{\cdot j \cdot} - \bar{\bar{x}}) + (\bar{x}_{ij \cdot} - \bar{x}_{i \cdot \cdot} - \bar{x}_{\cdot j \cdot} + \bar{\bar{x}}) \right]^2 \\
&= \sum_{i=1}^{r} \sum_{j=1}^{s} \sum_{k=1}^{t} (x_{ijk} - \bar{x}_{ij \cdot})^2 + st \sum_{i=1}^{r} (\bar{x}_{i \cdot \cdot} - \bar{\bar{x}})^2 + rt \sum_{j=1}^{s} (\bar{x}_{\cdot j \cdot} - \bar{\bar{x}})^2 + \\
&\quad\ t \sum_{i=1}^{r} \sum_{j=1}^{s} (\bar{x}_{ij \cdot} - \bar{x}_{i \cdot \cdot} - \bar{x}_{\cdot j \cdot} + \bar{\bar{x}})^2 \quad\quad\quad\quad\quad\quad (7.30)
\end{aligned}
$$

其中，$\bar{\bar{x}} = \dfrac{1}{rst} \sum\limits_{i=1}^{r} \sum\limits_{j=1}^{s} \sum\limits_{k=1}^{t} x_{ijk}$。

$$
\bar{x}_{ij \cdot} = \frac{1}{t} \sum_{k=1}^{t} x_{ijk}, i = 1, 2, \cdots, r; j = 1, 2, \cdots, s
$$

$$
\bar{x}_{i \cdot \cdot} = \frac{1}{st} \sum_{j=1}^{s} \sum_{k=1}^{t} x_{ijk}, i = 1, 2, \cdots, r
$$

$$
\bar{x}_{\cdot j \cdot} = \frac{1}{rt} \sum_{i=1}^{r} \sum_{k=1}^{t} x_{ijk}, j = 1, 2, \cdots, s
$$

其中，分解后的等式右边的第一项是由随机误差引起的，称为误差平方和。记为 S_E，即：

$$S_E = \sum_{i=1}^{r} \sum_{j=1}^{s} \sum_{k=1}^{t} (x_{ijk} - \bar{x}_{ij\cdot})^2 \tag{7.31}$$

第二项是因素 A 所产生的误差平方和，称为因素 A 的平方和，记为 S_A，即：

$$S_A = st \sum_{i=1}^{r} (\bar{x}_{i\cdot\cdot} - \bar{x})^2 \tag{7.32}$$

第三项是因素 B 所产生的误差平方和，称为因素 B 的平方和，记为 S_B，即：

$$S_B = rt \sum_{j=1}^{s} (\bar{x}_{\cdot j\cdot} - \bar{x})^2 \tag{7.33}$$

第四项是 A、B 的交互作用所产生的误差平方和，称为 A、B 交互效应平方和，记为 $S_{A \times B}$，即：

$$S_{A \times B} = t \sum_{i=1}^{r} \sum_{j=1}^{s} (\bar{x}_{ij\cdot} - \bar{x}_{i\cdot\cdot} - \bar{x}_{\cdot j\cdot} + \bar{x})^2 \tag{7.34}$$

上述各平方和的关系为：

$$S_T = S_E + S_A + S_B + S_{A \times B} \tag{7.35}$$

在上述误差平方和的基础上计算均方，也就是将各平方和除以相应的自由度。与各误差平方和相对应的自由度分别是：

总平方和 S_T 的自由度为 $rst - 1$；

因素 A 的平方和 S_A 的自由度为 $r - 1$；

因素 B 的平方和 S_B 的自由度为 $s - 1$；

因素 A，B 交互效应平方和 $S_{A \times B}$ 的自由度为 $(r-1)(s-1)$；

误差平方和 S_E 的自由度为 $rs(t-1)$。

为构造检验统计量，需要计算下列各均方：

因素 A 的均方，记为 MS_A，即：

$$MS_A = \frac{S_A}{r-1} \tag{7.36}$$

因素 B 的均方，记为 MS_B，即：

$$MS_B = \frac{S_B}{s-1} \tag{7.37}$$

因素 A、B 交互作用的均方，记为 $MS_{A \times B}$，即：

$$MS_{A \times B} = \frac{S_{A \times B}}{(r-1)(s-1)} \tag{7.38}$$

随机误差项的均方，记为 MS_E，即：

$$MS_E = \frac{S_E}{rs(t-1)} \tag{7.39}$$

为检验因素 A 对试验指标的影响是否显著，采用下面的统计量：

$$F_A = \frac{MS_A}{MS_E} \sim F(r-1, rs(t-1)) \tag{7.40}$$

为检验因素 B 的影响是否显著，采用下面的统计量：

$$F_B = \frac{MS_B}{MS_E} \sim F(s-1, rs(t-1)) \qquad (7.41)$$

为检验因素 A、B 的交互效应的影响是否显著，采用下面的统计量：

$$F_{A \times B} = \frac{MS_{A \times B}}{MS_E} \sim F((r-1)(s-1), rs(t-1)) \qquad (7.42)$$

3. 作出统计决策。计算出检验统计量后，根据给定的显著性水平 α 和两个自由度，查 F 分布表得到相应的临界值 F_α，然后将 F_A、F_B 及 $F_{A \times B}$ 与 F_α 进行比较。

若 $F_A > F_\alpha(r-1, rs(t-1))$，则拒绝原假设 H_{01}：$\alpha_1 = \alpha_2 = \cdots = \alpha_r = 0$，表明检验的因素 A 对试验指标有显著影响。

若 $F_B > F_\alpha(s-1, rs(t-1))$，则拒绝原假设 H_{02}：$\beta_1 = \beta_2 = \cdots = \beta_s = 0$，表明检验的因素 B 对试验指标有显著影响。

若 $F_{A \times B} > F_\alpha((r-1)(s-1), rs(t-1))$，则拒绝原假设 H_{03}：$\delta_{11} = \delta_{12} = \cdots = \delta_{rs} = 0$，表明检验的因素 A、B 的交互效应对试验指标有显著影响。

4. 方差分析表。分别以 $F_A, F_B, F_{A \times B}$ 作为 H_{01}, H_{02}, H_{03} 的检验统计量，将检验结果列成方差分析表，如表 7.15 所示。

表 7.15 有交互作用的双因素方差分析表的结构

误差来源	平方和	自由度	均方	F 值	P 值	F 临界值
因素 A	S_A	$r-1$	MS_A	F_A	P_A	$F_\alpha(r-1, rs(t-1))$
因素 B	S_B	$s-1$	MS_B	F_B	P_B	$F_\alpha(s-1, rs(t-1))$
交互作用	$S_{A \times B}$	$(r-1)(s-1)$	$MS_{A \times B}$	$F_{A \times B}$	$P_{A \times B}$	$F_\alpha((r-1)(s-1), rs(t-1))$
误差	S_E	$rs(t-1)$	MS_E	—	—	
总和	S_T	$rst-1$	—	—	—	

在进行决策时，可以直接利用方差分析表中的 P 值与显著性水平 α 的值进行比较。若 $P_A < \alpha$，则拒绝 H_{01}，若 $P_A > \alpha$，则接受 H_{01}；若 $P_B < \alpha$，则拒绝 H_{02}，若 $P_B > \alpha$，则接受 H_{02}；若 $P_{A \times B} < \alpha$，则拒绝 H_{03}，若 $P_{A \times B} > \alpha$，则接受 H_{03}。

例 7.6：超市为提高收银台的工作效率，设计了 4 种结账流程，并随机选取了 3 个收银员进行重复试验，记录了流程的持续时间（单位：秒），实验结果如表 7.16 所示。

表 7.16 结账流程 单位：秒

项目		收银员编号								
		1			2			3		
流程	A	18	17	16	16	20	21	21	17	20
	B	17	18	19	15	16	17	22	23	24
	C	16	16	19	16	19	19	18	19	20
	D	22	19	22	17	16	18	17	18	18

要求：在显著性水平 $\alpha = 0.05$ 下，分析流程和收银员这两个因素对操作时间的影响。

解：这是一个有交互作用的双因素重复试验。设结账流程因素为 a，收银员因素为 b，设交互作用为 c，设 A,B,C,D 4 个流程下的操作时间记为 μ_A,μ_B,μ_C,μ_D，3 个收银员的操作时间记为 μ_1,μ_2,μ_3。

建立假设检验：

$H_{01}: \mu_A = \mu_B = \mu_C = \mu_D$；

$H_{11}: \mu_A,\mu_B,\mu_C,\mu_D$ 不全相等。

$H_{02}: \mu_1 = \mu_2 = \mu_3$；

$H_{12}: \mu_1,\mu_2,\mu_3$ 不全相等。

$H_{03}: c$ 对操作时间无显著影响；

$H_{13}: c$ 对操作时间影响显著。

将表 7.16 的数据输入 R 软件，进行"有重复双因素分析"（具体操作参见附录中有关论述），则方差分析表如表 7.17 所示。

表 7.17　　　　　　　　　　方差分析表

误差来源	平方和	自由度	均方	F 值	P 值	F 临界值
流程	4.56	3	1.52	0.68	0.5709	3.01
收银员	31.50	2	15.75	7.09	0.0038	3.40
交互作用	89.61	6	14.94	6.72	0.0003	2.51
误差	53.33	24	2.22	—	—	—
总和	179.00	35	—	—	—	—

从表 7.17 可知：

$F_a = 0.68 < F_{0.05}(3,24) = 3.01$，接受 H_{01}，没有充分证据说明结账流程对操作时间有显著影响；$F_b = 7.09 > F_{0.05}(2,24) = 3.40$，拒绝 H_{02}，有充分证据说明收银员的不同对操作时间有显著影响；$F_c = 6.72 > F_{0.05}(6,24) = 2.51$，拒绝 H_{03}，有充分证据说明结账流程与收银员两者存在交互作用并由此对操作时间产生显著影响。

附录：软件操作（R 语言）

R 软件中的 aov() 函数提供了方差分析表的计算。aov() 函数的使用方法是

```
aov(formula,data = NULL,projections = FALSE,qr = TRUE,
    contrasts = NULL,…)
```

其中，formula 是方差分析的公式，data 是数据框。其他见在线帮助。

另外，可用 summary() 列出方差分析表的详细信息。

案例 7.1：用表 7.6 中数据进行单因素方差分析。

```
lamp < -data.frame(
    X = c(47,56,39,30,24,43,34,58,29,19,35,46,41,21,39,11,24,30,34,41,55,
67,48),
```

```
    A = factor(c(rep(1,7),rep(2,6),rep(3,5),rep(4,5)))) #用数据框的形式输入
数据
    lamp.aov < - aov(X ~ A,data = lamp)  #作单因素方差分析
```

```
    > summary(lamp.aov)   #输出单因素方差分析结果
                Df    Sum Sq    Mean Sq    F value     Pr( >F)
    A           3     1457      485.5      3.407       0.0388
    Residuals  19     2708      142.5
```

上述 R 软件计算结果与方差分析表 7.6 中的内容相对应, 其中 Df 表示自由度, Sum Sq 表示平方和, Mean Sq 表示均方, F value 表示 F 值, 即 F 比, Pr (>F)表示 P 值, A 就是因素 A, Residuals 是残差, 即误差。

从上述计算结果可以看出, 如果直接用 summary(lamp. aov)的话, 它没有列出方差分析表 7.7 的最后一行(总和行), 这里编个小程序(程序名: anova. tab. R), 作一点改进, 其计算方法是将 summary 函数得到表中的第一行与第二行求和, 得到总和行的值。

```
anova.tab < - function(fm){
    tab < - summary(fm)
    k < - length(tab[[1]]) -2
    temp < - c(sum(tab[[1]][,1]),sum(tab[[1]][,2]),rep(NA,k))
    tab[[1]]["Total",] < - temp
                        tab}   #自编函数 anova. tab( )
```

```
    > anova.tab(lamp.aov)   #输出单因素方差分析结果
                Df    Sum Sq    Mean Sq    F value     Pr( >F)
    A           3     1457      485.5      3.407       0.0388
    Residuals  19     2708      142.5
    Total      22     4165
```

这个小程序的另一个目的是学会如何利用 R 软件的计算结果来得到我们需要的结果。用上述函数, 就可以得到完整的方差分析表。

案例 7. 2: 用表 7. 10 中数据进行无交互作用的双因素方差分析。

```
air < - data.frame(
    X = c(431,416,409,406,389,411,434,429,396,399,
         424,389,419,409,374,354,346,364,326,364),
    A = gl(4,5),
    B = gl(5,1,20))  #用数据框的形式输入数据
air.aov < - aov(X ~ A + B,data = air)  #作无交互作用的双因素方差分析
```

```
anova.tab < - function(fm){
    tab < - summary(fm)
    k < - length(tab[[1]]) -2
                 temp < - c(sum(tab[[1]][,1]),sum(tab[[1]][,2]),rep(NA,k))
                      tab[[1]]["Total",] < - temp
                      tab} #自编函数 anova.tab( )
```

```
>anova.tab(air.aov)   #输出无交互作用的双因素方差分析结果
           Df     Sum Sq    Mean Sq    F value    Pr(>F)
A          3      13005     4335       18.108     0.0388
B          4      2012      503        2.101      0.144
Residuals  12     2873      239
Total      19     17889
```

案例 7.3：用表 7.12 中数据进行无交互作用的双因素方差分析。

```
a1 < - read.csv(file = "C:/Users/Administrator /Desktop/7.5.CSV ",
header = TRUE)   #读取数据文件
    engel < - data.frame(X = c(a1),A = gl(31,6),B = gl(6,1,186))   #用数据框的
形式输入数据
    engel.aov < - aov(X ~ A + B,data = engel)   #作无交互作用的双因素方差分析
    anova.tab < - function(fm){
      tab < - summary(fm)
      k < - length(tab[[1]]) -2
      temp < - c(sum(tab[[1]][,1]),sum(tab[[1]][,2]),rep(NA,k))
      tab[[1]]["Total",] < - temp
                           tab} #自编函数 anova.tab( )
```

```
>anova.tab(engel.aov)    #输出无交互作用的双因素方差分析结果
           Df     Sum Sq    Mean Sq    F value    Pr(>F)
A          30     2776.0    92.53      88.17      <2e-16
B          5      121.0     24.21      23.06      <2e-16
Residuals  150    157.4     1.05
Total      185    3054.5
```

案例 7.4：用表 7.16 中数据进行有交互作用的双因素方差分析。

```
time < - data.frame(
    X = c(18,17,16,16,20,21,21,17,20,17,18,19,15,16,17,22,23,24,
        16,16,19,16,19,19,18,19,20,22,19,22,17,16,18,17,18,18),
    A = gl(4,9,36),B = gl(3,3,36))   #用数据框的形式输入数据
```

```
time.aov < -aov(X ~ A + B + A:B,data = time)   #作有交互作用的双因素方差分析
anova.tab < - function(fm){
   tab < - summary(fm)
   k < - length(tab[[1]]) -2
             temp < -c(sum(tab[[1]][,1]),sum(tab[[1]][,2]),rep(NA,k))
                      tab[[1]]["Total",] < -temp
                      tab} #自编函数 anova.tab( )
```

```
> anova.tab(time.aov)   #输出有交互作用的双因素方差分析结果
             Df      Sum Sq    Mean Sq     F value     Pr(>F)
A             3        4.56      1.519       0.683      0.570926
B             2       31.50     15.750       7.087      0.003812
A:B           6       89.61     14.935       6.721      0.000285
Residuals    24       53.33      2.222
Total        35      179.00
```

练 习 题

一、单项选择题

1. 关于方差分析，下列说法中正确的是 （　　　）。
   A. 方差分析的目的是分析各组总体方差是否相同
   B. 方差分析的组间均方仅仅衡量了随机误差的变异大小
   C. 各组数据呈严重偏态时，也可以做方差分析
   D. 方差分析的目的是分析各组总体的均值是否相同

2. 在单因素方差分析中，涉及的两个变量是 （　　　）。
   A. 数值型变量
   B. 分类型变量
   C. 一个分类型自变量和一个数值型因变量
   D. 一个数值型自变量和一个分类型自变量

3. 对方差分析的基本原理描述错误的是 （　　　）。
   A. 通过方差的比较，检验各因子水平下的均值是否相等
   B. 方差比较之前应消除自由度的影响
   C. 方差比较的统计量是 F 统计量
   D. 方差分析的因子只能是定量的，不然就无从进行量化分析

4. 方差分析是通过对多个总体均值差异的比较来 （　　　）。
   A. 判断各总体是否存在方差
   B. 检验各样本数据是否来自正态总体
   C. 比较各总体的方差是否相等

D. 研究分类自变量对数值因变量的影响是否显著

5. 组间误差是衡量因素的不同水平（不同总体）下各样本之间的误差，（　　）。

　　A. 只包括随机误差

　　B. 只包括系统误差

　　C. 既包括随机误差也包括系统误差

　　D. 有时包括随机误差有时包括系统误差

6. 下面关于方差分析及其基本假定的描述中，不正确的是（　　）。

　　A. 检验多个总体均值是否相等的统计方法称为方差分析

　　B. 各总体都服从正态分布

　　C. 各总体的方差相等

　　D. 观测值不必是独立的

7. 在下面的假定中，（　　）不属于方差分析中的假定。

　　A. 每个总体都服从正态分布　　　　B. 各总体的方差相等

　　C. 观测值是独立的　　　　　　　　D. 各总体的方差等于 0

8. 关于单因素方差分析的 F 检验，下面说法正确的是（　　）。

　　A. 拒绝域在 F 分布曲线的右侧

　　B. F 统计量的样本观测值可能为负值

　　C. 拒绝域在 F 分布曲线的左侧和右侧

　　D. 以上表述都不对

9. 在单因素方差分析中，从 4 个总体中各选取了 5 个观察值，得到组间平方和 $S_A = 636$，组内平方和 $S_E = 742$，组间平方和与组内平方和的自由度分别为（　　）。

　　A. 3，16　　　　　　　　　　　　B. 3，20

　　C. 4，16　　　　　　　　　　　　D. 4，20

10. 在单因素方差分析中，如果各因素水平效应相同的原假设为真，则组间平方和（　　）。

　　A. 等于 0　　　　　　　　　　　　B. 等于总平方和

　　C. 完全由抽样的随机误差引起　　　D. 完全由不同处置的差异引起

11. 为了分析某校不同专业学生的某次统计学测试成绩是否有显著差异（假定其他条件都相同），可使用方差分析方法。在 1% 的显著性水平下，在 10 个专业中共计随机抽取 50 个学生进行调查，拒绝假设的区域是（　　）。

　　A. $(F_{0.01}(9,49), +\infty)$　　　　　　B. $(F_{0.005}(9,49), +\infty)$

　　C. $(F_{0.01}(9,40), +\infty)$　　　　　　D. $(F_{0.005}(9,40), +\infty)$

12. 在方差分析中，如果拒绝原假设，则说明（　　）。

　　A. 自变量对因变量有显著影响

　　B. 所检验的各总体均值之间全不相等

　　C. 不能认为自变量对因变量有显著影响

D. 所检验的各样本均值之间全不相等

13. 方差分析中的 F 统计量是决策的根据，一般来说（　　）。

　　A. F 值越大，越有利于拒绝原假设接受备择假设

　　B. F 值越大，越有利于接受原假设拒绝备择假设

　　C. F 值越小，越有利于拒绝原假设接受备择假设

　　D. F 值越小，越有利于接受原假设拒绝备择假设

14. 双因素方差分析有两种类型：一个是有交互作用的，一个是无交互作用的。区别的关键是看这对因子（　　）。

　　A. 是否独立　　　　　　　　　　B. 是否都服从正态分布

　　C. 是否因子的水平相同　　　　　D. 是否有相同的自由度

15. 设用于检验的因素 A 有 M 个水平，因素 B 有 N 个水平，并假设两个因素没有交互作用，则总变差的自由度为（　　）。

　　A. $M-1$　　　　　　　　　　　B. $N-1$

　　C. $(M-1)(N-1)$　　　　　　　D. $MN-1$

16. 一次涉及因子 A 的 4 个水平与因子 B 的 3 个水平以及 3 次重复的因子试验得到的结果为 $S_T=560$，$S_A=52$，$S_B=46$，$S_{A\times B}=350$，在 $\alpha=0.05$ 的显著性水平下，检验因子 A 与因子 B 的交互作用，即检验假设 H_0：A 与 B 的交互作用不显著，得到的结论是（　　）。

　　A. 拒绝 H_0

　　B. 不拒绝 H_0

　　C. 可以拒绝 H_0，也可以不拒绝 H_0

　　D. 可能拒绝 H_0，也可能不拒绝 H_0

二、多项选择题

1. 进行方差分析需要满足的假设条件有（　　）。

　　A. 每次试验都是独立进行　　　　B. 各样本都来自正态总体

　　C. 各总体的方差相等　　　　　　D. 各样本的样本量相等

　　E. 各总体分布相互独立

2. 对方差分析的基本原理描述正确的有（　　）。

　　A. 通过方差的比较，检验各因子水平下的均值是否相等

　　B. 方差分析比较之前应消除自由度的影响

　　C. 方差比较的统计量是 F 统计量

　　D. 方差分析的实质是对总体均值的统计检验

　　E. 方差分析的因子只能是定量的，不然就无从进行量化分析

3. 若采用方差分析法来推断某个因素对所考察的指标有无显著影响，该因素有 K 个水平，样本容量为 N，则下列表述中正确的有（　　）。

　　A. 检验统计量 = 组间平方和/组内平方和

　　B. 检验统计量 = 组间均方差/组内均方差

　　C. 组间均方差 = 组间平方和/$(K-1)$

D. 组间均方差 = 组间平方和/$(N-K)$

E. 检验统计量的分布为 $F(K-1, N-K)$

4. 为了研究商品摆放位置对商品销售量的影响，将同一商品摆放在三种不同的位置，每种位置观察三天，称这种方差分析为（　　　）。

A. 单因素方差分析 　　　　　　　B. 双因素方差分析

C. 三因素方差分析 　　　　　　　D. 单因素三水平方差分析

E. 双因素三水平方差分析

5. 运用单因素方差分析法，则下列表述中正确的有（　　　）。

A. 组间方差显著大于组内方差时，该因素对所考察指标的影响显著

B. 组内方差显著大于组间方差时，该因素对所考察指标的影响显著

C. 拒绝原假设时，可推断各水平的效应完全没有相同的

D. 拒绝原假设时，可推断各水平的效应是不完全相同的

E. 各水平下的样本单位数是可以相等也可以不等的

三、名称解释题

1. 方差分析

2. 因素

3. 水平

4. 观测值

5. 组间方差

6. 组内方差

7. 总平方和

8. 组内平方和

9. 组间平方和

四、简答题

1. 方差分析的基本思想是什么？

2. 简述单因素方差分析的理论假设及基本步骤。

3. 什么是方差分析？它与总体均值的 t 检验或 Z 检验有什么不同？其优势是什么？

4. 要检验多个总体均值是否相等时，为什么不作两两比较，而用方差分析方法？

5. 解释水平项平方和、误差项平方和的含义。

6. 方差分析中多重比较的作用是什么？

7. 什么是交互作用？

8. 解释无交互作用和有交互作用的双因素方差分析。

五、计算题

1. 在一个单因子试验中，因子 A 有 4 个水平，每个水平下重复次数分别为 5，7，6，8。那么，误差平方和、A 的平方和及总平方和的自由度各是多少？

2. 在单因子试验中，因子 A 有 4 个水平，每个水平下各重复 3 次试验，现

已求得每个水平下试验结果的样本标准差分别为 1.5，2.0，1.6，1.2，则其误差平方和为多少？误差的方差 σ^2 的估计值是多少？

3. 某公司管理者想比较 A，B，C，D 4 种培训方案的效果，随机抽取了 48 个工人随机分配进行 4 种培训，将培训结束后每组工人每小时组织产品进行方差分析，得到表 7.18 中的结果。

表 7.18　　　　　　　　　　方差分析表

差异源	平方和	自由度	均方	F 值	P 值
组间			230		0.85
组内	4 866				
总计					

（1）完成上面的方差分析表。

（2）若显著性水平 $\alpha = 0.05$，请问这 4 种培训方案效果是否有显著性差异。

4. 某中学为了考查学习效果，对本年级 3 个班的部分同学学习成绩进行抽样，学习成绩的抽样情况如表 7.19 所示。学校想知道这几个班同学的成绩有无显著性差异，请予以分析（$\alpha = 0.05$）。

表 7.19　　　　　　　　　　学习成绩抽样情况

学生编号	班级 1	班级 2	班级 3
1	49	51	72
2	68	55	89
3	76	60	91
4	85	77	76
5	55	39	65
6	78	71	70
7	63	44	78

5. 在一个单因子试验中，因子 A 有 3 个水平，每个水平下各重复 4 次，具体数据如表 7.20 所示。

表 7.20　　　　　　　　　　抽样数据情况

水平	数据			
一水平	8	5	7	4
二水平	6	10	12	9
三水平	0	1	5	2

试计算误差平方和 S_E、因子 A 的平方和 S_A、总平方和 S_T，并指出它们各自的自由度。

6. 某家电制造公司准备购进一批 5 号电池，现有 A，B，C 3 个电池生产企业愿意供货，为比较它们生产的电池质量，从每个企业各随机抽取 5 只电池，经试验得其寿命数据如表 7.21 所示。

表 7.21   寿命数据情况   单位：小时

试验号	电池生产企业		
	A	B	C
1	50	32	45
2	50	28	42
3	43	30	38
4	40	34	48
5	39	26	40

试分析 3 个企业生产的电池的平均寿命之间有无显著差异（$\alpha = 0.05$）。如果有差异，用 LSD 方法检验哪些企业之间有差异。

7. 一家产品制造公司的管理者想比较 A、B、C 3 种培训方式对产品组装时间是否有显著影响，将 20 名新员工随机分配给这 3 种培训方式。培训结束后，参加培训的员工组装一件产品所花的时间如表 7.22 所示。

表 7.22   不同培训方式组装一件产品花费时间情况   单位：小时

培训方式		
A	B	C
8.8	8.2	8.6
9.3	6.7	8.5
8.7	7.4	9.1
9.0	8.0	8.2
8.6	8.2	8.3
8.3	7.8	7.9
9.5	8.8	9.9
9.4	8.4	9.4
9.2	7.9	

取显著性水平 $\alpha = 0.05$，确定不同培训方式对产品组装的时间是否有显著影响。

8. 某厂商在 5 个地区销售产品，包装部门想要了解产品外包装对销售量的影响，现有销售数据如表 7.23 所示。

表 7.23   销售数据情况

外包装	地区				
	A1	A2	A3	A4	A5
B1	56	43	30	44	58
B2	35	40	20	34	53
B3	52	56	50	45	63

要求：在显著性水平 $\alpha = 0.05$ 下，分析产品外包装和地区这两个因素对销售量的影响。

9. 为检验广告媒体和广告方案对产品销售量的影响，一家营销公司做了一项试验，考察 3 种广告方案和 2 种广告媒体，获得的销售量数据如表 7.24 所示。

表 7.24 销售数据情况

广告方案	广告媒体	
	报纸	电视
A	8	12
	12	8
B	22	26
	14	30
C	10	18
	18	14

检验广告方案、广告媒体或其交互作用对销售量的影响是否显著（$\alpha = 0.05$）。

统计思想的总结

方差分析是检验多个总体的均值是否相等的统计分析方法；通过检验各总体的均值是否相等来判断分类型自变量对数值型因变量是否有显著影响。在方差分析中，将引起观测值的差异归纳为两个方面：一方面是因素的不同水平造成的差异，称为系统性误差；另一方面是由于抽选样本的随机性而产生的差异，称为随机性误差。这两个方面产生的差异可以用两个方差来计量：一个是组间方差；另一个是组内方差。前者包括系统性误差和随机性误差，后者仅包括随机性误差。如果不同的水平对因变量没有影响，那么组间方差就仅仅包括随机性误差，而没有系统性误差，它与组内方差就应该近似，两个方差的比值就会接近 1；反之，如果不同的水平对因变量产生影响，组间方差不仅包括随机性误差，还包括系统性误差，此时，组间方差就会大于组内方差，两个方差的比值就会明显大于 1，当这个比值大到某个程度就可以作出判断，说明不同的总体均值之间存在着显著性差异，即分类型自变量对数值型因变量有着显著的影响。方差分析可分为单因素方差分析和双因素方差分析。单因素方差分析是检验单个因素对因变量值的影响是否显著；双因素方差分析是检验两个因素对因变量的影响是否显著，根据两个因素对因变量的影响是否相互独立，又分为无交互作用的双因素方差分析和有交互作用的双因素方差分析。

第八章　相关与回归分析

【问题提出】

主管该招聘这批老师吗

现在某初中学区主管正在考虑是否要招聘一批教师，因此她想听听你的建议。如果该主管招聘这批教师，则平均每位教师所对应的学生数会比以前少4人，她需要权衡这两方面的利弊：一方面，学生家长都较为愿意看到小班教学，如果学生比以前人数减少，老师便有更多的精力分给每个孩子，那么对于他们的孩子来说就可以得到老师更多的关注，但是另一方面，招聘更多的老师就意味着更多的工资支出，显然这是投资方不想看到的。这时，主管不禁想问，缩小班级规模会对学生成绩产生什么影响？

很多学区会将学生在标准化测试中取得的成绩去衡量学生成绩的好坏，并且教师的工作绩效评价或者是薪水在某种程度上是取决于他们所教的学生在标准化测试中所取得的成绩。这时主管面临的问题具体为：如果该学区的每个学校的每个班级平均减少4个人，对该学区的学生在标准化测试中的成绩会产生何种影响呢？

为了给出该问题的答案，我们需要进行定量分析。如果学区主管按照某一特定的数量调整班级规模，那么学生的标准化测试成绩将会有什么变化？

在生活中类似于上述的相关问题数不胜数，例如烟草税能在多大程度上减少吸烟、个人受教育年限对个人的收入有多大的影响、广告支出和商品销售额之间的关系等这些问题都可以用本章的相关与回归分析的方法解决。

第一节　相关关系

一、函数关系与相关关系

在自然界和社会的客观现象之间总是存在着普遍的联系，并且是相互依存、相互制约的，客观现象之间的联系可以区分为两种不同的类型：其一是函数关系；其二是相关关系。

确定性函数关系是指当一个或几个变量取一定的值时，另一个变量也有确定值与之相对应。也就是说，有两个变量 x 和 y，变量 y 随着变量 x 的变化而变化，并

且完全依赖于 x，当 x 取某个确定的数值，y 也随之而确定，记为 $y = f(x)$。一般将作为影响因素的变量称为自变量，将发生对应变化的变量称为因变量，因此称 x 为自变量，y 为因变量。例如，圆的面积 S 与半径 R 之间的关系可表示为 $S = \pi R^2$，圆的面积 S 与半径 R 便是确定性的函数关系，在此式中，R 作为影响因素的变量，因此为自变量，S 是发生对应变化的变量，因此是因变量。又如企业的原材料消耗额 y 与产量 x_1、单位产量消耗 x_2、原材料价格 x_3 之间的关系可以表示为 $y = x_1 x_2 x_3$，x_1、x_2、x_3 是自变量，y 是因变量。确定性函数关系的各观测点落在一条直线上，如图 8.1 所示。

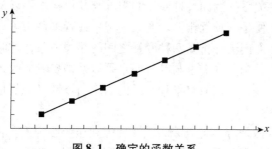

图 8.1 确定的函数关系

不确定的相关关系是指当一个或几个相互联系的变量取一定数值时，与之相对应的另一变量的值虽然不确定，但它仍按某种规律在一定的范围内变化。即有两个变量 x 和 y，当 x 取某个确定的数值，y 的取值可能有几个，变量间关系不能由函数关系精确表达。例如，商品消费量 y 与居民收入 x 之间的关系，投资额 I 与国民收入 y 之间的关系。然而在相关关系中，对于某个变量的每一数值，可以有另外变量的若干个数值与之相对应，并且这些数值之间表现出一定的波动性，但是又总是围绕着他们的平均数并且遵循着一定的规律而变动。例如粮食亩产量与施肥量之间存在着相互依存的关系，一般来说，施肥量的增加会引起粮食亩产量的增加，然而在施肥量增加的数值与粮食亩产量增加的数值之间并没有严格的依存关系，这是因为粮食亩产量的增加不仅和施肥量有关还与降水量、温度等变量有关，但即便是如此，粮食亩产量与施肥量之间存在着一定的规律性，即在一定的范围内，施肥量的增加仍然会导致粮食亩产量相应地增加。当变量之间存在线性关系时，各观测点分布在直线周围。如图 8.2 所示。

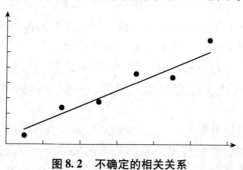

图 8.2 不确定的相关关系

二、相关关系的种类

现象之间的相互关系是很复杂的，它们以不同的方向、不同程度相互作用，并且可以按照不同的类型去划分。

按变量的多少可以分为简单相关、复相关、偏相关。两个因素之间相关关系被称为简单相关，例如广告支出与产品销售量之间的关系；三个或三个以上的因素的相关关系称为复相关，也称多元相关，即研究的是一个变量对两个或两个以上其他变量的相关关系，例如某种商品的需求与其价格水平以及消费者的收入水平之间的相关关系便是一种复相关。在某一现象或者多种相关现象的场合中，假定其他变量不变，专门去分析某两种变量之间的相关关系，这时将这种情况称为偏相关。例如，某种商品的需求与其价格水平以及消费者的收入水平之间，假定消费者收入水平不变，专门研究某种商品的需求与该商品的价格水平之间的相关关系便是一种偏相关。

按照相关形式的划分，可以分为线性相关和非线性相关。相关关系是一种数量上不严格的相互依存关系，如果两种相关现象之间的关系大致表现为线性关系时，就称为线性相关，即从图形上看，其观察的分布点近似地表现为一条直线。例如人均消费水平和人均收入通常呈线性关系。如果两种相关现象之间的关系并不表现为直线的关系时，而是更近似地表现为一条曲线，这时就称这种相关关系为非线性关系。例如，劳动力曲线，当工资刚开始上涨时，会有大部分员工放弃闲暇时间而去工作，此时劳动力曲线是朝右上方倾斜，但是当工资上升到一定程度，工资再上涨时，劳动力曲线便会朝右下方倾斜，这是因为大部分员工更愿意用闲暇时间去代替工作时间，此时工资和劳动力数量之间存在着一种非线性关系。

按照相关方向可以划分为正相关与负相关。当变量 x 的数量增加，变量 y 也会相应增加时，称为正相关。例如，收入的提高会导致消费水平的增加。变量 x 的增加，会导致变量 y 的数值的减少；或者变量 x 的减少，会导致变量 y 的增加，称为负相关。例如，商品流转的规模越大，流通费用水平越低。

按照相关程度划分可以分为完全相关、不完全相关、完全不相关。当两种现象中的一种现象的变化随着另一种现象的变化而确定，就称这两种现象为完全相关，例如，在商品的平均单价 p 不变的情况下，某种商品的销售额 y 与该商品的销售量 x 就是完全相关的，此时相关关系便是函数关系。当两个现象的变化互不影响，相互独立，称为完全不相关，而两个现象之间的关系介于完全相关、完全不相关之间，就称这种情况为不完全相关，一般所研究的相关问题是不完全相关。

按照相关的性质划分可分为"真实相关"与"虚假相关"。真实相关是指现象之间因符合有关实质性学科理论和逻辑常识确实存在的某种客观的内在联系，不是主观臆想的或者是数据上的巧合。例如某种商品的需求与该种商品的价格和收入之间的相关就是真实相关。虚假相关是指现象之间的相关只是表面存在的或者只是数据上的巧合，实际上并不存在内在的联系，也不符合有关实质性学科理论和逻辑常识，例如一国 *GDP* 的大小与该国精神病患者人数之间的相关，就数据上而言可能是相关的，但仅仅是表面的相关，由于其违背逻辑上的常识和不符合有关实质性的学科理论，故称为"虚假相关"。

以上相关关系种类，如图8.3所示。

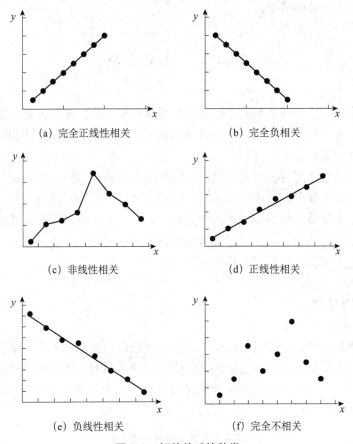

(a) 完全正线性相关   (b) 完全负相关

(c) 非线性相关   (d) 正线性相关

(e) 负线性相关   (f) 完全不相关

图8.3　相关关系的种类

三、相关关系的研究方法

在相关关系的研究中，可以采用相关分析与回归分析的方法。相关分析主要是用于分析社会经济现象之间的依存关系，其目的是从复杂的关系中消除非本质的偶然影响，从而找出现象之间相关关系的性质和密切程度。回归分析就是通过一定变量或者一些变量的变化解释另一变量的变化，研究一个所谓的因变量对另一个或者多个所谓自变量的依赖关系；回归分析是在相关分析及变量因果关系分析的基础上，确定现象间相关关系的具体形式，并且根据其中自变量的已知或者是设定值，去估计或者预测因变量的均值。

相关分析与回归分析是对客观现象分析的有效方法，但是相关分析和回归分析只能从数量方面去反映现象之间的联系形式以及密切程度，是一种定量分析，无法准确判断现象之间的内在联系，也无法判断何种现象是因、何种现象是果。如果单看回归分析和相关分析的结果，很有可能会得出荒谬的结果。因此，在应用这两种方法对客观现象进行研究时，一定要注意定性与定量相结合，从而得出客观且有实际意义的结论。

第二节　相关分析

所谓相关分析，就是判断变量之间是否存在相互依存关系，并且分析现象之间相关关系的类型及其密切程度的统计方法，相关分析一般可以借助于相关表、相关图或者相关系数来进行。

在判断现象之间的相关关系时，一般先作定性分析，随后再作定量分析。定性分析是指通过运用经济理论、相关学科方法对获得的资料进行分析，初步判断现象之间有无关系。如果现象之间确实有关系，则进一步对所获得数据编制相关表与相关图，这可以帮助我们直接判断现象之间存在何种的关系形式，并在此基础上进行定量分析，计算相关系数。

一、相关表

相关表是一种显示变量之间相关关系的统计表。通常将两个变量所对应的值平行排列，并且将其中某一变量按其取值大小顺序排列，便可得到相关表。

例 8.1：假设对 10 名居民家庭的月可支配收入和消费支出进行调查，得到原始资料，如表 8.1 所示。

表 8.1　　　　居民收入和消费的原始资料

居民家庭编号	1	2	3	4	5	6	7	8	9	10
消费支出（元）	200	150	400	300	420	600	650	700	530	780
可支配收入（元）	250	180	600	450	620	880	920	990	750	980

解：根据以上原始资料，将消费支出从小到大的顺序进行排列，可编制相关表，如表 8.2 所示。

表 8.2　　　　进行排序后的表

消费支出（元）	150	200	300	400	420	530	600	650	700	780
可支配收入（元）	180	250	450	600	620	750	880	920	990	980

由表 8.2 可知，消费支出与可支配收入之间存在着较强的正相关关系。

二、相关图

相关图又称为散点图，是用来直观地显示两个变量之间的相关关系的统计图，是用来进行相关分析和回归分析的重要工具。它是以直角坐标系的横轴代表变量 X，纵轴代表变量 Y，将两个变量间相对应的变量值用坐标点的形式描绘出来，用来反映变量之间相关关系的图形。其中相关图 8.4 便是根据相关表 8.2 的资料绘制而成的。

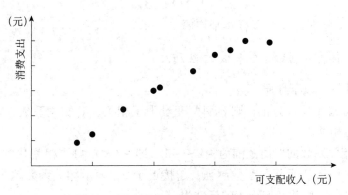

图 8.4　可支配收入和消费支出相关图

利用相关图可以更直观、更形象地表现变量之间相关关系的方向、形式和强度。如果两个变量是正相关的，则相关图中的点呈由左到右向上倾斜；如果两个变量是负相关的，则相关图中的点呈由左到右向下倾斜。观察相关图，要寻找整体形态以及明显偏离整体形态的偏差。要描述相关图的整体形态，可以描述点的形式、方向及相关关系的强度；在寻找明显偏离整体形态的偏差时，一种重要形式的偏差是异常值，也就是落在相关关系的整体形态之外的个别值。但是单纯用眼睛来观察相关图有时候不容易判断相关性的强弱。本来是同样的一组数据，只要图中坐标轴上的刻度不同，或者图中点和点之间的空白大小不同，肉眼观察的结果就可能受骗，从而得出相关程度不同的结论。所以我们要遵照数据分析的一般策略，除了图以外还要加上数值度量，相关系数就是我们要用的度量指标。

三、简单线性相关系数及其检验

（一）简单线性相关系数的定义

简单线性相关系数是反映两个变量之间线性相关方向和相关密切程度的统计分析指标，也直接简称为相关系数。它是其他相关系数形成的基础。

若相关系数是根据总体全部数据计算的，称为总体相关系数，记为 ρ，总体相关系数的定义式为：

$$\rho = \frac{Cov(X, Y)}{\sqrt{Var(X)Var(Y)}} \tag{8.1}$$

其中，$Cov(X, Y)$ 是变量 X 和 Y 的协方差，$Var(X)$ 和 $Var(Y)$ 分别为变量 X 和 Y 的方差。

若相关系数是根据样本数据计算的，则称为样本相关系数，记为 r，样本相关系数的定义式为：

$$r = \frac{\sum (X_t - \overline{X})(Y_t - \overline{Y})}{\sqrt{\sum (X_t - \overline{X})^2 \sum (Y_t - \overline{Y})^2}} \tag{8.2}$$

其中，$\overline{X}$ 和 $\overline{Y}$ 分别是 X 和 Y 样本平均值。

(二) 简单线性相关系数的性质

相关系数有以下性质：

(1) 若相关系数为正，则表明两变量为正相关；若相关系数为负，则表明两变量为负相关。

(2) 相关系数的取值范围为 $-1 \sim +1$，即 $-1 \leqslant r \leqslant 1$。相关系数 r 的值越接近于 -1 或 $+1$，表示相关系数越强；越接近于 0，表示相关系数越弱。一般地，判断两变量线性相关密切程度的标准为：

若 $r = 0$，则表示两个变量完全不相关，没有线性关系；

若 $0 < |r| < 0.3$，则两变量间微弱相关；

若 $0.3 \leqslant |r| < 0.5$，则两变量间低度相关；

若 $0.5 \leqslant |r| < 0.8$，则两变量间显著相关；

若 $0.8 \leqslant |r| < 1$，则两变量间高度相关；

若 $|r| = 1$，则表示两个变量完全线性相关。

(3) 分别或者同时改变两个变量的度量单位，两变量间的相关系数不会改变。

(4) 相关系数不理会解释变量和被解释变量之间的差别，假如交换两个变量的位置或名称，相关系数的计算结果不变。

(5) 相关系数度量的只是两变量直线相关的强度，不能描述两变量间的曲线相关，不管这种相关关系有多强。

(6) 相关系数与平均数和标准差一样，也会受到少数异常观测值的严重影响。因此当相关图中出现异常点时，使用相关系数时要非常小心。

(7) 变量之间的相关关系有许多种，要度量相关关系的方法也有很多种。虽然相关系数很常用，但也有其限制。相关系数只对数值变量才有意义，但对于属性变量则不好用。所以，我们可以讨论选民的性别和选民所属意愿政党之间的相关关系，但却无法计算二者之间的相关系数。

(8) 由相关系数所反映出来的相关不一定是真实存在的，也有可能是虚假的，需要结合有关理论知识进行判断。

（三）　简单线性相关系数的计算

在计算样本相关系数时，通常所用到的公式为：

$$r = \frac{n\sum xy - \sum x \sum y}{\sqrt{n\sum x^2 - \left(\sum x\right)^2} \cdot \sqrt{n\sum y^2 - \left(\sum y\right)^2}} \qquad (8.3)$$

式（8.3）可由样本相关系数定义式推导而来。

例8.2： 在研究我国人均消费水平问题中，把全国人均消费额记为 y，把人均国民收入记为 x，我们收集到 1978 ~ 2020 年的样本数据 (x_i, y_i)，$i = 1, 2, \cdots, 41$，数据如表 8.3 所示。请计算相关系数。

表 8.3　　　　1978 ~ 2020 年中国人均国民收入与人均消费金额数据　　　　单位：元

年份	人均国民收入	人均消费金额	年份	人均国民收入	人均消费金额
1978	171	151	2000	3 721	2 914
1979	207	170	2001	4 070	3 138.8
1980	247	210.7	2002	4 532	3 547.7
1981	279	244.4	2003	5 007	3 888.6
1982	326	273.2	2004	5 661	4 395.3
1983	365	304	2005	6 385	5 035.4
1984	424	339.5	2006	7 229	5 634.4
1985	479	401.8	2007	8 584	6 591.9
1986	541	465.3	2008	9 957	7 547.7
1987	599	521.4	2009	10 977	8 376.6
1988	709	638.6	2010	12 520	9 378.3
1989	804	712.4	2011	14 551	10 819.6
1990	904	768	2012	16 510	12 053.7
1991	976	844.5	2013	18 310.8	13 220.4
1992	1 125	937.1	2014	20 167.1	14 491.4
1993	1 358	1 145	2015	21 966.2	15 712.4
1994	1 870	1 539.8	2016	23 821	17 110.7
1995	2 363	1 957.1	2017	25 973.8	18 322.1
1996	2 814	2 287.6	2018	28 228	19 853.1
1997	3 070	2 436.8	2019	30 732.8	21 558.9
1998	3 254	2 516.2	2020	32 188.8	21 209.9
1999	3 485	2 657.9			

资料来源：《中国统计年鉴》。

解： 根据公式（8.3）可知：

$$r = \frac{43 \times 4\,568\,439\,884.76 - 337\,462.5 \times 246\,323.2}{\sqrt{43 \times 6\,436\,208\,074.21 - (337\,462.5)^2} \times \sqrt{43 \times 3\,248\,557\,169.42 - (246\,323.2)^2}}$$

$$= 0.9989$$

所以，人均国民收入与人均消费金额之间的相关系数为 0.9989。

例 8.3：已知某种企业生产一种产品，月产量和生产费用的资料如表 8.4 所示，请计算相关系数。

表 8.4　　　　　　　　　某企业月产量和生产费用数据

月产量（千吨）	38	56	59	64	74
生产费用（万元）	41	63	70	72	84

解：根据公式（8.3）可知：

$$r = \frac{5 \times 20\,040 - 291 \times 330}{\sqrt{5 \times 17\,633 - 84\,681} \times \sqrt{5 \times 22\,790 - 108\,900}}$$

$$= 0.9941$$

但如果将月产量中的第一项 38 变成 60，则：

$$r_1 = \frac{5 \times 20\,942 - 313 \times 330}{\sqrt{5 \times 19\,789 - 97\,969} \times \sqrt{5 \times 22\,790 - 108\,900}}$$

$$= 0.6396$$

为什么会出现以上的情况呢？这是因为当用样本相关系数估计总体相关系数时，其估计结果的准确性会受到样本中少数异常值的影响，同时也会受样本量大小的影响，也与所抽到的具体样本有关。由于样本相关系数是一个随所抽到的具体样本而变动的随机变量，所以，就存在这样一个问题，由样本相关系数出发对总体相关系数的估计结果是否为抽样的偶然结果呢？为此，需要对相关系数的统计显著性进行检验。

（四）相关系数的检验

在对于两个变量进行相关性分析时，某些现象之间可能并无相关关系，但是在对样本数据进行计算后，有时也会得到一个较大的相关系数，这时就会产生虚假相关，为什么会出现这种现象呢，是因为所选择的数据具有一定的随机性，且会受抽样误差的影响，如果样本容量越小，可信度就越差，因此在得出最终的结论之前，相关系数需要相应的检验。

通过检验相关系数在统计上是否显著，可以直观地判断两个变量之间是否存在线性相关的关系。若 r 在统计上是显著的，则说明两个变量之间是线性相关的；若 r 在统计上不显著，则说明两个变量之间并没有线性相关的关系。常用的检验相关系数在统计上是否显著的方法有两种：运用相关系数检验表和 t 检验，下面介绍的是 t 检验的方法。

样本相关系数作为随机变量，有其特定的抽样分布。要检验相关系数的显著性，就必须明确其抽样分布的性质。可以证明，如果两个变量 X 与 Y 都服从正态分布，则在总体相关系数 $\rho = 0$ 的原假设下，与样本相关系数 r 有关的 t 统计量服从自由度为（n-2）的 t 分布，相关系数的 t 值公式为：

$$t = r\sqrt{\frac{n-2}{1-r^2}} \tag{8.4}$$

检验步骤如下：

第一步，建立假设：H_0：$\rho = 0$　H_1：$\rho \neq 0$；

第二步，根据样本相关系数计算检验统计量 t；

第三步，给定显著性水平 α，查 t 分布表确定自由度为（$n-2$）的临界值 $t_{\alpha/2}$；

第四步，比较 $|t|$ 与 $t_{\alpha/2}$，作出判断：若 $|t| \geq t_{\alpha/2}$，表明相关系数 r 在统计上是显著的，应该拒绝 H_0，接受 H_1；若 $|t| < t_{\alpha/2}$，表明相关系数 r 在统计上不显著，应该接受原假设 H_0。

例 8.4：一名心理学家收集到了一份 12 名某企业员工的智商值和劳动生产率的数据，其结果如表 8.5 所示，试计算智商值和劳动生产率之间的相关系数 r，并且对 r 进行检验（$\alpha = 0.05$）。

表 8.5　　　　　　　　　　智商值与劳动生产率数据

序号	智商值 x	劳动生产率 y（件/每小时）
1	100	5
2	98	4.8
3	110	6
4	120	4.9
5	126	7.2
6	115	5.3
7	97	3.5
8	80	2.2
9	116	6.2
10	115	6.1
11	98	3.3
12	130	7.5

解：根据公式（8.3）可知：

$$r = \frac{12 \times 6\,969.7 - 1\,305 \times 62}{\sqrt{12 \times 144\,199 - (1\,305)^2} \times \sqrt{12 \times 347.86 - (62)^2}}$$
$$= 0.907$$

$r = 0.907$ 为高度相关。检验智商值和劳动生产率之间的相关关系是否显著。

提出假设：

$$H_0：\rho = 0$$

$$H_1：\rho \neq 0$$

检验：$t = r\sqrt{\dfrac{n-2}{1-r^2}} = \dfrac{0.907 \times \sqrt{12-2}}{\sqrt{1-0.907^2}} = 6.8107$

若取 $\alpha = 0.05$，自由度为 $n-2 = 10$，查 t 分布表，则 $t_{\alpha/2} = 2.228$。

由于 $t = 6.810\,7 > t_{\alpha/2} = 2.228$，所以拒绝原假设 H_0，即样本相关系数 r 是显

著的，说明智商值与劳动生产率之间确实存在相关关系。

第三节 回归分析

一、因果问题

（一）因果关系和相关关系

自古以来，探讨事物之间的因果关系就是哲学、自然科学、社会科学、医学等几乎所有学科研究的最终目的。因果和相关是两个不同的重要概念。如果我们说两个变量具有因果关系，例如，变量 X 为原因，变量 Y 为结果，通常是指 X 的变化会导致 Y 的变化，也即因果关系意味着某一特定行为会导致某一特定的可度量的后果。如果我们说两个变量具有相关关系，例如，变量 X 和变量 Y 相关，通常是指 X 和 Y 具有共同的或者相反的变化趋势。

（二）因果关系与相关关系的联系与区别

因果关系与相关关系之间的联系在于，即使两个变量之间有很强的相关性，也并不一定代表改变其中一个变量会导致另一个变量的改变，也就是说相关关系不一定是因果关系；无因果关系可能会表现出虚假的相关性；例如，小学生的阅读能力与鞋的尺寸有相关性，但是人为地改变鞋的尺寸，不会提高他们的阅读能力。相反地，有因果关系也可能表现出虚假的独立性；例如，打太极拳可以强壮身体，延长寿命，但是打太极拳的人的寿命可能会与不会打太极拳的人的寿命没有什么差异。因为打太极拳的人都是体弱多病的人，而表现出虚假的独立性。两个变量之间观察到的相互关系，可能来自直接因果关系、共同反应或者是交叉影响，有可能其中两种或者全部三种因素同时存在。相互关系如图 8.5 所示。

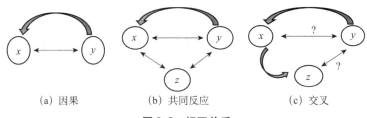

(a) 因果   (b) 共同反应   (c) 交叉

图 8.5 相互关系

在图 8.5 中，实线代表 x 和 y 变量之间已观测到的相关关系。有些相关可以用变量之间直接的因果关系来解释。图 8.5（a），用从 x 到 y 的箭头表示 "x 导致 y"。图 8.6（b）说明了 "共同反应"，在 x 和 y 变量间观测到的相关，可用潜在变量 z 解释，即 x 和 y 都会因 z 的改变而改变。这种共同反应会制造出一种相关关系，即使 x 和 y 之间也许并没有直接的因果关系。图 8.5（c）说明了交叉影响。解释变量 x 及潜在变量 z 可能同时影响反应变量 y，因为变量 x 和 z 有关系，我们没法把 x 对 y 的影响和 z 对 y 的影响分离，没法说出 x 对 y 的直接影响有多大，事实上，x 对 y 是不是有影响，可能都很难说。

因果关系和相关关系之间的区别在于：因果关系有时间上的先后，原因在前，结果在后；相关关系并没有时间上的先后关系。

二、回归分析概述

"回归"一词最先由弗朗西斯·高尔顿（Francis Galton）引入。高尔顿发现，虽然有一个趋势是不可否认的，那就是，父母高，子女辈也高；父母矮，子女辈也矮。但是，如果给定父母辈的身高，子女辈的平均身高就会趋向于全体人口的平均身高。也就是说，如果父母辈异常高或者异常矮，他们的子女辈的身高却有机会走向人口总体的平均身高的趋势。这一定律被他的朋友卡尔·皮尔逊（Karl Pearson）所证实。皮尔逊发现，对于一个父母高的群体，子女辈的平均身高会低于他们父母辈的身高，对于父母矮的群体，子女辈的平均身高便会高于他们父母辈的身高，这样就把高的和矮的子女辈的身高"回归"到所有人口的平均身高。这便是"回归"一词的由来。

（一）回归分析的概念

回归分析是指对具有相关关系的现象，根据其相关关系的具体形态，选择一个合适的数学模型，用来近似地表达变量间的平均变化关系的一种统计分析方法。

（二）回归分析与相关分析关系

相关分析和回归分析之间存在着密切的联系，相关分析是回归分析的基础与前提，回归分析是相关分析的深入及继续。它们之间存在着共同的研究对象，在现实应用中，又是相互补充的。相关分析需要依靠回归分析来表现变量之间的数量变化的相关程度，只有变量之间存在着高度的相关关系时，这时进行回归分析并且寻求现象之间相关的具体形式才有意义。在没有对变量进行相关分析之前就对变量进行回归分析，很有可能造成"虚假回归"。相关分析不能确定变量之间是否存在因果关系，也不能确定变量之间相关关系的具体形式，因此在具体分析时，只有将相关分析和回归分析结合起来，才能达到研究和分析的目的。

虽然回归分析与相关分析之间关系密切，但应当指出回归分析与相关分析之间在研究问题过程中存在着明显的区别。首先，在相关分析中，不必确定自变量和因变量；而在回归分析中，必须事先确定哪个为自变量，哪个为因变量，而且只能从自变量去推测因变量，而不能从因变量去推断自变量。其次，相关分析不能指出变量间相互关系的具体形式；而回归分析能确切指出变量之间相互关系的具体形式，它可根据回归模型从已知量估计和预测未知量。最后，相关分析所涉及的变量一般都是随机变量，而回归分析中因变量是随机的，自变量则作为研究时给定的非随机变量。

（三）回归分析的基本步骤

通过回归分析将客观现象所揭示的相关关系进行量化，并检验这些关系是否随着时间的推移仍保持稳定，以及对未来作出定量的预测，并对预测的精准性进行评估。因此，回归分析是研究客观现象较为重要的方法，回归分析的基本步骤如下：

第一步，确立研究和预测的目标，寻找影响因素；

第二步，收集并且整理因变量和自变量的观测样本数据；

第三步，建立回归模型并进行参数估计；

第四步，进行显著性检验，依据一组因变量、自变量的样本数据建立回归方程，一般只有回归方程通过 r 显著性检验、t 显著性检验和 F 显著性检验之后，才能说明回归方程具有实际意义；

第五步，进行分析和预测。

（四）回归分析的类型

按照自变量的多少分为一元回归分析和多元回归分析，一元回归分析是指在回归分析中，只包括一个自变量和一个因变量，并对这两个变量之间建立线性或非线性数学模型并利用样本数据进行分析的统计分析方法；多元回归分析是指在相关变量中将一个变量视为因变量，其他一个或多个变量视为自变量，建立多个变量之间线性或非线性数学模型并利用样本数据进行分析的统计分析方法。

按照自变量和因变量间因果关系的性质分为线性回归分析与非线性回归分析，线性回归是指参数为线性的一种回归，即对具有直线相关关系的现象配之以直线方程进行回归；非线性回归分析是指参数为非线性的一种回归，即回归函数关于未知回归系数具有非线性结构的回归。

三、一元线性回归分析

（一）标准的一元线性回归模型

1. 总体回归模型。在两个变量之间确实存在线性相关关系的情况下，为了进一步明确二者相关关系的具体数量规律，需要进行回归分析。只描述两个变量之间的线性相关关系的回归，称为简单回归分析或一元线性回归分析。

为了方便理解，我们具体举一个例子，在经济学中我们常用到的消费支出 Y 和可支配收入 X 之间的关系，可表达为：

$$Y = \beta_0 + \beta_1 X \tag{8.5}$$

其中，β_0 为自发性消费，这一部分是不受可支配收入影响的消费支出；β_1 为边际消费倾向，它表明可支配收入每增加一个单位时消费支出所增加的数量。该式表明可支配收入是决定消费支出的主要因素，而且它们之间的关系还是线性关系。但是在现实生活中，该式很难成立，因为不仅仅只有可支配收入影响消费支出，还有对未来收入的预期、国家经济发展水平、物价总水平等都会影响消费支出，因此在以上线性关系中加入影响消费的其他因素，式（8.5）变为：

$$Y = \beta_0 + \beta_1 X + \mu \tag{8.6}$$

于是将上述问题转化为模型，便有下式：

$$Y_i = \beta_0 + \beta_1 X_i + \varepsilon_i \quad (i = 1, 2, \cdots, n) \tag{8.7}$$

式（8.7）是一元线性回归模型，i 是第 i 次观测，Y_i 是被解释变量；X_i 被称为解释变量或者回归元；截距 β_0 和斜率 β_1 被称为总体回归模型的参数，也被称为总体回归模型的系数；ε_i 被称为随机扰动项，对于某一特定的观测 i，随机扰动项包含除 X 之外所有影响被解释变量 Y 变动的所有其他因素。

随机扰动项是模型遗漏而又一起影响 Y 的其他变量的替代因素，随机扰动项的内容是丰富的，产生的原因主要有以下几个方面：模型关系的不准确造成的误差，指模型的总体设定不能准确地反映所研究的问题，这样模型设定不准确所造成的误差将不可避免地进入随机扰动项中；忽略掉的影响因素造成的误差，例如影响商品需求量的因素除了商品的价格还有消费者的可支配收入，这些被忽略掉的影响因素也被涵盖到随机扰动项；变量观测值的计量误差以及随机误差，即使我们成功地将所有影响因素都引入回归模型中，也不免会出现一些"内在"的随机性，无论我们花多大的功夫都无法解释，因此随机扰动项能很好地反映这种随机性。

由于随机扰动项是无法直接观察到的，为了进行回归分析，我们需要对随机扰动项进行假定，主要包括：

假定1：随机扰动项 ε_i 的数学期望为零，即：

$$E(\varepsilon_i) = 0 \quad (i = 1, \cdots, n) \tag{8.8}$$

该假定是说模型中没有明显包含并因此归于 ε_i 之中的因素，对 Y 的均值都没有系统的影响，也就是说，正的 ε_i 值会抵消负的 ε_i 值，以至于它们对 Y 的平均影响为零。

假定2：各个扰动项之间无自相关，不同的扰动项之间是相互独立的，即：

$$Cov(\varepsilon_i, \varepsilon_j) = E(\varepsilon_i - E(\varepsilon_i))(\varepsilon_j - E(\varepsilon_j)) = 0 (i \neq j, i, j = 1, \cdots, n) \tag{8.9}$$

假定3：同方差性或 ε_i 的方差相等，即对所有的观测 i，ε_i 的方差都是相同的，且为一个常数。

$$Var(\varepsilon_i) = E(\varepsilon_i - E(\varepsilon_i))^2 = E(\varepsilon_i^2) = \sigma^2 \quad (i = 1, \cdots, n) \tag{8.10}$$

假定4：X 值是固定的或独立于误差项，即解释变量 X_i 与扰动项 ε_j 不相关。

$$Cov(X_i, \varepsilon_j) = 0 \quad (i \neq j, i, j = 1, \cdots, n) \tag{8.11}$$

假定5：正态性假定，即 ε_i 为服从期望为0、方差为 σ^2 的正态分布，可表示为：

$$\varepsilon_i \sim N(0, \sigma^2) \tag{8.12}$$

以上对随机扰动项分布的假定被称为高斯假定或者古典假定。满足以上古典假定的线性回归模型，也被称为古典线性回归模型。

2. 总体回归方程。由于 $E(\varepsilon_i)=0$，所以在给定 X 值条件下因变量 Y 的期望值为：

$$E(Y_i|X_i)=\beta_0+\beta_1 X_i \tag{8.13}$$

此时，式（8.13）被称为总体回归方程，Y 的期望值是 X 的线性函数，β_0 和 β_1 是未知的参数，称为回归系数。β_0 是总体回归直线在 Y 轴的截距，是当 $X=0$ 时，Y 的期望值；β_1 是总体回归直线的斜率，称为斜率系数，表示当 X 每变动一个单位时，Y 的平均变动值。

3. 样本回归方程。在现实生活中，由于总体回归参数 β_0 和 β_1 是未知的，也就是说，总体回归方程在事实上是未知的，需要我们通过样本的数据去估计总体回归函数。

用样本统计量 $\hat{\beta}_0$ 和 $\hat{\beta}_1$ 代替总体回归方程中的未知参数 β_0 和 β_1，就得到了样本回归方程：

$$\hat{Y}_i=\hat{\beta}_0+\hat{\beta}_1 X_i \tag{8.14}$$

4. 样本回归模型。同样地，我们可以写出样本回归模型：

$$Y_i=\hat{\beta}_0+\hat{\beta}_1 X_i+e_i \quad (i=1,2,\cdots,n) \tag{8.15}$$

其中，e_i 称为残差，在概念上，e_i 与随机扰动项 ε_i 相互对应；n 是样本容量。

这里特别需要强调的是，在构建线性回归模型时，要以总体回归方程描述的内容为理论基础，利用样本通过统计推断建立样本回归方程，然后借助样本回归模型，解释总体回归模型所描述的实际经济问题。

5. 样本回归模型与总体回归模型的区别。总体回归线是未知的，只有一条。样本回归线是根据样本数据拟合的，每抽取一组样本，便可以拟合一条样本回归线。总体回归模型中的 β_0 和 β_1 是未知的参数，表现为常数，而样本回归模型中的 $\hat{\beta}_0$ 和 $\hat{\beta}_1$ 是随机变量，其具体数值随所抽取的样本观测值不同而变化。总体回归模型中的 ε_i 是 Y_i 与未知的总体回归线之间的纵向距离，它是不可直接观测的；而样本回归模型中的 e_i 是 Y_i 与样本回归线之间的纵向距离，当根据样本观测值拟合出样本回归线之后，可以计算出具体数值。

（二）参数的最小二乘估计

普通最小二乘法是由德国数学家约翰·卡尔·费里德里希·高斯（Gauss）提出的，在一定的条件下，最小二乘法有一些非常具有吸引力的统计性质，从而使之成为回归分析中最有效和最为流行的方法之一，为了说明这个方法，我们先解释最小二乘法的原理。

上面提到过总体回归模型为：

$$Y_i=\beta_0+\beta_1 X_i+\varepsilon_i \quad (i=1,2,\cdots,n)$$

正如前文所提那样，这个总体回归模型是无法直接观测的，于是需要样本回归模型去进行估计：

$$Y_i = \hat{\beta}_0 + \hat{\beta}_1 X_i + e_i \quad (i = 1, 2, \cdots, n) \tag{8.16}$$

于是有：

$$Y_i = \hat{Y}_i + e_i \tag{8.17}$$

进一步变形为：

$$e_i = Y_i - \hat{Y}_i \tag{8.18}$$

式（8.18）表明：e_i 是 Y 的实际值与估计值之差。

对于给定的 X 和 Y 的 n 对观测值，我们希望样本回归方程尽可能地靠近总体回归方程，于是可以使残差尽可能小，也即 $\sum e_i = \sum (Y_i - \hat{Y}_i)$ 最小，如图8.6所示。

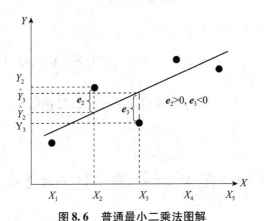

图8.6　普通最小二乘法图解

由于 e_i 有正有负，简单的代数和会相互抵消，所以为了方便处理，通常用残差平方和 $\sum e_i^2$ 去作为衡量总偏差的尺度，通过使残差平方和为最小去估计回归系数。设：

$$Q = \sum e_i^2 = \sum (Y_i - \hat{Y}_i)^2$$
$$= \sum (Y_i - \hat{\beta}_0 - \hat{\beta}_1 X_i)^2 \tag{8.19}$$

根据微积分中的极值原理，要使 Q 最小，使得 Q 对 $\hat{\beta}_0$ 和 $\hat{\beta}_1$ 的偏导数为 0，可得：

$$-2 \sum (Y_i - \hat{\beta}_0 - \hat{\beta}_1 X_i) = 0 \tag{8.20}$$

$$-2 \sum X_i (Y_i - \hat{\beta}_0 - \hat{\beta}_1 X_i) = 0 \tag{8.21}$$

整理之后可得到正规方程组：

$$\sum Y_i = n \hat{\beta}_0 + \hat{\beta}_1 \sum X_i \tag{8.22}$$

$$\sum X_i Y_i = \hat{\beta}_0 \sum X_i + \hat{\beta}_1 \sum X_i^2 \tag{8.23}$$

则可以解得：

$$\hat{\beta}_0 = \frac{\sum Y_i}{n} - \hat{\beta}_1 \frac{\sum X_i}{n} \qquad (8.24)$$

$$\hat{\beta}_1 = \frac{n \sum X_i Y_i - \sum X_i \sum Y_i}{n \sum X_i^2 - \left(\sum X_i\right)^2} \qquad (8.25)$$

式（8.24）、式（8.25）分别为估计总体回归系数 β_0 和 β_1 的公式。

若令 $x_i = X_i - \overline{X}$ 和 $y_i = Y_i - \overline{Y}$，x_i 和 y_i 分别是 X_i 和 Y_i 的离差形式，因此式（8.24）和式（8.25）可用离差形式表示为：

$$\hat{\beta}_1 = \frac{\sum (X_i - \overline{X})(Y_i - \overline{Y})}{\sum (X_i - \overline{X})^2} = \frac{\sum x_i y_i}{\sum x_i^2} \qquad (8.26)$$

$$\hat{\beta}_0 = \overline{Y} - \hat{\beta}_1 \overline{X} \qquad (8.27)$$

（三）OLS 估计量的统计特性

可以证明的是，在古典假定完全满足的情况下，回归模型参数的最小二乘法估计量具有以下统计性质：

1. 线性。即估计量 β_0 和 β_1 为随机变量 y_i 的线性函数。

证明：因为 $\hat{\beta}_1 = \dfrac{\sum x_i y_i}{\sum x_i^2} = \dfrac{\sum x_i Y_i}{\sum x_i^2} = \sum \dfrac{x_i}{\sum x_i^2} Y_i$，若令 $\dfrac{x_i}{\sum x_i^2} = k_i$，在重复抽样中，$X_i$ 是一组固定的值，k_i 是一组常数，且 k_i 具有 $\sum k_i = 0$、$\sum k_i X_i = 1$ 的性质，则有：

$$\hat{\beta}_1 = \sum k_i Y_i \qquad (8.28)$$

从式（8.28）可以看出，$\hat{\beta}_1$ 是 Y_i 的线性函数。类似地：

$$\begin{aligned}
\hat{\beta}_0 &= \overline{Y} - \hat{\beta}_1 \overline{X} \\
&= \overline{Y} - \overline{X} \sum k_i Y_i \\
&= \sum \left(\frac{1}{n} - \overline{X} k_i\right) Y_i
\end{aligned} \qquad (8.29)$$

其中，n、$\overline{X}$、k_i 均为固定的常数，因此，$\hat{\beta}_0$ 也是 Y_i 的线性函数。

2. 无偏性。

$$\begin{aligned}
\hat{\beta}_1 &= \sum k_i Y_i \\
&= \sum k_i (\beta_0 + \beta_1 X_i + \varepsilon_i) \\
&= \beta_0 \sum k_i + \beta_1 \sum k_i X_i + \sum k_i \varepsilon_i \\
&= \beta_1 + \sum k_i \varepsilon_i
\end{aligned} \qquad (8.30)$$

因而有：

$$E(\hat{\beta}_1) = \beta_1 + \sum k_i E(\varepsilon_i) \qquad (8.31)$$

又因为 $E(\varepsilon_i) = 0$，所以有：

$$E(\hat{\beta}_1) = \beta_1 \tag{8.32}$$

类似地：

$$E(\hat{\beta}_0) = E(\overline{Y}) - \overline{X}E(\hat{\beta}_1) \tag{8.33}$$
$$= (\beta_0 + \beta_1 \overline{X}) - \overline{X}\beta_1$$

则：

$$E(\hat{\beta}_0) = \beta_0 \tag{8.34}$$

式（8.32）和式（8.34）表明普通最小二乘法估计的参数 $\hat{\beta}_0$ 和 $\hat{\beta}_1$ 分别是 β_0 和 β_1 的无偏估计，也就是说，若用反复更换的数据去求 β_0 和 β_1 的估计值，那这两个估计量不会有高估或者低估系统的趋势，它们的平均值将趋于 β_0 和 β_1。

3. 有效性。为了说明 *OLS* 估计式的方差特性，先推出 $\hat{\beta}_0$ 和 $\hat{\beta}_1$ 的方差公式：

$$Var(\hat{\beta}_1) = E\left[\hat{\beta}_1 - E(\hat{\beta}_1)\right]^2$$
$$= E(\hat{\beta}_1 - \beta_1)^2$$
$$= E\left(\sum k_i \varepsilon_i\right)^2$$
$$= E(k_1^2 \varepsilon_1^2 + k_2^2 \varepsilon_2^2 + \cdots + k_n^2 \varepsilon_n^2 + 2k_1 k_2 \varepsilon_1 \varepsilon_2 + \cdots + 2k_{n-1} k_n \varepsilon_{n-1} \varepsilon_n)$$

根据上面提到的假设，对于每一个 i 都有 $E(\varepsilon_i^2) = \sigma^2$，并且 $E(\varepsilon_i \varepsilon_j) = 0 (i \neq j)$，因此有：

$$Var(\hat{\beta}_1) = \sigma^2 \sum k_i^2$$
$$= \frac{\sigma^2}{\sum x_i^2} \tag{8.35}$$

类似地，可推出：

$$Var(\hat{\beta}_1) = \sigma^2 \frac{\sum X_i^2}{n \sum x_i^2} \tag{8.36}$$

可以证明，在总体回归函数参数 β_0 和 β_1 的所有无偏估计量中，普通最小二乘法所估计出来的 $\hat{\beta}_0$ 和 $\hat{\beta}_1$ 具有最小方差。

由以上的分析可以看出，在满足经典假设的情况下，*OLS* 估计量是 *BLUE*。这就是著名的高斯－马尔科夫定理的精髓，可被叙述为：在满足经典假定的情况下，$\hat{\beta}_0$ 和 $\hat{\beta}_1$ 是总体参数 β_0 和 β_1 的最佳线性无偏估计量。

（四）线性模型的检验

在估计完线性回归模型之后，我们需要知道该回归线拟合数据的效果如何。观测值是紧密地聚集在回归线周围还是很分散呢？这时就需要对模型进行检验，模型的检验主要从两方面进行：一方面是从描述统计的角度进行分析即拟合优度，另一方面是从推断统计角度分析即假设检验。

1. 估计标准误差。由于 $\hat{\beta_0}$ 和 $\hat{\beta_1}$ 的数值依赖于样本数据，而样本数据会随着样本的变化而变化，因此就需要有关于估计量的精度的某种度量。在统计学中，一个估计量的精度由它的标准误来衡量。估计标准误是实际观察值与回归估计值离差平方和的均方根，反映的是实际观察值在回归直线周围的分散状况。这也从另一个角度说明了回归直线的拟合程度。其计算公式为：

$$S_E = \sqrt{\frac{\sum_{i=1}^{n}(Y_I - \hat{Y_I})^2}{n-2}} \tag{8.37}$$

2. 拟合优度。还有一种方法去度量观测值是否紧密地围绕在回归线周围，那就是拟合程度，判断拟合程度的优劣最常用的尺度就是 R^2，可决系数 R^2 是指可以由 X_i 解释 Y_i 样本方差的比例。它建立在总离差平方和进行分解的基础上。

因变量的实际观测值 Y_i 与样本均值的总离差 $(Y_i - \overline{Y})$，它可以分解成 Y_i 的预测值 $\hat{Y_i}$ 与其均值的离差 $(\hat{Y_i} - \overline{Y})$，以及实际观测值 Y_i 与其预测值 $\hat{Y_i}$ 的离差 $(Y_i - \hat{Y_i})$，于是就有：

$$(Y_i - \overline{Y}) = (\hat{Y_i} - \overline{Y}) + (Y_i - \hat{Y_i}) \tag{8.38}$$

两边取平方并求和：

$$\sum(Y_i - \overline{Y})^2 = \sum(\hat{Y_i} - \overline{Y})^2 + \sum(Y_i - \hat{Y_i})^2 + 2(\hat{Y_i} - \overline{Y})(Y_i - \hat{Y_i}) \tag{8.39}$$

又由式（8.20）可知：

$$(\hat{Y_i} - \overline{Y})(Y_i - \hat{Y_i}) = 0$$

因此，式（8.39）变为：

$$\sum(Y_i - \overline{Y})^2 = \sum(\hat{Y_i} - \overline{Y})^2 + \sum(Y_i - \hat{Y_i})^2 \tag{8.40}$$

称 $\sum(Y_i - \overline{Y})^2$ 为总离差平方和即 TSS，$\sum(\hat{Y_i} - \overline{Y})^2$ 为回归平方和即 RSS，这部分可以看成由回归直线解释的部分的离差平方和；$\sum(Y_i - \hat{Y_i})^2$ 为残差平方和即 RSS，这部分是不能够由回归直线所解释的离差平方和。因而有：

$$TSS = RSS + ESS \tag{8.41}$$

两边同除以 TSS，即：

$$1 = \frac{RSS}{TSS} + \frac{ESS}{TSS} \tag{8.42}$$

R^2 被定义为回归平方和与总离差平方和之比，即：

$$R^2 = \frac{RSS}{TSS}$$
$$= 1 - \frac{ESS}{TSS} \tag{8.43}$$

可决系数越大，表示模型的拟合程度越高；可决系数越小，则模型对样本的拟合程度就越低。可决系数的取值范围为 $[0,1]$，当可决系数为 0 的时候则表明 X_i 不能解释 Y_i 的任何变化；相反，如果 X_i 可以解释 Y_i 的所有变化，则可决系数取值为 1。

3. 假设检验。在一元线性回归模型中，因为只有一个解释变量 X_i，所以对 $\beta_1 = 0$ 的检验就相当于是对整个方程显著性检验。回归系数的显著性检验是根据样本估计的结果对总体回归系数的有关假设检验。

明确参数估计量的分布特性，根据线性模型回归模型的经典假设，随机扰动项 ε 服从正态分布，即：

$$\varepsilon \sim N(0,\sigma^2) \tag{8.44}$$

根据高斯－马尔科夫定理，$\hat{\beta}_1$ 服从正态分布：

$$\hat{\beta}_1 \sim N\left(\beta_1, \sigma^2 \frac{1}{\sum (x_i)^2}\right) \tag{8.45}$$

下面介绍回归系数显著性检验的基本步骤：

第一步，检验假设 $H_0: \beta_1 = 0$，$H_1: \beta_1 \neq 0$。其中，H_0 为原假设，H_1 为备择假设，并且设原假设 $H_0: \beta_1 = 0$ 成立。

第二步，构造统计量：

$$T = \frac{\hat{\beta}_1 - \beta_1}{s(\hat{\beta}_1)} = \frac{\hat{\beta}_1}{s(\hat{\beta}_1)}$$
$$= \frac{\hat{\beta}_1}{\sigma / \sqrt{\sum (x_i)^2}} \sim t(n-2) \tag{8.46}$$

第三步，查表找 $T_\alpha(n-2)$，使得 $P\{|T| > T_\alpha(n-2)\} = \alpha$。

第四步，判断：当 $|T| \leq T_\alpha(n-2)$ 时，不能拒绝原假设 $H_0: \beta_1 = 0$；当 $|T| > T_\alpha(n-2)$ 时，拒绝原假设 $H_0: \beta_1 = 0$，接受备择假设。

（五）线性模型的预测

建立回归模型的目的是应用于实际，若所拟合的回归模型经过检验之后，并且有较好的拟合程度，同时也有它本身的经济意义，这时我们就可以将模型用于预测。

针对线性回归模型 $Y_i = \beta_0 + \beta_1 X_i + \varepsilon_i$，对给定的解释变量 X_0，$\hat{\beta}_0$ 和 $\hat{\beta}_1$ 为已经估计出的样本回归系数，那么，$\hat{Y}_0 = \hat{\beta}_0 + \hat{\beta}_1 X_0$。用估计值 $\hat{Y}_0$ 是作为 $E(Y_0)$ 和 Y_0 的单值预测。

例8.5： 下面一组数据是 1978~2020 年的人均国内生产总值与人均居民消费的数据（见表8.6），考察中国人均国内生产总值与人均居民消费之间的关系。

表 8.6   **1978～2020 年中国人均国内生产总值和消费支出情况**

年份	人均居民消费（元）	人均国内生产总值（元）	年份	人均居民消费（元）	人均国内生产总值（元）
1978	151	358	2000	2 914	7 942
1979	170	423	2001	3 138.8	8 717
1980	210.7	468	2002	3 547.7	9 506
1981	244.4	497	2003	3 888.6	10 666
1982	273.2	533	2004	4 395.3	12 487
1983	304	588	2005	5 035.4	14 368
1984	339.5	702	2006	5 634.4	16 738
1985	401.8	866	2007	6 591.9	20 494
1986	465.3	973	2008	7 547.7	24 100
1987	521.4	1 123	2009	8 376.6	26 180
1988	638.6	1 378	2010	9 378.3	30 808
1989	712.4	1 536	2011	10 819.6	36 277
1990	768	1 663	2012	12 053.7	39 771
1991	844.5	1 912	2013	13 220.4	43 497
1992	937.1	2 334	2014	14 491.4	46 912
1993	1 145	3 027	2015	15 712.4	49 922
1994	1 539.8	4 081	2016	17 110.7	53 783
1995	1 957.1	5 091	2017	18 322.1	59 592
1996	2 287.6	5 898	2018	19 853.1	65 534
1997	2 436.8	6 481	2019	21 558.9	70 078
1998	2 516.2	6 860	2020	21 209.9	72 000
1999	2 657.9	7 229			

资料来源：《中国统计年鉴》。

    解：

（1）建立模型。将人均居民消费记为 *CONSP*，人均国内生产总值记为 *GDPP*，截距记为 *C*，斜率记为 β。

于是拟建立如下一元线性回归模型：

$$CONSP = C + \beta GDPP + \varepsilon$$

采用 R 软件进行回归分析的结果：

```
Call:
lm(formula = y ~ x)
Coefficients:
        (Intercept)                                    x
          318.1072                                 0.3008
```

（2）模型检验。对模型做 t 检验，用 R 软件运行结果如下：

```
Call:
lm(formula = y ~ x)
Residuals:
Min          1Q          Median       3Q          Max
-766.55      -185.91      -48.76       176.21      614.11
Coefficients:
             Estimate     Std.Error    t value      Pr(> |t|)
(Intercept)  318.1        51.84        6.136        0.000 ***

x            0.3008       0.001838     163.617      0.000 ***

Signif.codes: 0 '***' 0.001 '**' 0.01 '*' 0.05 '.' 0.1 ' ' 1
Residual standard error: 261.8 on 41 degrees of freedom
Multiple R - squared: 0.9985,  Adjusted R - squared:  0.9984
F - statistic: 2.677e + 04 on 1 and 41 DF,  p - value: < 2.2e - 16
```

通过对上面输出结果的观察，可以写出如下回归分析结果：

$$\hat{CONSP} = 318.1072 + 0.3008GDPP$$
$$(6.136) \qquad (163.617)$$
$$R^2 = 0.9985$$

由于 $t = 6.136$、$P = 0$，因此在 5% 的显著性水平下拒绝 H_0，表明回归系数是显著的。

（3）预测。

2021 年的 $GDPP = 80\,976$（元）　　$CONSP = 24\,100$（元）

点估计：
$$CONSP = 318.1072 + 0.3008 \times 80\,967$$
$$= 24\,672.9 \text{（元）}$$

2021 年观测的 $CONSP = 24\,100$（元），相对误差为 2.3%。

附录：软件操作（R 语言）

案例 8.1：已知 12 家同类企业的生产性固定资产和工业总产值的资料如附表 8.1 所示。

附表 8.1　　　　　　　企业生产性固定资产和工业总产值

序号	生产性固定资产（万元）（X）	工业总产值（万元）（Y）
1	320	530
2	900	1 020
3	240	660

序号	生产性固定资产（万元）（X）	工业总产值（万元）（Y）
4	410	830
5	500	930
6	330	640
7	1 200	1 550
8	1 010	1 319
9	1 224	1 643
10	450	800
11	480	870
12	722	850

要求：使用该数据建立直线回归方程。

```
1.输入数据．
  >x=c(320,900,240,410,500,330,1200,1010,1224,450,480,722)
  >y=c(530,1020,660,830,930,640,1550,1319,1643,800,870,850)
```

在输入完数据之后，先对数据进行探索性分析。

```
2.画散点图．
  >plot(x,y)#画散点图
  >abline(fit)#添加回归趋势线,如附图8.1所示
```

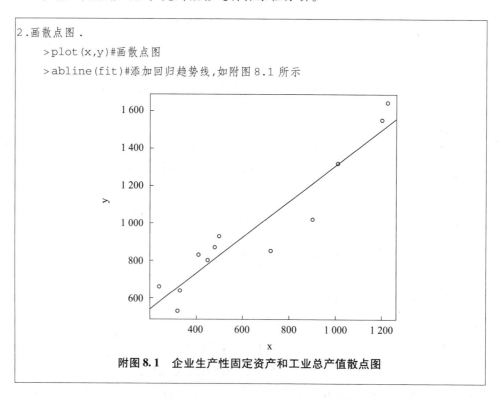

附图8.1　企业生产性固定资产和工业总产值散点图

通过附图8.1可以看出，企业生产性固定资产和工业总产值有着明显的线性关系。

3.对数据进行回归分析.

```
> fit < - lm(y~x)#将回归结果保存在 fit 对象里
> print(fit)
Call:
lm(formula = y ~ x)
Coefficients:
(Intercept)                        x
347.30                             0.96
```

通过对上面的输出结果的观察，可知 $\hat{\beta}_0$ 和 $\hat{\beta}_1$ 的 *OLS* 的估计结果分别是 347.30 和 0.96。

4.回归方程的方差分析.

```
> anova(fit)
Analysis of Variance Table
Response: y
```

	Df	Sum Sq	Mean Sq	F value	Pr(>F)
x	1	1251140	1251140	92.274	0.000 ***
Residuals	10	135590	13559		

Signif. codes: 0 '***'0.001 '**'0.01 '*'0.05 '.'0.1 ''

通过观察上面的结果，可以看出模型的 F 值为 92.274，P 值为 0，说明该模型在整体上是显著的。

5.回归方程的 t 检验.

```
> summary(fit)
Call:
lm(formula = y ~ x)
Residuals:
```

Min	1Q	Median	3Q	Max
-191.28	-49.20	35.72	84.00	120.69

	Estimate	Std.Error	t value	Pr(>|t|)
(Intercept)	347.30272	73.03661	4.755	0.000 ***
x	0.95998	0.09994	9.606	0.000 ***

Signif.codes: 0 '***'0.001 '**'0.01 '*'0.05 '.'0.1 ''1
Residual standard error: 116.4 on 10 degrees of freedom
Multiple R - squared: 0.9022, Adjusted R - squared: 0.8924
F - statistic: 92.27 on 1 and 10 DF, p - value: 2.295e - 06

通过对上面输出的结果可以知道，模型的可决系数 R - squared = 0.9022，可以知道该模型的解释能力是很强的。变量 x 的 t 值为 9.606，p 值为 0，系数是显著的。常数项的系数标准误是 73.03661，t 值为 4.755，p 值为 0.000774，系数是显著的。

案例 8.2： 某种产品的销售量（sales）与广告投放（ad），如附表 8.2 所示。

附表8.2			某产品销售量和广告投放数据		单位：万元
编号	销售量（y）	广告投放（x）	编号	销售量（y）	广告投放（x）
1	0.80	680	15	0.65	560
2	0.45	340	16	4.3	1 212
3	0.56	1 002	17	0.31	290
4	0.79	660	18	3.82	1 240
5	2.60	1 005	19	2.64	1 160
6	3.65	1 150	20	1.7	960
7	4.45	2 050	21	0.51	420
8	0.16	360	22	7.58	1 430
9	1.57	880	23	3.64	1 220
10	0.65	421	24	0.53	550
11	3.95	1 310	25	4.89	1 770
12	5.12	1 500	26	3.48	1 190
13	0.95	800	27	4.99	1 700
14	4.20	1 330			

要求：使用该数据建立直线回归方程。

```
1.输入数据.
  > z = read_ excel("D:/data/bdata.xlsx")
  > z
  # A tibble: 27 x 3
  code           sales              ad
  <dbl >         <dbl >             <dbl >
  1              0.8                680
  2              0.45               340
  3              0.56               1002
  4              0.79               660
  5              2.6                1005
```

随后对数据进行描述性统计。

```
2.对数据进行描述性统计.
  > y = z $ sale
  > y < - z $ sale
  > x < - z $ ad
  > d < - data.frame(y,x)
  > summary(d)
```

可以得出以下结果。

```
              y                                x
       Min.:0.160                      Min.: 290
       1st Qu.:0.650                    1st Qu.: 610
       Median:2.600                    Median:1005
       Mean:2.553                      Mean:1007
       3rd Qu.:4.075                    3rd Qu.:1275
       Max.:7.580                      Max.:2050
```

具体而言，x 的最小值为 290，最大值为 2 050，第一个四分位数（25%）是 610，第三个四分位数（75%）是 1 275；y 的最小值为 0.160，最大值为 7.580，第一个四分位数（25%）是 0.650，第三个四分位数（75%）是 4.075。

3.对数据进行相关性分析.
```
> cor(y,x)
[1] 0.8713146
```

这时我们知道 x 和 y 的相关性系数为 0.8713146，两个变量之间高度相关。于是我们对数据进行回归分析。

4.对数据进行回归分析.
```
> tt < - lm(y ~ 1 + x)
> summary(tt)
```

可得出以下结果：

```
Call:
lm(formula = y ~ 1 + x)
Residuals:
Min            1Q         Median       3Q          Max
-1.9781        -0.4897     0.0542       0.3880      3.4553
Coefficients:
             Estimate    Std.Error    t value     Pr(> |t |)
(Intercept)  -1.1879720  0.4635638    -2.563      0.0168 *
x            0.0037152   0.0004185    8.878       3.35e-09 ***
Signif.codes: 0'***'0.001'**'0.01 '*'0.05 '.'0.1 ''1
Residual standard error:1.003 on 25 degrees of freedom
Multiple R-squared: 0.7592,  Adjusted R-squared: 0.7496
F-statistic:78.82 on 1 and 25 DF,  p-value:3.345e-09
```

通过观察上面的结果，可以看出模型的 F 值 =78.82，P 值为 0，说明该模型整体上是非常显著的。模型的可决系数 R-squared = 0.759 2，说明模型的解释能力较强。

R 软件可以用函数 confint()求参数的置信区间。

```
5.求参数的置信区间.
   > confint(tt,level = 0.95)
                          2.5%                    97.5%
   (Intercept)    -2.142699532           -0.233244469
   x               0.002853294            0.004577029
```

观察结果可以知道，$\hat{\beta_0}$ 和 $\hat{\beta_1}$ 的置信区间分别为（-2.1427，-0.2332）和（0.0029，0.0046）。

如果想求 x 等于 1 360 时相应的置信水平为 0.95 的预测值和预测区间，可以用 predict()函数求预测值和预测区间。

```
6.预测分析.
   > point < - data.frame(x = 1 360)
   > tt.pred < - predict(tt,point,interval = "prediction",level = 0.95)
   > tt.pred
   fit                    lwr                     upr
   13.864648              1.738133                5.991162
```

练 习 题

一、单项选择题

1. 相关系数的取值范围为（　　　）。

   A. $-1 \leqslant r \leqslant 1$ B. $0 \leqslant r \leqslant 1$

   C. $1 \leqslant r < \infty$ D. $-\infty < r \leqslant -1$

2. 相关关系中，用于判断两个变量之间相关关系类型的图形是（　　　）。

   A. 条形图   B. 散点图

   C. 直方图   D. 次数分布多边图

3. 若变量 X 和变量 Y 之间的相关系数为 -0.9，说明这两个变量之间（　　　）。

   A. 完全线性相关   B. 高度相关

   C. 显著相关   D. 低度相关

4. 年劳动生产率 x（千元）和员工工资 y（元）之间的回归方程为 $y = 10 + 50x$。这意味着年劳动生产率每提高 1 000 元时，员工工资平均（　　　）。

   A. 增加 50 元   B. 减少 50 元

C. 增加 60 元　　　　　　　　　D. 减少 60 元

二、多项选择题

1. 变量之间的关系按照变量多少可以划分为 （　　）。

A. 正相关　　　　　　　　　　　B. 简单相关

C. 复相关　　　　　　　　　　　D. 偏相关

2. 随机扰动项产生的原因有 （　　）。

A. 忽略掉的影响因素造成的误差　　B. 模型关系不准确造成的误差

C. 随机误差　　　　　　　　　　D. 变量观测值的计量误差

3. 下列属于随机扰动项的经典假设条件的有 （　　）。

A. 随机扰动项 ε_i 的数学期望为零

B. 不同的扰动项之间不是相互独立的

C. 解释变量 X_i 与扰动项 ε_i 不相关

D. ε_i 为服从正态分布的随机变量

三、名称解释题

1. 回归分析

2. 相关分析

3. 简单相关系数

4. 估计标准误差

四、简答题

1. 相关系数检验步骤。

2. 样本回归模型与总体回归模型区别。

3. 对随机扰动项的经典假设。

4. 说明最小二乘法的原理。

五、计算题

8 个企业生产同种产品，产品产量与生产费用之间的关系如表 8.7 所示。

表 8.7

序列	产品产量（千吨）(x)	生产费用（万元）(y)
1	1.5	65
2	2	80
3	3.1	86
4	3.7	92
5	4.5	95
6	5.2	102
7	6.1	103
8	7.2	110

（1）计算产品产量与生产费用之间的相关系数；

（2）进行相关系数的检验，$\alpha = 0.05$；

（3）计算一元线性回归方程。

六、论述题
1. 回归分析的基本步骤。
2. 相关关系的种类。

统计思想的总结

任何事物间都不是孤立的，而是相互联系的。所有事物之间的相互联系，都可以通过数量关系反映出来。现象之间的相互联系可以分为两种类型：一类是函数关系，另一类是相关关系。统计中的相关指的是社会经济现象中的不确定性关系，而并非数学中的确定性函数关系；虽然不确定性是相关关系区别于函数关系的主要特征，但这种不确定性并非随意变化、杂乱无章的，而是有规律可探寻的。如果说不确定性是分析相关关系的前提条件的话，那么规律性就是研究相关关系的必要条件。研究相关关系的方法主要有两类：一类是相关分析，另一类是回归分析。两者既相互联系，又各有分工：相关分析偏向于相关方向、相关形式、相关程度的分析；回归分析则侧重于因果关系和相关关系具体表达式的研究。相关关系是对总体或样本中大多数观察值之间关系数量特征的描述，为准确测度相关关系的结果，需要关注异常值和断点对分析结果产生的影响。社会经济现象之间的联系是普遍存在的，真实的相关在大多数情况下被给予关注，而相关关系的真实性取决于实质性学科相关理论对其的支持和解释。虽然随着社会经济现象研究的复杂化和研究需求层次的不断提高，回归模型由古典线性回归模型演变到了非线性回归、面板模型、分位数回归、似不相关回归、门限回归、空间计量模型等，回归估计方法由 OLS 发展到了 GMM、TSLS、MLE、FGLS、非参数与半参数估计等，回归分析数据由截面数据、时间序列数据变化到了面板数据、高频数据、高维数据等，但其本质都是回归，都是研究自变量的变动对因变量的影响，并试图给出自变量对因变量作用的具体数量表达式。因此，只要研究现象或变量之间相关关系的问题，都可以通过相关或回归分析方法进行解决，只不过这里提到的相关或回归均是广义的概念。

第九章 时间序列分析

【问题提出】

中国 GDP 何时达到和超过美国

自 2010 年以来, 我国就已经超过日本成为世界第二大经济体。我国国内生产总值 (GDP) 虽然总量排名世界第二, 但因为人口基数大, 所以此前人均 GDP 一直低于全球平均水平。

2021 年, 中国人均 GDP 首次超过世界人均水平, 突破 8 万元。这代表着中国人已经摆脱了低收入水平, 正朝着下一个收入目标迈进。中国 2021 年 GDP 总量达 114.4 万亿元, 合 17.7 万亿美元, 较去年增长了 8.1%, 这也是十年来 GDP 的最高增长速度。作为世界第一大经济体的美国去年的表现也颇为优异, 2021 年, 美国 GDP 总量达 23 万亿美元, 较去年增长了 5.7%, 是近 30 年来最高增长速度。不过, 美国去年通货膨胀也是比较严重的, 所以一定程度上也增加了美国的 GDP。从 2021 年的数据来看, 中国 GDP 已经占到了美国 GDP 的 77%, 这也是世界上第一次经济体第二的国家 GDP 占比超过美国 GDP 的 77%。苏联和曾经的日本都未曾达到这个数据。

日本经济研究中心发布了亚太 15 个国家和地区截至 2035 年的经济增长预期。预测值显示, 中国的名义国内生产总值 (GDP) 有可能在 2028 年超过美国。由于各国经济从新冠肺炎疫情中复苏的速度不同, 原本预测最早要到 2036 年以后才会出现的美中逆转现象可能会大幅提前。

对 GDP 进行预测具有重大的经济和现实意义。而对时间数列数据可用于短期、中期和长期预测。根据对资料分析方法的不同, 又可分为简单序时平均数法、加权序时平均数法、移动平均法、加权移动平均法、趋势预测法、指数平滑法、季节性趋势预测法等。因此, 本章对时间数列常用分析方法以及时间数列的预测方法进行讨论。

第一节 时间数列概述

一、时间数列的概念

时间数列是反映现象发展水平的统计指标数值, 按照时间先后顺序排列起来所形成的统计序列，又称动态序列。

时间数列是由两个要素构成：一是现象所属的时间；二是反映现象发展水平的指标数值。如表 9.1 所示，该时间数列是由时间 t（年份），指标国内生产总值和年末就业人数构成。

表 9.1 　　　　　　　　　1997 ~ 2020 年中国相关指标时间数列

年份	国内生产总值（亿元）	年末就业人数（万人）	年份	国内生产总值（亿元）	年末就业人数（万人）
1997	78 802.9	69 820	2009	347 934.9	75 828
1998	83 817.6	70 637	2010	410 354.1	76 105
1999	89 366.5	71 394	2011	483 392.8	76 196
2000	99 066.1	72 085	2012	537 329.0	76 254
2001	109 276.2	72 797	2013	588 141.2	76 301
2002	120 480.4	73 280	2014	644 380.2	76 349
2003	136 576.3	73 736	2015	685 571.2	76 320
2004	161 415.4	74 264	2016	742 694.1	76 245
2005	185 998.9	74 647	2017	830 945.7	76 058
2006	219 028.5	74 978	2018	915 243.5	75 782
2007	27 074.0	75 321	2019	983 751.2	75 447
2008	321 229.5	75 564	2020	1 008 782.5	75 064

资料来源：《中国统计年鉴》。

二、时间数列的种类

按时间数列中所排列指标的表现形式不同可分为三大类，分别是绝对数时间数列、相对数时间数列以及平均数时间数列。其中，绝对数时间数列又称为总量指标时间数列。

（一）绝对数时间数列

绝对数时间数列是指在不同时间段上，同一现象的绝对观察值按时间先后顺序排列而形成的数列。按其观察值表现的时间不同，绝对数时间数列又可分为时期数列和时点数列。

1. 时期数列。时期数列是反映一段时期内社会经济现象发展的总量或总和的绝对数所组成的时间数列。在表 9.1 中，我国 1997 ~ 2020 年国内生产总值就是时期数列。时期数列具有以下特点。

（1）在时期数列中，各指标值可以相加。相加后的时期数列表示现象在更长一段时期内发展过程的总量。在表 9.1 中，将我国 2016 ~ 2020 年国内生产总值相加，表明在"十三五"规划时期，我国创造的增加值为 4 481 417 亿元。

（2）时期数列中各期指标值的大小与所属时期长短有直接关系。一般时期越长，指标值越大。在表 9.1 中，国内生产总值按照年度统计，时期是一年。时期主要根据研究目的而定，也可以是一日、一旬、一季或更长时期。

（3）时期数列中每个指标的数值，通常是通过连续不断登记取得的。

2. 时点数列。时点数列是反映一时点上社会经济现象所处的水平的绝对数所组成的时间数列，在表 9.1 中，我国 1997~2020 年全国年末就业人口数就是一个时点数列。时点数列的特点是：

（1）在时点数列中，各指标值不能相加，由于时点数列的各期指标表明某一时点上瞬间现象的数量，若将其相加没有实际意义。

（2）时点数列中各期指标值的大小与所属时期长短没有直接关系。由于时点数列各个观察值是表明现象某一时点上的数量，它的变化与现象本身的影响因素有关，而与时间无关。因此，它的观察值大小与时间间隔没有直接关系。

（3）时点数列中每个指标的数值，通常是通过一定时期登记一次而取得的。

（二）相对数时间数列

相对数时间数列是同一现象的相对指标按时间顺序排列起来而组成的时间数列，反映现象对比关系的发展变化情况，说明社会经济现象的比例关系、结构、速度的发展变化情况。在相对数时间数列中，各个指标值不能相加。

（三）平均数时间数列

平均数时间数列是同一现象在不同时期内的平均水平按时间顺序排列所组成的时间数列。例如：将不同时间的平均受教育年限按时间顺序排列得到的平均数时间数列；平均数时间数列的各指标值也不能相加。

三、编制时间数列的基本原则

时间数列是动态分析的数据，编制时间数列的目的就是通过对序列中的各个指标值进行分析，研究社会经济现象的发展变化过程、发展速度及发展趋势和发展规律。因此，编制时间数列的基本原则就是为保证时间序列中各个不同时间上的统计指标具有可比性。所谓可比性，就是保证所属时间、总体范围、计算口径、各指标内容等方面的可比。

（一）各期指标数值所属时间可比

对于时期数列的指标数值大小会因时间的长短而发展变化。因此，要求保证各指标值的时期前后必须一致，有利于对比分析。若各指标值的时期前后不一致，不仅影响数列中各指标值的对比，而且还会掩盖现象发展变化的规律；对于时点数列，各指标数值反映的是现象在某一时点上所达到的水平，不涉及指标所属时间长短的问题。但是为了对比分析，各指标值的时间间隔应尽可能一致。

如表 9.2 所示，社会总产值、工业总产值是时期数列，但时间间隔不一致，因此，不能对比。而工业总产值比重属于时点数列，因此，可以进行对比。

表 9.2 我国不同时期总产值

指标	1982～1987 年	1988～1992 年	1993～1995 年	1996～2006 年	2007～2016 年
社会总产值（亿元）	8 283.4	11 448.2	6 698	47 210.7	103 902.5
工业总产值（亿元）	3 404.5	6 903.3	3 878.1	29 553.9	83 849.3
工业总产值比重（%）	41.1	60.3	57.9	62.6	80.7

（二）各期指标数值总体范围可比

对于时期数列和时点数列，指标值的大小都与现象总体范围有关系。总体范围相当于观察值所属的空间范围，如地区范围、分组范围等。当时间序列中某些观察值总体范围不一致时，则前后期指标值是不能直接对比的，应该进行调整使其一致，以保证总体范围的统一，然后再进行对比。

图 9.1 是 1995～1998 年四川省和重庆市生产总值的对比柱状图，由于重庆市在 1954 年 7 月至 1997 年 6 月属于四川省，因此该时间段前后的四川省和重庆市相关统计数据不能进行对比分析，必须考虑到该省的地域范围变化。

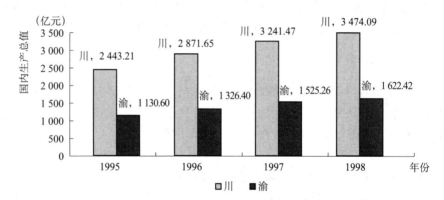

图 9.1 1995～1998 年川、渝国内生产总值

（三）各期指标数值经济内容可比

指标的经济内容是由其理论内涵决定的，随着社会经济条件的变化，同一名称的指标的经济内容也会发生变化。指标的内容和含义不同，不能混合编制成一个时间数列。例如，10 吨煤不等于 10 吨标准煤，因为煤和标准煤的含义不同，二者之间有换算关系，1 吨煤等于 0.9 吨标准煤。因此，10 吨煤等于 9 吨标准煤。

（四）各期指标数值计算口径可比

计算口径主要是指计算方法、计算单位等。对所属时间、总体范围和经济内容都一致的指标，计算方法不同也会导致数值差异，有时这种差异会很大。例如，按照不同的方法计算的国内生产总值有差异。因此，同一时间数列中，各个时期（时点）指标值的计算方法要统一。对于实物指标的时间序列要求计量单位保持一致，否则需要进行调整。

四、时间数列的研究意义

社会经济现象总是随着时间的推移而发生变化，正是这种变化体现出社会发展的规律。统计作为认识社会经济现象的有力武器，不仅要从静态上研究社会经济现象数量方面的特征和相互联系，更重要的是从动态上研究它的发展过程和规律性，以便总结经验，并预见其发展变化的趋势。而时间数列分析在经济活动和统计工作中有着重要作用，具体如下。

1. 时间数列能够描述社会经济现象的发展状况和结果。时间数列是描绘社会经济现象发展变化过程的特有方法，通过时间数列，可以观察现象的数值变化，可以观察现象在连续一段时间上的量变过程。

2. 时间数列能够研究社会经济现象的发展速度、发展趋势和平均水平，探索社会经济现象发展变化的规律。根据时间数列数据，通过对各期发展水平进行观察和比较，可以反映社会经济现象发展变化的过程、方向、程度和趋势，从而揭示现象的变化规律以及现象之间的相互联系。在此基础上结合相应的统计方法，对现象发展变化的趋势进行统计预测和推算。

3. 时间数列能够利用不同的但互相联系的时间数列进行对比分析或相关分析，从而揭示其社会经济现象在发展过程中的差距。

第二节　水平分析与速度分析

对时间数列进行分析最基本的方法是对社会经济现象数量发展变化的基本状态进行描述，这种描述包括时间数列水平分析和时间数列速度分析。其中，时间数列水平分析也称现象发展水平分析，反映现象发展水平的指标，主要有发展水平、平均发展水平、增长量和平均增长量；时间数列的速度分析指标是反映国民经济速度的指标，主要有发展速度、增长速度、平均发展速度和平均增长速度。

一、时间数列水平分析

（一）发展水平

发展水平是指时间数列中每一项指标数值。它是计算其他时间数列分析指标的基础。它一般是指总量指标，如 GDP、年末人口数等；可用相对指标表示，如第一产业占 GDP 比重等；也可用平均指标表示，如某单位职工的平均工资等。

在时间数列中，常将第一个指标值设定为最初水平，最后一个指标值设定为最末水平，其余各指标数值设定为中间水平。若对两个时间的发展水平进行动态对比时，将所研究的时期称为报告期，所对应的发展水平为报告期水平，用作报告期比较标准的时期为基期，所对应的发展水平为基期水平。若设时间数列中各期发展水平为：$a_0, a_1, \cdots, a_{n-1}, a_n$（$n+1$ 项数据），则 a_0 为最初水平，$a_1, \cdots, a_{n-1}$ 代表中间各项水平，a_n 代表最末水平。

（二）平均发展水平

平均发展水平也称序时平均数，是把时间数列中各期指标数值加以平均而求得的平均数，该平均数与统计学中一般的平均数有相同点又有不同点。相同点是去除了现象的个体差异，以此来反映现象的一般水平。一般平均数与序时平均数的不同之处是：（1）计算的依据不同。一般平均数去除的是同一时间总体各个单位某一数量标志上的差异，从静态的角度说明总体各个单位在数量标志上的一般水平，是根据变量数列计算的。而序时平均数去除的是不同时间现象的数量差异，从动态的角度说明现象在某一时期内发展变化的一般水平，是根据时间数列计算的。（2）说明的内容不同。一般平均数表明总体内部各单位的一般水平，序时平均数则表明整个总体在不同时期内的一般水平。

序时平均数根据数列中观察值数列的数值表现形式不同具有不同的计算方法，具体如下：

1. 计算绝对数时间数列的序时平均数。

（1）由时期数列计算，采用简单算术平均法。则时期数列序时平均数的计算公式为：

$$\bar{a} = \frac{a_1 + a_2 + \cdots + a_{n-1} + a_n}{n} = \frac{\sum_{i=1}^{n} a_i}{n} \tag{9.1}$$

其中，$\bar{a}$ 为序时平均数，$a_1, a_2, \cdots, a_{n-1}, a_n$ 为各期发展水平，n 为时期数列项数。

例 9.1：2016～2020 年中国能源消费总量数据如表 9.3 所示。

表 9.3 **2016～2020 年中国能源消费总量**

年份	能源消费总量（万吨标准煤）
2016	441 492
2017	455 827
2018	471 925
2019	487 488
2020	498 000

资料来源：《中国统计年鉴》。

计算我国 2016～2020 年平均能源消费总量。

解：根据时期数列序时平均数计算公式可得：

$$\bar{a} = \frac{\sum_{i=1}^{5} a_i}{N} = \frac{441\ 492 + 455\ 827 + 471\ 925 + 487\ 488 + 498\ 000}{5}$$

$$= 470\ 946.40 \text{（万吨标准煤）}$$

则我国 2016~2020 年平均能源消费总量为 470 946.40 万吨标准煤。

（2）由时点数列计算，时点数列可分为连续时点数列和间断时点数列。根据序时平均数计算的时间长短，若观察值是针对每一天，则属于连续时点数列；若不是，则为间断时点数列。

①由连续时点数列计算：

a. 间隔相等时的连续时点数列，采用简单算术平均法。此时，对于逐日记录的时点数列可视其为连续。计算公式为：

$$\bar{a} = \frac{a_1 + a_2 + \cdots + a_{n-1} + a_n}{n} = \frac{\sum\limits_{i=1}^{n} a_i}{n} \tag{9.2}$$

例 9.2：某股票连续 5 个交易日价格资料如表 9.4 所示。

表 9.4　　　　　　　　　　某股票连续 5 个交易日价格

日期	6 月 1 日	6 月 2 日	6 月 3 日	6 月 4 日	6 月 5 日
收盘价（元）	16.2	16.7	17.5	18.2	17.8

计算该股票连续 5 个交易日的平均价格。

解：$\bar{a} = \dfrac{\sum\limits_{i=1}^{5} a_i}{N} = \dfrac{16.2 + 16.7 + 17.5 + 18.2 + 17.8}{5} = 17.28$（元）

则该股票连续 5 个交易日的平均价格为 17.28 元。

b. 间隔不相等时的连续时点数列，采用加权算术平均法。此时，对于逐日记录的时点数列，每变动一次才登记一次可视其为连续。计算公式为：

$$\bar{a} = \frac{a_1 f_1 + a_2 f_2 + \cdots + a_m f_m}{f_1 + f_2 + \cdots + f_m} = \frac{\sum\limits_{i=1}^{m} a_i f_i}{\sum\limits_{i=1}^{m} f_i} \tag{9.3}$$

例 9.3：某企业 5 月每日实有人数资料如表 9.5 所示。

表 9.5　　　　　　　　　　某企业 5 月每日实有人数

日期	1~9 日	10~15 日	16~22 日	23~31 日
实有人数（人）	780	784	786	783

计算该企业 5 月的平均实有人数。

解：$\bar{a} = \dfrac{\sum\limits_{i=1}^{4} a_i f_i}{\sum\limits_{i=1}^{4} f_i} = \dfrac{780 \times 9 + 784 \times 6 + 786 \times 7 + 783 \times 9}{9 + 6 + 7 + 9} = 783$（人）

则该企业 5 月的平均实有人数为 783 人。

②由间断时点数列计算：

a. 间隔相等时的间断时点数列，采用简单序时平均法。此时，每隔一段时间登记一次，表现为期初或期末值。计算公式为：

$$\bar{a} = \frac{\dfrac{a_1 + a_2}{2} + \dfrac{a_2 + a_3}{2} + \cdots + \dfrac{a_{n-2} + a_{n-1}}{2} + \dfrac{a_{n-1} + a_n}{2}}{n-1} \tag{9.4}$$

$$\bar{a} = \frac{\dfrac{a_1}{2} + a_2 + a_3 + \cdots + a_{n-1} + \dfrac{a_n}{2}}{n-1}$$

其中，$\bar{a}$ 为序时平均数，a 为各项时点指标数值，n 为时点数。该公式表现为首末两项观察值折半，故称为"首末折半法"。

例 9.4：某企业 2020 年第二季度商品库存资料如表 9.6 所示。

表 9.6　　　　　某企业 2020 年第二季度商品库存额

时间	3 月末	4 月末	5 月末	6 月末
库存量（百件）	120	132	119	125

计算该企业第二季度的月平均库存额。

解：　　　　4 月平均库存额 $= \dfrac{120 + 132}{2} = 126$（百件）

5 月平均库存额 $= \dfrac{132 + 119}{2} = 125.50$（百件）

6 月平均库存额 $= \dfrac{119 + 125}{2} = 122$（百件）

则 2020 年第二季度的月平均库存额 $= \dfrac{126 + 125.5 + 122}{3} = 124.50$（百件）

根据首末折半法可将上述计算步骤简化为：

$$= \frac{\dfrac{120 + 132}{2} + \dfrac{132 + 119}{2} + \dfrac{119 + 125}{2}}{3} = \frac{\dfrac{120}{2} + 132 + 119 + \dfrac{125}{2}}{4 - 1} = 124.50 \text{（百件）}$$

b. 间隔不相等时的间断时点数列，采用加权序时平均法，就是首末折半后用相应的时点间隔数加权计算。计算公式为：

$$\bar{a} = \frac{\dfrac{a_1 + a_2}{2} f_1 + \dfrac{a_2 + a_3}{2} f_2 + \cdots + \dfrac{a_{n-2} + a_{n-1}}{2} f_{n-2} + \dfrac{a_{n-1} + a_n}{2} f_{n-1}}{\displaystyle\sum_{i=1}^{n-1} f_i} \tag{9.5}$$

其中，$\bar{a}$ 为序时平均数，a 为各项时点指标数值，f 为间隔距离。

例 9.5：某地区 2020 年社会劳动者人数资料如表 9.7 所示。

表 9.7　　　　　某地区 2020 年社会劳动者人数

日期	1 月 1 日	5 月 31 日	8 月 31 日	12 月 31 日
社会劳动者人数（万人）	362	390	416	420

计算该地区 2020 年的月平均人数。

解：该问题为间隔不相等的间断时点数列，则根据式（9.5）可得：

$$\bar{a} = \frac{\dfrac{362+390}{2} \times 5 + \dfrac{390+416}{2} \times 3 + \dfrac{416+420}{2} \times 4}{5+3+4}$$

$$= 396.75 \text{（万人）}$$

则该地区 2020 年的月平均人数为 396.75 万人。

2. 计算相对数时间数列的序时平均数。一般情况下，相对数的时间数列均是由两个总量指标对比计算而来。因此，分别计算分子和分母数列的序时平均数，而后加以对比，即可就得。计算公式为：

$$\bar{c} = \frac{\bar{a}}{\bar{b}} \tag{9.6}$$

其中，$\bar{c}$ 是相对数动态数列的序时平均数，$\bar{a}$ 是分子数列的序时平均数，$\bar{b}$ 是分母数列的序时平均数。具体计算时又分为以下三种类型：

（1）两个均为时期数列的相对数时间数列求序时平均数。计算公式为：

$$\bar{c} = \frac{\bar{a}}{\bar{b}} = \frac{\sum a/n}{\sum b/n} = \frac{\sum a}{\sum b} = \frac{\sum cb}{\sum b} = \frac{\sum a}{\sum \dfrac{1}{c}a} \tag{9.7}$$

例 9.6：某化工厂某年第一季度利润计划完成情况如表 9.8 所示。

表 9.8　　　　　　　某化工厂某年第一季度利润计划完成情况

月份	一	二	三
计划利润（万元）	200	300	400
利润计划完成程度（%）	125	120	150

计算该厂第一季度的计划平均完成程度。

解：　　　　　　利润计划完成程度（c）$= \dfrac{\text{实际利润（a）}}{\text{计划利润（b）}}$

该厂第一季度的计划平均完成程度为：

$$\bar{c} = \frac{\bar{a}}{\bar{b}} = \frac{\sum cb}{\sum b} = \frac{1.25 \times 200 + 1.2 \times 300 + 1.5 \times 400}{200 + 300 + 400} = 134.40\%$$

（2）两个均为时点数列的相对数时间数列求序时平均数。计算公式为：

$$\bar{c} = \frac{\bar{a}}{\bar{b}} = \frac{\dfrac{\dfrac{a_1}{2} + a_2 + \cdots + a_{n-1} + \dfrac{a_n}{2}}{n-1}}{\dfrac{\dfrac{b_1}{2} + b_2 + \cdots + b_{n-1} + \dfrac{b_n}{2}}{n-1}} = \frac{\dfrac{a_1}{2} + a_2 + \cdots + a_{n-1} + \dfrac{a_n}{2}}{\dfrac{b_1}{2} + b_2 + \cdots + b_{n-1} + \dfrac{b_n}{2}} \tag{9.8}$$

（3）由一个时期数列和一个时点数列对比的相对数时间数列求序时平均数。计算公式为：

$$\bar{c} = \frac{\bar{a}}{\bar{b}} = \frac{\dfrac{a_1 + a_2 + \cdots + a_{n-1} + a_n}{n}}{\dfrac{\dfrac{b_1}{2} + b_2 + \cdots + b_{n-1} + \dfrac{b_n}{2}}{n-1}} \tag{9.9}$$

例 9.7：已知某企业 2020 年 3～7 月工业增加值和职工人数如表 9.9 所示。

表 9.9   **某企业 2020 年 3～7 月工业增加值和职工人数**

月份	3	4	5	6	7
工业增加值（万元）	11.0	12.6	14.6	16.3	18.0
月末全员人数（人）	2 000	2 000	2 200	2 200	2 300

要求计算：（1）该企业第二季度各月的劳动生产率；

（2）该企业第二季度的月平均劳动生产率；

（3）该企业第二季度的劳动生产率。

解：（1）根据式（9.7）可得该企业第二季度各月的劳动生产率分别为：

$$\text{四月：} c_1 = \frac{12.6 \times 10\,000}{\dfrac{(2\,000 + 2\,000)}{2}} = 63 \text{（元/人）}$$

$$\text{五月：} c_2 = \frac{14.6 \times 10\,000}{\dfrac{(2\,000 + 2\,200)}{2}} = 69.52 \text{（元/人）}$$

$$\text{六月：} c_3 = \frac{16.3 \times 10\,000}{\dfrac{(2\,200 + 2\,300)}{2}} = 72.44 \text{（元/人）}$$

（2）根据式（9.9）可得该企业第二季度的月平均劳动生产率为：

$$\bar{c} = \frac{\bar{a}}{\bar{b}} = \frac{\dfrac{10\,000 \times (12.6 + 14.6 + 16.3)}{3}}{\dfrac{\left(\dfrac{2\,000}{2} + 2\,000 + 2\,200 + \dfrac{2\,300}{2}\right)}{4-1}} = 68.50 \text{（元/人）}$$

（3）该企业第二季度的劳动生产率为：

$$c = \frac{\sum a}{\bar{b}} = \frac{10\,000 \times (12.6 + 14.6 + 16.3)}{\dfrac{\left(\dfrac{2\,000}{2} + 2\,000 + 2\,200 + \dfrac{2\,300}{2}\right)}{4-1}} = 205.51 \text{（元/人）}$$

3. 平均发展水平总结。序时平均方法相关总结如表 9.10 所示。

表 9.10 序时平均方法

序时平均方法	总量指标	时期数列	简单算术平均		
		时点数列	连续时点	间隔相等	简单算术平均
				间隔不等	加权算术平均
			间断时点	间隔相等	两次简单平均
				间隔不等	先简单后加权
	相对指标、平均指标	视情况选用：先求平均后再除、先加总再除、加权算术平均、加权调和平均等			

（三）增长量

增长量也称增长水平，它是报告期水平与基期水平之差，反映报告期比基期增长的水平。说明社会经济现象在一定时期内增长变化的绝对数量。其计算公式为：

$$增长量 = 报告期水平 - 基期水平 \tag{9.10}$$

由于有不同的基期，增长量又可分为逐期增长量和累计增长量。

逐期增长量是报告期水平与前一期水平之差，是对本期比前一期增长的绝对数量的说明。其公式为：

$$逐期增长量：a_1 - a_0, a_2 - a_1, \cdots, a_n - a_{n-1} \tag{9.11}$$

累计增长量是报告期水平与某一固定基期水平之差，表明本期比某一固定基期增长的绝对数量。其公式为：

$$累计增长量：a_1 - a_0, a_2 - a_0, \cdots, a_n - a_0 \tag{9.12}$$

式（9.10）与式（9.11）之间的关系为：逐期增长量之和等于累计增长量，即：

$$(a_1 - a_0) + (a_2 - a_1) + \cdots + (a_n - a_{n-1}) = a_n - a_0 \tag{9.13}$$

而在现实工作中，为消除季节变动的影响，常通过计算同比增长量，是报告期水平与上年同期水平之差。即：

$$同比增长量 = 报告期发展水平 - 基期发展水平 \tag{9.14}$$

（四）平均增长量

平均增长量是逐期增长量的序时平均数，表明在一定时期内，社会经济现象在观察期内平均每期增长的数量。其计算公式为：

$$平均增长量 = \frac{逐期增长量之和}{逐期增长量个数} = \frac{累计增长量}{时间数列项数 - 1} \tag{9.15}$$

例9.8：我国"十三五"时期国内生产总值（GDP）数据资料如表9.11所示。

表 9.11 我国"十三五"时期国内生产总值

年份		2016	2017	2018	2019	2020
GDP（亿元）		742 694.10	830 945.70	915 243.50	983 751.20	1 008 782.50
增长量	逐期	—				
	累计	0				

要求：

（1）请补全表 9.11 相关内容；

（2）计算"十三五"时期我国国内生产总值的年平均增长量。

解：（1）根据计算式（9.11）以及式（9.12）可计算逐期增长量和累计增长量，结果如表 9.12 所示。

表 9.12　　　　　我国"十三五"时期国内生产总值各项分析值

年份		2016	2017	2018	2019	2020
GDP（亿元）		742 694.10	830 945.70	915 243.50	983 751.20	1 008 782.50
增长量	逐期	—	88 251.60	84 297.80	68 507.70	25 031.30
	累计	0	88 251.60	172 549.40	241 057.10	266 088.40

（2）根据计算式（9.15）可知：

"十三五"时期国内生产总值的年平均增长量

$$= \frac{88\ 251.60 + 84\ 297.80 + 68\ 507.70 + 25\ 031.30}{4}$$

$$= \frac{266\ 088.40}{4} = 66\ 522.10\ （亿元）$$

二、时间数列速度分析

（一）发展速度

发展速度是报告期水平与基期水平的比值，说明现象的变动程度。一般用百分数或倍数表示。由于采用基期的不同，发展速度分为定基发展速度和环比发展速度。

定基发展速度是报告期水平与某一固定基期水平的比值，表示在整个观察期内的发展程度，表示的是总速度。计算公式为：

$$\text{定基发展速度}: \frac{a_1}{a_0}, \frac{a_2}{a_0}, \cdots, \frac{a_n}{a_0} \tag{9.16}$$

环比发展速度是报告期水平与前一时期水平的比值，是说明报告期现象变化的快慢程度，也就是说现象逐期变化发展的情况，表示的是年速度。计算公式为：

$$\text{环比发展速度}: \frac{a_1}{a_0}, \frac{a_2}{a_1}, \cdots, \frac{a_n}{a_{n-1}} \tag{9.17}$$

式（9.16）与式（9.17）的关系如下：

1. 定基发展速度等于各期环比发展速度的连乘积。即：

$$\frac{a_n}{a_0} = \frac{a_1}{a_0} \times \frac{a_2}{a_1} \times \cdots \times \frac{a_n}{a_{n-1}} \tag{9.18}$$

2. 各期环比发展速度等于两个相邻时期的定基发展速度之比。即：

$$\frac{a_n}{a_{n-1}} = \frac{a_n/a_0}{a_{n-1}/a_0} \quad (9.19)$$

而在现实工作中，为消除季节变动的影响，常通过计算同比发展速度，是报告期水平与上年同期水平之比。即：

$$同比发展速度 = \frac{报告期发展水平}{上年同期发展水平} \quad (9.20)$$

（二）增长速度

1. 增长速度。增长速度是增长量与基期水平的比值，说明报告期水平较基期水平增长的程度。通常用百分比或倍数表示，计算公式为：

$$增长速度 = \frac{增长量}{基期水平} = \frac{报告期水平 - 基期水平}{基期水平} = 发展速度 - 1 \quad (9.21)$$

发展速度和增长速度既有区别又有联系。发展速度表示报告期与基期比发展到什么程度，是动态相对数；而增长速度表示报告期比基期增长的程度（增降了多少），是强度相对数。当发展速度大于 1 时，增长速度为正值，表示现象的增长程度，反之表示现象的降低程度。二者的关系表示为：增长速度 = 发展速度 - 1（或100%）。

由于采用的基期不同，增长速度也分为定基增长速度和环比增长速度。其中，定基增长速度是累计增长量与某一固定时期水平之比，反映现象逐期增长变化程度；环比增长速度是逐期增长量与前一期发展水平之比，反映现象的逐期增长程度。定基增长速度与环比增长速度之间没有直接的换算关系。计算公式为：

$$定基增长速度 = \frac{a_i}{a_0}(定基发展速度) - 1(或100\%), i = 1,2,\cdots,n$$

$$环比增长速度 = \frac{a_i}{a_{i-1}}(环比发展速度) - 1(或100\%), i = 1,2,\cdots,n$$

$$(9.22)$$

而在现实工作中，为消除季节变动的影响，常将同比增长速度等于报告期同比增长量与上年同期发展水平之比。即：

$$同比增长速度 = \frac{年距增长量}{上年同期发展水平} = 年距发展速度 - 1 \quad (9.23)$$

例9.9：依据表 9.11 数据资料，计算"十三五"时期各年国内生产总值（GDP）的定基发展速度、环比发展速度、定基增长速度、环比增长速度。

解：（1）根据式（9.11）以及式（9.12）可计算逐期增长量和累计增长量，根据式（9.16）和式（9.17）计算环比发展速度和定基发展速度，根据式（9.22）计算环比增长速度和定基增长速度，计算结果如表 9.13 所示。

表9.13　　　　　我国"十三五"时期国内生产总值各项分析指标

年份	2016	2017	2018	2019	2020
GDP（亿元）	742 694.10	830 945.70	915 243.50	983 751.20	1 008 782.50

续表

年份		2016	2017	2018	2019	2020
增长量	逐期	—	88 251.60	84 297.80	68 507.70	25 031.30
	累计	0	88 251.6	172 549.40	241 057.10	266 088.40
发展速度（%）	环比	100.00	111.88	110.14	107.49	102.54
	定基	100.00	111.88	123.23	132.46	135.83
增长速度（%）	环比	—	11.88	10.14	7.49	2.54
	定基	0	11.88	23.23	32.46	35.83

2. 增长 1% 的绝对值。增长 1% 的绝对值是指现象每增长 1% 所代表的实际数量。主要分为定基增长速度增长 1% 的绝对值和环比增长速度增长 1% 的绝对值。计算公式如下：

$$定基增长速度增长 1\% 的绝对值 = \frac{a_n - a_0}{a_n - a_0 / a_0} \div 100 = \frac{a_0}{100} \qquad (9.24)$$

$$环比增长速度增长 1\% 的绝对值 = \frac{a_n - a_{n-1}}{a_n - a_{n-1} / a_{n-1}} \div 100 = \frac{a_{n-1}}{100}$$

（三）平均发展速度

平均发展速度是指各环比发展速度的平均数，说明现象每期变动的平均程度。平均发展速度是各期环比发展速度的序时平均数。因为定基发展速度等于现象各期内环比发展速度的连乘，而不是算数综合。因此，不能用计算序时平均数的方法来计算。计算平均发展速度的方法主要有几何平均法（水平法）和方程法（累计法）。

1. 几何平均法。几何平均法又称水平法。设观察期的时间长度为 n 期，平均发展速度为 $\overline{X}$，各环比发展速度为 X_1，X_2，$\cdots$，X_n，即从最初水平 a_0 开始，若 X_1，X_2，$\cdots$，X_n 分别被 $\overline{X}$ 来代替，经过 n 期发展，最终到达 a_n 最末水平。因此，平均发展速度 $\overline{X}$ 的计算公式为：

$$a_0 \cdot \underbrace{X_1 \cdot X_2 \cdot \cdots \cdot X_n}_{n} = a_n \qquad (9.25)$$

$$= a_0 \cdot \underbrace{\overline{X} \cdot \overline{X} \cdot \overline{X} \cdot \cdots \cdot \overline{X}}_{n} = a_n \Rightarrow \overline{X} = \sqrt[n]{\frac{a_n}{a_0}}$$

$\frac{a_n}{a_0}$ 为 n 期定基发展速度，也是整个时期的总速度，则式（9.25）可转换为：

$$\overline{X} = \sqrt[n]{\frac{a_n}{a_0}} = \sqrt[n]{\prod X} = \sqrt[n]{R} \qquad (9.26)$$

其中，R 为总速度。三个计算公式结果一致。

例 9.10：依据表 9.11 数据资料，计算"十三五"时期国内生产总值的平均发展速度。

解："十三五"时期国内生产总值的平均发展速度为：

根据式（9.25）计算：$\overline{X} = \sqrt[n]{\dfrac{a_n}{a_0}} = \sqrt[4]{\dfrac{1\,008\,782.50}{742\,694.10}} = 107.96\%$

根据式（9.26）计算：

$\overline{X} = \sqrt[n]{\prod X} = \sqrt[4]{111.88\% \times 110.14\% \times 107.49\% \times 102.54\%} = 107.96\%$

根据整个时期的总速度计算：$\overline{X} = \sqrt[n]{R} = \sqrt[4]{1.358\,3} = 107.96\%$

由此可知根据三个公式最终计算结果一致。

2. 方程法。方程法也称累计法。即从最初水平 a_0 开始，各期按照平均发展速度 $\overline{X}$ 计算，则计算的各期发展水平的累积总和，应等于实际各期发展水平的累计总和。因此，平均发展速度 $\overline{X}$ 的计算公式为：

第一期　　$a_1 = a_0 \cdot \overline{X}$；

第二期　　$a_2 = a_0 \cdot \overline{X} \cdot \overline{X} = a_0 \cdot \overline{X}^2$；

第三期　　$a_3 = a_0 \cdot \overline{X}^2 \cdot \overline{X} = a_0 \cdot \overline{X}^3$；

$\vdots$

第 n 期　　$a_n = a_0 \cdot \overline{X}^{n-1} \cdot \overline{X} = a_0 \cdot \overline{X}^n$

$$a_1 + a_2 + a_3 + \cdots + a_n = a_0 \cdot \overline{X} + a_0 \cdot \overline{X}^2 + a_0 \cdot \overline{X}^3 + \cdots + a_0 \cdot \overline{X}^n$$

$$\Downarrow$$

$$\sum_{i=1}^{n} a_i = a_0(\overline{X} + \overline{X}^2 + \overline{X}^3 + \cdots + \overline{X}^n)$$

$$\Downarrow$$

$$(\overline{X} + \overline{X}^2 + \overline{X}^3 + \cdots + \overline{X}^n) = \frac{\sum\limits_{i=1}^{n} a_i}{a_0} \tag{9.27}$$

几何平均法研究的侧重点是最末一期水平，方程法研究的侧重点是各期发展水平的累计总和。

（四）平均增长速度

平均增长速度是在观察值内各期环比增长速度的序时平均数，说明现象逐期增长的平均程度。计算公式为：平均增长速度 = 平均发展速度 - 1（或 100%）。平均发展速度大于 1，则平均增长速度为正值，表明现象在一定时期内逐期平均递增，此时指标叫作"平均递增速度"或"平均递增率"；若平均发展速度小于1，则平均增长速度为负值，表明现象在一定时期内逐期平均递减，此时指标叫作"平均递减速度"或"平均递减率"。

（五）应用平均发展速度应注意的问题

1. 根据统计研究的目的选择合适的计算方法。几何平均法（水平法）和方程法（累计法）在具体运用上有优势也有局限性。当目的在于分析最末一年发展水平而不管各期水平总和时，采用几何平均法（水平法）；当目的在于分析各期发展水平总和而不关心最末一年水平时，采用方程法（累计法）。

2. 要联系研究时期的中间数据，注意中间各期发展水平波动过大或不同时期发展变化的方向，以避免影响平均发展速度的代表性；若在编制时间数列过程中，最初水平和最末水平受特殊情况而出现过高过低的情况，则不可计算平均发展速度。

3. 当研究现象发展时期过长时，应注意结合分段平均发展速度，补充总平均发展速度，以便全面了解现象的整个发展变化过程。

4. 结合发展水平、经济效益，研究发展速度，防止高速度低效益现象的发生。在经济分析中，要与其他相关的经济现象的平均速度指标结合应用。

第三节　长期趋势的测定

长期趋势的测定和分析是时间序列中最主要的一项任务。长期趋势分析就是要排除一些偶然因素的影响，研究社会经济现象发展变化的规律，并对发展变化的总趋势作出判断。本节主要介绍时间数列的构成要素、长期趋势的测定与意义以及测定长期趋势的方法。

一、时间数列的构成要素

（一）时间数列的构成要素

时间数列反映现象的发展与变化，而影响事物发展的具体因素很多，不同的因素具有不同的作用，而对结果的影响也不尽相同，从而形成不同的时间数列。一般将能够影响时间数列形成的变动因素归纳为四类：长期趋势（T）、季节变动（S）、循环变动（C）、不规则变动（I）。其中，长期趋势、季节变动、循环变动是可解释的变动；而不规则变动是不可解释的变动。

1. 长期趋势是指现象在较长时期内受某种根本性因素作用而形成的总的变动趋势。

2. 季节变动是指现象在一年内或在更短的时间内随着季节的变化而发生的有规律的周期性变动。

3. 循环变动是指现象大概以若干年为周期所呈现出的波浪起伏形态的有规律的变动。

4. 不规则变动是除去长期趋势、季节变动、循环变动影响因素以外，引起时间数列波动的其他影响因素，是一种无规律可循的变动，包括严格的随机变动和不规则的突发性影响的变动两种类型。

（二）时间数列的组合模型

在一定的模型下对变量的关系进行定量分析。因此，分析时间数列的变动状况还要确定观察值 Y 与各个影响因素 T、S、C、I 之间的数量关系。在统计分析中，一般将这种关系概括为加法模型和乘法模型，而在时间数列分析中一般采用乘法模型。

1. 若 4 种变动影响因素相互独立，则观察值 Y 体现为 4 种因素的总和，即：$Y = T + S + C + I$，该式称为加法模型。其中，Y 和 T 计量单位相同，S、C、I 对长期趋势产生或正或负的偏差。

2. 若 4 种变动影响因素非独立，而是相互影响，则观察值 Y 体现为 4 种因素的乘积，即：$Y = T \times S \times C \times I$，该式称为乘法模型。其中，Y 和 T 计量单位相同，S、C、I 为对原数列指标增加或减少的百分比。

二、长期趋势的测定与意义

长期趋势是指现象在较长时期内受某种根本性因素作用而形成的总的变动趋势。测定长期趋势的主要目的和意义：首先，把握现象随时间演变的趋势和规律；其次，对事物的未来发展趋势作出预测；最后，测定长期趋势，可以消除时间数列中长期趋势的影响，以便于更好地分解研究其他因素。

反映时间数列中的长期趋势有直线趋势和非直线趋势两种基本形式。当现象在相当长的时间内呈现出上升或下降的变动，则称为直线趋势。这种上升或下降的变动代表现象的数值逐年递增或递减，且每年所增加或减少的数量大致相同。所以，趋势线的斜率基本不变，但非直线趋势的斜率是变动的。

三、长期趋势的测定方法

测定长期趋势的方法很多。例如，时距扩大法、序时平均法、移动平均法、一次指数平滑法等用滤波法的思想设计方法；半数平均法、部分平均法、趋势拟合法、三和法等用模型拟合法的思想设计方法。在这里，只介绍常用的时距扩大法、移动平均法、趋势拟合法。

（一）时距扩大法

时距扩大法是当原始时间数列中各指标数值上下波动，使现象变化规律表现不明显时，可通过扩大数列时间间隔，对原始数据加以整理，以反映现象发展的趋势，这是测定长期趋势最简单最原始的方法。

例 9.11：某企业 2020 年各月生产机器台数资料如表 9.14 所示。

表 9.14　　　　　　　　　某企业 2020 年各月生产机器台数

项目	1月	2月	3月	4月	5月	6月	7月	8月	9月	10月	11月	12月
机器台数（台）	25	26	34	33	27	25	29	30	32	31	30	32

从表 9.14 可知，数列变化不均匀，各月之间生产机器台数起伏不定，用该

时间数列不能清楚地反映该企业生产量变动的趋势；则将月度数据整理成季度数据（见表 9.15）。

表 9.15　　　　　　　　　某企业 2020 年各季度生产机器台数

项目	第一季度	第二季度	第三季度	第四季度
机器台数（台）	85	86	91	93

当间距扩大后，可以明显看出生产的机器台数呈现逐期增长的变化趋势；也可以将季度数据改用间距扩大平均数编制成新的时间数列，如表 9.16 所示。

表 9.16　　　　　　　　　某企业 2020 年各季平均生产机器台数

项目	第一季度	第二季度	第三季度	第四季度
机器台数（台）	28.3	28.7	30.3	31

由此也可以看出该企业机器生产数量呈现逐期增长趋势。

在应用时距扩大法需要注意以下几点：第一，时距扩大法的选择。若原数列发展水平波动有周期性，则扩大的时距与周期相同，若无明显周期性，按经验逐步扩大。第二，时距扩大法只适用于时期数列，时点数列不能采用这种方法。第三，时距选择既不能太长也不能太短。时距过长，会使时间数列修饰过度。时距也不应太短，否则达不到修匀的目的。第四，扩大的时距应前后一致，以使修匀后的时间数列保持可比性。

（二）移动平均法

1. 移动平均法的概念。移动平均法是对时间数列的各项数值，按照一定的时间间隔进行逐期移动，计算出一系列序时平均数，形成一个新的时间数列。以此削弱不规则变动的影响，显示出原数列的长期趋势。

2. 移动平均法的步骤与计算方法。

移动平均法的步骤：（1）确定移动周期。一般应选择奇数项进行移动平均；若原数列呈周期变动，应选择现象的变动周期作为移动的周期长度。（2）计算各移动平均值，并将其编制成时间数列。

移动平均法的计算方法主要分为奇数项移动平均和偶数项移动平均，具体计算方法见例 9.12。

例 9.12：某商场 2020 年 1～12 月电视机销售量如表 9.17 所示。

表 9.17　　　　　　　　　某商场 2020 年 1～12 月电视机销售量

月份	销售量（台）
1	52
2	45
3	36
4	35
5	45

月份	销售量（台）
6	50
7	38
8	42
9	50
10	64
11	42
12	45

试用移动平均法计算4个月移动平均值和5个月移动平均值。

解：计算结果如表9.18所示。

表9.18　　　　　　　　　4项和5项移动平均值计算结果

月份	销售量（台）	5个月移动平均	4个月移动平均	
			第一次平均	第二次平均
1	52	—	—	—
2	45	—	—	—
3	36	42.60	42.00	41.13
4	35	42.20	40.25	40.88
5	45	40.80	41.50	41.75
6	50	42.00	42.00	42.88
7	38	45.00	43.75	44.38
8	42	48.80	45.00	46.75
9	50	47.20	48.50	49.00
10	64	48.60	49.50	49.88
11	42	—	50.25	—
12	45	—	—	—

如表9.18计算结果所示，在第三列的5个月移动平均的第一个计算值为：

$42.60 = \dfrac{52+45+36+35+45}{5}$，第二个计算值为：$42.20 = \dfrac{45+36+35+45+50}{5}$，以此类推就可得其他结果。因此，采用奇数项的移动平均只需平均1次得到长期趋势值；而在第四列的4个月移动平均中，首先进行第一次平均：第一个值为1~4月的平均值$42.00 = \dfrac{52+45+36+35}{4}$，第二个值为2~5月的平均值$40.25 = \dfrac{45+36+35+45}{4}$，其余的以此类推。紧接着进行第二次平均：第一个值为$41.13 = \dfrac{42.00+40.25}{2}$，其余以此类推。第二次平均是用以校正长期趋势值也就是进行中心化所得，最终结果即为4项移动平均值。因此，采用偶数项的移动平均需要平均2次得到长期趋势值。

3. 移动平均法的注意事项。

（1）合理选择移动平均项数。移动平均对数列具有平滑修匀作用，移动平均项数越多，平滑修匀作用越强；反之，平滑修匀作用越弱。但最终也要根据研究现象本身的变化特点来确定移动项数。若原数列有周期，则移动平均项数应以周期长短为准。例如：当时间数列为季度数据，采用 4 项移动平均，此目的是为消除季节变动的影响。若时间数列无明显波动规律，则采用奇数项移动平均。

（2）注意移动平均后的位置排列。由移动平均数组成的趋势值数列，较原数列的项数少。当 N 为奇数时，趋势值数列首尾各少 $\frac{N-1}{2}$ 项，移动均值正好对准移动间隔的中间时期，平均一次就可得长期趋势值；当 N 为偶数时，首尾各少 $\frac{N}{2}$ 项，移动需要平均两次就可得长期趋势值。

（3）移动平均法具有局限性。此方法不能完整地反映原数列的长期趋势，不便于直接根据修匀后的数列进行预测。且移动项数越大，新数列的项数越少，原有数列的信息损失越多。因此，当数据量少的情况下，不建议使用移动平均法。

（三）趋势拟合法

趋势拟合法是通过回归分析方法对时间数列拟合一条理想的趋势线，使其与原数列曲线达到最优拟合的方法。根据最小二乘的原理，使原始数列的实际数值与趋势线的估计值的离差平方和达到最小。

趋势拟合法的基本程序：（1）定性分析；（2）判断趋势类型，有绘制散点图和分析数据特征两种方法；（3）计算待定参数；（4）利用方程预测。

长期趋势的类型很多，在本节主要介绍直线趋势方程、抛物线方程和指数曲线方程。

1. 直线趋势方程。当数据的一阶差分趋近于一常数时，可配合直线趋势方程。直线趋势的一般形式为：

$$\hat{y} = a + bt \tag{9.28}$$

其中，a 为截距，b 为直线斜率。

在该直线趋势方程中，a、b 为两个未知参数。因此，根据最小二乘法的要求，残差平方和达到最小，即 $\sum (y - \hat{y})^2$ 达到最小，对其求偏导，最终得以下联立方程：

$$\sum y = na + b \sum t$$
$$\sum ty = a \sum t + b \sum t^2$$

从而得参数 a、b 值为：

$$b = \frac{n \sum ty - \sum t \sum y}{n \sum t^2 - \left(\sum t \right)^2} \qquad (9.29)$$

$$a = \bar{y} - b\bar{t}$$

其中，t 为数列时间，y 为数列的各期水平，n 为数列项数。

例 9.13：已知我国 2008 ~ 2020 年 GDP 资料如表 9.19 所示。

表 9.19　　　　　　　　　　　　**2008 ~ 2020 年中国 GDP**

年份	GDP（亿元）
2008	321 229.50
2009	347 934.90
2010	410 354.10
2011	483 392.80
2012	537 329.00
2013	588 141.20
2014	644 380.20
2015	685 571.20
2016	742 694.10
2017	830 945.70
2018	915 243.50
2019	983 751.20
2020	1 008 782.50

资料来源：《中国统计年鉴》。

要求：拟合直线趋势方程，并预测 2021 年的水平。

根据式（9.29），计算各个值如表 9.20 所示。

表 9.20　　　　　　　　　　　　**各指标值计算结果**

年份	t	GDP（y）	ty	t^2
2008	1	321 229.50	321 229.50	1
2009	2	347 934.90	695 869.80	4
2010	3	410 354.10	1 231 062.30	9
2011	4	483 392.80	1 933 571.20	16
2012	5	537 329.00	2 686 645.00	25
2013	6	588 141.20	3 528 847.20	36
2014	7	644 380.20	4 510 661.40	49
2015	8	685 571.20	5 484 569.60	64
2016	9	742 694.10	6 684 246.90	81
2017	10	830 945.70	8 309 457.00	100
2018	11	915 243.50	10 067 678.50	121
2019	12	983 751.20	11 805 014.40	144
2020	13	1 008 782.50	13 114 172.50	169
合计	91	8 499 749.90	70 373 025.30	819

解：已知 $n = 13$，$\sum t = 91$，$\sum y = 8\,499\,749.90$，$\sum ty = 70\,373\,025.30$，

$\sum t^2 = 819$，

$$b = \frac{n \sum ty - \sum t \sum y}{n \sum t^2 - (\sum t)^2} = \frac{13 \times 70\ 373\ 025.30 - 91 \times 8\ 499\ 749.90}{13 \times 819 - 91^2}$$

$$= 59\ 751.52$$

$$a = \bar{y} - b\bar{t} = \frac{8\ 499\ 749.90}{13} - 59\ 751.52 \times \frac{91}{13} = 235\ 566.28$$

因此，直线趋势方程为：$\hat{y} = 235\ 566.28 + 59\ 751.52t$

预测：$\hat{y}_{2021} = 235\ 566.28 + 59\ 751.52 \times 14 = 1\ 072\ 087.56$（亿元）

为了方便计算，当时间项数为奇数时，可将中间项的时间设为 0，则此时的时间排列为：…，-3，-2，-1，0，1，2，3…；若为偶数时，时间排列为…，-5，-3，-1，1，3，5，…，这时，0 在数列正中相邻两个时间的中点。两种方法使时间项正负相抵，最终 $\sum t = 0$，因此式（9.29）可化为：

$$b = \frac{\sum ty}{\sum t^2} \qquad (9.30)$$

$$a = \bar{y}$$

简化后各指标值计算结果如表 9.21 所示。

表 9.21　　　　　　　　　简化后各指标值计算结果

年份	t	GDP（y）	ty	t^2
2008	-6	321 229.50	$-1\ 927\ 377.00$	36
2009	-5	347 934.90	$-1\ 739\ 674.50$	25
2010	-4	410 354.10	$-1\ 641\ 416.40$	16
2011	-3	483 392.80	$-1\ 450\ 178.40$	9
2012	-2	537 329.00	$-1\ 074\ 658.00$	4
2013	-1	588 141.20	$-588\ 141.20$	1
2014	0	644 380.20	0.00	0
2015	1	685 571.20	685 571.20	1
2016	2	742 694.10	1 485 388.20	4
2017	3	830 945.70	2 492 837.10	9
2018	4	915 243.50	3 660 974.00	16
2019	5	983 751.20	4 918 756.00	25
2020	6	1 008 782.50	6 052 695.00	36
合计	0	8 499 749.90	10 874 776.00	182

解： 取中间项第 7 项为原点，有 $\sum t = 0, n = 13, \sum y = 8\ 499\ 749.90, \sum t^2 = 182,$

$\sum ty = 10\ 874\ 776.00$，因此可得 a、b：

$$b = \frac{\sum ty}{\sum t^2} = \frac{10\ 874\ 776.00}{182} = 59\ 751.52$$

$$a = \bar{y} = \frac{8\ 499\ 749.90}{13} = 653\ 826.92$$

因此，简化后的直线趋势方程为：$\hat{y} = 653\ 826.92 + 59\ 751.52t$

预测：$\hat{y}_{2021} = 653\ 826.92 + 59\ 751.52 \times 7 = 1\ 072\ 087.56$（亿元）

2. 抛物线方程。当数据的二阶差分趋近于一常数时，可以配合二次曲线方程，也叫抛物线方程。该方程的一般表达式为：

$$\hat{y} = a + bt + ct^2 \tag{9.31}$$

此抛物线方程的二阶差分相等，如表 9.22 所示。

表 9.22   抛物线方程一阶差分和二阶差分

t	$y = a + bt + ct^2$	一阶差分	二阶差分
1	$a + b + c$	—	—
2	$a + 2b + 4c$	$b + 3c$	—
3	$a + 3b + 9c$	$b + 5c$	$2c$
4	$a + 4b + 16c$	$b + 7c$	$2c$
⋮	⋮	⋮	⋮
n	$a + nb + n^2c$	$b + (2n-1)c$	$2c$

上述抛物线方程中，有 a，b，c 三个未知参数。因此，根据最小二乘法的原理，同样求偏导，最终得到以下三个方程组的联立方程：

$$\sum y = na + b\sum t + c\sum t^2$$
$$\sum ty = a\sum t + b\sum t^2 + c\sum t^3 \tag{9.32}$$
$$\sum t^2 y = a\sum t^2 + b\sum t^3 + c\sum t^4$$

为方便计算，同样假设 t，$\sum t = 0$，$\sum t^3 = 0$，式（9.31）简化为：

$$\sum y = na + c\sum t^2$$
$$\sum ty = b\sum t^2 \tag{9.33}$$
$$\sum t^2 y = a\sum t^2 + c\sum t^4$$

例 9.14：已知某企业 2012～2020 年某商品产量如表 9.23 所示。

表 9.23   某企业 2012～2020 年某商品产量

项目	2012 年	2013 年	2014 年	2015 年	2016 年	2017 年	2018 年	2019 年	2020 年
产量（万台）	15.00	23.00	30.00	35.60	40.00	43.00	45.00	44.50	43.00

请拟合抛物线方程，并计算 2012～2020 年某商品的趋势值。

解：计算产量的一阶差分和二阶差分如表 9.24 所示。

表 9.24   产量的一阶差分和二阶差分

年份	产量（万台）	一阶差分	二阶差分
2012	15.00	—	—
2013	23.00	8.00	—
2014	30.00	7.00	−1.00
2015	35.60	5.60	−1.40
2016	40.00	4.40	−1.20
2017	43.00	3.00	−1.40

年份	产量（万台）	一阶差分	二阶差分
2018	45.00	2.00	-1.00
2019	44.50	-0.50	-2.50
2020	43.00	-1.50	-1.00

计算结果可知，该数列的二阶差分在 -1.00 ~ -2.50，差异很小，近似一个常数。因此，可拟合二次曲线趋势方程。

根据式（9.33）可计算各变量值，结果如表 9.25 所示。

表 9.25   **各变量指标值**

年份	t	y	t^2	t^4	yt	yt^2	$\hat{y}$
2012	-4	15.00	16	256	-60.00	240.00	14.73
2013	-3	23.00	9	81	-69.00	207.00	23.15
2014	-2	30.00	4	16	-60.00	120.00	30.17
2015	-1	35.60	1	1	-35.60	35.60	35.81
2016	0	40.00	0	0	0.00	0.00	40.07
2017	1	43.00	1	1	43.00	43.00	42.94
2018	2	45.00	4	16	90.00	180.00	44.43
2019	3	44.50	9	81	133.50	400.50	44.54
2020	4	43.00	16	256	172.00	688.00	43.25
合计	0	319.1	60	708	213.90	1 914.10	—

根据式（9.33），联立方程组：

$$319.10 = 9a + 60c$$

$$213.90 = 60b$$

$$1\ 914.10 = 60a + 708c$$

解得：$a = 40.0709$，$b = 3.5650$，$c = -0.6923$

最终可得抛物线趋势方程为：$\hat{y} = 40.0709 + 3.5650t - 0.6923t^2$，将各年的 t 值代入趋势方程得趋势值，如表 9.25 以及图 9.2 所示，拟合效果很好。

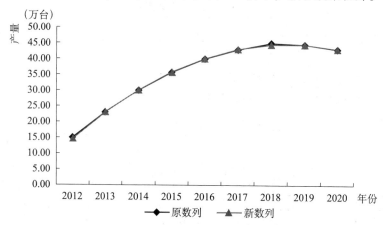

图 9.2 某商品产量拟合趋势图

3. 指数曲线方程。当数据的环比发展速度趋近于一常数时，可配合指数曲线方程。一般表达式为：

$$\hat{y} = ab^t \tag{9.34}$$

其中，a 为时间数列的基期水平，b 为现象的一般发展速度，t 为时间。

在指数曲线方程中，各期的环比发展速度相同，如表 9.26 所示。

表 9.26　　　　　　　　指数曲线各期环比发展速度

t	y	y_i/y_{i-1}
1	ab	—
2	ab^2	b
3	ab^3	b
4	ab^4	b
⋮	⋮	⋮
n	ab^n	b

拟合指数曲线时，一般先将指数方程通过取对数转化为直线方程，然后再确定参数，最后对求的结果查反对数表还原。

首先对式（9.34）取对数，得：$\ln\hat{y} = \ln a + t\ln b$，设 $\hat{Y} = \ln\hat{y}$，$A = \ln a$，$B = \ln b$，则 $\hat{Y} = A + Bt$，同理根据最小二乘法得联立方程组为：

$$\sum Y = nA + B\sum t \tag{9.35}$$
$$\sum tY = A\sum t + B\sum t^2$$

同理设 $\sum t = 0$，则简化后的联立方程为：

$$\sum Y = nA \tag{9.36}$$
$$\sum tY = B\sum t^2$$

根据式（9.34）和式（9.35）即可求得 A、B，最后根据反函数求出参数 a、b。

例 9.15：已知某地区 2012~2020 年财政支出额如表 9.27 所示。

表 9.27　　　　　　　某地区 2012~2020 年财政支出额

年份	2012	2013	2014	2015	2016	2017	2018	2019	2020
财政支出额（百万元）	32	34	36	43	48	53	57	60	64

请拟合指数曲线方程，并计算 2012~2020 年的趋势值。

解：根据式（9.36）计算各变量值，计算结果如表 9.28 所示。

表9.28　　　　　　　　　　指数曲线计算表

年份	t	y	$\ln y$	$t\ln y$	t^2	$\hat{y}$
2012	－4	32	1.51	－6.02	16	31.72
2013	－3	34	1.53	－4.59	9	34.83
2014	－2	36	1.56	－3.11	4	38.24
2015	－1	43	1.63	－1.63	1	41.98
2016	0	48	1.68	0.00	0	46.09
2017	1	53	1.72	1.72	1	50.60
2018	2	57	1.76	3.51	4	55.56
2019	3	60	1.78	5.33	9	60.99
2020	4	64	1.81	7.22	16	66.97
合计	0	427	14.97	2.43	60	—

根据式（9.36）可得：

$$A = \frac{\sum \ln y}{n} = \frac{14.97}{9} = 1.6636$$

$$B = \frac{\sum t\ln y}{\sum t^2} = \frac{2.43}{60} = 0.0406$$

则有 $\hat{Y} = 1.6636 + 0.0406t$，根据 $\hat{Y} = \ln\hat{y}$，$A = \ln a$，$B = \ln b$，还原求解 a，b 值，最终可得指数曲线方程为：$\hat{y} = 46.0893 \times 1.0979^t$。

再将时间变量 t 值分别代入指数曲线方程，即可得2012～2020年财政支出额的趋势值，见表9.28最后一列。

第四节　季节变动的测定

在一个时间数列中，季节变动是一种极为普遍的现象。例如：饮料的生产量及销售量在一年内的变化；用电量在一年之内的增减；蔬菜价格在一年内的波动；鲜花销售每年的几个旺季；每年旅客运输的高峰期等都具有明显的季节变动规律。季节变动一般有周期性、重复性、相似性三个基本特征。季节变动的测定是统计分析中的一个重要内容，具有重要意义；因此，本节中阐述季节变动的原理以及季节变动的测定方法。

一、季节变动的原理

季节变动是指现象在一年内随着季节的变化而发生的有规律的周期性变动。季节变动是一种各年变化强度大体相同且每年重现的有规律变动。根据这一基本特征，我们可以将其归纳为一种典型的季节模型。

所谓季节模型，就是指一时间序列在各年中所呈现出的典型状态，这种状态年复一年以基本相同的形态出现。季节模型是由一套指数组成的，各指数刻画了现象在一个年度内各月或各季的典型特征。如果所分析的是月份数据，季节模型就由 12 个指数组成；若为季度数据，季节模型就由 4 个指数组成。其中各个指数是以全年、月或季度数据的平均数为基础计算的，因而 12 个月（或 4 个季度）指数的平均数应等于 100%，而各月（或季）的指数之和应等于 1 200%（或 400%）。季节模型正是以各个指数的平均数等于 100% 为条件而构成的，它反映了某一月份或季度的数值占全年平均数的大小。如果现象的发展没有季节变动，则各期的季节指数应等于 100%；如果某一月份或季度有明显的季节变化，则各期的季节指数应大于或小于 100%。因此，分析季节变动，也就是对一个时间序列计算出该月（或季）指数，即所谓的季节指数，然后根据各季节指数与其平均数（100%）的偏差程度来测定季节变动的程度。这就是季节变动分析的基本原理。

二、季节变动测定的方法

季节变动的测定和计算有很多方法，根据是否考虑长期趋势的影响来看，分为两种：一是不考虑长期趋势的影响，常用的方法是同期平均法；二是受长期趋势影响，常用的方法是移动平均趋势剔除法。

（一）同期平均法

同期平均法是指现象在不存在长期趋势或长期趋势不明显的情况下，直接用平均的方法通过消除循环变动和不规则变动来测定季节变动。

同期平均法测定其季节变动的基本步骤：

1. 将各年季（月）的数值对其排列。

2. 将各年季（月）的数值加总，计算各年同季（月）的平均数，目的是消除非季节因素的影响。

3. 将各年同季（月）的平均数加总，计算总的同季（或同月）平均数，也即时间数列的序时平均数，目的是计算季节指数。

4. 计算季节指数。方法是将各年同季的平均数分别和时间数列的序时平均数进行对比。一般用百分数表示，用公式表示为：

$$季节指数（S_i）= \frac{同月（或季）平均数}{总月（或季）平均数} \times 100\% \qquad (9.37)$$

例 9.16： 已知某服装公司 2017 ~ 2020 年各月销售量资料如表 9.29 所示。

表 9.29 　　　　　　　　　某服装公司 2017～2020 年各月销售量

年份	商品销售量（万件）											
	1月	2月	3月	4月	5月	6月	7月	8月	9月	10月	11月	12月
2017	6	4	9	10	14	21	38	45	26	14	5	2
2018	6	6	9	9	14	25	39	48	30	17	4	2
2019	7	5	10	10	17	25	40	48	32	19	5	3
2020	8	6	13	10	17	28	48	49	31	20	4	4
合计	27	21	41	39	62	99	165	190	119	70	18	11

试用同期平均法测定季节变动。

解：（1）计算四年同月的平均数：

一月的平均值 $= \dfrac{6+6+7+8}{4} = 6.75$，二月的平均值 $= \dfrac{4+6+5+6}{4} = 5.25$。其他月份以此类推。

（2）计算四年所有销售量的总平均数：

$$总平均值 = \frac{6.75+5.25+10.25+9.75+\cdots+2.75}{12} = 17.96$$

（3）计算季节指数：

一月的季节指数 $= \dfrac{6.75}{17.96} = 37.59\%$，二月的季节指数 $= \dfrac{5.25}{17.96} = 29.23\%$。其他月份以此类推。最终计算结果如表 9.30 所示。

表 9.30 　　　　某服装公司 2017～2020 年商品销售量季节指数计算表

月份	销售量（万件）				同月销售量合计	同月销售量平均	季节指数（%）
	2017 年	2018 年	2019 年	2020 年			
1	6	6	7	8	27	6.75	38.07
2	4	6	5	6	21	5.25	29.61
3	9	9	10	13	41	10.25	57.81
4	10	9	10	10	39	9.75	54.99
5	14	14	17	17	62	15.50	87.43
6	21	25	25	28	99	24.75	139.60
7	38	39	40	48	165	41.25	232.67
8	45	48	48	49	190	47.50	267.92
9	26	30	32	31	119	29.75	167.80
10	14	17	19	20	70	17.50	98.71
11	5	4	5	4	18	4.50	25.38
12	2	2	3	4	11	2.75	15.31
合计	194	209	221	238	862	215.50	1 200.00

（二）移动平均趋势剔除法

移动平均趋势剔除法是指现象具有明显的长期趋势时，一般是先消除长期趋势，然后再用平均的方法消除循环变动和不规则变动。

"移动平均趋势剔除法"来测定季节变动趋势的基本步骤：

第一，先根据各年的季度（或月度）资料计算四季（或 12 个月）的移动平均数。

第二，将实际数值（Y）除以相应的移动平均数（T），得到各期的比值 Y/T。目的是消除长期趋势的影响，它是一个相对数。

第三，计算季节比率。将 Y/T 重新按"同期平均法"计算季节指数的方式排列。然后，按照该方法要求，先计算"各年同季平均数"，然后再计算"各年同季总的平均数"，即消除长期趋势变动后，新数列的序时平均数。

第四，调整季节比率。季度的季节比率之和为 400%，月度的季节比率之和为 1 200%，若大于或小于 400%（1 200%），则应对系数进行调整，调整公式为：调整系数 $= \dfrac{400\%}{\sum 季节比率}\left(或 = \dfrac{1\,200\%}{\sum 季节比率}\right)$。

第五，计算季节指数。

$$季节指数（S_i）= \frac{同月（或季）平均数}{总月（或季）平均数} \times 100\% \tag{9.38}$$

例 9.17：已知某衣服厂 2018～2020 年各季度衣服销售量资料如表 9.31 所示。

表 9.31　　　　　　某衣服厂 2018～2020 年各季度衣服销售量　　　　单位：万件

季度	年份		
	2018	2019	2020
第一季度	16	17	28
第二季度	19	15	25
第三季度	14	10	16
第四季度	15	14	18

使用趋势剔除法测定季节波动。

解：根据移动平均趋势剔除法的基本步骤进行计算。

（1）计算移动平均数。因为是季度资料，则移动平均步长为 4。又因为是偶数，则需要两次移动平均。

首先进行第一次平均：第一个值为 2018 年第一～第四季度的平均值 $16.00 = \dfrac{16 + 19 + 14 + 15}{4}$，第二个值为 2018 年第二～第四季度和 2019 年第一季度的平均值 $16.25 = \dfrac{19 + 14 + 15 + 17}{4}$，其余的以此类推。

紧接着进行第二次平均：第一个值为 $16.13 = \dfrac{16.00 + 16.25}{2}$，其余以此类推。第二次平均是用以校正长期趋势值也就是进行中心化，最终结果即为四项移动平均值。

（2）计算比值 Y/T，剔除趋势值。

2018 年第三季度：$\dfrac{Y}{T} = \dfrac{14}{16.13} \times 100\% = 86.82\%$；其余值以此类推；全部计算结果如表 9.32 所示。

表 9.32 　　　　　　　　　　　季节波动趋势剔除法计算表

年份	季度	销售量（万件）Y	四项移动平均		比值 Y/T(%)
			第一次平均	第二次平均（T）	
2018	1	16	—	—	—
	2	19	—	—	—
	3	14	16.00		86.82
	4	15	16.25	16.13	95.24
2019	1	17	15.25	15.75	115.25
	2	15	14.25	14.75	106.16
	3	10	14	14.13	65.02
	4	14	16.75	15.38	77.78
2020	1	28	19.25	18.00	140.00
	2	25	20.75	20.00	117.65
	3	16	21.75	21.25	
	4	18	—	—	—

（3）计算季节比率，将比值 Y/T 重新排列，计算季节比率。

（4）计算调整系数 $= \dfrac{400\%}{\sum \text{季节比率}} = \dfrac{400\%}{401.99\%} = 0.9951$

（5）计算季节指数。最终计算结果如表 9.33 所示。

表 9.33 　　　　　　　　　　　　　　季节指数计算表

年份	季度				合计
	第一季度	第二季度	第三季度	第四季度	
2018	—	—	86.82	95.24	—
2019	115.25	106.19	65.04	77.78	—
2020	140.00	117.65	—	—	—
同季平均	127.63	111.92	75.93	86.51	401.99
校正系数	0.9951				
季节指数	127.00	111.37	75.56	86.08	400.00

附录：软件操作（R 语言）

案例 9.1：已知某地区 1949～2020 年最高气温数据如附表 9.1 所示。

附表 9.1　　　　　　　　　**某地区 1949～2020 年最高气温**

年份	温度（℃）	年份	温度（℃）
1949	38.6	1985	36.5
1950	36.6	1986	38.5
1951	37.3	1987	37.2
1952	38.6	1988	38.1
1953	37.5	1989	36.8
1954	35.2	1990	37.5
1955	38.6	1991	36.7
1956	35.6	1992	37.5
1957	35.2	1993	36.8
1958	37.6	1994	37.2
1959	37.8	1995	36.5
1960	37.8	1996	37.5
1961	38.1	1997	38.5
1962	40.6	1998	36.5
1963	37.5	1999	37.5
1964	38.0	2000	38.2
1965	38.5	2001	37.5
1966	38.5	2002	36.2
1967	36.8	2003	37.8
1968	40.1	2004	37.2
1969	36.7	2005	36.5
1970	35.6	2006	39.1
1971	36.2	2007	39.2
1972	38.5	2008	38.5
1973	38.5	2009	37.6
1974	36.8	2010	38.2
1975	38.5	2011	39.5
1976	36.0	2012	39.6
1977	34.5	2013	38.4
1978	37.8	2014	37.8
1979	36.9	2015	36.8
1980	36.2	2016	39.2
1981	38.5	2017	40.5
1982	38.3	2018	41.2
1983	37.2	2019	38.2
1984	36.5	2020	38.7

要求：使用简单指数平滑法对该地区未来五年的最高气温进行预测。

1.绘制时间序列图.

```
> temper < -read.csv("C: \\ Users \\ Administrator \\ Desktop \\ 指数平滑
法 .csv")#读入数据文件
>temp < -ts(temper $ temp,start =1949)#读入数据
> Y
Time Series: Start = 1949 End = 2020 Frequency = 1
[1] 38.6 36.6 37.3 38.6 37.5 35.2 38.6 35.6 35.2 37.6 37.8 37.8 38.1 40.6
37.5 38.0 38.5 38.5
[19] 36.8 40.1 36.7 35.6 36.2 38.5 38.5 36.8 38.5 36.0 34.5 37.8 36.9 36.2
38.5 38.3 37.2 36.5
[37] 36.5 38.5 37.2 38.1 36.8 37.5 36.7 37.5 36.8 37.2 36.5 37.5 38.5 36.5
37.5 38.2 37.5 36.2
[55] 37.8 37.2 36.5 39.1 39.2 38.5 37.6 38.2 39.5 39.6 38.4 37.8 36.8 39.2
40.5 41.2 38.2 38.7
> plot(temp)#绘制时间序列图,如附图9.1 所示.
```

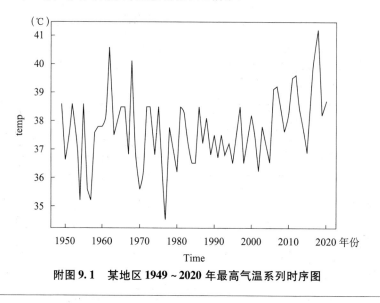

附图9.1　某地区 1949～2020 年最高气温系列时序图

通过绘制该序列时序图（附图9.1）可以看出该序列没有明显的趋势和周期效应，所以采用简单指数平滑法进行序列预测。

2.进行简单指数平滑法.

```
> fit < -HoltWinters(temp,beta = F,gamma = F)#进行简单指数平滑
> fit
Holt -Winters exponential smoothing without trend and without season-
al component.
Call:
HoltWinters(x = Y, beta = F, gamma = F)
```

```
Smoothing parameters:
alpha: 0.1778103
beta : FALSE
gamma: FALSE
Coefficients:
       [,1]
a 38.90534
```

因为没有指定平滑系数的取值，所以系统自行指定了平滑参数的值 $\alpha=$ 0.1778103，并且系统还输出了序列向前 1 期的预测值为 38.90534（a = 38.90534）。

3.基于模型,对未来 5 期预测.

```
> library(forecast)#载入预测包
> fore < - forecast(fit,h = 5)#基于简单指数平滑模型,进行 5 期预测
> fore
   Point Forecast    Lo 80     Hi 80     Lo 95     Hi 95
2021   38.90534  37.26841  40.54226  36.40188  41.40880
2022   38.90534  37.24274  40.56794  36.36261  41.44807
2023   38.90534  37.21745  40.59322  36.32394  41.48674
2024   38.90534  37.19254  40.61814  36.28584  41.52484
2025   38.90534  37.16799  40.64269  36.24829  41.56239
> plot(fore)
> lines(fore $ fitted,col = 4) #绘制预测效果图,如附图 9.2 所示.
```

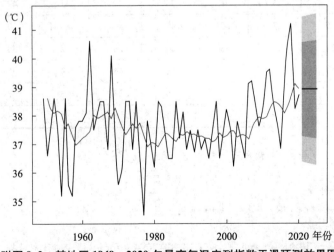

附图 9.2　某地区 1949～2020 年最高气温序列指数平滑预测效果图

基于简单指数平滑的性质，未来任意期的预测值都等于 1 期预测值，即 $\hat{x}_{t+k} = \hat{x}_{t+1}$，$\forall k \geq 1$，这意味着，因为该地区每年的最高气温序列是平稳序列，所以基于现有的历史数据，预测未来该地区最高气温的点估计都等于 38.91℃。

最终预测结果如附表 9.2 所示。

附表 9.2　　　　　　　　　　　　预测结果

年份	温度（℃）
2021	38.90534
2022	38.90534
2023	38.90534
2024	38.90534
2025	38.90534

案例 9.2： 已知某商场 2013～2020 年各月销售额资料如附表 9.3 所示。

附表 9.3　　　　　　　　　某商场 2013～2020 年各月销售额　　　　　　　单位：十万元

月份	2013 年	2014 年	2015 年	2016 年	2017 年	2018 年	2019 年	2020 年
1	6	6	7	8	8	8	9	10
2	6	7	7	7	6	8	7	8
3	7	8	8	9	11	11	12	15
4	8	9	8	9	12	11	12	12
5	9	10	11	12	16	16	19	19
6	10	12	19	21	23	27	27	30
7	21	23	36	38	40	41	42	50
8	25	27	43	45	47	50	50	51
9	21	25	23	26	28	32	34	33
10	11	14	11	13	16	19	21	22
11	4	3	6	6	7	6	7	6
12	2	2	3	3	4	4	5	6

要求：使用趋势剔除法测定季节波动。

```
1.绘制时间序列图.
  > library(readxl)#载入 readxl 包
  > Y < - read_ excel("D:/data/sj2.xlsx")#读取数据文件
  > y < - ts(Y$x,start = c(2013,1),frequency = 12)#读取数据
 > plot(y)  #绘制序列时序图,如附图 9.3 所示.
```

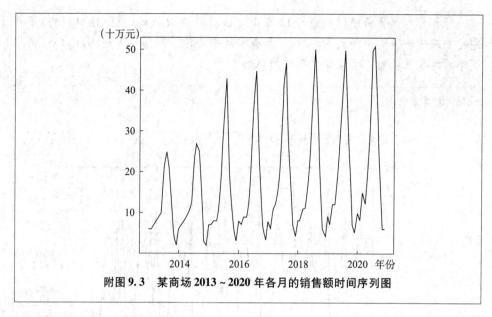

附图9.3 某商场2013～2020年各月的销售额时间序列图

该序列为月度数据序列，时序图（附图9.3）有显著的季节效应，每年为一个周期，即周期长度为12期。

2.2*12复合移动平均.

```
> m12 < -filter(y/12,rep(1.12))
> m2_12 < -filter(m12/2,rep(1,2),sides = 1)
>y_t < -y/m2_12#2 *12 复合移动平均.
>plot(y,lty =2)
> lines(m2_12,col =2)# 绘制移动平均效果图,如附图9.4 所示.
```

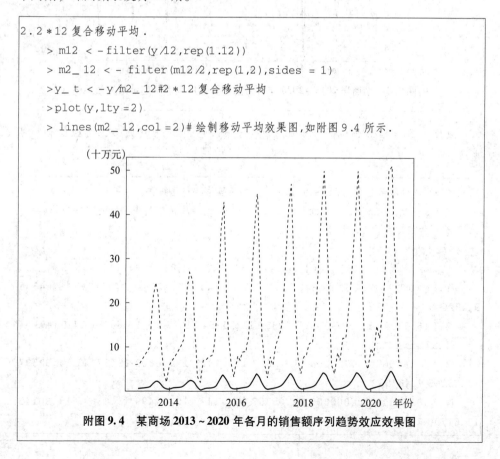

附图9.4 某商场2013～2020年各月的销售额序列趋势效应效果图

对各月的销售额序列先进行 12 期中心移动平均 $M_{12}(x_t)$，再对 $M_{12}(x_t)$ 序列进行 2 期移动平均，得到 $M_{2\times12}(x_t)$ 复合移动平均值。附图 9.4 是 $M_{2\times12}(x_t)$ 消除该序列的季节效应，提取该序列的趋势信息。

3.提出趋势效应.

```
>y_ t < -y/m2_ 12
> plot(y_ t)# 绘制残差序列图,如附图9.5所示.
```

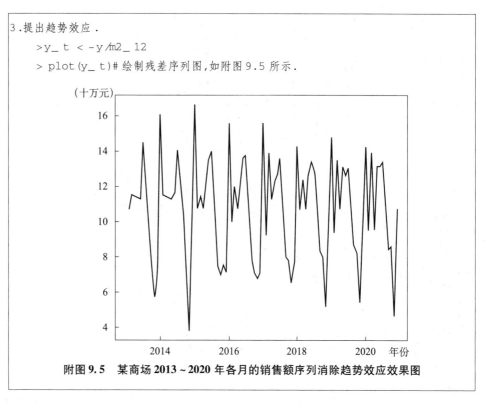

（十万元）

附图9.5　某商场 2013 ~ 2020 年各月的销售额序列消除趋势效应效果图

原序列剔除趋势效应的效果如附图 9.5 所示，则序列只剩下季节效应和随机波动。

4.从元序列中剔除趋势效应,以年为行,月为列的矩阵结构整理数据.

```
> z < - matrix(y_ t,ncol =12,byrow = T) #从元序列中剔除趋势效应,以年为
行,月为列的矩阵结构整理数据
> z
   [,1]  [,2]  [,3]  [,4]  [,5]  [,6]  [,7]  [,8]  [,9]
[1,] NA 10.714286 11.53846 11.42857 11.34454 11.27820 14.51613 11.64596
9.782609
[2,] 16.07143 11.538462 11.42857 11.34454 11.27820 11.68831 14.08163
11.57143 10.302198
[3,] 16.66667 10.714286 11.42857 10.71429 12.40602 13.57143 14.02597
11.66365 7.467532
[4,] 15.58442 10.000000 12.05357 10.71429 12.24490 13.63636 13.80145
11.61790 7.847082
```

```
    [5,] 15.58442   9.183673 13.86555 11.18012 12.24490 12.63736 13.60544
11.57635 8.000000
    [6,] 14.28571 10.714286 12.40602 10.71429 12.69841 13.45515 12.92017
  11.77394  8.362369
    [7,] 14.83516   9.375000 13.53383 10.71429 13.13364 12.57764 13.04348
11.64596  8.673469
    [8,] 14.28571   9.523810 13.97516   9.52381 13.13364 13.11953 13.39286
10.82037  8.418367
          [,10]     [,11]     [,12]
    [1,] 7.366071 5.714286   7.142857
    [2,] 7.692308 3.781513   8.571429
    [3,] 6.932773 7.563025   7.142857
    [4,] 7.142857 6.766917   7.142857
    [5,] 7.792208 6.521739   7.792208
    [6,] 7.983193 5.142857   8.571429
    [7,] 8.181818 5.357143   8.928571
    [8,] 8.571429 4.591837 10.714286
```

对原序列提出趋势效应之后,接下来求序列总均值。

```
5.剔除缺失数据,求序列总均值.
    > m < - mean(z,na.rm = T)#剔除缺失数据,求序列总均值
    > m
    [1] 10.73426
```

由输出结果可知,序列总均值为 10.73426,接下来求每个月份的均值。

```
6.剔除缺失数据,求每个月份的均值.
    > ms < - 0
    > for (k in 1:12) ms[k] = mean(z[,k],na.rm = T)#剔除缺失数据,求每月均值
    > ms
    [1] 15.330503 10.220475 12.528716 10.791773 12.310530 12.745498 13.673392
11.539446
    [9] 8.606703  7.707832  5.679915  8.250812
```

通过计算可知,每个月份的均值如附表 9.4 所示。

附表9.4   各月份均值结果表

项目	1 月	2 月	3 月	4 月	5 月	6 月
均值	15.330503	10.220475	12.528716	10.791773	12.310530	12.745498
项目	7 月	8 月	9 月	10 月	11 月	12 月
均值	13.673392	11.539446	8.606703	7.707832	5.679915	8.250812

7.求乘数模型的季节指数.

```
> S < - ms/m#求解乘数模型的季节指数
> S
 [1]  1.4281850  0.9521364  1.1671714 1.0053584 1.1468453 1.1873668
 1.2738091  1.0750113
 [9]  0.8017979  0.7180593  0.5291391  0.7686431
> Month < -seq(1:12)
> plot(Month,S,type = "o")#绘制季节指数图,如附图9.6 所示.
```

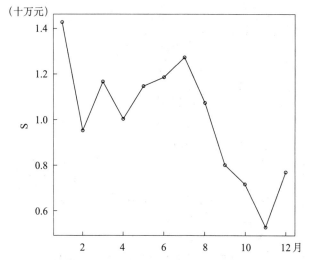

附图 9.6　某商场 2013~2020 年各月的销售额序列季节指数图

```
> I < - y/m2_ 12/S
> plot(I)#绘制随机效应示意,如附图9.7 所示.
```

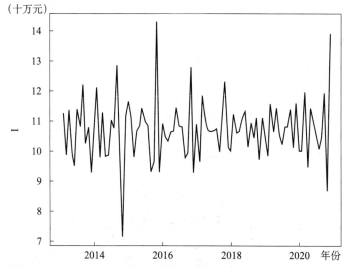

附图 9.7　某商场 2013~2020 年各月的销售额序列随机效应示意图

最终计算 12 月的季节指数如附表 9.5 所示。

附表 9.5 　　　　　　　　　**季节指数结果表**

项目	1 月	2 月	3 月	4 月	5 月	6 月
季节指数	1.4281850	0.9521364	1.1671714	1.0053584	1.1468453	1.1873668
项目	7 月	8 月	9 月	10 月	11 月	12 月
季节指数	1.2738091	1.0750113	0.8017979	0.7180593	0.5291391	0.7686431

练 习 题

一、单项选择题

1. 时间数列的基本构成要素是（　　）。

　　A. 时间和次数　　　　　　　　B. 变量和次数

　　C. 时间和指标数值　　　　　　D. 时间和变量

2. 某地区 2008～2020 年的每年年末人口数的时间数列是（　　）。

　　A. 绝对数时期数列　　　　　　B. 相对数时期数列

　　C. 绝对数时点数列　　　　　　D. 相对数时点数列

3. 时期数列和时点数列的统计指标都是（　　）。

　　A. 都是相对数

　　B. 都是绝对数

　　C. 既可以是相对数也可以是绝对数

　　D. 既可以是平均数也可以是绝对数

4. 根据时期数列计算序时平均数应采用（　　）。

　　A. 几何平均法　　　　　　　　B. 加权算术平均法

　　C. 简单算术平均法　　　　　　D. 首末折半法

5. 间隔不等连续时点指标计算序时平均数采用（　　）。

　　A. 几何平均法　　　　　　　　B. 加权算术平均法

　　C. 简单算术平均法　　　　　　D. 首末折半法

6. 时间数列最基本的速度指标是（　　）。

　　A. 发展速度　　　　　　　　　B. 平均发展速度

　　C. 增长速度　　　　　　　　　D. 平均增长速度

7. 某地区 1980 年末人口数为 54 167 万人，2020 年末人口数为 111 191 万人，年平均增长速度为（　　）。

　　A. 1.81%　　　　　　　　　　B. 1.80%

　　C. 1.77%　　　　　　　　　　D. 1.89%

8. 若现象的发展没有季节变动，则季节比率为（　　）。

　　A. 0　　　　　　　　　　　　B. 1

　　C. 小于1　　　　　　　　　　D. 大于1

二、多项选择题

1. 编制时间数列的基本原则有 （   ）。

    A. 所属时间可比   B. 总体范围可比

    C. 经济内容可比   D. 计算口径可比

2. 时点数列的特点有 （   ）。

    A. 在时点数列中，各指标值可以相加

    B. 在时点数列中，各指标值不能相加

    C. 在时点数列中各期指标值的大小与所属时期长短有直接关系

    D. 在时点数列中各期指标值的大小与所属时期长短没有直接关系

    E. 在时点数列中每个指标的数值，通常是通过连续不断登记取得的

    F. 在时点数列中每个指标的数值，通常是通过一定时期登记一次而取得的

3. 时间数列形成的变动规律为 （   ）。

    A. 长期趋势   B. 季节变动

    C. 循环变动   D. 不规则变动

4. 长期趋势常用的测定方法有 （   ）。

    A. 季节比率法   B. 移动平均法

    C. 时距扩大法   D. 趋势拟合法

三、名词解释题

1. 时间数列
2. 发展水平
3. 增长量
4. 发展速度
5. 序时平均数
6. 平均发展速度
7. 长期趋势
8. 季节变动
9. 指数平滑法

四、简答题

1. 时期数列和时点数列的特点，并举例说明。
2. 编制时间数列的基本原则。
3. 序时平均法的方法。
4. 移动平均法的计算步骤。
5. 季节变动测定的原理以及测定方法。
6. 时间数列的构成要素。
7. 移动平均趋势剔除法的基本步骤。

五、计算题

1. 已知我国 2015 ~ 2020 年第三产业增加值数据如表 9.34 所示。

表 9.34

项目	2015 年	2016 年	2017 年	2018 年	2019 年	2020 年
第三产业 （万亿元）	349 744.7	390 828.1	438 355.9	489 700.8	535 371	553 976.8

要求：根据表 9.34 数据计算：（1）逐期增长量和累计增长量；（2）环比发展速度和定基发展速度；（3）环比增长速度和定基增长速度。

2. 已知某地区 2016～2020 年末人口数和 GDP 数据如表 9.35 所示。

表 9.35

项目	2015 年	2016 年	2017 年	2018 年	2019 年
年末人口数（万人）	2 188	2 195	2 194	2 192	2 190
GDP（亿元）	24 779.1	27 041.2	29 883	33 105.97	35 445.13

要求：根据表 9.35 数据计算：（1）2016～2020 年平均 GDP；（2）2016～2020 年平均人口数；（3）2016～2020 年 GDP 的平均增长速度。

3. 某公司 2018 年第一季度员工人数及工业总产值数据如表 9.36 所示。

表 9.36

项目	1 月	2 月	3 月	4 月
工业总产值（万元）	656	697	752	782
职工人数（人）	1 200	1 254	1 240	1 265

要求：（1）计算第一季度的月平均劳动生产率；（2）计算第一季度的劳动生产率。

4. 已知某公司 2006～2019 年销售量数据如表 9.37 所示。

表 9.37

项目	2006 年	2007 年	2008 年	2009 年	2010 年	2011 年	2012 年
销售量（万件）	34	40	45	51	56	62	67
项目	2013 年	2014 年	2015 年	2016 年	2017 年	2018 年	2019 年
销售量（万件）	72	78	83	89	94	100	106

要求：（1）使用三项移动平均法和五项移动平均法计算趋势值；（2）用最小平方方法配合直线趋势方程；（3）预测该商场 2019 年的销售量。

5. 已知某地区 2012～2017 年产品产量数据如表 9.38 所示。

表 9.38

项目	2012 年	2013 年	2014 年	2015 年	2016 年	2017 年
产量（万吨）	341.25	400.75	461.16	522.56	585.09	648.54

要求：（1）用最小平方方法配合二次曲线趋势方程；（2）用最小平方方法配合指数曲线趋势方程。

6. 已知 2017～2020 年某企业某种商品的销售量数据如表 9.39 所示。

表 9.39　　　　　　　　　　销售数据情况

年份	季度			
	第一季度	第二季度	第三季度	第四季度
2017	25	28	23	24
2018	28	26	21	25
2019	32	29	18	20
2020	36	30	27	25

要求：用移动平均趋势剔除法测定季节变动。

六、论述题

1. 利用增长率分析时间数列应该注意哪些问题？
2. 使用平均发展速度应注意哪些问题？
3. 研究时间数列的意义。

统计思想的总结

事物是不断发展变化的，要用发展的眼光看问题。这句蕴含深刻哲理的名言为大多数人所熟知。如果说这是对动态思想的定性和哲学阐述的话，那么同样可以从定量和统计学的角度去解读动态思想的真谛。

在统计学的理论知识体系中，最能够体现动态思想的当然就是描述社会经济现象数量发展变化的时间数列。时间数列是反映现象发展水平的统计指标数值，按照时间先后顺序排列起来所形成的统计序列。通过编制时间数列，运用统计分析方法可以研究社会经济现象变化的长期趋势（T）、季节变动（S）、循环变动（C）和不规则变动（I），还可以根据时间数列计算各种时间动态指标数值，以便具体深入地揭示现象发展变化的数量特征，并在此基础上对其未来发展趋势进行预测。需要指出，由于事物的发展不仅有连续性的特点，而且又是复杂多样的。因此，在应用时间数列分析法进行市场预测时应注意市场现象未来发展变化规律和发展水平，不一定与其历史和现在的发展变化规律完全一致。但随着市场现象的发展，它还会出现一些新的特点。因此，在时间数列分析预测中，绝不能机械地按市场现象过去和现在的规律向外延伸。必须要研究分析市场现象变化的新特点、新表现，并且将这些新特点和新表现充分考虑在预测值内。这样对市场现象的预测结果既能够延续其历史变化规律，又符合其现实的具体表现。

而能够实现这样目标的关键在于，不论是时间数列中可以解释的长期趋势（T）、季节变动（S）、循环变动（C），还是不可解释的不规则变动（I），其共同点是都包含"不变部分"和"可变部分"。"不变部分"就是时间数列的本质属性和特征，在不受到重大外界因素干扰的情况下，即使随着时间的推移，其本质属性和基本特征不会发生根本性的变化；这是根据时间数列的历史数据，运用统计方法刻画其发展变化规律，并对未来进行预测的关键所在。"可变部分"是时间数列偏离其理想状态的影响因素，正是由于"可变部分"的作用，使得时间数列在图形上看起来不再光滑；长期趋势（T）、季节变动（S）、循环变动（C）等明显的变化特征往往会被"可变部分"的影响所掩盖，即使是不规则变动（I）中的纯随机性也会受到"可变部分"的冲击而不再满足白噪声的特征。因此，在研究社会经济现象的动态演变时，只靠观察往往很难发现其变化的数量规律，需要借助统计方法对其变化特征进行剖析和模拟。

第十章　统计指数

【问题提出】

数字经济指数

数字经济，是伴随着全球数字化浪潮，在新一轮科技革命和产业变革中孕育兴起的经济模式；是以使用数字化的知识和信息作为关键生产要素，以现代信息网络作为重要载体，以信息通信技术的有效使用作为效率提升和经济结构优化重要推动力的一系列经济活动。

中国数字经济指数表示数字经济对经济发展的杠杆作用。我们将数字经济定义为由信息技术革新驱动的经济增长，包括内涵和外延两个部分。从内涵上来说，电信、计算机、通信设备等信息技术相关的行业本身就是数字经济的一部分。从外延上来说，由信息技术革新所带来的新商业模式、新生活方式以及人们所获得的更多效用，都属于数字经济。例如网络约车、无人驾驶、工业生产中物联网的作用……这些行业可能本身并不直接隶属于信息技术相关行业，但它们的兴起却实实在在地产生于数字经济的土壤中，这部分经济被称为数字经济的外延。

数字经济引领创新发展。G20峰会提出"以信息和知识的数字化为关键生产要素、以现代信息网络为重要载体、以有效利用信息网络技术为提升效率和优化经济结构重要动力的广泛经济活动"。此后，政府工作报告提出继续"壮大数字经济"，将发展壮大数字经济定位于数字中国发展的方向。"十四五"规划和2035远景目标明确提出，"发展数字经济，推进数字产业化和产业数字化，推动数字经济和实体经济深度融合，打造具有国际竞争力的数字产业集群"。

为此，新华三集团建立"城市数字经济指标体系"，针对中国城市发展与治理的四大关键领域，依据国家政策规划以及国务院、国家发改委和各部委等针对各领域的专项规划与指导意见及最新政策要求，确定评估重点，就关键领域中的重点工作任务、推进事项、发展目标等制定独立评估指标，以此考察、评估中国城市数字经济发展水平。其数字经济指数包括四个子指数：数据及信息化基础设施、城市服务、城市治理和产业融合。以使用数字化的知识和信息作为关键生产要素、以现代信息网络作为重要载体、以信息通信技术的有效使用作为效率提升和经济结构优化的重要推动力的一系列经济活动。该指数的建立和发布在社会上引起很大反响，为探索中国城市数字经济提供了可持续发展路径。这是用指数方法反映社会经济发展的成功案例。

在日常生活中，我们经常遇到或者需要使用各种指数，如社会零售物价指数、居民消费价格指数、股票价格指数、生产价格指数、房地产价格指数等。这些指数与我们的社会生活息息相关。学习如何编制指数，有助于我们更好地了解它们在现实经济分析中的功能与作用。

第一节　统计指数的概念和种类

一、统计指数的概念

统计指数又称经济指数。最早的统计指数起源于 18 世纪欧洲关于物价波动的研究。后来，逐渐扩大到产量、成本、劳动生产率等指数的计算。由最初计算一种商品的价格变动，逐渐扩展到计算多种商品价格的综合变动。至今，统计指数已被广泛应用于社会经济生活各方面；一些重要的指数已成为社会经济发展的晴雨表。

统计指数有广义指数与狭义指数之分，其概念分别介绍如下：

（一）广义指数

广义指数指凡是社会经济现象变动的相对指标，都叫指数。它既包括动态相对指标，也包括比较相对指标和计划完成相对指标等静态相对指标。通常来说，经济领域用于表明所研究的现象在时间上发展变化程度的相对数。例如，某年全国的零售物价指数为104%。

（二）狭义指数

狭义指数是综合反映多种不同事物在不同时间上的总变动的特殊的相对数。即专门用来综合说明那些不能直接相加和对比的复杂社会经济现象的变动情况。例如，要说明一个国家或地区商品价格综合变动情况，由于各种商品的经济用途、规格、型号、计量单位等不同，不能直接将各种商品的价格简单对比，而要解决这种复杂经济总体各要素相加的问题，就要编制统计指数综合反映它们的变动情况。

本章主要基于统计指数的狭义的概念来探讨指数的作用、编制方法及其在统计分析中的运用。

二、统计指数的性质

从统计指数的概念可知，统计指数具有以下性质。

（一）相对性

统计指数是总体各变量综合对比而形成的相对数，通常用百分数表示，表明把作为对比基准的水平视为 100，则所要考察的现象水平相对于基准水平的比率。

（二）综合性

统计指数反映的不是个体事物的变化，而是综合反映不同性质的各种事物的总体变化。

（三）平均性

两个综合数量对比产生的指数能够反映个别量的平均变动水平。

（四）代表性

统计指数是通过比较来反映总体在不同场合下综合的、平均的数量变化，但是要将总体中所有个体数量特征全部包括在对比数值中，有时很困难，甚至不可能。如计算零售物价指数，按理应考虑所有零售商品的价格水平，但零售商品成千上万，没有办法将其全部包括在内进行对比，因此必须从中选择出若干种代表商品来计算。从这个意义上说，统计指数具有代表性的性质。

三、统计指数的分类

根据指数研究的目的和作用不同，统计指数可以从不同角度进行分类，一般有以下几种。

（一）个体指数和总指数

按所反映的对象范围和计算方法的不同，分为个体指数、总指数。

个体指数是反映总体中个别项目的数量对比关系的指数。例如，某种产品的产量指数、某种商品的价格指数等，个体指数是计算总指数的基础。

总指数是反映复杂社会经济现象中总体综合变动状况的指数。复杂社会经济现象就是指那些不能直接相加的综合对比的社会经济现象。例如，多种产品的产量指数、多种商品的价格指数等。由于多种事物的使用价值不同，其数量不具有直接综合的性质，所以总指数的计算不能使用个体指数直接对比的方法，而需要使用专门的方法。

（二）数量指标指数和质量指标指数

按指数所反映的现象特征不同，分为数量指标指数与质量指标指数。

数量指标指数，简称数量指数，是用来反映现象的总规模、总水平或工作总量的相对数。如职工人数指数、产品产量指数、商品销售量指数等。

质量指标指数，简称质量指数，是反映现象相对水平或平均水平变动的相对数。如价格指数、产品成本指数、劳动生产率指数等。

（三）动态指数和静态指数

按指数反映的时间状态的不同，分为动态指数和静态指数。

动态指数，是反映某种事物在不同时间上发展变化的指数。如股票价格指数、商品零售价格指数、农副产品产量指数等。

静态指数，是反映某种事物在同时期不同空间对比情况的指数，又分为空间指数和计划完成指数。如计划完成情况指数、地区经济综合评价指数等。

（四）定基指数和环比指数

动态指数按指数编制时所采用的基期不同，分为定基指数和环比指数。

定基指数，凡是在一个指数数列中的各个指数都是以某一固定时期作为基础编制的指数数列，称为定基指数。

环比指数，凡是在一个指数数列中的各个指数都是以前一期作为基期编制的指数数列，称为环比指数。

（五）综合指数和平均数指数

总指数按其编制时所采用的指标和计算方法不同，分为综合指数和平均数指数。

综合指数是指利用复杂现象总体两个时期可比的现象总量进行对比而得到的相对数，它是总指数计算的基本形式。

平均数指数是指利用个体指数，通过加权算数平均或加权调和平均的方法计算的相对数。它可以反映复杂总体综合变动程度和变动方向。平均数指数在一定条件下是综合指数的变形，但仍具有相对独立的意义。

四、统计指数的作用

统计指数的作用主要有如下几点。

（一）分析复杂经济现象总体的变动方向和程度

在综合反映复杂社会经济现象总体时，往往由于各种商品或产品的使用价值不同、所研究总体中的各个个体不能直接相加，而指数法的首要任务，就是把不能直接相加总的现象通过一种特殊方法过渡到可以加总对比，从而分析复杂社会经济现象的总变动方向及变动幅度。它与100%之差，则表示总体数量变动的程度，正数说明现象总体数量上升的幅度，负数说明现象总体数量下降的幅度。例如，某地区2020年与2019年相比，零售商品价格指数为104.33%。

（二）分析复杂经济现象总体变动中各个构成要素的变动以及影响程度

根据总体内各影响因素之间的数量关系，利用指数体系理论，以测定各个构成要素的变动对现象总变动的影响情况。例如，商品销售额是销售量和销售价格的乘积，产品总成本是产品产量与单位成本的乘积，产品产值是劳动量与劳动生产率的乘积或产品产量与产品价格的乘积等，将不同时期的商品销售额、产品总成本、产品产值进行比较就能反映其总体的变动方向和变动程度。如某地区 2020 年商品销售额对比 2019 年为 110.90%，说明 2020 年该地区商品销售额的增长幅度为 10.90%。这个变动是销售量与价格两个因素共同作用的结果，借助于统计指数法可以深入分析和测定这两个因素的变动及其对销售额变动所带来的影响。

（三）分析复杂现象平均水平的变动中各个因素的变动以及影响程度

在对现象的总平均数进行动态分析时，利用指数法，可以测定各组平均水平的变动和各组在总量中所占比重的变动，以及它们对总平均水平变动的影响程度。如城镇就业人口平均工资水平的变动，既受各行业职工工资水平变动的影响，也受各行业职工构成变动的影响。借助于统计指数法，就能对全体就业人口的工资水平变动进行分析，同时分析各行业职工平均工资变动及其对全体就业人口平均工资变动的影响，分析各行业职工所占比重的变动及其对全体就业人口平均工资的影响。

（四）分析总体数量特征的长期变动趋势

编制一系列反映同类现象变动情况的指数形成指数数列，可以反映被研究现象的变动趋势。例如，根据 2010~2020 年共 11 年的零售商品价格数据，编制 10 个环比价格指数，从而构成价格指数数列，由此可揭示价格在 11 年间的变动方向、程度和趋势，平均价格水平是上升还是下降。

（五）对多指标复杂社会经济现象进行综合测评

随着指数在实际应用中的发展，许多社会经济现象都可以运用指数来进行综合测评，以便对某种社会经济现象进行综合的数量评断。例如，根据指数理论建立社会发展和国民经济运行的评价和预警系统；对综合国力、社会发展水平的综合评价研究等。

第二节　综合指数

综合指数是总指数的基本形式，有简单综合指数与加权综合指数之分，但通常所讲的综合指数是指加权综合指数。它是通过引入一个同度量因素将不能相加的变量转化为可相加的总量指标，而后对比所得到的相对数。从综合指数的编制来看，有以下几个特点：先综合后对比；固定同度量因素，测定所要研究的因素的变动，即指数化指标的变动程度；分子、分母所研究对象的范围原则上必须一致。为了说明其编制要点，先来看一个例子。

例 10.1：设商品销售量和商品价格资料如表 10.1 所示。

表 10.1　　　　　　　　　　某商店商品销售情况

商品名称	计量单位	销售量		价格（元）	
		基期 q_0	报告期 q_1	基期 p_0	报告期 p_1
甲	件	480	600	25	25
乙	千克	500	600	40	36
丙	米	200	180	50	70

根据以上数据，可编制如下指数：

（1）计算三种商品销售量的个体指数（K_q）；

（2）计算三种商品价格的个体指数（K_p）；

（3）销售额总指数（$\overline{K}_{qp}$）；

（4）销售量总指数（$\overline{K}_q$）；

（5）销售价格总指数（$\overline{K}_p$）。

例如，三种商品销售量的个体指数：

$$甲商品，K_q = \frac{q_1}{q_0} = \frac{600}{480} = 125\%$$

$$乙商品，K_q = \frac{q_1}{q_0} = \frac{600}{500} = 120\%$$

$$丙商品，K_q = \frac{q_1}{q_0} = \frac{180}{200} = 90\%$$

三种商品价格的个体指数：

$$甲商品，K_p = \frac{p_1}{p_0} = \frac{25}{25} = 100\%$$

$$乙商品，K_p = \frac{p_1}{p_0} = \frac{36}{40} = 90\%$$

$$丙商品，K_P = \frac{p_1}{p_0} = \frac{70}{50} = 140\%$$

商品销售额总指数：

$$\overline{K}_{qp} = \frac{\sum q_1 p_1}{\sum q_0 p_0} = \frac{600 \times 25 + 600 \times 36 + 180 \times 70}{480 \times 25 + 500 \times 40 + 200 \times 50} = \frac{49\,200}{42\,000}$$

$$= 1.1714（或 117.14\%）$$

三种商品销售量的个体指数与三种商品销售价格的个体指数的编制比较容易，只需将反映某现象发展水平的两个时期的数值直接对比。销售额总指数反映商品销售额在报告期与基期的变化状况，只需将报告期的销售量与价格相乘再比上基期的销售量与价格的乘积。然而，销售量总指数和销售价格总指数就不容易计算了，因为三种商品的销售量和价格不能直接相加。下面分别以销售量总指数和销售价格总指数为例，来说明数量指标指数和质量指标指数的编制方法。

一、数量指标指数的编制方法

数量指标指数是说明社会经济现象总体规模和水平综合变动的比较相对指标。通常有工业产品产量指数、商品销售量指数、工人数指数、农产品产量指数等。

销售量总指数是数量指标指数，它反映多种商品销售量的总指数，在表 10.1 中，三种商品的计量单位和使用价格都不同，因此不能直接相加以取得两个时期的销售总量，这种不能直接相加总对比的现象，称为不同度量现象。因此，编制销售量总指数必须要考虑以下几个问题。

第一，各种商品的度量单位不相同，它们的商品销售量不能直接相加。如果将各种商品的销售量分别乘上它们的销售价格，成为销售额，这就使各种商品由不同的使用价值形态转化为同质异量的价值总量，即：

$$销售量 \times 销售价格 = 销售额$$

即：

$$q \times p = qp$$

在这里，销售价格为同度量因素，销售量为指数化指标，商品的销售额相加便得到销售总额（$\sum qp$）。

第二，必须找到一个同度量因素，使不能直接相加的指标过渡到可以相加的指标。同度量因素指把不同度量的现象过渡成可以同度量的媒介因素，同时起到同度量和权数的作用，即：

1. 同度量作用，即使不能加总的量过渡到可以加总；
2. 权数作用，即在形成总指数的过程中对总指数的大小有权衡轻重的作用。
指数化指标是指在指数分析中被研究的指标。

第三，为了说明销售量的变动，同度量因素必须使用同一时期的，即假定两个时期的商品销售额是按同一时期的价格计算的，然后再进行对比。

第四，同度量因素可以用基期、报告期，或者其他的。采用不同的同度量因素得到的结果不同，并且会得到不同的指数公式。

现分别按不同时期的价格为同度量因素，列出商品销售量总指数公式：

（一）以基期销售价格作为同度量因素的销售量总指数：

$$\overline{K_q} = \frac{\sum q_1 p_0}{\sum q_0 p_0} \tag{10.1}$$

将表 10.1 的资料代入式（10.1），得该商店销售量总指数为：

$$\overline{K}_q = \frac{\sum q_1 p_0}{\sum q_0 p_0} = \frac{600 \times 25 + 600 \times 40 + 180 \times 50}{480 \times 25 + 500 \times 40 + 200 \times 50} = \frac{48\ 000}{42\ 000}$$

$$= 1.1429\ (\text{或 } 114.29\%)$$

计算结果说明在基期销售价格不变的条件下，三种商品销售量的综合变动方向和程度。该公式的分子、分母相减所得的差额（$\sum q_1 p_0 - \sum q_0 p_0$），说明由于商品销售量的变动对销售额影响的绝对值。

$$\sum q_1 p_0 - \sum q_0 p_0 = 48\ 000 - 42\ 000 = 6\ 000\ (\text{元})$$

计算结果表明，三种商品销售量报告期比基期平均增长 14.29%，使销售额增加了 6 000 元。

（二）以报告期销售价格作为同度量因素的销售量总指数

$$\overline{K}_q = \frac{\sum q_1 p_1}{\sum q_0 p_1} \tag{10.2}$$

将表 10.1 的资料代入式（10.2），得该商店销售量总指数为：

$$\overline{K}_q = \frac{\sum q_1 p_1}{\sum q_0 p_1} = \frac{600 \times 25 + 600 \times 36 + 180 \times 70}{480 \times 25 + 500 \times 36 + 200 \times 70} = \frac{49\ 200}{44\ 000}$$

$$= 1.118\ 2\ (\text{或 } 111.82\%)$$

计算结果说明在报告期销售价格不变的条件下，三种商品销售量的综合变动方向和程度。该公式的分子、分母相减所得的差额（$\sum q_1 p_1 - \sum q_0 p_1$），说明由于商品销售量的变动对销售额影响的绝对值。

$$\sum q_1 p_1 - \sum q_0 p_1 = 49\ 200 - 44\ 000 = 5\ 200\ (\text{元})$$

计算结果表明，三种商品销售量报告期比基期平均增长 11.82%，使销售额增加了 5 200 元。

二、质量指标指数的编制方法

质量指标指数是说明社会经济现象总体性质综合变动的比较相对指标，通常有单位产品成本指数、商品价格指数、劳动生产率指数等。

销售价格指数是质量指标指数，它是反映多种商品价格综合变动的总指数。在计算销售价格总指数时，由于各种商品使用价值、计量单位不同，将它们的价格直接相加后进行综合对比没有经济意义。因此，要反映价格总的变动情况，也需要解决同度量因素问题，即：

价格 × 销售量 = 销售额

即：

$$p \times q = pq$$

这里，同度量因素是销售量。与编制数量指标综合指数一样，必须将同度量因素固定在某一时期，这样才能通过销售额的对比说明价格的综合变动。

现分别按不同时期的销售量为同度量因素，列出价格总指数公式：

（一）以基期销售量作为同度量因素的价格总指数

$$\overline{K}_p = \frac{\sum p_1 q_0}{\sum p_0 q_0} \qquad (10.3)$$

将表 10.1 的资料代入式（10.3），得该商店价格总指数为：

$$\overline{K}_q = \frac{\sum p_1 q_0}{\sum p_0 q_0} = \frac{25 \times 480 + 36 \times 500 + 70 \times 200}{25 \times 480 + 40 \times 500 + 50 \times 200} = \frac{44\,000}{42\,000}$$

$$= 1.047\,6 \,(\text{或 } 104.76\%)$$

计算结果说明在基期销售量不变的条件下，三种商品价格的综合变动方向和程度。该公式的分子、分母相减所得的差额（$\sum p_1 q_0 - \sum p_0 q_0$），说明由于商品价格的变动对销售额影响的绝对值。

$$\sum p_1 q_0 - \sum p_0 q_0 = 44\,000 - 42\,000 = 2\,000 \,(\text{元})$$

计算结果表明，三种商品价格报告期比基期平均增长 4.76%，使销售额增加了 2 000 元。

（二）以报告期销售量作为同度量因素的价格总指数

$$\overline{K}_p = \frac{\sum p_1 q_1}{\sum p_0 q_1} \qquad (10.4)$$

将表 10.1 的资料代入式（10.4），得该商店价格总指数为：

$$\overline{K}_p = \frac{\sum p_1 q_1}{\sum p_0 q_1} = \frac{25 \times 600 + 36 \times 600 + 70 \times 180}{25 \times 600 + 40 \times 600 + 50 \times 180} = \frac{49\,200}{48\,000}$$

$$= 1.0250 \,(\text{或 } 102.50\%)$$

计算结果说明在报告期销售量不变的条件下，三种商品价格的综合变动方向和程度。该公式的分子、分母相减所得的差额（$\sum p_1 q_1 - \sum p_0 q_1$），说明由于商品价格的变动对销售额影响的绝对值。

$$\sum p_1 q_1 - \sum p_0 q_1 = 49\,200 - 48\,000 = 1\,200 \,(\text{元})$$

计算结果表明，三种商品价格报告期比基期平均增长 2.50%，使销售额增加了 1 200 元。

三、拉氏指数

拉氏指数是德国经济统计学家拉斯贝尔斯（Laspeyre）于 1864 年提出的把销

售量固定在基期的价格指数，该方法后来被推广到其他各种综合指数的计算。该指数把同度量因素固定在基期水平上，所以又称为"基期加权综合指数"。见式（10.1）和式（10.3）。

拉氏指数有以下特点：

第一，以基期变量值为权数，可以消除权数变动对指数的影响，从而使不同时期的指数具有可比性。

第二，拉氏指数也存在一定的缺陷。比如物价指数，是在假定销售量不变的情况下报告期价格的变动水平，不能反映出销售量的变化。从实际生活角度看，人们更关心在报告期销售量条件下，由于价格变动对实际生活的影响。

第三，拉氏价格指数实际中应用得很少，而拉氏数量指数实际中应用得较多。

四、帕氏指数

帕氏指数是 1874 年德国学者帕煦（Paasche）所提出的一种指数计算方法，其后来也被推广到各种综合指数的计算。该指数在计算一组项目的综合指数时，把作为权数的变量固定在报告期，所以又称为"报告期加权综合指数"。见式（10.2）和式（10.4）。

帕氏指数有以下特点：

第一，帕氏指数以报告期变量值为权数，不能消除权数变动对指数的影响，因而不同时期的指数缺乏可比性。

第二，帕氏指数可以同时反映出价格和消费结构的变化，具有比较明确的经济意义。因此，在实际应用中，常采用帕氏公式计算价格指数。

五、拉氏指数与帕氏指数的比较

（一）计算结果的差异

由于拉氏指数与帕氏指数各自选取的同度量因素不同，两者的计算结果产生差异。假设利用同样的数据编制指数，两者给出的计算结果一般也会存在差异。只有在两种情况下，两者才会恰巧一致：

1. 总体中的所有指数化指标都按相同的比例变化，即所有个体指数都相等。
2. 总体中所有项目的同度量因素都按相同比例变化，即权数的结构保持不变。

（二）分析经济意义的差异

编制商品价格综合指数的目的在于测定商品价格的综合变动方向和程度，并以此说明市场价格变化对居民生活水平的影响程度。编制商品价格指数如果用拉氏质量指数公式计算，即将同度量因素固定在基期，该公式的计算结果表明：在基期商品销售量及商品结构条件下，商品价格水平的变动方向和程度。分子分母相减所得的差额说明由于价格水平的变动，居民按照基期商品销售量及商品结构购买这三种商品所支出的金额变动情况，只能说明消费者为了维持基期的消费水平，由于价格的变化将会增减多少开支。若用帕氏质量指数公式计算商品价格综合指数，即将同度量因素固定在报告期，该公式的计算结果表明：在报告期商品销售量及商品结构条件下，商品价格水平的变动方向和程度。分子分母相减所得的差额说明由于商品价格水平变动，居民按照报告期商品销售量及商品结构购买这三种商品所支出的金额变动情况，这虽然包含商品销售量的结构变动，但是它在现实生活更符合编制商品价格综合指数的意义。

因此，编制质量指标综合指数时，应将同度量因素（数量指标）固定在报告期，这也是编制质量指标综合指数时选择同度量因素的一般原则。

（三）一般数量比较关系

现实经济生活中，依同样数据计算的拉氏指数一般大于帕氏指数。同时，质量指标与数量指标（例如价格与销售量）的变化之间通常存在着负相关关系，即下面三种情况之一：

1. 质量指标的水平绝对上升，而数量指标的水平绝对下降，或相反，数量指标的水平绝对上升，而质量指标的水平绝对下降。

2. 质量指标和数量指标的水平都上升，但在其中一个的上升速率加快的同时，另一个的上升速率则在减缓。

3. 质量指标和数量指标的水平都下降，但在其中一个的下降速率加快的同时，另一个的下降速率则在减缓。

六、综合指数的其他类型

（一）马歇尔—埃奇沃斯指数（马埃指数公式）

英国学者阿尔弗雷德·马歇尔（Alfred Marshall）和弗朗西斯·伊西德罗·埃奇沃斯（Francis Ysidro Edgeworth）共同设计了以基期与报告期实物平均量做权数的综合物价指数，目的是避免拉氏公式和帕氏公式的偏误，其质量指数和数量指数公式分别为：

$$E_p = \frac{\sum p_1\left(\frac{q_0+q_1}{2}\right)}{\sum p_0\left(\frac{q_0+q_1}{2}\right)} = \frac{\sum p_1(q_0+q_1)}{\sum p_0(q_0+q_1)} = \frac{\sum p_1q_0 + \sum p_1q_1}{\sum p_0q_0 + \sum p_0q_1} \quad (10.5)$$

$$E_q = \frac{\sum q_1\left(\frac{p_0+p_1}{2}\right)}{\sum q_0\left(\frac{p_0+p_1}{2}\right)} = \frac{\sum q_1(p_0+p_1)}{\sum q_0(p_0+p_1)} = \frac{\sum q_1p_0 + \sum q_1p_1}{\sum q_0p_0 + \sum q_0p_1} \quad (10.6)$$

（二）理想指数（费雪公式）

由美国经济学家沃尔什（C. M. Walsh）和英国经济学家阿瑟·塞西尔·庇古（Arthur Cecil Pigou）等提出，后来著名的经济学家菲利普·费雪（Philip A. Fisher）通过验证，将它命名为"理想指数公式"。它是对拉氏指数和帕氏指数所求的几何平均数。其质量指数和数量指数分别为：

$$F_p = \sqrt{L_p \times P_p} = \sqrt{\frac{\sum p_1 q_0}{\sum p_0 q_0} \times \frac{\sum p_1 q_1}{\sum p_0 q_1}} \tag{10.7}$$

$$F_q = \sqrt{L_q \times P_q} = \sqrt{\frac{\sum q_1 p_0}{\sum q_0 p_0} \times \frac{\sum q_1 p_1}{\sum q_0 p_1}} \tag{10.8}$$

（三）杨格指数

杨格指数是由英国经济学家杨格（A. Young）提出，也称固定权数综合指数。其观点是在固定加权综合指数中，同度量因素所属时期既不固定在报告期也不固定在基期，而是固定在一个特定的水平上。所以，这里的指数时期和同度量因素的时期是不同的。选择固定的同度量因素，不仅简化了指数计算，而且可以避免某些非正常情况所造成的不可比性，从而便于观察现象长期变化发展的趋势。因此，杨格指数在实践中经常采用。其质量指数和数量指数分别为：

$$I_p = \frac{\sum p_1 q_c}{\sum p_0 q_c} \tag{10.9}$$

$$I_q = \frac{\sum q_1 p_c}{\sum q_0 p_c} \tag{10.10}$$

第三节 平均指数

运用综合指数法计算总指数，要求有全面的统计资料，而且要有对应的、不同时期不同指标属性的资料。就物价指数而言，计算它不仅要有全部商品的价格和销售量资料，而且还要有不同时期的系统记录。在统计工作中，要搜集到全部商品不同时期的价格和销售量资料，显然存在着一定困难。因此，除在较小范围内，且商品品种较少的情况下，直接采用综合指数法编制总指数外，一般情况下多采用平均指数法来计算总指数。

平均指数是总指数的另一种计算形式，它是从个体指数出发来编制总指数的，是个体指数的加权平均数。它可以是综合指数的变形，也可以是独立意义的平均指标指数。在得不到全面资料的情况下必须运用平均指数。平均指数的编制原理为先对比、后平均，先计算每一个项目的个体指数，再选定权数，计算个体指数的加权算术平均数或加权调和平均数。平均指数有两种基本计算形式：一是加权算术平均指数；二是加权调和平均指数。

一、加权算术平均指数

加权算术平均指数是对个体指数采用加权算术平均方法计算的总指数。通常用于计算数量指数，也可用于计算价格指数。

首先根据指数定义，计算出个体数量指数和个体质量指数。

$$K_q = \frac{q_1}{q_0}$$

$$K_p = \frac{p_1}{p_0}$$

其次收集权数 $p_0 q_0$ 的资料，按加权算术平均数的形式求得总指数。

1. 使用基期同度量因素的数量指标指数公式：

$$\overline{K}_q = \frac{\sum K_q q_0 p_0}{\sum q_0 p_0} \tag{10.11}$$

2. 使用基期同度量因素的质量指标指数公式：

$$\overline{K}_p = \frac{\sum K_p p_0 q_0}{\sum p_0 q_0} \tag{10.12}$$

例 10.2：现以数量指数为例，来说明加权算术平均指数的计算。将表 10.1 资料改由表 10.2 所列。

表 10.2　　　　　　　　　　加权算术平均指数计算表

商品名称	计量单位	销售量		销售量个体指数 K_q	基期销售额（元）$q_0 p_0$
		基期 q_0	报告期 q_1		
甲	件	480	600	1.25	12 000
乙	千克	500	600	1.20	20 000
丙	米	200	180	0.90	10 000

计算三种商品销售量总指数，并分析由于三种商品销售量的变动对销售额的影响。

利用式（10.11），计算的销售量总指数为：

$$\overline{K}_q = \frac{\sum K_q q_0 p_0}{\sum q_0 p_0} = \frac{1.25 \times 12\ 000 + 1.20 \times 20\ 000 + 0.90 \times 10\ 000}{12\ 000 + 20\ 000 + 10\ 000} = \frac{48\ 000}{42\ 000}$$

$$= 1.1429\ (或\ 114.29\%)$$

计算结果表明，三种商品销售量报告期比基期平均增长了 14.29%，与前面用式（10.1）计算的结果一致。由此可见，当编制指数时，只掌握个体指数和基期资料，运用加权算术平均指数公式编制总指数就比较方便。

二、加权调和平均指数

加权调和平均指数是以个体指数为变量值，以报告期的总值资料为权数，对个体指数用加权调和平均方法计算的总指数。

首先根据指数定义，计算出个体数量指数和个体质量指数。

$$K_q = \frac{q_1}{q_0}$$

$$K_p = \frac{p_1}{p_0}$$

其次收集权数 p_1q_1 的资料，按加权调和平均数的形式求得总指数。

1. 使用报告期同度量因素的数量指标指数公式：

$$\overline{K}_q = \frac{\sum q_1 p_1}{\sum \dfrac{1}{K_q} q_1 p_1} \tag{10.13}$$

2. 使用报告期同度量因素的质量指标指数公式：

$$\overline{K}_p = \frac{\sum p_1 q_1}{\sum \dfrac{1}{K_p} p_1 q_1} \tag{10.14}$$

例 10.3：现以质量指数为例，来说明加权调和平均指数的计算。将表 10.1 资料改由表 10.3 所列。

表 10.3   加权调和平均指数计算表

商品名称	计量单位	价格		价格个体指数 K_p	报告期销售额（元）p_1q_1
		基期 p_0	报告期 p_1		
甲	件	25	25	1.00	15 000
乙	千克	40	36	0.90	21 600
丙	米	50	70	1.40	12 600

计算三种商品价格总指数，并分析由于三种商品销售价格的变动对销售额的影响。

利用式（10.14），计算的销售价格总指数为：

$$\overline{K}_p = \frac{\sum p_1 q_1}{\sum \dfrac{1}{K_p} p_1 q_1} = \frac{15\,000 + 21\,600 + 12\,600}{\dfrac{15\,000}{1.00} + \dfrac{21\,600}{0.90} + \dfrac{12\,600}{1.40}} = \frac{49\,200}{48\,000} = 1.0250$$

（或 102.50%）

计算结果表明，三种商品价格报告期比基期平均上升了 2.50%，与前面用式（10.4）计算的结果一致。

三、综合指数与平均指数的区别

一是在解决复杂总体不能直接同度量问题的思想不同。综合指数采用先综合，后对比的思想；平均指数采用先对比，后综合的思想。

二是运用资料的条件不同。综合指数需具备研究总体的全面资料；平均指数同时适用于全面、非全面资料。

三是在经济分析中的具体作用不同。综合指数可同时进行相对分析与绝对分析；平均指数除作为综合指数变形加以应用的情况外，一般只能进行相对分析。

四、固定权数的平均指数

平均指数的计算可以采用固定权数，这使得工作量大大简化，增强了时效性，运用起来更方便。当然，固定权数形式的平均指数也有加权算术平均指数形式和加权调和平均指数形式两种。但是，由于在实际统计工作中，加权调和平均指数公式是极少采用的，因此，在这里只介绍加权算术平均指数的编制，其计算公式为：

$$\overline{K} = \frac{\sum KW}{\sum W} \tag{10.15}$$

采用固定权数的加权平均指数，权数资料一经确定，可在相对较长时间内使用，能减少工作量；还可在不同时期内采用同样权数，可比性强，有利于指数数列的编制；最后一点，它只能反映现象的相对变动，无法测定因其变动而影响的绝对额。我国的商品零售价格指数、农副产品收购价格指数、居民消费价格指数及西方的工业生产指数、消费品价格指数等，均采用了固定权数的平均指数的编制方法。

第四节 指数体系与因素分析

一、指数体系

（一）指数体系的概念

从广义上来看，指数体系是由若干内容上相互关联的统计指数所构成的体系。从狭义上来看，三个或三个以上经济上有联系、数量上存在对等关系的指数所构成的整体。社会经济现象之间的相互联系、相互影响的关系是客观存在的。有些社会经济现象之间的联系可以用数量关系式表现出来，最为常见的指数体系是：一个总量指数等于两个因素指数的乘积。例如：

$$销售额 = 价格 \times 销售量$$
$$粮食总产量 = 单位面积产量 \times 播种面积$$

上述的这种关系，按指数形式表现时，同样也存在这种对等关系，即：

$$销售额指数 = 价格指数 \times 销售量指数$$
$$粮食总产量指数 = 单位面积产量指数 \times 播种面积指数$$

（二）指数体系的作用

指数体系在指数分析中主要有以下三方面的作用：

第一，指数体系是因素分析的基础。利用指数体系可以分析复杂经济现象总变动中各个因素变动的影响方向和程度。

第二，根据各指数之间的联系进行指数间的相互推算。例如，我国商品销售量总指数往往就是根据商品销售额总指数和价格总指数进行推算的，即：

$$商品的销售量指数 = 销售额指数 \div 价格指数$$

第三，利用指数体系可进行因素分析。指数体系是计算总指数时选择和确定同度量因素指标属性和时期的重要依据。因此，如果编制数量指标指数时用基期的质量指标作为同度量因素，那么编制质量指标指数时就必须用报告期的数量指标作为同度量因素。

二、因素分析

因素分析是以综合指数的编制原理为依据，以指数体系为基础，分析受多因素影响的总体某一数量特征总的变动中各个因素对其变动的影响方向、程度和效果的方法。因素分析常用连锁替代法来分析，就是在被分析指标的因素结合式中，根据各因素性质和相互联系的数量关系，将各个因素的基期数值依次以报告期的数值替代，每次替代后的结果与替代前的结果进行对比，从相对数和绝对数两方面分析各因素对现象总体的影响。因素分析具有以下特点。

第一，因素分析测定的是各影响因素变动对总体某一数量特征变动的影响方向、程度和影响效果。

第二，在分析过程中，假定只有一个指数化因素，在测定指数化因素影响的时候，其余因素均视为同度量因素，并根据综合指数的编制原理来确定同度量因素所属的时期。

第三，指数体系中各影响因素指数的乘积必须等于受其影响的总体某一数量特征的总变动指数，各影响因素差额之和，必须等于总体某一数量特征的总变动差额。

第四，对因素分析的结果都需要作出文字说明。

因素分析按分析现象的特点不同可分为简单现象因素分析和复杂现象因素分析；按分析指标的表现形式不同分为总量指标变动因素分析、相对指标变动因素分析和平均指标变动因素分析；按影响因素的多少分为两因素分析和多因素分析。

(一) 总量指标的因素分析

1. 两因素分析。由于同度量因素所固定的时期可以有不同的选择，因此可以形成不同的指数体系。但实际分析中比较常用的是基期权数加权的数量指数（拉氏指数）和报告期权数加权的质量指数（帕氏指数）形成的指数体系。该指数体系可表示为：

$$\frac{\sum q_1 p_1}{\sum q_0 p_0} = \frac{\sum q_1 p_0}{\sum q_0 p_0} \times \frac{\sum q_1 p_1}{\sum q_1 p_0} \tag{10.16}$$

影响因素差额之间的关系为：

$$\sum q_1 p_1 - \sum q_0 p_0 = \left(\sum q_1 p_0 - \sum q_0 p_0\right) + \left(\sum q_1 p_1 - \sum q_1 p_0\right) \tag{10.17}$$

其中，$\sum q_1 p_1$ 为报告期总量指标；$\sum q_0 p_0$ 为基期总量指标；q，p 为因素指标，q 为数量指标，p 为质量指标。

例 10.4： 现仍以表 10.1 的资料为例说明指数体系的建立及因素分析的步骤，为了便于计算分析，将表 10.1 资料及初步计算结果列表 10.4。

表 10.4 　　　　　　　　　　　某商店商品销售情况

商品名称	计量单位	销售量		价格（元）		销售额（元）		
		基期 q_0	报告期 q_1	基期 p_0	报告期 p_1	基期 $q_0 p_0$	报告期 $q_1 p_1$	假定期 $q_1 p_0$
甲	件	480	600	25	25	12 000	15 000	15 000
乙	千克	500	600	40	36	20 000	21 600	24 000
丙	米	200	180	50	70	10 000	12 600	9 000
合计	—	—	—	—	—	42 000	49 200	48 000

第一步，确定分析对象——三种商品销售额的总变动，计算反映三种商品销售额变动的总指数及实际变动的绝对差额。

$$销售额总指数 \ \overline{K}_{qp} = \frac{\sum q_1 p_1}{\sum q_0 p_0} = \frac{49\ 200}{42\ 000} = 117.14\%$$

销售额变动：$\sum q_1 p_1 - \sum q_0 p_0 = 49\ 200 - 42\ 000 = 7\ 200$（元）

第二步，编制因素指数，分析销售额总变动的具体原因。

$$销售量总指数 \ \overline{K}_q = \frac{\sum q_1 p_0}{\sum q_0 p_0} = \frac{48\ 000}{42\ 000} = 114.29\%$$

销售量变动对销售额的影响：$\sum q_1 p_0 - \sum q_0 p_0 = 48\ 000 - 42\ 000 = 6\ 000$（元）

$$销售价格总指数 \ \overline{K}_p = \frac{\sum q_1 p_1}{\sum q_1 p_0} = \frac{49\ 200}{48\ 000} = 102.50\%$$

销售价格变动对销售额的影响：$\sum q_1 p_1 - \sum q_1 p_0 = 49\,200 - 48\,000 = 1\,200$（元）

第三步：构建指数体系，作出简要分析。

相对数形式：$\dfrac{\sum q_1 p_1}{\sum q_0 p_0} = \dfrac{\sum q_1 p_0}{\sum q_0 p_0} \times \dfrac{\sum q_1 p_1}{\sum q_1 p_0}$

$$117.14\% = 114.29\% \times 102.50\%$$

绝对数形式：$\sum q_1 p_1 - \sum q_0 p_0 = \left(\sum q_1 p_0 - \sum q_0 p_0 \right) - \left(\sum q_1 p_1 - \sum q_1 p_0 \right)$

$$7\,200\ 元 = 6\,000\ 元 + 1\,200\ 元$$

计算结果表明，三种商品的销售额报告期比基期总的增长了17.14%，增加销售额7 200元。其中三种商品销售量平均增长了14.29%，由此使销售额增加了6 000元；三种商品销售价格平均增加了2.50%，由此使销售额增加了1 200元。

2. 多因素分析。当一个总量指标指数可以表示为三个或三个以上因素指数的连乘积时，仍利用指数体系分析各因素变动对总量指标变动的影响，这种分析就是总量指标的多因素分析。在实际分析时必须注意以下几个问题。

（1）多因素分析必须遵循连锁替代法的原则，即在分析受多因素影响的事物的发展变化时，要逐项分析，逐项确定同度量因素。在分析第一个因素变动后，接着分析第二个因素的影响，然后再分析第三个因素的影响，以此类推。

（2）在多因素分析中，各指数的因素排列应当有统一的顺序。一般是数量指标在前，质量指标在后，前后因素的衔接要合乎逻辑，具有经济意义。

（3）各指标因素必须根据综合指数的一般原理加以固定，即当指数化因素是数量指标时，作为同度量因素的质量指标应当固定在基期；当指数化因素是质量指标时，作为同度量因素的数量指标应当固定在报告期。

现以利润额分析为例说明多因素分析方法。

$$利润额 = 销售量 \times 销售价格 \times 利润率$$

如果用 a 表示销售量，b 表示销售价格，c 表示利润率，则利润额可表示为：

$$\frac{\sum a_1 b_1 c_1}{\sum a_0 b_0 c_0} = \frac{\sum a_1 b_0 c_0}{\sum a_0 b_0 c_0} \times \frac{\sum a_1 b_1 c_0}{\sum a_1 b_0 c_0} \times \frac{\sum a_1 b_1 c_1}{\sum a_1 b_1 c_0} \tag{10.18}$$

从绝对值的角度分析，则存在如下关系：

$$\sum a_1 b_1 c_1 - \sum a_0 b_0 c_0 = \left(\sum a_1 b_0 c_0 - \sum a_0 b_0 c_0 \right) + \left(\sum a_1 b_1 c_0 - \sum a_1 b_0 c_0 \right)$$

$$+ \left(\sum a_1 b_1 c_1 - \sum a_1 b_1 c_0 \right)$$

$$\tag{10.19}$$

（二）平均指标的因素分析

1. 平均指标指数及其特点。平均指标指数是将同一经济现象两个不同时期的平均指标值对比计算的相对数。它的一般公式可以表示为：

$$\overline{K} = \frac{\overline{x}_1}{\overline{x}_0} \tag{10.20}$$

其中，$\bar{x}_1$ 表示报告期的平均指标；$\bar{x}_0$ 表示基期的平均指标。

常见的平均指标指数有平均工资指数、平均劳动生产率指数、平均单位成本指数等。

同前面的综合指数和平均数指数比较，平均指标指数有以下两个特点。

第一，它是利用分组数据计算的指数。它所测定的总体平均指标是对组平均数的加权平均，其权数是各组单位数占总体单位总数的比重。

第二，平均指标指数除了一般的测定总体平均指标变动程度之外，还可以测定总体内部各组水平的平均变动和总体结构变动对总平均指标变动的影响。

2. 平均指标指数的分解。加权算术平均数 $\bar{x} = \dfrac{\sum xf}{\sum f} = \sum x \cdot \dfrac{f}{\sum f}$ 受两个因素的影响：一是变量值 x；二是结构（权数）$\dfrac{f}{\sum f}$；用文字表示：加权算术平均数 = 变量值 × 权数。平均数的动态变化 $\dfrac{\bar{x}_1}{\bar{x}_0}$，显然是 x 和 $\dfrac{f}{\sum f}$ 变动影响的结果，即总体平均水平同时受各组水平和各组结构两个因素的影响。

根据统计研究的不同要求，可以计算三种形式的平均指标指数：可变构成指数、固定结构指数和结构影响指数。

从而形成平均指标指数体系如下：

相对数指数体系：

$$可变构成指数 = 固定结构指数 \times 结构影响指数$$

$$\frac{\dfrac{\sum x_1 f_1}{\sum f_1}}{\dfrac{\sum x_0 f_0}{\sum f_0}} = \frac{\dfrac{\sum x_1 f_1}{\sum f_1}}{\dfrac{\sum x_0 f_1}{\sum f_1}} \times \frac{\dfrac{\sum x_0 f_1}{\sum f_1}}{\dfrac{\sum x_0 f_0}{\sum f_0}} \tag{10.21}$$

绝对指数体系：

$$\frac{\sum x_1 f_1}{\sum f_1} - \frac{\sum x_0 f_0}{\sum f_0} = \left(\frac{\sum x_1 f_1}{\sum f_1} - \frac{\sum x_0 f_1}{\sum f_1} \right) + \left(\frac{\sum x_0 f_1}{\sum f_1} - \frac{\sum x_0 f_0}{\sum f_0} \right) \tag{10.22}$$

例 10.5：根据表 10.5 的资料，试计算并分析该企业总平均工资变动状况。

表 10.5　　　　　　　　　　　　某企业工人工资水平统计

工人类别	工人数		平均工资（元）		工资总额（元）		
	f_0	f_1	x_0	x_1	$x_0 f_0$	$x_1 f_1$	$x_0 f_1$
技工	300	400	280	300	84 000	120 000	112 000
徒工	200	600	160	180	32 000	108 000	96 000
合计	500	1 000	—	—	116 000	228 000	208 000

$$基期平均工资\ \bar{x}_0 = \frac{\sum x_0 f_0}{\sum f_0} = \frac{116\ 000}{500} = 232（元）$$

$$报告期平均工资\ \bar{x}_1 = \frac{\sum x_1 f_1}{\sum f_1} = \frac{228\,000}{1\,000} = 228\ （元）$$

$$可变构成指数\ K = \frac{\dfrac{\sum x_1 f_1}{\sum f_1}}{\dfrac{\sum x_0 f_0}{\sum f_0}} = \frac{228}{232} = 98.28\%$$

（反映总体平均数的变动程度，受结构的变化和组平均数的变化的影响）

总平均工资变动的绝对额：

$$\frac{\sum x_1 f_1}{\sum f_1} - \frac{\sum x_0 f_0}{\sum f_0} = 228 - 232 = -4\ （元）$$

$$固定结构指数\ K = \frac{\dfrac{\sum x_1 f_1}{\sum f_1}}{\dfrac{\sum x_0 f_1}{\sum f_1}} = \frac{228}{208} = 109.62\%$$

（反映组平均的变动对总平均数变动的影响程度）

由于各组平均工资提高使总平均工资增加的绝对额为：

$$\frac{\sum x_1 f_1}{\sum f_1} - \frac{\sum x_0 f_1}{\sum f_1} = 228 - 208 = 20\ （元）$$

$$结构影响指数\ K = \frac{\dfrac{\sum x_0 f_1}{\sum f_1}}{\dfrac{\sum x_0 f_0}{\sum f_0}} = \frac{208}{232} = 89.66\%$$

（反映总体构成变动对总平均数变动的影响程度）

由于结构变动影响而使得总平均工资减少的绝对额为：

$$\frac{\sum x_0 f_1}{\sum f_1} - \frac{\sum x_0 f_0}{\sum f_0} = 208 - 232 = -24\ （元）$$

总平均工资变动与各组工人平均工资变动及工人结构变动间的关系为：

$$98.28\% = 109.62\% \times 86.66\%$$
$$-4\ 元 = 20\ 元 + (-24\ 元)$$

计算结果表明，总平均工资下降了 1.72%，减少 4 元，其原因是各组工人平均工资上升了 9.62%，使总平均工资增加了 20 元和工人结构变动使总平均工资下降了 13.34%，减少了 24 元共同作用的结果。

第五节　几种常见的统计指数

一、居民消费价格指数

（一）居民消费价格指数的概念

居民消费价格指数在国外称之为消费者价格指数（consumer price index，CPI）。它是度量一组代表性消费品及服务项目价格水平随时间而变动的指数，反映一定时期内城乡居民所购买的生活消费品价格和服务项目价格的变动趋势和程度。编制居民消费价格指数，对于观察居民生活消费品及服务项目价格的变动对城乡居民生活的影响，为党政领导和决策部门掌握消费价格状况，研究制定居民消费政策、价格政策、工资政策、货币政策以及进行国民经济核算提供科学依据。通常被用来作为反映通货膨胀或通货紧缩程度的指标，观察和分析价格水平变动对居民货币工资的影响。

（二）居民消费价格指数的分类

目前，居民价格指数按城乡分别编制，分为食品、烟酒及用品、衣着、家庭设备用品及服务、医疗保健及个人用品、交通和通信、娱乐教育文化用品及服务、居住八大类别。在每大类中分若干中类，中类中又分若干小类，小类又可分为具体商品。在这八大类中选择了 262 个基本分类，每个基本分类下设置一定数量的代表规格，目前约有 600 种的商品和服务项目的代表规格，作为经常性调查项目。

（三）居民消费价格指数的编制

编制居民消费价格指数的资料是采用分层抽样的方法取得，选择分布合理的地区以及有代表性的商品作为样本，定人、定时、定点调查登记代表规格品和服务项目的价格，在计算平均价格的单项价格指数基础上，按加权算术平均指数公式计算，最后以样本情况推断总体情况。

编制居民消费价格指数需注意的问题：

1. 代表规格品的选择。代表规格品的选择是在商品分类基础上进行的，选择的原则是：（1）销售数量（金额）大，市场供应保持稳定；（2）与社会生产和人民生活密切相关；（3）价格变动趋势和变动程度有代表性，即选中规格品的价格变动与未选中商品的价格变动存在高度相关；（4）所选的代表规格品之间性质相隔要远，价格变动特征的相关性低；（5）选中的工业消费品必须是合格品，有注册商标、产地、规格等级等标识。

规格代表品每年可适当更换，但更换数量的比例有限制，以保证代表规格品的稳定性。

2. 选择调查市县和调查点。选择的方法是划类选点。地区的选择既要考虑其代表性，也要注意类型上的多样性以及地区分布上的合理性和稳定性。即调查地区按经济区域和地区分布合理等原则，选出具有代表性的大、中、小城市和县作为国家的调查地区，在此基础上选定经营规模大、商品种类多的商场（包括集市）作为调查点。调查市县和调查点都是采用按有关标志排队、等距抽取的方法确定的。

3. 价格的调查与计算。采集代表规格品的价格。物价调查统计人员按规定时间对已确定的商店、市场的商品价格进行调查、登记。对代表规格品的采价原则是：（1）同一规格品的价格必须同质可比；（2）如挂牌价与成交价不同，按成交价计；（3）与居民生活密切相关，且价格变动频繁的商品，至少每5天调查一次，一般商品，每月调查2~3次。

代表规格品的平均价采用简单算术平均法计算。

4. 权数的确定。居民消费价格指数的权数由全国样本的10万多个城乡居民家庭消费支出构成确定。其中省（自治区、直辖市）城市和农村权数分别根据全省（自治区、直辖市）城镇居民家庭生活消费支出和农村居民家庭生活消费支出的现金支出资料整理计算。全国权数根据各省（自治区、直辖市）的权数按各地人均消费支出金额和人口数加权平均计算。大类、中类和小类的权数依次分层计算。

5. 指数计算。居民消费价格指数采用加权算术平均公式编制。年度指数的计算以上年为基期的指数，月度指数分别计算以上年同期和上月为基期的同比和月环比两种指数。计算公式为：

$$\overline{K}_p = \frac{\sum K_p W}{\sum W} \tag{10.23}$$

其中，$\overline{K}_p$ 为居民消费价格总指数；K_p 为商品（或类）价格指数；W 为权数。

例10.6：现以表10.6为例说明消费品部分价格总指数的编制和计算过程。

表10.6　　　　　　　某市居民消费价格指数计算表

商品类别和名称	规格等级牌号	计量单位	平均牌价（元）		权数	以上年为基础	
			上年 p_0	本年 p_1		个体指数（％）	个体指数乘权数
甲	乙	丙	(1)	(2)	(3)	(4)=(2)/(1)	(5)=(4)×(3)
总指数	—	—	—	—	100	—	101.12
（一）食品类	—	—	—	—	46	99.045	45.56
1. 粮食中类	—	—	—	—	18	94.62	17.03
（1）细粮小类	—	—	—	—	99	94.46	93.52
大米	二等粳米	千克	2.4	2.26	95	94.17	89.46
面粉	标准粉	千克	3.4	3.4	5	100.00	5.00
（2）粗粮小类	—	—	—	—	1	110.38	1.10

商品类别和名称	规格等级牌号	计量单位	平均牌价（元）			以上年为基础	
			上年 p_0	本年 p_1	权数	个体指数（%）	个体指数乘权数
甲	乙	丙	(1)	(2)	(3)	(4)=(2)/(1)	(5)=(4)×(3)
2. 肉禽及其制品	—	—	—	—	36	101.00	36.36
3. 蛋	—	—	—	—	5	101.00	5.05
4. 水产品	—	—	—	—	10	98.12	9.812
5. 鲜菜	—	—	—	—	16	95.36	15.25
6. 在外用餐	—	—	—	—	15	103.62	15.543
（二）烟酒及用品	—	—	—	—	8	102.34	8.19
（三）衣着	—	—	—	—	12	102.00	12.24
（四）家庭设备用品及服务	—	—	—	—	8	98.42	7.87
（五）医疗保健及个人用品	—	—	—	—	6	104.28	6.26
（六）交通和通信	—	—	—	—	7	100.54	7.04
（七）娱乐教育文化用品及服务	—	—	—	—	8	110.84	8.87
（八）居住	—	—	—	—	5	101.87	5.09

资料来源：国家统计局。

计算步骤如下：

第一步，计算各个代表规格品的个体零售价格指数。如大米的个体价格指数为：

$$K_p = \frac{p_1}{p_0} = \frac{2.26}{2.4} = 94.17\%$$

第二步，把各个个体物价指数乘上相应权数后相加，再计算其算术平均数，即得小类指数。如细粮小类指数为：

$$\overline{K_p} = \frac{\sum K_p p_0 q_0}{\sum p_0 q_0} = \sum K_p W = 94.17\% \times 0.95 + 100\% \times 0.05 = 94.46\%$$

第三步，把各个小类指数分别乘上相应的权数后，再计算其算术平均数，即得中类指数。如粮食中类指数为：

$$\overline{K_p} = \sum K_p W = 94.46\% \times 0.99 + 110.38\% \times 0.01 = 94.62\%$$

第四步，把各中类指数乘上相应的权数后计算其算术平均数，即得大类指数。如食品大类指数为：

$$\overline{K_p} = \sum K_p W$$
$$= 94.62\% \times 0.18 + 101\% \times 0.36 + 101\% \times 0.05 + 98.12\% \times 0.1 +$$
$$95.36\% \times 0.16 + 103.62\% \times 0.15$$
$$= 99.045\%$$

最后，把各大类指数乘上相应的权数后计算其算术平均数即得总指数为：

$$\overline{K}_p = \sum K_p W$$
$$= 99.045\% \times 0.46 + 102.34\% \times 0.08 + 102\% \times 0.12 +$$
$$98.42\% \times 0.08 + 104.28\% \times 0.06 + 100.54\% \times 0.07 +$$
$$110.84\% \times 0.08 + 101.87\% \times 0.05$$
$$= 101.12\%$$

二、社会零售物价指数

社会零售物价指数（retail price index，RPI）是反映城乡商品零售价格变动趋势的一种经济指数，它采用平均指数的方法编制。它的变动直接影响到城乡居民的生活支出和国家财政收入，居民购买力和市场供需平衡以及消费和积累的比例，是观察和分析经济活动的重要工具之一。

零售物价指数可用于分析市场商品供需和国民经济运行情况，是政府研究和制定价格政策、分配政策以及加强市场管理和进行宏观调控的依据。由于研究范围和城乡经济条件的不同，零售物价指数可分为全国零售物价指数和各省（自治区、直辖市）零售物价指数。

其编制方法与居民消费价格指数相同，不同的是将零售商品按用途分为食品、烟酒饮料、服装鞋帽、纺织品、中西药、化妆品、书报杂志、文化体育用品、日用品、家用电器、首饰、燃料、建筑装潢材料和机电产品 14 个大类。

它的价格调查方式采用派员直接到调查点登记调查，同时全国聘请近万名辅助调查员协助登记调查。权数的确定是根据社会商品零售额统计确定的，以相对数形式表示。

居民消费价格指数和社会零售物价指数很接近，但它们又是两种有独立意义的不同的价格指数，主要区别有以下几点：

1. 调查的角度不同。居民消费价格指数则是从买方角度观察居民生活消费品零售价格和服务项目收费变动情况，说明价格变动对居民（购买者）生活的影响，而社会零售价格指数是从卖方角度观察商品零售价格变动情况，说明价格变动对卖者的影响。

2. 包括的范围不同。一是购买力本身范围不同。居民消费价格指数只包括居民购买部分，不包括社会集团购买部分；而社会零售物价指数既包括居民购买力，也包括企事业和机关团体等社会集团购买力。

二是购买力地区范围不同。居民消费价格指数只包括本地购买力在外地购买的商品，不包括外地购买力在本地购买的商品；而社会零售物价指数则相反，它包括外地购买力在本地购买的商品，而不包括本地购买力在外地购买的商品。

三是包括的项目和具体商品不同。居民消费价格指数分八大类，它既包括生活消费品，又包括服务项目，如理发洗澡、家电维修等；而社会零售物价指数分14大类，它既包括生活消费品，又包括企事业和机关团体的办公用品和机电产品，如货车、大客车等，但不包括服务项目。

3. 权数的选择不同。编制居民消费价格指数的权数来源于居民用于各类商品和服务项目的消费支出额以及各种商品、服务项目的实际消费支出额的构成比重，根据城镇居民住户调查资料计算。编制社会零售价格指数的权数来源于各类消费品零售额和各种消费品零售额的构成比重，主要根据社会消费品零售额数据计算。前者是以居民消费实际支出构成作为权数，其资料来源于对城乡居民住户的抽样调查；后者则以社会消费品零售额构成作为权数，其数据来源于商业报表和典型调查。如食品类在商品零售价格指数中的权数约35%，而在居民消费价格指数中约为49%。

4. 用途不同。居民消费价格指数主要是用于说明价格变动对居民生活的影响程度，分析货币购买力之强弱，是反映通货膨胀的重要指标；社会零售物价指数则主要用于说明市场商品价格的变动情况，分析供求关系，核算商业经济效益和经济规模。

5. 重要性不同。一般来说，居民消费价格指数弱于社会零售物价指数。社会零售物价指数也称消费者价格指数，是世界各国政府和居民都很关注的价格指数，在实行工资指数化国家中表现尤为突出。所以，在各国的价格统计中都有。而居民消费价格指数在多数国家的价格统计中都只是一项派生指标，基本上是在后者基础上派生的。

三、生产价格指数和 GDP 平减指数

(一) 生产价格指数

生产价格指数 (producer price index，PPI) 是衡量工业企业产品出厂价格变动趋势和变动程度的指数，用于反映一国各个时期零售市场以外的商品价格水平变动程度，同时也反映消费价格和生活费用未来的趋势，还是制定有关经济政策和国民经济核算的重要依据。生产价格指数具体包括九大类商品：燃料、动力类；有色金属类；有色金属材料类；化工原料类；木材及纸浆类；建材类；农副产品类；纺织原料类；工控产品。生产者物价指数与 CPI 不同，主要的目的是衡量企业购买的一篮子物品和劳务的总费用，同时居民消费价格指数的上升，反映生产者价格的提高。由于企业最终要把它们的费用以更高的消费价格形式转移给消费者，所以，通常认为生产物价指数的变动对预测消费物价指数的变动是有用的。

生产价格指数的作用主要有：第一，反映一个国家初级市场或批发市场的通货膨胀率；第二，消除各项经济指标动态序列的物价变动因素；第三，作为各国

政府决策的重要参考数据之一。

编制生产价格指数的原始资料普遍采用抽样法取得。计算方法采用固定基期加权平均法，即拉氏公式为：

$$I_p = \frac{\sum p_1 q_0}{\sum p_0 q_0} = \frac{\sum p_1 q_0}{\sum W} \tag{10.24}$$

其中，I_p 为生产价格指数，p_0 为基期商品价格，p_1 为计算期商品价格，$p_0 q_0$（或 W）为基期权数，式中的权数为基期的各类商品销售额。权数需要随着经济的发展而进行必要的调整。

（二）GDP 平减指数

GDP 平减指数（GDP deflator index），又称 GDP 缩减指数，GDP 折算指数，是指没有剔除物价变动前的 GDP（现价 GDP）与剔除了物价变动后的 GDP（即不变价 GDP 或实质 GDP）之比，即名义 GDP 与实际 GDP 之比。名义 GDP 是用生产物品和劳动的当年价格计算的全部最终产品的市场价值。实际 GDP 是用从前某一年作为基期价格计算出来的全部最终产品的市场价值。计算公式为：

$$GDP \text{ 平减指数} = \frac{\text{名义 } GDP}{\text{实际 } GDP} \times 100\% \tag{10.25}$$

该指数也用来计算 GDP 的组成部分，如个人消费开支。它的计算基础比 CPI 更广泛，涉及全部商品和服务，除消费外，还包括生产数据和资本、进出口商品和劳务等。因此，这一指数能够更加准确地反映一般物价水平走向，是对价格水平的宏观测量。

四、CPI、RPI、PPI 以及 GDP 平减指数的应用

CPI、RPI、PPI 以及 GDP 平减指数除了具有其本身的编制目的和意义外，还包含着丰富的社会经济内容，还可以派生各种指数，因此具有重要的应用价值。

（一）反映通货膨胀状况

通货膨胀是在一定时间内一般物价水平的持续上涨的现象。通货膨胀的直接原因是一国流通的货币量大于本国有效经济总量，类型包括低通货膨胀、急剧通货膨胀、成本推进型通货膨胀等，使得居民实际收入水平下降、福利减少。衡量通货膨胀率的变化主要有生产者物价指数、消费物价指数、零售物价指数和 GDP 平减指数 4 个指标。

消费价格指数是度量通货膨胀的一个重要指标，也是衡量通货膨胀最常用的方法。通货膨胀是物价水平普遍而持续的上升。消费价格指数的高低可以在一定水平上说明通货膨胀的严重程度。通货膨胀的严重程度是用通货膨胀率来反映的，通货膨胀率一般以居民消费价格指数来表示。计算公式为：

$$通货膨胀率 = \frac{报告期居民消费价格指数 - 基期居民消费价格指数}{基期居民消费价格指数} \times 100\%$$

$$(10.26)$$

如果计算结果大于100%，表示存在通货膨胀现象；若计算结果小于100%，则表示出现通货紧缩现象，即物价下跌，币值提高。

通货膨胀率采用零售物价指数来计算时，计算公式如下：

$$通货膨胀率 = \frac{报告期零售物价指数 - 基期零售物价指数}{基期零售物价指数} \times 100\%$$

$$(10.27)$$

通货膨胀率采用生产价格指数来计算时，计算公式如下：

$$通货膨胀率 = \frac{报告期生产价格指数 - 基期生产价格指数}{基期生产价格指数} \times 100\%$$

$$(10.28)$$

通货膨胀率用GDP平减指数来计算时，计算公式如下：

$$通货膨胀率 = GDP 平减指数 - 1 \qquad (10.29)$$

(二) 测定货币购买力

货币购买力是指单位货币能够购买到的消费品和服务的数量。消费者物价指数上涨，货币购买力则下降；反之，则上升。因此，消费者物价指数的倒数就是货币购买力指数。计算公式为：

$$货币购买力指数 = \frac{1}{居民消费价格指数} \times 100\% \qquad (10.30)$$

例如，2019 年某市消费价格指数是 125% （2018 年为基期），那么换句话说，也就是 2019 年 1 元钱只相当于 2018 年的 0.8 元，即购买力下降了 20%。

(三) 测定职工实际工资水平

货币工资是职工劳动报酬的名义工资收入。消费者物价指数的提高意味着实际工资的减少，消费者物价指数的下降意味着实际工资的提高。因此，可利用消费者物价指数将名义工资转化为实际工资。计算公式为：

$$实际工资 = \frac{名义工资}{居民消费价格指数} \times 100\% \qquad (10.31)$$

$$或 = 名义工资 \times 货币购买力指数$$

(四) 国民经济核算

在国民经济核算中，需要各种价格指数。如消费者价格指数（CPI）、生产者价格指数（PPI）以及 GDP 平减指数，对 GDP 进行核算，从而剔除价格因素的影响。

例 10.7：根据 2011～2020 年国内生产总值以及国内生产总值指数（上一年 = 100）计算相应的 GDP 平减指数。如表 10.7 所示。

表 10.7   2011～2020 年中国 GDP 平减指数的计算

年份	现价 GDP （亿元）	GDP 指数 （上一年 = 100）	不变价 GDP （亿元）	GDP 平减指数 （%）
2011	487 940.20	109.60	45 168 275.28	101.08
2012	538 580.00	107.90	52 648 747.58	101.02
2013	592 963.20	107.80	58 058 924.00	101.02
2014	643 563.10	107.40	63 684 247.68	101.01
2015	688 858.20	107.00	68 861 251.70	101.00
2016	746 395.10	106.80	73 570 055.76	101.01
2017	832 035.90	106.90	79 789 636.19	101.04
2018	919 281.10	106.70	88 778 230.53	101.04
2019	986 515.20	106.00	97 443 796.60	101.01
2020	1 013 567.00	102.20	100 821 853.40	101.01

资料来源：《中国统计年鉴》。

$$GDP\ 平减指数 = \frac{现价\ GDP}{不变价\ GDP} \times 100\% + 100\% \tag{10.32}$$

例如 2014 年 $GDP\ 平减指数 = \dfrac{643\ 563.10}{63\ 684\ 247.68} \times 100\% + 100\% = 101.01\%$

五、股票价格指数

股票价格指数是为度量和反映股票市场总体价格水平及其变动趋势而编制的股价统计相对数，其单位一般用"点"表示。即一般将基期指数作为 100，每上升或下降一个单位称为"1 点"。它是由证券交易所或金融服务机构编制的表明股票行市变动的一种供参考的指示数字。它是灵敏反映市场所在国家或地区的社会、政治、经济变化状况的晴雨表，当股票价格指数上升时，表明股票的平均价格水平上涨；当股票价格指数下跌时，表明股票的平均价格水平下降。

股票价格指数的计算方法有很多，但一般以发行量为权数进行加权总和，其公式为：

$$\bar{P} = \frac{\sum P_{1i}Q_i}{\sum P_{0i}Q_i} \tag{10.33}$$

其中，P_{1i} 为第 i 种样本股票的报告期价格；P_{0i} 为第 i 种股票的基期价格；Q_i 为第 i 种股票的发行量，它可以确定为基期，也可以确定为报告期，但大多数股价指数是以报告期发行量为权数计算的。

例 10.8：设有四种股票的价格和发行量资料，如表 10.8 所示，试计算股票价格指数。

表10.8	四种股票的价格和发行量资料		
股票名称	基期价格 P_0（元）	本日收盘价 P_1（元）	报告期发行量 Q_1（万股）
A	8	11	2 000
B	10	13	1 800
C	26	22	2 500
D	17	12	1 900

$$\overline{P} = \frac{\sum P_{1i} Q_i}{\sum P_{0i} Q_i} = \frac{11 \times 2\,000 + 13 \times 1\,800 + 22 \times 2\,500 + 12 \times 1\,900}{8 \times 2\,000 + 10 \times 1\,800 + 26 \times 2\,500 + 17 \times 1\,900} = \frac{123\,200}{131\,300}$$

$$= 93.83\%$$

即股价指数下降了 6.17 点。

不同股价指数的样本范围和基期日期的选定都不同。目前，世界各国的主要证券交易所都有自己的股票价格指数。常见的有：

美国标准普尔指数，采用综合指数公式编制。样本范围包括 500 种股票（其中工业股票 400 种、公用事业股票 40 种、金融业股票 40 种、运输业股票 20 种），选择 1941～1943 年为基期。

香港恒生指数选择了 33 种具有代表性的股票（成分股）为指数计算对象（其中金融业 4 种、公用事业 6 种、地产业 9 种、其他行业 14 种），采用综合指数公式编制。选择 1964 年 7 月 31 日为基期，基期指数定为 100。

我国的上证综合指数就是所有上交所上市股票股价的综合指数。以 1990 年 12 月 19 日的收盘价为 100 点。

著名的道·琼斯股价平均数（DJA）就是运用简单算术平均的方法来编制的，全称为股票价格平均数。道·琼斯股票价格平均指数是以 1928 年 10 月 1 日为基数，因为这一天收盘时的道·琼斯股票价格平均指数恰好约为 100 美元，所以就将其定为基准日。道·琼斯股票价格平均指数编入股票为 65 种，包括 30 种工业股、20 种运输股、15 种公用事业股。从 1996 年 5 月 25 开始，还针对我国的股票市场编制了道·琼斯中国股票指数。截至 1998 年 4 月 1 日，沪深两市共有 88 只股票作为其成分股入选，故称为道·琼斯中国 88 股票指数。

深圳综合指数，它是以基期的发行量为权数来进行计算的，以所有在深圳证券所上市的股票为采样股，它以 1991 年 4 月 3 日为基期，基期指数为 100。

六、房地产价格指数

房地产价格指数（real estate price index）是反映房屋销售、租赁和土地交易过程中房地产价格水平变动趋势和变动程度的相对数。它是房屋销售价格指数、房屋租赁价格指数和土地交易价格指数的统称。

（1）房屋销售价格指数：反映商品房、公有房屋和私有房屋各大类房屋的销售价格的变动情况。其中，商品房细分为经济适用房、普通住房、高档公寓等各类住宅，以及商业用房、写字楼等非住宅。在房屋销售价格指数的计算中，小类指数是以报告期的销售收入作为计算权数，大类指数和总指数是以上一年全市各类房屋的销售额作为权数，采用加权算术平均的方法计算出来的。

（2）房屋租赁价格指数：反映住宅、办公用房、商业用房、厂房、仓库的租赁价格变动情况。房屋租赁价格指数的计算与房屋销售价格指数的计算相同，小类指数是以报告期的租赁收入作为计算权数，大类和总指数是以上一年全市各类房屋的租赁额作为权数，采用加权算术平均的方法计算出来的。

（3）土地交易价格指数：反映房地产开发商或其他建设单位，为取得土地使用权而实际支付价格的变动情况。土地交易价格指数主要分类为住宅用地、工业用地、商业、旅游用地等，它是以上一年各类用地的成交额作为权数，采用加权算术平均的方法计算出来的。

七、采购经理指数

采购经理指数（purchase management index，PMI），是通过对采购经理的月度调查汇总出来的指数，能够反映经济的变化趋势。它是一套月度发布、综合性的经济监测指标体系，分为制造业 PMI、服务业 PMI，也有一些国家建立了建筑业 PMI。其中，PMI 指数 50% 为荣枯分水线。通常，PMI 指数在 50% 以上，反映经济总体扩张；低于 50%，则反映经济衰退。

许多国家通常把它与国内生产总值（GDP）、就业指数、生产者物价指数（PPI）、新屋开工/营建指标（与国内固定资产投资指标类似）、汇率、股指等并行，用来分析和预测经济走势。PMI 已成为政府、银行、企业、各类金融机构以及财经媒体广为应用的重要信息之一。由于采购经理指数可显示经济周期中的重大转折点，金融市场的玩家把 PMI 作为一种分析工具来使用，帮助自己作出投资决策。

PMI 每项指标均反映了商业活动的现实情况，综合指数则反映制造业或服务业的整体增长或衰退。调查采用非定量的问卷形式，被调查者对每个问题只需作出定性的判断，在（比上月）上升、不变或下降三种答案中选择一种。进行综合汇总就是统计各类答案的百分比，通过各指标的动态变化来反映经济活动所处的周期状态。

其中，目前最成熟的制造业采购经理指数是由新订单、生产、就业、供应商配送、存货、新出口订单、采购、产成品库存、购进价格、进口、积压订单 11 个扩散指数加权而成的综合指数。单个指数的计算采用扩散指数法，即正向回答的百分数加上回答不变的百分数的一半。以生产指数的扩散指数为例，计算公式如下：

$$生产指数的扩散指数 = \frac{上升的产品数目 \times 1 + 持平的产品数目 \times 0.5}{全部产品数目} \times 100\%$$

(10.34)

综合指数计算公式如下：

$$PMI = 订单 \times 30\% + 生产 \times 25\% + 雇员 \times 20\% + 配送 \times 15\% + 存货 \times 10\%$$

$$(10.35)$$

附录：软件操作（R 语言）

案例 10.1：设某粮油零售市场 2019 年和 2020 年三种商品的零售价格和销售量资料如附表 10.1 所示。试分别以基期销售量和零售价格为权数，计算三种商品的销售额总指数、价格总指数和销售量总指数以及绝对额的影响。

附表 10.1   某粮油销售市场三种商品的价格和销售量统计表

商品名称	计量单位	销售量		单价（元）	
		2019 年	2020 年	2019 年	2020 年
粳米	吨	120	150	2 600	3 000
标准粉	吨	150	200	2 300	2 100
花生油	千克	1 500	1 600	9.8	10.5

解：销售额总指数为：

$$\overline{K}_{qp} = \frac{\sum q_1 p_1}{\sum q_0 p_0} = \frac{150 \times 3\,000 + 200 \times 2\,100 + 1\,600 \times 10.5}{120 \times 2\,600 + 150 \times 2\,300 + 1\,500 \times 9.8} = \frac{886\,800}{671\,700} = 132.02\%$$

$$\sum q_1 p_1 - \sum q_0 p_0 = 886\,800 - 671\,700 = 215\,100 （元）$$

价格总指数为：

$$\overline{K}_p = \frac{\sum p_1 q_1}{\sum p_0 q_1} = \frac{3\,000 \times 150 + 2\,100 \times 200 + 10.5 \times 1\,600}{2\,600 \times 150 + 2\,300 \times 200 + 9.8 \times 1\,600} = \frac{886\,800}{865\,680} = 102.44\%$$

$$\sum p_1 q_1 - \sum p_0 q_1 = 886\,800 - 865\,680 = 21\,120 （元）$$

销售量总指数为：

$$\overline{K}_q = \frac{\sum q_1 p_0}{\sum q_0 p_0} = \frac{150 \times 2\,600 + 200 \times 2\,300 + 1\,600 \times 9.8}{120 \times 2\,600 + 150 \times 2\,300 + 1\,500 \times 9.8} = \frac{865\,680}{671\,700} = 128.88\%$$

$$\sum q_1 p_0 - \sum q_0 p_0 = 865\,680 - 671\,700 = 193\,980 （元）$$

计算结果表明，三种商品销售总额 2020 年比 2019 年增长了 32.02%，绝对额增加了 215 100 元，其中，三种商品的零售价格平均上涨了 2.44%，由此使销售总额增加了 21 120 元，三种商品销售量平均上涨了 28.88%，由此使销售总额增加了 193 980 元。

R 代码实现如下：

```
#销售额总指数：
> q₁p₁ = 150 * 3000 + 200 * 2100 + 1600 * 10.5
> q₀p₀ = 120 * 2600 + 150 * 2300 + 1500 * 9.8
```

> $k_{qp} = q_1p_1 / q_0p_0$

> k_{qp}

[1] 1.3202

> $zs1 = q_1p_1 - q_0p_0$

> $zs1$

[1] 215100

#价格总指数:

> $p_1q_1 = 3000 * 150 + 2100 * 200 + 10.5 * 1600$

> $p_0q_1 = 2600 * 150 + 2300 * 200 + 9.8 * 1600$

> $k_p = p_1q_1 / p_0q_1$

> k_p

[1] 1.0244

> $zs2 = p_1q_1 - p_0q_1$

> $zs2$

[1] 21120

#销售量总指数:

> $q_1p_0 = 150 * 2600 + 200 * 2300 + 1600 * 9.8$

> $q_0p_0 = 120 * 2600 + 150 * 2300 + 1500 * 9.8$

> $k_q = q_1p_0 / q_0p_0$

> k_q

[1] 1.2888

> $zs3 = q_1p_0 - q_0p_0$

> $zs3$

[1] 193980

案例 10.2: 已知某公司下属三个商场的职工人数和工资资料如附表 10.2 所示,分析该公司总平均工资水平的变动情况,并分析各商场工资水平及人数结构因素对其影响的程度和绝对数额。

附表 10.2 各商场工人工资水平统计

商场	工人数（人）		平均工资（元）		工资总额（万元）		
	f_0	f_1	x_0	x_1	x_0f_0	x_1f_1	x_0f_1
甲	150	180	310	350	4.65	6.30	5.58
乙	120	150	440	480	5.28	7.20	6.60
丙	200	180	470	530	9.40	9.54	8.46
合计	470	510	—	—	19.33	23.04	20.64

解:

$$基期平均工资 \ \bar{x}_0 = \frac{\sum x_0f_0}{\sum f_0} = \frac{19.33 \times 10\,000}{470} = 411.28 \ (元)$$

$$\text{报告期平均工资 } \bar{x}_1 = \frac{\sum x_1 f_1}{\sum f_1} = \frac{23.04 \times 10\,000}{510} = 451.76 \text{（元）}$$

$$\text{假定期平均工资 } \bar{x}_{01} = \frac{\sum x_0 f_1}{\sum f_1} = \frac{20.64 \times 10\,000}{510} = 404.71 \text{（元）}$$

$$\text{可变构成指数 } K = \frac{\dfrac{\sum x_1 f_1}{\sum f_1}}{\dfrac{\sum x_0 f_0}{\sum f_0}} = \frac{451.76}{411.28} = 109.84\%$$

总平均工资变动的绝对额：

$$\frac{\sum x_1 f_1}{\sum f_1} - \frac{\sum x_0 f_0}{\sum f_0} = 451.76 - 411.28 = 40.48 \text{（元）}$$

$$\text{固定结构指数 } K = \frac{\dfrac{\sum x_1 f_1}{\sum f_1}}{\dfrac{\sum x_0 f_1}{\sum f_1}} = \frac{451.76}{404.71} = 111.63\%$$

由于各组平均工资提高使总平均工资增加的绝对额为：

$$\frac{\sum x_1 f_1}{\sum f_1} - \frac{\sum x_0 f_1}{\sum f_1} = 451.76 - 404.71 = 47.05 \text{（元）}$$

$$\text{结构影响指数 } K = \frac{\dfrac{\sum x_0 f_1}{\sum f_1}}{\dfrac{\sum x_0 f_0}{\sum f_0}} = \frac{404.71}{411.28} = 98.40\%$$

由于结构变动影响而使得总平均工资减少的绝对额为：

$$\frac{\sum x_0 f_1}{\sum f_1} - \frac{\sum x_0 f_0}{\sum f_0} = 404.71 - 411.28 = -6.57 \text{（元）}$$

总平均工资变动与各组商场平均工资变动及工人结构变动间的关系为：

$$109.84\% = 111.63\% \times 98.40\%$$

$$40.48 \text{ 元} = 47.05 \text{ 元} + (-6.57 \text{ 元})$$

计算结果表明，总平均工资增长了 9.84%，增加了 40.48 元，其是各组商场平均工资上升了 11.63%（总平均工资增加了 47.05 元）和工人结构变动使总平均工资下降了 1.60%（减少了 6.57 元）共同作用的结果。

R 代码实现如下：

```
#基期平均工资:
> x₀f₀ = 19.33 * 10000
```

```
> f_0 = 470
> x_0 = x_0 f_0 / f_0
> x_0
[1] 411.28
#报告期平均工资：
> x_1 f_1 = 23.04 * 10000
> f_1 = 510
> x_1 = x_1 f_1 / f_1
> x_1
[1] 451.76
#假定期平均工资：
> x_0 f_1 = 20.64 * 10000
> x_01 = x_0 f_1 / f_1
> x_01
[1] 404.71
#可变构成指数：
> k = x_1 / x_0
> k
[1] 1.0984
#总平均工资变动的绝对额：
> jde = x_1 - x_0
> jde
[1] 40.48
#固定结构指数：
> k = x_1 / x_01
> k
[1] 1.1163
#由于各组平均工资提高使总平均工资增加的绝对额：
> jde = x_1 - x_01
> jde
[1] 47.05
#结构影响指数：
> k = x_01 / x_0
> k
[1] 0.9840
#由于结构变动影响而使得总平均工资减少的绝对额：
> jde = x_01 - x_0
> jde
[1] -6.57
```

```
#总平均工资变动与各组商场平均工资变动及工人结构变动间的关系:
>g = 1.1163 * 0.9840
>g
[1] 1.0984
> x = 47.05 + (-6.57)
> x
[1] 40.48
```

练 习 题

一、单项选择题

1. 按照指数的性质不同，指数可分为（   ）。
    A. 个体指数和总指数   B. 简单指数和加权指数
    C. 数量指标指数和质量指标指数   D. 动态指数和静态指数

2. 在指数的概念中，（   ）。
    A. 简单指数是指个体指数，加权指数是指总指数
    B. 简单指数是指总指数，加权指数是指个体指数
    C. 简单指数和加权指数都是指个体指数
    D. 简单指数和加权指数都是指总指数

3. 用加权平均法求总指数时，所需资料（   ）。
    A. 必须是全面资料
    B. 必须是非全面资料
    C. 既可以是全面资料，也可以是非全面资料
    D. 个体指数可以用全面调查资料，权数一定用非全面资料

4. 某商店在价格不变的条件下，报告期销售量比基期增加10%，那么报告期商品销售额比基期增加（   ）。
    A. 1%   B. 5%
    C. 10%   D. 3%

5. 在物价上涨后，同样多的人民币少购买商品3%，则物价指数为（   ）。
    A. 97.00%   B. 103.09%
    C. 3.00%   D. 109.13%

6. 某种产品报告期与基期比较产量增长26%，单位成本下降32%，则生产费用支出总额为基期的（   ）。
    A. 166.32%   B. 85.68%
    C. 185.00%   D. 54.00%

7. 若销售量增加，销售额持平，则物价指数（   ）。
    A. 降低   B. 增长

C. 不变　　　　　　　　　　　D. 趋势无法确定

8. 某商店本年同上年比较，商品销售额没有变化，而各种商品价格上涨了7%，则商品销售量增（或减）的百分比为（　　　）。

　　A. -6.54%　　　　　　　　　B. -3.00%

　　C. +6.00%　　　　　　　　　D. +14.29%

二、多项选择题

1. 下列属于指数范畴的指标有（　　　）。

　　A. 动态相对数　　　　　　　　B. 离散系数

　　C. 计划完成相对数　　　　　　D. 季节比率

　　E. 比较相对指标

2. 下列属于质量指标指数的有（　　　）。

　　A. 价格总指数　　　　　　　　B. 个体价格指数

　　C. 销售量总指数　　　　　　　D. 销售总额指数

　　E. 平均指标指数

3. 指数按选择基期的不同可分为（　　　）。

　　A. 静态指数　　　　　　　　　B. 动态指数

　　C. 定基指数　　　　　　　　　D. 综合指数

　　E. 环比指数

4. 统计指数按其反映的时态状况不同，可分为（　　　）。

　　A. 综合指数　　　　　　　　　B. 平均指数

　　C. 简单指数　　　　　　　　　D. 动态指数

　　E. 静态指数

5. 综合指数的特点有（　　　）。

　　A. 两个总量指标对比形成

　　B. 固定一个或一个以上因素，仅观察其中一个因素的变动

　　C. 分子或分母中有一项假定指标

　　D. 编制时可按范围逐步扩大

　　E. 编制时需要全面资料

　　F. 工人劳动生产率

6. 指数体系中，指数之间的数量关系（　　　）。

　　A. 表现在总量指数等于它的因素指数之积

　　B. 不仅表现为总量指数与因素指数之积的对等关系

　　C. 表现在总量指数等于它的因素指数之和

　　D. 表现在总量指数等于它的因素指数的代数和

　　E. 表现在总量指数等于它的因素指数之差

7. 某产品的生产总成本2001年为20万元，比2000年多支出0.4万元，单位成本2001年比2000年降低2%，则（　　　）。

　　A. 生产总成本指数为102%　　B. 单位成本指数为2%

C. 产品产量指数为 104%   D. 单位成本指数为 98%

E. 由于单位成本降低而节约的生产总成本为 0.408 万元

8. 某工业局所属企业报告期生产费用总额为 50 万元，比基期多 8 万元，单位成本报告期比基期上升 7%，于是（   ）。

A. 生产费用总额指数为 119.05%

B. 成本总指数为 107.00

C. 产品产量总指数为 111.26%

D. 由于产量变动而增加的生产费用额为 4.73 万元

E. 由于单位成本变动而增加的生产费用额为 3.27 万元

三、名词解释题

1. 统计指数

2. 总指数

3. 同度量因素

4. 拉氏指数

5. 帕氏指数

6. 指数体系

7. 因素分析

8. 居民消费价格指数

四、简答题

1. 指数的主要作用以及分类。

2. 同度量因素的作用。

3. 拉氏指数和帕氏指数的特点。

4. 指数体系的作用。

5. 平均指数和平均指标指数的区别。

6. 综合指数与平均指数的区别与联系。

7. 试述因素分析的步骤。

8. 居民消费价格指数与社会零售物价指数的区别。

五、计算题

1. 根据表 10.9 中已给三种商品资料对销售额的变动进行计算和分析。

表 10.9   三种商品销售情况

商品名称	计量单位	销售量		价格（元）	
		基期 q_0	报告期 q_1	基期 p_0	报告期 p_1
甲	公斤	8 000	8 800	10	10.5
乙	件	2 000	2 500	8	9
丙	盒	10 000	10 500	6	6.5

2. 某商店三种商品销售额及价格变动资料如表 10.10 所示。

表 10.10 三种商品销售额及价格变动资料

商品名称	商品销售额（万元）		价格变动（%）
	基期 $q_0 p_0$	报告期 $q_1 p_1$	
甲	500	650	2
乙	200	200	−5
丙	100	1 200	0

3. 某总厂所属两个分厂的工人数和平均工资资料如表 10.11 所示。试分析各厂工人数和平均工资对其的影响方向和影响程度。

表 10.11 两个分厂工人数和平均工资资料

工厂类别	工人数（人）		平均工资（元）	
	f_0	f_1	x_0	x_1
甲厂	300	1 300	10	9
乙厂	700	700	12	12.2
合计	1 000	2 000	—	—

4. 某单位职工人数和工资总额资料如表 10.12 所示并对该表进行因素变动分析。

表 10.12 某单位职工人数和工资总额资料

指标	2020 年	2019 年
工资总额（万元）	549	500
职工人数（人）	1 050	1 100
平均工资（元/人）	5 500	5 030

5. 已知某企业甲、乙、丙三个小组生产同一种产品，有关资料如表 10.13 所示。

表 10.13 某企业产品生产资料

小组	报告期	
	实际产量	比基期增长（%）
甲	430	15
乙	572	10
丙	600	20

另已知该企业职工劳动生产率报告期为基期的 120%。试计算该企业总产量指数和职工人数指数。

六、论述题

1. 编制价格总指数要解决哪些基本问题？

2. CPI、RPI、PPI 以及 GDP 平减指数的应用。

3. 你认为我国的 CPI 在编制和发布信息方面有无局限性？是否需要改进？

统计思想的总结

指数是一种重要的统计方法，主要用以综合反映复杂现象总体的变动。统计指数法是统计指标法的重要体现，其主要运用统计指数来描述和研究总体的数量状况，以得到事物数量特征的本质或规律性的认识，也是利用指数原理分析各因素对现象变动影响的一种重要分析方法。它的基本思想分为综合思想和平均思想。

综合思想专门用来综合说明那些不能直接相加和对比的复杂社会经济现象的变动情况。综合指数的计算根据先综合后对比的思路计算总指数，即通过同度量因素先计算出复杂现象总体在不同时期（或空间）的总量，在同度量因素固定的条件下，将两个时期（或空间）的总量进行对比。

平均思想则是两个综合数量对比产生的指数能够反映个别量的平均变动水平。平均指数的计算是根据先对比后综合的思路计算总指数，即先计算个体指数，再对个体指数进行加权平均。计算平均指数的主要问题是对个体指数进行平均和确定权数。平均的基本形式有算术平均、调和平均，运用了平均思想，将大量个体的数据转化成为一般的数量结论。

综合思想和平均思想具有不同的计算逻辑，互相间既有区别，也有联系。总体上两种思想的计算都可分为基期和报告期，根据时间差异，计算出一个关于这两个时期的总指数。在一定的权数条件下，它们有转换关系。由于这种关系的存在，当掌握的资料不能直接用综合思想计算时，则可用它转换的平均思想计算。这种条件下的平均指数和其对应的综合指数具有完全相同的经济意义和计算结果，从而有助于人们在精准、深入了解当时发展的基础上，更好地预测其未来的发展趋势。

另外，正确理解和把握指数的统计方法，还要准确理解相对数思想。广义的指数是两个相对数的比率，能够从量上反映出两种相关的事物的反差。统计指数则是总体各变量综合对比而形成的相对数，表明社会经济现象动态。例如，指数按所反映的现象范围不同，分为个体指数和总指数。前者反映个体经济现象变动的相对数，如个别产品的物量指数、个别商品的价格指数等；后者是表明全部经济现象变动的相对数，如工业总产值指数、居民消费价格总指数。

第十一章 统计综合评价

【问题提出】

世界大学排名

20 世纪 90 年代以来，全球大学排名的发展如雨后春笋，势如破竹，从社会舆论走向到公共政策制定，无不受其影响。高等教育机构及商业研究机构通过公共媒体一起发布大学排名，目的是迎合社会需求及展望高等教育透明度。2011年 6 月 7 日，欧洲大学协会在布鲁塞尔举行的排名研讨会上发布题为《全球大学排名及其影响》的报告。今天，无论是全球性的、地区性的、单一国家内部的大学排名，还是各类专业排名层出不穷。表 11.1 为 2021 年 USNEWS、QS 和泰晤士高等教育依据不同的评价标准对前十的世界大学排名情况。

表 11.1   世界大学排名情况

排名	USNEWS			QS			泰晤士高等教育		
	大学	国家	得分	大学	国家	得分	大学	国家	得分
1	哈佛大学	美国	100.0	麻省理工学院	美国	100.0	牛津大学	英国	95.6
2	麻省理工学院	美国	97.9	斯坦福大学	美国	98.4	斯坦福大学	美国	94.9
3	斯坦福大学	美国	95.3	哈佛大学	美国	97.9	哈佛大学	美国	94.8
4	加利福尼亚大学伯克利分校	美国	89.8	加州理工大学	美国	97.0	加州理工大学	美国	94.5
5	牛津大学	英国	87.0	牛津大学	英国	96.7	麻省理工学院	美国	94.4
6	哥伦比亚大学	美国	86.7	苏黎世联邦理工大学	瑞士	95.0	剑桥大学	英国	94.0
7	加州理工大学	美国	86.3	剑桥大学	英国	94.3	加州大学伯克利分校	美国	92.2
8	华盛顿大学	美国	86.0	伦敦帝国学院	英国	93.6	耶鲁大学	美国	91.6
9	剑桥大学	英国	85.8	芝加哥大学	美国	93.1	普林斯顿大学	美国	91.5
10	约翰斯·霍普金斯大学	美国	85.1	伦敦大学学院	英国	92.9	芝加哥大学	美国	90.3

资料来源：2021 年世界大学最新排名整理。

从这个数据表，我们发出一些疑问：这些大学排行榜上各高校的得分是如何计算的？不同的排行榜结果为何不同？如何科学客观地看待大学排行榜的排名结果？通过本章学习，我们将了解综合评价的一些基本问题，结合实际来解决类似上述日常生活中经常遇到的综合评价情况。

第一节 统计综合评价的演进历程

一、统计综合评价演进历程概述

统计指标是统计学的一个基础性概念，也是人们认识社会经济现象的一个有效工具。统计评价属于描述统计学范畴，统计评价是以统计指标为基础的评价，可以分为单一指标评价方法和多指标综合评价方法。统计综合评价是指利用反映社会经济现象总体的指标体系，结合各种定性资料，构建综合评价模型求得综合评价值，对被评价的现象作出明确的比较和排序的统计分析方法。

随着社会经济现象的逐渐复杂化和人们认识水平的提高，统计评价也经历了一个由简单到复杂、由具体到抽象、由比较片面到比较全面、由非整体性到整体性、由单指标到多指标的演进过程。

二、统计综合评价方法的发展阶段

统计指标评价方法的纵向剖析统计指标评价方法包括实物指标方法、价值指标方法、指标体系方法和多指标综合评价方法等。这些不同方法是随着社会经济管理对统计的要求而产生发展的。如下主要介绍实物指标方法、价值指标方法、指标体系方法和多指标综合评价方法这四大指标评价方法及它们之间的联系与区别。

(一) 实物指标方法

实物指标是人类使用最早的一类统计指标，它是采用自然单位或实物特征来计量的统计指标。由于实物指标将社会经济中的一些最基本、最重要的现象和事物的综合数量特征概括了出来，代表性地反映一个社会的物质基础和社会经济实力，在生产力水平不太发达的情况下，实物指标可以满足社会经济管理的需要。

实物指标的局限性：只能在同种、同类事物间进行加总，面对越来越多的不同种类经济产品，实物指标的综合力显然是不够的，并且统计总体也在不断扩大，单纯地使用实物指标的难度也在逐渐加大。在这种背景下，实物指标就越来越难以满足社会经济管理的需要。

(二) 价值指标方法

价值指标是利用价格作为同度量因素把不同种类的产品进行加总计量的一类统计指标。与实物指标相比，价值指标是一种较为全面、更加综合的评价方法，能够对社会经济活动各个方面的总规模和总水平加以定量描述，满足了社会经济管理的需要。

价值指标的局限性：在相当长的时期内，价值指标都满足了人们进行社会经济管理的需要，但随着社会经济活动复杂性的提高，对人们认识社会经济现象的能力也提出了更高的要求；从指标评价方法来说，单个统计指标只能反映复杂社会现象的一个侧面，无法给出全景式的描绘，即便是最综合的价值指标也是如此。这样看来，价值指标这个单一指标评价方法也不够用了。

（三）指标体系方法

既然单个指标不能全面地对客观社会经济现象进行描述，那么运用多个指标、从各个侧面来反映社会经济现象就能突破单一指标的缺陷，这种方法就是统计指标体系方法；从认识的全面性上来讲，指标体系方法比实物指标和价值指标的单一指标方法要大大前进了一步，可以说，指标体系方法解决了认识的全面性问题。

指标体系的局限性：指标体系方法在解决认识的全面性问题的同时，也产生了新问题，那就是指标体系在评价的整体性上却大大退步了。人类的认识能力有其局限性，在由一大堆指标所构造的指标体系这一多维空间上，要对事物作出一个总体性评价，要对两个事物作出一个综合性的比较和评价，人们往往无能为力。

例如，我们要比较甲、乙两个企业的优劣，假如采用的指标体系非常简单，只包含 A、B 两个指标，并且均为正指标。对于 A 指标，甲企业高于乙企业；对于 B 指标，甲企业低于乙企业。在这种情况下，我们就很难说到底是甲企业较优还是乙企业较优。

（四）多指标综合评价方法

多指标综合评价是采用一定的方法，将指标体系在多维空间中的多个点值进行综合，把说明被评判事物主要指标的信息综合起来，将之转化为一个综合评价价值，这样就解决了指标体系的整体性问题。

多指标综合评价的特点：它的评价包含了若干个指标；多个评价指标分别说明了被评价事物的不同方面，彼此间往往是异度量的，而且不存在一个统一的同度量因素；这种评价方法最终要对被评价事物作出一个整体性的评判，用一个总指标来说明被评价事物的一般水平。

四大指标评价方法间的联系与区别如下：

联系：统计内容的深度和广度决定了指标评价方法的发展，各种统计指标评价方法是从不同角度对客观总体加以综合反映的；统计指标描述了一个由具体到抽象，由比较片面到比较全面，由非整体性到整体性的发展过程；四大指标评价方法间存在基础与发展，包含与被包含的关系；四大指标评价方法是结合运用而不是互相取代的关系。

区别：应特别注意价值指标与多指标综合评价方法间的区别：

（1）价值指标方法用引入同度量因素解决指标的可综合性，多指标综合评价则用无量纲化的方法解决；

（2）价值指标比实物指标抽象，多指标综合评价抽象程度更高；

（3）价值指标社会经济含义较易明确，多指标综合评价的评价结果含义不易明确；

（4）价值指标可以是绝对数，有计量单位，多指标综合评价则不可；

（5）价值指标往往由个体指标组成，多指标综合评价则由综合指标组成；

（6）价值指标相对数往往可与绝对分析相结合，多指标综合评价则没有前者那种对应分析。

任何综合指标，即便是实物指标，都具有抽象性，随着指标综合事物的范围扩大，指标的抽象程度也就增加，不能因为抽象程度高了，就否定指标的综合。多指标综合评价的结果，是对被评价事物更一般质的规定性的定量描述。

在多指标综合评价中，有些方法得到的结果对同一个被评对象可能不唯一，这实际上是指标评价的相对性问题，评价的参照系变了，所以评价结果就可能变化，这一点并不影响评价结果的客观性，就是价值指标也是存在相对性的，我们不能因为指标评价的相对性而否定其客观性和科学性。另外，不能从某种方法的角度来要求另一种方法，不能从价值指标的角度来批评和要求多指标综合评价方法。

第二节　综合评价的基本问题

一、综合评价的概念

（一）现实中综合评价问题

评价是人类社会中一项经常性的、极为重要的认识活动。在我们的日常生活中，经常遇到这样的评价问题：哪个学生的素质高？哪个高等院校的声望高？在经济管理中也经常遇到这样的评价问题：哪个企业的绩效好？哪个地区发展的状况好？

在现实生活中，综合评价问题似乎无处不在。事实上，无论你作出什么决策，在你的头脑里都有一个综合评价问题。例如，买一台电脑，必须将不同品牌的电脑的性能、硬盘容量、外观、适用程度以及价格进行综合比较，才能决定购买何种电脑；你要进行一项投资，你既可以买股票，也可以存银行，还可以购买企业债券，甚至实体投资办工厂，你到底会选择哪一种投资方式呢？你在作出最终决定之前，一定会将这些投资方式，在安全性、收益性和回收期限等方面进行全面的、综合的比较，这实际上就是在进行综合评价；中国与印度同属人口众多、经济欠发达的第三世界国家，在国际竞争中，就有一个相互比较问题：谁的发展速度快？谁在国际上竞争优势大？再比如，中国与美国相比肯定是有差距的，但是差距是在扩大、还是在缩小？如果不进行综合评价就很难回答这一问题，全面评价中美两国在各个领域的发展状况是发现差距的前提。近年来可持续发展评价、综合国力评价、城市竞争力评价、城市功能综合评价、企业和区域经济效益评价等，已相继成为人们研究的热门问题。由此可见，综合评价已成为人们日常生活中应用十分广泛的分析工具。

（二）综合评价的含义

综合评价是指通过一定的数学模型（或算法）将多个评价指标值"合成"为一个整体性的综合评价数值。

综合评价问题从本质上来说是一个信息处理问题，开展评价的过程实际上就是将无序的数量信息有序化。在这一过程中，需要我们选取适当的数量特征，规范数量信息、确定不同数量特征的重要程度、给出综合数量模型，最终将无序的信息有序化。因此，综合评价的根本目的就是要灵敏、全面和客观地凸显不同客体之间的数量差异，以便决策。

例如，党的十九大报告指出，我国经济已由高速增长阶段转向高质量发展阶段。2017 年 12 月召开的中央经济工作会议提出，必须加快形成推动高质量发展的指标体系。在新发展理念下，对经济发展质量的评价已经超脱于传统的经济规模和增长速度的简单核算，而应以发展质量作为重要的判别标准，综合考虑经济发展的多个维度。为了衡量我国高质量发展，需要对各个方面进行综合测评，并将这一目标具体化为一套评价指标体系，如表 11.2 所示。

表 11.2　　　　　　我国经济高质量发展评价体系

一级指标	二级指标
创新发展水平	每十万人口高等学校平均在校生数（人）
	规模以上工业企业新产品开发经费支出（万元）
	发明专利申请授权数（项）
	高新技术产品进出口额（亿美元）
	技术市场成交额（亿元）
	规模以上工业企业新产品销售收入（万元）
协调发展水平	农村居民消费水平（元）
	金融增加值/GDP（%）
	最终消费率（%）
	第三产业增加值占 GDP 的比重（%）
绿色发展水平	单位 GDP 废水排放（吨/元）
	万元 GDP 能耗（吨标准煤/万元）
	单位 GDP 废气排放量（吨/万元）
	生活垃圾无公害化处理（%）
	万元 GDP 煤炭消费（吨标准煤/万元）
开放发展水平	实际利用外资直接投资/GDP（%）
	进出口总额/GDP（%）

续表

一级指标	二级指标
共享发展水平	城镇基本医疗保险年末参保人数（万人）
	城镇参加养老保险人数（万人）
	国家财政一般公共服务支出（亿元）
	人均卫生费用（元/人）
	城镇园林绿化建设投资额（亿元）
	发放失业保险金额（亿元）
	人口死亡率（‰）
经济增长质量	人均国内生产总值（元）
	私营企业就业人数（万人）
	工业生产者出厂价格指数（%）
	质量损失率（%）
	产品质量优等品率（%）
	城镇登记失业率（%）

根据我国高质量发展的内涵，结合国内外关于发展评价的相关实践，评价者根据此指标体系，运用某些方法将不同侧面、无序的数量特征换算成一个有序的综合指标，即计算出综合分值，然后按照综合分值的大小来对各区域经济社会发展程度进行排名。所以，在某种程度上说，综合评价问题，也可以看作是系统（或多目标）决策问题和系统选优问题。

二、构成综合评价问题的要素

正如前面所述，综合评价本质上是一个信息处理系统，开展评价的过程是将客观对象的无序属性信息，运用一定的方法、模型进行有序化处理的过程。一般来说，在这一过程中，总是会涉及以下几个要素。

（一）评价目的

必须明确评价的目的，这是评价工作的根本指导。对某一事物开展综合评价，要明确为什么要综合评价，评价事物的哪一方面，评价的精确度要求如何等。

（二）被评价对象

评价对象可能是人、事、物，也可能是它们的组合。同一类被评价对象的个数要大于1，假定一个综合评价问题中有 n 项被评价对象或系统，分别记为 S_1，$S_2, \cdots, S_n (n > 1)$。这一步的实质是明确对象系统。评价对象系统的特点直接决定着评价的内容、方式以及方法。

（三）评价者

评价者可以是某个人（专家）或某团体（专家小组）。评价目的的确定、被评价对象的确定、评价指标体系的建立、权重系数的确定、评价模型的选择都与评价者有关。

（四）评价指标

所谓评价指标，是指根据研究的对象和目的，能够确定地反映研究对象某一方面情况的特征依据。每个评价指标都是从不同侧面刻画对象所具有的某种特征。所谓指标体系，是指由一系列相互联系的指标所构成的整体，它能够根据研究的对象和目的，综合反映出对象各个方面的情况。指标体系不仅受到评价客体与评价目标的制度约束，而且也受到评价主体价值观念的影响。

例如各系统的运行（或发展）状况可用一个向量 x 表示，记 $x = (x_1, x_2, \cdots, x_m)^T$ 且 $m > 1$，其中每一个分量都从某一个侧面反映系统的现状，故称 x 为系统的状态向量，它构成了评价系统的指标体系。每个评价指标都是从不同的侧面刻画系统所具有某种特征大小的度量。

评价指标体系的建立，要视具体评价问题而定。一般来说，在建立评价指标体系时，应遵守的原则是：（1）系统性；（2）科学性；（3）可比性；（4）可测取性；（5）相互独立性。

（五）权重系数

相对于某种评价目的来说，评价指标之间的相对重要性是不同的。评价指标之间的这种相对重要性的大小，可用权重系数来刻画。指标的权重系数，简称权重，是指标对总目标的贡献程度。很显然，当被评价对象及评价指标都确定时，综合评价的结果就依赖于权重系数了。即权重系数确定得合理与否，关系到综合评价结果的可信程度。因此，对权重系数的确定应特别谨慎。若 ω_j 是评价指标 x_j 的权重系数，一般应有 $\omega_j \geqslant 0 (j = 1, 2, \cdots, m)$，$\sum_{j=1}^{m} \omega_j = 1$。

（六）综合评价模型

所谓多指标综合评价，是指通过一定的数学模型将多个评价指标值"合成"一个整体性的综合评价值。综合评价模型就是将被评价对象的多个评价指标值与相应的权重，利用适当的数学方法"合成"的表达式。可用于"合成"的方法较多，问题在于我们如何根据评价目的及被评价系统的特点来选择较为合适的合成方法。

（七）评价结果

利用综合评价模型合成得出评价的结果。输出评价结果并解释其含义，依据评价结果进行决策。应该注意的是，应正确认识综合评价方法，公正看待评价结果。综合评价结果只具有相对意义，即只能用于性质相同的对象之间的比较和排序。当然，综合评价可以进行整体评价分析，也可以进行各个层次和各个指标的评价分析。

三、综合评价的基本步骤

从操作程序角度讲，综合评价通常要经历确定评价对象和评价目标，构建综合评价指标体系，选择定性或定量评价方法，选择或构建综合评价模型，分析综合得出的结论，提出评价报告等过程。针对一般的综合评价实际问题，具体的步骤如下。

（一）明确评价目的

确定综合评价目的就是要明确为什么进行综合评价，也只有这样才能确定评价对象及属性特征，整个综合评价活动才能够有序进行。

（二）组织评价小组

评价小组通常由评价所需的技术专家、管理专家和评价专家组成。参加评价工作的专家资格、组成以及工作方式等都应满足评价目标的要求，以保证评价结论的有效性和权威性。

（三）确定评价指标体系

指标体系是从总的或一系列目标出发，逐级发展子目标，最终确定各专项指标。

建立评价指标体系的基本要求：

1. 代表性：各层次指标能最好地表达所代表的层次。

2. 确定性：是对指标值的确定，其高低在评价中有确切含义。

3. 区别能力/灵敏性：即指标值有一定的波动范围，而且其高低在评价中有确切的含义。

4. 独立性：同层次的指标应不具有包含关系和相关关系。

建立评价指标体系对评价指标的选择：

1. 定性选择：根据实际经验和专家的判断来选择评价指标，初步建立评价指标体系。

2. 定量选择：一是辨识度分析，辨识度是指一个评价指标在区分评价对象某一方面特征时的能力与效果，也可称为"区分度"，一般采用变异系数来计算，实践中可以根据经验来确定变异系数的数量界限；二是冗余度分析，冗余度是指综合评价指标体系内的各项评价指标之间在计算内容上的重复（叠加）程度，一般采用相关系数来测量，若两个或多个评价指标之间相关程度过高，以至于一个指标可以由其他若干个指标完全地线性表示，则这个指标就是多余的，应考虑删去。

(四) 对指标进行预处理

在指标体系确定之后，就应该按照要求收集评价指标的原始数据并对评价指标数据进行若干预处理。

1. 评价指标类型一致化：将不同类型、不同数量级别的指标转换为同一类型的指标，如全部转换为正向指标或逆向指标。

2. 评价指标无量纲化：将不同的信息含量、不同的计量单位及不同的数量级别的指标转换成同一种尺度，以消除计量单位和数量级别的差异对综合评价值的影响。

(五) 确定各项评价指标的权重系数

确定权重系数，就是要确定各属性指标在指标体系中的地位，以及采用什么样的综合模型将各属性的特征综合起来。

若评价指标体系是单一层次的，则要求所有指标的权重总和等于100%；若评价指标体系是多层次的，则要求每一层次中，同一层次各指标的权重总和都等于100%。

(六) 选择和建立综合评价模型

评价问题的关键在于从众多的方法模型当中选择一种恰当的方法模型。其中任何一种综合评价方法，都要依据一定的权数对各单项指标评价结果进行综合，权数比例的改变会改变综合评价的结果。

(七) 评价结果分析

综合评价工作是一项主观性很强的工作，在评价工作中必须以客观性为基础，提高评价方法的科学性，保证评价结果的有效性。当然，由于综合方法的局限性，使得它的结论只能作为认识事物、分析事物的参考，而不能作为决策的唯一依据。

由此可见，综合评价的过程不是一个随意的简单事情，而是一个对评价者和实际问题的主客观信息综合集成的复杂过程。只有在充分占有被评价对象及其相关因素的信息基础上，才有可能作出较为可靠的评价。

四、综合评价方法的特点

综合评价法的特点表现在：

1. 评价过程不是逐个指标顺次完成的，而是通过一些特殊方法将多个指标的评价同时完成的。

2. 综合评价过程中，一般要根据指标的重要性进行加权处理。

3. 评价结果不再是具有具体含义的统计指标，而是以指数或分值表示参评单位综合状况的排序。

第三节　综合评价发展简史

一、国外的发展

综合评价方法的历史由来已久，但现代综合评价理论的产生则始于 19 世纪 80 年代。1888 年，英国统计学家艾奇沃斯（Edgeworth）发表了一篇题为《考试中的统计学》的论文，提出了对考试中不同部分如何加权比较的问题。经济统计中实物指标的综合问题也促进了综合评价问题的研究。1913 年，斯皮尔曼（Spearman）发表了《和与差的相关性》一文，讨论了不同加权方法的基本作用，此文实际上已将多元分析中的多元回归和典型相关分析等内容应用于综合评价问题。20 世纪 30 年代，瑟斯通（Thurstone）和利克特（Liker）对定性记分方法进行了深入研究。20 世纪 60 年代开始出现的模糊数学研究对综合评价的发展起到了极大的推动作用，形成了基于模糊理论的模糊评价法。20 世纪 70 ~ 80 年代，又相继产生了多指标多方案排序的消去与选择转换法（ELECTRE，1983）、多维偏好分析的线性规划法（LINMAP，1973）、层次分析法（AHP，1977）、数据包络分析法（DEA，1978）以及逼近于理想解的排序方法（TOPSIS，1981）等。这些现代数量分析方法均已引入综合评价领域，使得综合评价方法丰富多彩，也大大扩展了综合评价的应用领域。目前，在国民经济活动中，综合评价方法得以大力推广。综合国力评价、可持续发展评价、城市（国家、企业）竞争力评价、企业综合经济效益评价、小康进程综合评价、科技实力综合评价、现代化进程综合评价等已相继开展。

二、国内的发展

20 世纪 80 年代以来国内综合评价活动中运用的评价方法可划分为两类：一类属于经验方法；另一类属于数学方法。经验方法的优点是计算简单、适用面广，且方法应用过程的解释较为直观；数学方法的优点是理论基础牢固、可排除人为因素的干扰，如能够正确应用可大大提高综合评价的客观公正性。但这两类方法又都有一些缺陷：经验方法受人为因素的干扰较大，并且评价效果与评价实施者对评价对象了解的深入程度、对方法运用上的细节把握得好坏有关；数学方法较为突出的缺点在于其约束条件太多，而现实的评价对象往往又不能满足这些条件，只能在许多假定的基础上，或在进行一系列变通处理后应用。例如，在 20 世纪 80 年代中后期十分流行的技术进步贡献率的测算，因其资本投入和劳动投入不能很好地落实到现实中较为理想的指标上，且 α 和 β 设定上的人为因素太大，有些地区得出的技术进步贡献率居然与美国等发达国家平起平坐。再有，数学方法的研究过程难以被外行所理解，例如，因子分析中因子不能用通常被大家理解的评价指标的具体含义来解释。主成分分析中第一主成分、第二主成分乃至第三主成分的具体含义是什么？是怎么得出来的？许多评价并没有给予解释或给予较为清楚的解释，结果往往是由于不好解释一带而过，从而影响到评价结果的可信度。20 世纪 80～90 年代，人们对评价理论、方法和应用开展了多方面的、卓有成效的研究，主要表现为：常规评价方法在国民经济各部门中的应用；数种常规评价方法的组合应用；新评价方法的研究；评价属性集的设计及其标准化变换。在目前进行的评价活动中，大多数采用德尔菲法与层次分析法相结合的方法，即初始权重的确定采用德尔菲法，之后通过层次分析法对初始权重进行处理和检验，以生成各层指标的权重。

第四节　综合评价方法的分类体系

一、综合评价方法的分类

（一）按照综合评价的目的划分

按照综合评价的目的，综合评价可分为三类：分类问题、排序问题和整体水平评价问题。

1. 分类问题。把多个具有相同或者相近属性的事物归为一类，这样有利于对客观事物进行科学管理。这种分类过程实质上就是综合评价过程，因为只要将各客体的综合分值计算出来，分类问题才变得十分简便，其目的就是将各评价对象区分为不同的类别。例如，将高等学校区分为优质高等学校和一般高等学校时，通常可以将各高等学校按照有关指标进行综合评价，然后在综合得分的基础上加以区分，这就是一个综合评价问题。

2. 排序问题。是在分析和综合评价的基础上，按照优劣程度或某种次序对客观事物排出顺序的一类问题。其目的就是将被研究对象在某一标准下排列出一定的顺序。例如，某班学生按照其综合素质排序的问题就是综合评价问题。

3. 整体水平评价问题。这类问题的目的是对事物整体状况做评价，依据是最终得出的综合水平分值。

（二）按照定量化程度划分

按照定量化程度，综合评价可分为三类：定性评价方法、半定性评价方法和定量评价方法。

1. 定性评价方法。主要采用定性分析方法，如德尔菲法。

2. 半定性评价法。主要采用定量与定性分析相结合的评价方法，如层次分析法（AHP）。

3. 定量评价方法。主要采用数学模型进行定量分析的评价方法,这类方法在综合评价中大量存在。

(三) 按照赋权方式划分

按照赋权方式,综合评价可划分为三类:主观赋权法、客观赋权法和主观与客观相结合的赋权法。

1. 主观赋权法。它是人为因素确定权重的方法。例如,通过专家调研访问的德尔菲法等。

2. 客观赋权法。它是按照数学工具非主观地确定权重的方法。例如,利用向量特征根来确定权重的最优权法。

3. 主观与客观相结合的赋权法。它是主观赋权法与客观赋权法相结合的方法。例如,层次分析法就属于此类方法。

(四) 按照各评价方法所依据的理论基础划分

按照各评价方法所依据的理论基础划分,大致可以分为五类:常见的综合评价方法、多元统计分析中的综合评价方法、运筹学中的综合评价方法、新型的综合评价方法、组合方法。

1. 常见的综合评价方法。主要有评分法、综合指数法、功效系数法等,这些方法在使用时的特点就是简单、便捷、容易掌握。

2. 多元统计分析中的综合评价方法。主要有主成分分析法、因子分析法等,这些方法相对来说比较复杂,同时在使用的过程中要借助计算机来实现。

3. 运筹学中的综合评价方法。主要有层次分析法、模糊综合评价法、数据包络分析法等,这些方法比较抽象,掌握起来有一定的难度。

4. 新型的综合评价方法。主要有人工神经网络评价法、灰色综合评价法等,这些方法非常抽象,掌握起来难度较大。

5. 组合方法。主要是几种方法组合使用的情况,如层次分析法(AHP) + 模糊综合评价、模糊神经网络评价法等。这些方法目前处于初步研究和探索阶段。

二、主要综合评价方法的介绍

(一) 主成分分析法

主成分分析是多元统计分析的一个分支。20 世纪 30 年代,由于罗纳德·费希尔(Ronald Fisher)、哈罗德·霍特林(Harold Hotelling)、许宝禄及罗伊(Roy)等的一系列奠基性工作,使得多元统计分析成为应用数学的一个重要分支。主成分分析,先是由卡尔(Karl)、皮尔逊(Pearson)应用于非随机向量,而后霍特林将之推广到了随机向量。

主成分分析法是将其分量相关的原随机向量，借助于一个正交变换，转化成其分量不相关的新随机向量，并以方差作为信息量的测度，对新随机向量进行降维处理，再通过构造适当的价值函数，进一步把低维系统转化成一维系统。

应用主成分分析法时，当指标数越多，且各指标间相关程度越密切，即相应的主成分个数越少，主成分分析法越优越；对于定性指标，应先进行定量化；当指标数较少时，可适当增加主成分个数，以提高分析精度。采用主成分分析法进行综合评价有全面性、可比性、合理性、可行性等优点，但是也存在一些问题：如果对多个主成分进行加权综合会降低评价函数区分的有效度，且该方法易受指标间的信息重叠的影响。

（二）层次分析法

1977 年美国运筹学家、匹兹堡大学教授萨迪（T. L. Saaty）在第一届国际数学建模会议上宣读了《无结构决策问题的建模——层次分析法》一文，宣告一种新的决策方法问世。1988 年，在中国天津召开了第一届国际层次分析法研讨会，以后每两至三年举办一次，至今已召开了六届。1996 年，萨迪在层次分析法的基础上，又提出了网络分析法。

层次分析法的基本特征，其一是要有一个属性集的层次结构模型，它是层次分析法赖以建立的基础；其二是针对上一层某个准则，把下一层与之相关的各个不可测度的因素，通过对比按重要性等级赋值，从而完成从定性分析到定量分析的过渡。

层次分析法也有不足之处：在应用中仍摆脱不了评价过程中的随机性和评价专家主观上的不确定性及认识上的模糊性；并且判断矩阵易出现严重的不一致；AHP 得出的结果是粗略的方案排序。

（三）数据包络分析法

1978 年，美国著名运筹学家查恩斯（A. Charnes）等，以相对效率概念为基础，以凸分析和数学规划为工具，创建了一个以他们的名字命名的 DEA 模型——C^2R 模型。20 世纪 80 ~ 90 年代，又相继提出了诸如 C^2GS^2 模型、FG 模型、ST 模型、C^2WH 模型和带 AHP 约束锥的 DEA 模型等。

DEA 法不仅可对同一类型各决策单元的相对有效性作出评价与排序，而且还可进一步分析各决策单元非 DEA 有效的原因及其改进方向，从而为决策者提供重要的管理决策信息。正因如此，DEA 的模型、理论、方法和应用依旧是第十五届国际运筹学会议的一个热门话题。

（四）模糊评价法

模糊评价法奠基于模糊数学。模糊数学诞生于 1965 年，它的创始人是美国自动控制专家扎德（L. A. Zadeh）。这一理论提出之后，开始在西方学术界为某些偏见所左右，并未引起足够的重视。20 世纪 80 年代后期，日本将模糊技术应

統计学与 R 应用

用于机器人、过程控制、地铁机车、交通管理、故障诊断、医疗诊断、声音识别、图像处理、市场预测等众多领域。模糊理论在日本的成功应用和巨大的市场前景，给西方企业界以巨大的震动，在学术界也得到了普遍的认同。

当前，模糊理论和应用正向深度和广度飞速发展，研究成果大量涌现，成为世界各国高科技竞争的重要领域之一。模糊评价法不仅可对评价对象按综合分值的大小进行评价和排序，而且还可根据模糊评价集上的值按最大隶属原则去评定对象所属的等级。

附录：软件操作（R 语言）

案例 11.1：主成分分析案例

为对各地区居民的消费结构水平进行比较，首先要建立一套能够反映消费结构的指标体系，通过对指标体系运用一定的定量分析方法并结合定性分析对各地区消费结构水平的差异做出比较。下面采用《中国统计年鉴 2021》公布的分地区居民人均消费支出构成的 9 项指标，这些指标综合概括了当前我国居民的消费构成。数据如附表 11.1 所示。

附表 11.1　　　　　分地区居民人均消费支出构成　　　　单位：元

地区	消费支出	食品烟酒	衣着	居住	生活用品及服务	交通通信	教育文化娱乐	医疗保健	其他用品及服务
全国	21 209.9	6 397.3	1 238.4	5 215.3	1 259.5	2 761.8	2 032.2	1 843.1	462.2
北京	38 903.3	8 373.9	1 803.5	15 710.5	2 145.8	3 789.5	2 766.0	3 513.3	800.7
天津	28 461.4	8 516.0	1 711.8	7 035.3	1 669.4	3 778.7	2 253.7	2 646.0	850.5
河北	18 037.0	4 992.5	1 249.7	4 394.5	1 171.2	2 356.9	1 799.1	1 692.0	381.2
山西	15 732.7	4 362.4	1 235.8	3 460.4	863.9	1 980.9	1 608.4	1 854.0	366.9
内蒙古	19 794.5	5 686.1	1 568.3	4 148.6	1 119.2	3 099.2	1 835.9	1 891.5	445.8
辽宁	20 672.1	6 110.1	1 378.2	4 473.8	1 091.8	2 660.0	1 950.8	2 303.2	704.1
吉林	17 317.7	5 021.6	1 293.9	3 448.2	906.7	2 386.0	1 742.0	2 031.2	488.1
黑龙江	17 056.4	5 287.2	1 300.6	3 450.7	895.4	2 122.2	1 602.9	2 023.2	374.4
上海	42 536.3	11 224.7	1 694.0	15 247.3	2 091.2	4 557.5	3 662.9	3 033.4	1 025.3
江苏	26 225.1	7 258.4	1 450.5	7 505.9	1 523.0	3 588.8	2 298.2	2 018.6	581.8
浙江	31 294.7	8 922.1	1 703.2	9 009.1	1 789.3	4 301.2	2 889.4	1 955.9	724.4
安徽	18 877.3	6 280.4	1 210.4	4 375.9	1 108.4	2 172.1	1 855.3	1 548.0	326.8
福建	25 125.8	8 385.1	1 182.4	7 304.8	1 274.8	2 972.0	1 895.9	1 583.2	527.5
江西	17 955.3	5 780.6	987.2	4 454.9	966.5	2 146.4	1 879.0	1 437.3	303.3
山东	20 940.1	5 757.3	1 438.6	4 437.0	1 571.0	3 004.1	2 373.7	1 914.0	444.8
河南	16 142.6	4 417.9	1 221.8	3 807.6	1 077.6	1 917.2	1 685.4	1 621.9	393.2
湖北	19 245.9	5 897.7	1 173.0	4 659.6	1 088.9	2 559.5	1 755.9	1 764.9	346.4
湖南	20 997.6	6 251.7	1 236.9	4 436.2	1 289.0	2 745.5	2 587.3	2 034.7	416.3
广东	28 491.9	9 629.3	1 044.5	7 733.0	1 560.6	3 808.7	2 442.9	1 677.9	595.1

续表

地区	消费支出	食品烟酒	衣着	居住	生活用品及服务	交通通信	教育文化娱乐	医疗保健	其他用品及服务
广西	16 356.8	5 591.5	595.0	3 579.0	929.1	2 107.9	1 766.2	1 540.7	247.3
海南	18 971.6	7 514.0	660.6	4 168.0	890.0	2 118.9	1 880.5	1 407.3	332.3
重庆	21 678.1	7 284.6	1 459.1	4 062.1	1 517.4	2 630.9	2 120.9	2 101.5	501.6
四川	19 783.4	7 026.4	1 190.4	3 855.7	1 234.8	2 465.1	1 650.5	1 908.0	452.4
贵州	14 873.8	4 606.9	944.6	2 998.2	901.1	2 218.0	1 636.7	1 269.6	298.7
云南	16 792.4	5 092.1	868.3	3 469.8	958.5	2 709.4	1 835.8	1 547.4	311.0
西藏	13 224.8	4 786.6	1 137.2	2 970.5	838.6	1 987.5	550.9	589.9	363.6
陕西	17 417.6	4 819.5	1 156.6	3 857.6	1 179.3	2 194.0	1 756.6	2 078.4	375.6
甘肃	16 174.9	4 768.8	1 140.6	3 557.3	1 045.5	2 020.4	1 728.6	1 544.7	369.1
青海	18 284.2	5 224.5	1 301.4	3 618.5	1 073.4	3 121.0	1 521.3	1 975.7	448.5
宁夏	17 505.8	4 816.3	1 263.9	3 348.8	1 037.2	2 922.0	1 760.6	1 906.3	450.7
新疆	16 512.1	5 225.9	1 138.9	3 304.7	1 031.0	2 318.9	1 488.4	1 611.7	392.7

资料来源：《中国统计年鉴2021》公布的分地区居民人均消费支出构成。

要求：对这各个城市的8项指标做主成分分析。

1.数据标准化.

```
>data = read.csv("C:\\Users\\Administrator\\Desktop\\分地区居民人均消费支出构成.csv")
>ls(data)   #列出所有向量
[1] "X1"  "X2"  "X3"  "X4"  "X5"  "X6"  "X7"  "X8"  "Z"  "地区"
>dim(data)   #查看维度
[1] 32 10
>options(digits = 2)   #设置数据保留小数点位数
>std_data = scale(data[3:10])   #数据标准化
>rownames(std_data) = data[[1]]   #数组各行名字定义为数据文件的第一列
>rownames(std_data)
[1] "全国"  "北京"  "天津"  "河北"  "山西"  "内蒙古"  "辽宁"
[8] "吉林"  "黑龙江"  "上海"  "江苏"  "浙江"  "安徽"  "福建"
[15] "江西"  "山东"  "河南"  "湖北"  "湖南"  "广东"  "广西"
[22] "海南"  "重庆"  "四川"  "贵州"  "云南"  "西藏"  "陕西"
[29] "甘肃"  "青海"  "宁夏"  "新疆"
>class(std_data)   #查看数据类型
[1] "matrix"  "array"
>df = as.data.frame(std_data)   #转化为数据框
>class(df)
```

标准化后的数据如附表11.2所示。

附表 11.2   **标准化的数据**

地区	X1	X2	X3	X4	X5	X6	X7	X8
全国	0.0629	-0.0397	-0.0021	0.1090	0.0380	0.1420	-0.0540	-0.0550
北京	1.2318	2.0102	3.3993	2.6830	1.4890	1.5260	3.1980	1.8520
天津	1.3159	1.6776	0.5877	1.3000	1.4740	0.5600	1.5090	2.1330
河北	-0.7678	0.0013	-0.2681	-0.1470	-0.5340	-0.2970	-0.3480	-0.5110
山西	-1.1405	-0.0491	-0.5709	-1.0390	-1.0650	-0.6570	-0.0330	-0.5920
内蒙古	-0.3577	1.1571	-0.3478	-0.2980	0.5140	-0.2280	0.0400	-0.1470
辽宁	-0.1069	0.4675	-0.2424	-0.3780	-0.1060	-0.0110	0.8420	1.3080
吉林	-0.7506	0.1617	-0.5748	-0.9150	-0.4930	-0.4050	0.3120	0.0910
黑龙江	-0.5936	0.1860	-0.5740	-0.9480	-0.8660	-0.6670	0.2970	-0.5500
上海	2.9177	1.6130	3.2492	2.5240	2.5740	3.2180	2.2640	3.1170
江苏	0.5721	0.7297	0.7402	0.8750	1.2060	0.6440	0.2880	0.6190
浙江	1.5560	1.6464	1.2274	1.6480	2.2120	1.7590	0.1660	1.4220
安徽	-0.0062	-0.1412	-0.2742	-0.3290	-0.7950	-0.1910	-0.6290	-0.8180
福建	1.2384	-0.2428	0.6751	0.1540	0.3350	-0.1150	-0.5600	0.3130
江西	-0.3018	-0.9509	-0.2486	-0.7410	-0.8310	-0.1470	-0.8440	-0.9500
山东	-0.3156	0.6844	-0.2544	1.0140	0.3800	0.7860	0.0840	-0.1530
河南	-1.1077	-0.0999	-0.4583	-0.4190	-1.1550	-0.5120	-0.4850	-0.4440
湖北	-0.2325	-0.2769	-0.1822	-0.3860	-0.2480	-0.3790	-0.2060	-0.7070
湖南	-0.0232	-0.0451	-0.2546	0.1950	0.0150	1.1890	0.3190	-0.3140
广东	1.9742	-0.7430	0.8138	0.9840	1.5160	0.9170	-0.3760	0.6940
广西	-0.4136	-2.3736	-0.5324	-0.8500	-0.8860	-0.3590	-0.6430	-1.2660
海南	0.7233	-2.1356	-0.3415	-0.9640	-0.8700	-0.1440	-0.9030	-0.7870
重庆	0.5876	0.7609	-0.3759	0.8580	-0.1470	0.3100	0.4490	0.1670
四川	0.4349	-0.2138	-0.4428	0.0380	-0.3810	-0.5770	0.0720	-0.1100
贵州	-0.9959	-1.1054	-0.7207	-0.9310	-0.7300	-0.6030	-1.1710	-0.9760
云南	-0.7089	-1.3822	-0.5678	-0.7650	-0.0360	-0.2280	-0.6300	-0.9070
西藏	-0.8896	-0.4068	-0.7296	-1.1130	-1.0560	-2.6510	-2.4940	-0.6100
陕西	-0.8702	-0.3364	-0.4421	-0.1240	-0.7640	-0.3770	0.4040	-0.5430
甘肃	-0.9001	-0.3944	-0.5395	-0.5120	-1.0090	-0.4300	-0.6350	-0.5790
青海	-0.6307	0.1889	-0.5196	-0.4310	0.5450	-0.8210	0.2040	-0.1320
宁夏	-0.8720	0.0528	-0.6070	-0.5360	0.2640	-0.3700	0.0690	-0.1200
新疆	-0.6298	-0.4006	-0.6213	-0.5540	-0.5880	-0.8830	-0.5050	-0.4460

2.主成分分析结果.

```
> df.pr = princomp(df,cor = TRUE)    #主成分分析
> df.pr
Call:
princomp(x = df, cor = TRUE)
```

Standard deviations:

Comp.1	Comp.2	Comp.3	Comp.4	Comp.5	Comp.6	Comp.7	Comp.8
2.50	0.86	0.61	0.47	0.41	0.34	0.28	0.22

 8 variables and 32 observations.

> summary(df.pr, loadings = TRUE) #列出结果

Importance of components:

	Comp.1	Comp.2	Comp.3	Comp.4	Comp.5	Comp.6	Comp.7	Comp.8
Standard deviation	2.500	0.862	0.612	0.473	0.415	0.342	0.280	0.224
Proportion Of Variance	0.780	0.093	0.047	0.028	0.022	0.015	0.010	0.006
Cumulative Proportion	0.780	0.873	0.920	0.948	0.969	0.984	0.990	1.000

Loadings:

	Comp.1	Comp.2	Comp.3	Comp.4	Comp.5	Comp.6	Comp.7	Comp.8
X1	0.339	0.522	0.207	0.256	0.189	0.494	0.245	0.405
X2	0.307	−0.662	0.378	−0.183	−0.214	0.283	−0.161	0.372
X3	0.367	0.161	−0.165	0.460	−0.565	−0.369	−0.329	0.191
X4	0.383	—	—	−0.174	−0.484	0.197	0.482	−0.563
X5	0.367	0.131	0.377	−0.348	0.232	−0.679	0.233	0.128
X6	0.354	0.245	−0.437	−0.600	0.100	0.178	−0.471	—
X7	0.331	−0.413	−0.623	0.212	0.332	—	0.385	0.150
X8	0.374	−0.118	0.257	0.364	0.437	—	−0.385	−0.553

3.确定主因子个数.

> cor(df) #相关系数矩阵

	X1	X2	X3	X4	X5	X6	X7	X8
X1	1.00	0.43	0.81	0.81	0.81	0.78	0.52	0.79
X2	0.43	1.00	0.60	0.73	0.67	0.53	0.72	0.78
X3	0.81	0.60	1.00	0.88	0.80	0.80	0.73	0.83
X4	0.81	0.73	0.88	1.00	0.86	0.85	0.75	0.84
X5	0.81	0.67	0.80	0.86	1.00	0.80	0.64	0.86
X6	0.78	0.53	0.80	0.85	0.80	1.00	0.72	0.74
X7	0.52	0.72	0.73	0.75	0.64	0.72	1.00	0.78
X8	0.79	0.78	0.83	0.84	0.86	0.74	0.78	1.00

> y = eigen(cor(df)) #求出 cor(df)的特征值和特征向量

> y

eigen() decomposition

$values

[1] 6.239 0.743 0.374 0.224 0.172 0.117 0.081 0.050

$vectors

	[,1]	[,2]	[,3]	[,4]	[,5]	[,6]	[,7]	[,8]
[1,]	−0.340	−0.522	−0.207	0.260	0.190	0.494	0.250	0.405

```
[2,]  -0.310  0.662  -0.378  -0.180  -0.210  0.283  -0.160  0.372
[3,]  -0.370 -0.161   0.165   0.460  -0.570 -0.369  -0.330  0.191
[4,]  -0.380 -0.034  -0.002  -0.170  -0.480  0.197   0.480 -0.563
[5,]  -0.370 -0.131  -0.377  -0.350   0.230 -0.679   0.230  0.128
[6,]  -0.350 -0.245   0.437  -0.600   0.100  0.178  -0.470  0.012
[7,]  -0.330  0.413   0.623   0.210   0.330 -0.081   0.390  0.150
[8,]  -0.370  0.118  -0.257   0.360   0.440  0.048  -0.380 -0.553
```

>y $ values   #输出特征值

[1] 6.239 0.743 0.374 0.224 0.172 0.117 0.081 0.050

>sum(y $ values[1:2])/sum(y $ values) #求出前 2 个主成分的累计方差贡献率

[1] 0.87

> df.pr $ loadings[,1:2]   #输出前 2 个主成分的载荷矩阵

	Comp.1	Comp.2
X1	0.340	0.522
X2	0.310	-0.662
X3	0.370	0.161
X4	0.380	0.034
X5	0.370	0.131
X6	0.350	0.245
X7	0.330	-0.413
X8	0.370	-0.118

> screeplot(df.pr,type ='lines')   #画出因子碎石图,如附图 11.1 所示

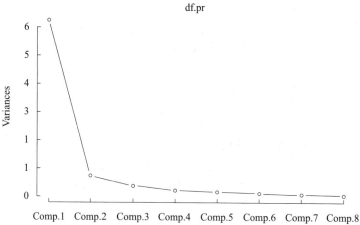

附图 11.1　因子碎石图

> biplot(df.pr)   #画出主成分散点图,如附图 11.2 所示

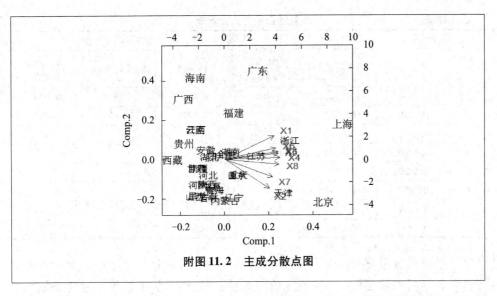

附图 11.2 主成分散点图

　　根据上述主成分分析结果及确定主因子个数，可得 8 个指标变量经过标准化后的相关系数矩阵如附表 11.3 所示；每个变量与主成分的相关系数如附表 11.4 所示；各个特征根的方差贡献率如附表 11.5 所示。

附表 11.3　　　　　　　　　相关系数矩阵

项目	食品	衣着	居住	生活用品	交通通信	文教娱乐	医疗保健	其他
食品	1.00	0.43	0.81	0.81	0.81	0.78	0.52	0.79
衣着	0.43	1.00	0.60	0.73	0.67	0.53	0.72	0.78
居住	0.81	0.60	1.00	0.88	0.80	0.80	0.73	0.83
生活用品	0.81	0.73	0.88	1.00	0.86	0.85	0.75	0.84
交通通信	0.81	0.67	0.80	0.86	1.00	0.80	0.64	0.86
文教娱乐	0.78	0.53	0.80	0.85	0.80	1.00	0.72	0.74
医疗保健	0.52	0.72	0.73	0.75	0.64	0.72	1.00	0.78
其他	0.79	0.78	0.83	0.84	0.86	0.74	0.78	1.00

附表 11.4　　　　　　　　变量与主成分的相关系数

项目	Comp. 1	Comp. 2	Comp. 3	Comp. 4	Comp. 5	Comp. 6	Comp. 7	Comp. 8
X1	0.339	0.522	0.207	0.256	0.189	0.494	0.245	0.405
X2	0.307	−0.662	0.378	−0.183	−0.214	0.283	−0.161	0.372
X3	0.367	0.161	−0.165	0.460	−0.565	−0.369	−0.329	0.191
X4	0.383	—	—	−0.174	−0.484	0.197	0.482	−0.563
X5	0.367	0.131	0.377	−0.348	0.232	−0.679	0.233	0.128
X6	0.354	0.245	−0.437	−0.600	0.100	0.178	−0.471	—
X7	0.331	−0.413	−0.623	0.212	0.332	—	0.385	0.150
X8	0.374	−0.118	0.257	0.364	0.437	—	−0.385	−0.553

附表 11.5　　　　　　　　　　　　各特征值的方差贡献

成分	初始特征值			提取载荷平方和		
	特征值	方差贡献率	累计方差贡献率	特征值	方差贡献率	累计方差贡献率
1	6.2390	0.7800	0.7800	6.2390	0.7800	0.7800
2	0.7430	0.0930	0.8730	0.7430	0.0930	0.8730
3	0.3740	0.0470	0.9200	—	—	—
4	0.2240	0.0280	0.9480	—	—	—
5	0.1720	0.0220	0.9690	—	—	—
6	0.1170	0.0150	0.9840	—	—	—
7	0.0810	0.0100	0.9900	—	—	—
8	0.0500	0.0063	1.0000	—	—	—

从输出结果来看，附表 11.3 输出的是 8 个指标变量经过标准化后的相关系数矩阵，表明多数指标间具有较强的相关性；附表 11.5 中前两个特征值的方差累计贡献率为 87.3%，大于 85% 的经验要求，从因子碎石图（见附图 11.1）也可看出，趋势图在第二个因子以后趋于平稳。所以总体上保留 2 个公共因子就可以。

附表 11.6 为前两个主成分的因子载荷矩阵。

附表 11.6　　　　　　　　　　　　　因子载荷矩阵

项目	Comp. 1	Comp. 2
食品	0.340	0.522
衣着	0.310	−0.662
居住	0.370	0.161
生活用品	0.380	0.034
交通通信	0.370	0.131
文教娱乐	0.350	0.245
医疗保健	0.330	−0.413
其他	0.370	−0.118

需要注意，这里计算出来的因子载荷矩阵是依据主成分分析和因子分析的数学关系，在未经旋转的原始因子载荷矩阵的基础上，将每个因子载荷向量除以相应的特征值的平方根得到的，因此可直接写出主成分计算公式：

$$F_1 = 0.340x_1 + 0.310x_2 + 0.370x_3 + 0.380x_4 + 0.370x_5 +$$
$$0.350x_6 + 0.330x_7 + 0.370x_8$$

$$F_2 = 0.522x_1 - 0.662x_2 + 0.161x_3 + 0.034x_4 + 0.131x_5 +$$
$$0.245x_6 - 0.413x_7 - 0.118x_8$$

4. 获取相关系数矩阵的特征值和特征向量.

```
> y = eigen(cor(df)) #求出 cor(df) 的特征值和特征向量
```

```
>y
eigen() decomposition
$values
[1] 6.239 0.743 0.374 0.224 0.172 0.117 0.081 0.050
$vectors
          [,1]    [,2]    [,3]    [,4]    [,5]    [,6]    [,7]    [,8]
 [1,] -0.340 -0.522 -0.207  0.260  0.190  0.494  0.250  0.405
 [2,] -0.310  0.662 -0.378 -0.180 -0.210  0.283 -0.160  0.372
 [3,] -0.370 -0.161  0.165  0.460 -0.570 -0.369 -0.330  0.191
 [4,] -0.380 -0.034 -0.002 -0.170 -0.480  0.197  0.480 -0.563
 [5,] -0.370 -0.131 -0.377 -0.350  0.230 -0.679  0.230  0.128
 [6,] -0.350 -0.245  0.437 -0.600  0.100  0.178 -0.470  0.012
 [7,] -0.330  0.413  0.623  0.210  0.330 -0.081  0.390  0.150
 [8,] -0.370  0.118 -0.257  0.360  0.440  0.048 -0.380 -0.553
```

5.计算主成分总得分.

```
>s=df.pr$scores[,1:2]    #输出前2个主成分的得分
>s
```

地区	Comp.1	Comp.2	地区	Comp.1	Comp.2
全国	0.077	0.133	河南	-1.693	-0.635
北京	6.247	-1.036	湖北	-0.951	0.064
天津	3.771	-0.842	湖南	0.380	0.185
河北	-1.039	-0.395	广东	2.167	2.219
山西	-1.895	-0.922	广西	-2.568	1.475
内蒙古	0.059	-1.023	海南	-1.897	2.053
辽宁	0.609	-0.951	重庆	0.904	-0.383
吉林	-0.968	-0.941	四川	-0.434	0.092
黑龙江	-1.401	-0.907	贵州	-2.573	0.426
上海	7.765	0.902	云南	-1.837	0.746
江苏	2.054	0.090	西藏	-3.556	-0.038
浙江	4.201	0.468	陕西	-1.109	-0.612
安徽	-1.164	0.244	甘肃	-1.798	-0.224
福建	0.677	1.149	青海	-0.594	-0.763
江西	-1.789	0.734	宁夏	-0.776	-0.687
山东	0.798	-0.405	新疆	-1.665	-0.218

```
>scores=0
>for (i in 1:2)
  scores = (y$values[i]*s[,i])/(sum(y$values[1:2]))+scores
>cbind(s,scores)    #输出综合得分信息
  地区  Comp.1  Comp.2  scores  地区  Comp.1  Comp.2  scores
```

全国	0.077	0.133	0.083	河南	−1.693	−0.635	−1.581
北京	6.247	−1.036	5.472	湖北	−0.951	0.064	−0.843
天津	3.771	−0.842	3.280	湖南	0.380	0.185	0.359
河北	−1.039	−0.395	−0.971	广东	2.167	2.219	2.173
山西	−1.895	−0.922	−1.791	广西	−2.568	1.475	−2.138
内蒙古	0.059	−1.023	−0.056	海南	−1.897	2.053	−1.477
辽宁	0.609	−0.951	0.443	重庆	0.904	−0.383	0.767
吉林	−0.968	−0.941	−0.965	四川	−0.434	0.092	−0.378
黑龙江	−1.401	−0.907	−1.348	贵州	−2.573	0.426	−2.254
上海	7.765	0.902	7.035	云南	−1.837	0.746	−1.562
江苏	2.054	0.090	1.845	西藏	−3.556	−0.038	−3.182
浙江	4.201	0.468	3.804	陕西	−1.109	−0.612	−1.056
安徽	−1.164	0.244	−1.014	甘肃	−1.798	−0.224	−1.631
福建	0.677	1.149	0.727	青海	−0.594	−0.763	−0.612
江西	−1.789	0.734	−1.521	宁夏	−0.776	−0.687	−0.767
山东	0.798	−0.405	0.670	新疆	−1.665	−0.218	−1.511

根据综合得分信息进行排序，如附表 11.7 所示。

附表 11.7　　　　　　　　　主成分综合得分及其得分排名

地区	Comp. 1	Comp. 2	scores	排名	地区	Comp. 1	Comp. 2	scores	排名
上海	7.765	0.902	7.035	1	吉林	−0.968	−0.941	−0.965	17
北京	6.247	−1.036	5.472	2	河北	−1.039	−0.395	−0.971	18
浙江	4.201	0.468	3.804	3	安徽	−1.164	0.244	−1.014	19
天津	3.771	−0.842	3.280	4	陕西	−1.109	−0.612	−1.056	20
广东	2.167	2.219	2.173	5	黑龙江	−1.401	−0.907	−1.348	21
江苏	2.054	0.090	1.845	6	海南	−1.897	2.053	−1.477	22
重庆	0.904	−0.383	0.767	7	新疆	−1.665	−0.218	−1.511	23
福建	0.677	1.149	0.727	8	江西	−1.789	0.734	−1.521	24
山东	0.798	−0.405	0.670	9	云南	−1.837	0.746	−1.562	25
辽宁	0.609	−0.951	0.443	10	河南	−1.693	−0.635	−1.581	26
湖南	0.380	0.185	0.359	11	甘肃	−1.798	−0.224	−1.631	27
内蒙古	0.059	−1.023	−0.056	12	山西	−1.895	−0.922	−1.791	28
四川	−0.434	0.092	−0.378	13	广西	−2.568	1.475	−2.138	29
青海	−0.594	−0.763	−0.612	14	贵州	−2.573	0.426	−2.254	30
宁夏	−0.776	−0.687	−0.767	15	西藏	−3.556	−0.038	−3.182	31
湖北	−0.951	0.064	−0.843	16	—	—	—	—	—

从上述主成分分析中，我们可以得到如下简要的结论：

从主成分综合得分排名结果来看，东部地区省份的综合主成分得分排名较高，前十名除了重庆，其余省份全部是东部地区，其中东部地区中河北和海南分别位于第 18 名和第 22 名，居民的消费结构是否合理与当地的经济发展水平密切联系，由于东部地区经济发展水平较高，消费结构水平相对于中西部地区也较高。中部 8 省中有 5 个省份位于第 11 名到第 21 名，江西、河南和山西位于最后 10 名，表明中部地区省份的居民消费结构水平总体不高。西部地区省份的排名相对较低，重庆位于第 7 名，内蒙古、四川、青海、宁夏四个省份位于第 12 名到第 15 名，其余 7 个省份位于最后 11 名，相对于东部地区，西部地区居民的消费差距巨大。

案例 11.2：层次分析法案例

假期你想要出去旅游，现有三个方案：浪漫的香格里拉（P1）；天府之国的成都（P2）；千姿百态的桂林（P3）。假如选择的标准和依据（行动方案准则）有 5 个：景色、费用、饮食、居住、旅途。如附表 11.8 所示。

附表 11.8　　　　　　　　　　行动方案准则表

目的地	标准				
	C1 景色	C2 费用	C3 饮食	C4 居住	C5 旅途
P1 香格里拉	——	——	——	——	——
P2 成都	——	——	——	——	——
P3 桂林	——	——	——	——	——

要求：实现层次分析法的五个步骤，根据景色、费用、饮食、居住、旅途等标准和依据，作出你想要旅游的优先级决策。

步骤 1：建立层次结构模型

选择旅游地的层次结构如附图 11.3 所示。

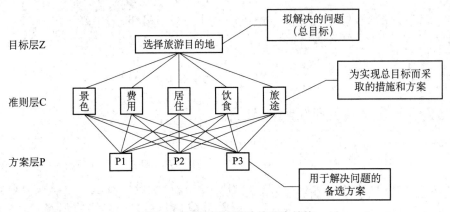

附图 11.3　选择旅游地的层次结构

以上结构模型中，我们需要比较准则层 C 的各个准则（C1、C2、C3、C4、C5）相对于目标层 Z 的权重，同时也要比较方案层 P 的各个方案相对于准则层每一个准则的权重。权重的判断建立在专家打分的基础上，即通过一组评分标准，来赋予单层各个指标的相对权重。

这里的评分机制使用 1~9 标度法（见附表 11.9）：

附表 11.9   **评分机制表**

标度	解释
1	代表两个元素相比，具有相同的重要性
3	代表两个元素相比，前者比后者稍重要
5	代表两个元素相比，前者比后者明显重要
7	代表两个元素相比，前者比后者极其重要
9	代表两个元素相比，前者比后者强烈重要
2, 4, 6, 8	表示上述相邻判断的中间值

步骤 2：构造判断矩阵

（1）根据以上评分机制构造判断矩阵：

相对目标层，进行两两比较评分：

	$C1$	$C2$	$C3$	$C4$	$C5$
$C1$	1	1/2	4	3	3
$C2$	2	1	7	5	5
$C3$	1/4	1/7	1	1/2	1/3
$C4$	1/3	1/5	2	1	1
$C5$	1/3	1/5	3	1	1

（2）构造所有相对于不同准则的方案层 P 的判断矩阵：

相对景色 C1：

	$P1$	$P2$	$P3$
$P1$	1	2	5
$P2$	1/2	1	2
$P3$	1/5	1/2	1

相对费用 C2：

	$P1$	$P2$	$P3$
$P1$	1	1/3	1/8
$P2$	3	1	1/3
$P3$	8	3	1

相对居住 C3：

	$P1$	$P2$	$P3$
$P1$	1	1	3
$P2$	1	1	3
$P3$	1/3	1/3	1

相对饮食 C4：

	$P1$	$P2$	$P3$
$P1$	1	3	4
$P2$	1/3	1	1
$P3$	1/4	1	1

相对旅途 C5：

	$P1$	$P2$	$P3$
$P1$	1	1	1/4
$P2$	1	1	1/4
$P3$	4	4	4

步骤 3：层次单排序

利用判断矩阵计算各因素 C 对目标层 Z 的权重（权系数）：

（1）将 A 的每一列向量归一化的 $\tilde{w}_{ij} = a_{ij} / \sum_{i=1}^{n} a_{ij}$；

（2）对 $\tilde{w}_{ij}$ 按行求和得：$\tilde{w}_i = \sum_{j=1}^{n} \tilde{w}_{ij}$；

（3）将 $\tilde{w}_i$ 归一化 $w_i = \tilde{w}_i / \sum_{i=1}^{n} \tilde{w}_i, w = (w_1, w_2, \cdots, w_n)^T$，即近似特征根（权向量）；

（4）计算 $\lambda = \dfrac{1}{n} \sum_{i=1}^{n} \dfrac{(Aw)_i}{w_i}$，作为最大特征根的近似值。

例：$A = \begin{bmatrix} 1 & 2 & 6 \\ 1/2 & 1 & 4 \\ 1/6 & 1/4 & 1 \end{bmatrix} \xrightarrow[\text{归一化}]{\text{列向量}} \begin{bmatrix} 0.6 & 0.615 & 0.545 \\ 0.3 & 0.308 & 0.364 \\ 0.1 & 0.077 & 0.091 \end{bmatrix} \xrightarrow{\text{按行求和}} \begin{bmatrix} 1.760 \\ 0.972 \\ 0.268 \end{bmatrix}$

$\xrightarrow{\text{归一化}} \begin{bmatrix} 0.587 \\ 0.324 \\ 0.089 \end{bmatrix} = w, Aw = \begin{bmatrix} 1.769 \\ 0.974 \\ 0.268 \end{bmatrix}, \lambda = \dfrac{1}{3}\left(\dfrac{1.796}{0.587} + \dfrac{0.974}{0.324} + \dfrac{0.268}{0.089} \right) = 3.009$

得到排序结果：$w = (0.588, 0.322, 0.090)^T$，$\lambda_{\max} = 3.009$。

步骤 4：一致性检验

判断矩阵通常是不一致的，但是为了能用它的对应于特征根的特征向量作为被比较因素的权向量，其不一致程度应在容许的范围内，如何确定这个范围？

（1）一致性指标：$CI = \dfrac{\lambda - n}{n - 1}$，$CI = 0$ 时 A 一致；CI 越大，A 的不一致性程度越严重。

（2）随机一致性指标 RI（见附表 11.10）。

附表 11.10　　　　　　　　随机一致性指标 RI

n	1	2	3	4	5	6	7	8	9	10	11
RI	0	0	0.58	0.90	1.12	1.24	1.32	1.41	1.45	1.49	1.51

（3）一致性比率（用于确定 A 的不一致性的容许范围）。

$CR = \dfrac{CI}{RI}$，当 $CR < 0.1$ 时，A 的不一致性程度在容许范围内，此时可用 A 的特征向量作为权向量。

步骤 5：层次总排序

```
1.构造判断矩阵.
  清空 R 语言环境内存及安装需要的程序包
  >rm(list = ls())
  >gc()
  >install.packages("readxl")
```

```
>library("readxl")
>install.packages("dplyr")
>library("dplyr")
>install.packages("magrittr")
>library("magrittr")
```

准则层判断矩阵

```
>data_ C < -matrix(c(1,2,1/4,1/3,1/3,1/2,1,1/7,1/5,1/5,4,7,1,2,3,3,
5,1/2,1,1,3,5,1/3,1,1),
nrow = 5, dimnames =
list(c("C1","C2","C3","C4","C5"),c("C1","C2","C3","C4","C5")))
> data_ C
```

	C1	C2	C3	C4	C5
C1	1.00	0.50	4	3.0	3.00
C2	2.00	1.00	7	5.0	5.00
C3	0.25	0.14	1	0.5	0.33
C4	0.33	0.20	2	1.0	1.00
C5	0.33	0.20	3	1.0	1.00

景色判断矩阵

```
>data_ B1 < - matrix(c(1,1/2,1/5,2,1,1/2,5,2,1),nrow = 3,
dimnames = list(c("P1","P2","P3"),c("P1","P2","P3")))
> data_ B1
```

	P1	P2	P3
P1	1.0	2.0	5
P2	0.5	1.0	2
P3	0.2	0.5	1

费用判断矩阵

```
>data_ B2 < - matrix(c(1,3,8,1/3,1,3,1/8,1/3,1),nrow = 3,
dimnames = list(c("P1","P2","P3"),c("P1","P2","P3")))
> data_ B2
```

	P1	P2	P3
P1	1	0.33	0.12
P2	3	1.00	0.33
P3	8	3.00	1.00

居住判断矩阵

```
>data_ B3 < - matrix(c(1,1,1/3,1,1,1/3,3,3,1),nrow = 3,
dimnames = list(c("P1","P2","P3"),c("P1","P2","P3")))
> data_ B3
```

	P1	P2	P3
P1	1.00	1.00	3
P2	1.00	1.00	3
P3	0.33	0.33	1

饮食判断矩阵

```
>data_ B4 < - matrix(c(1,1/3,1/4,3,1,1,4,1,1),nrow = 3,
dimnames = list(c("P1","P2","P3"),c("P1","P2","P3")))
>data_ B4
      P1   P2  P3
P1  1.00   3   4
P2  0.33   1   1
P3  0.25   1   1
```

路途判断矩阵

```
>data_ B5 < - matrix(c(1,1,4,1,1,4,1/4,1/4,1),nrow = 3,
dimnames = list(c("P1","P2","P3"),c("P1","P2","P3")))
> data_ B5
     P1   P2   P3
P1   1    1   0.25
P2   1    1   0.25
P3   4    4   1.00
```

2.判断矩阵归一化．

```
>Weigth_ fun < - function(data){
 if(class(data) = = 'matrix')
    {data = data}
 else{
if(class(data) = = 'data.frame' & nrow(data) = = ncol(data) - 1 &
is.character(data[,1,drop = TRUE])) {
    data = as.matrix(data[,-1])}
  else if(class(data) = = 'data.frame' & nrow(data) = = ncol(data)){
    data = as.matrix(data)}
   else {stop('please recheck your data structure , you must keep a
equal num of the row and col')}}
sum_ vector_ row = data % >% apply(2,sum)
  decide_ matrix = data % >% apply(1,function(x) x/sum_ vector_ row)
  weigth_ vector = decide_ matrix % >% apply(2,sum)
  result = list(decide_ matrix = decide_ matrix,
weigth_ vector = weigth_ vector/sum(weigth_ vector ))
  return(result)}
> Weigth_ fun(data_ C)
$decide_ matrix
      C1     C2     C3     C4      C5
C1  0.26   0.51  0.064  0.085   0.085
C2  0.24   0.49  0.070  0.098   0.098
```

```
C3  0.24  0.41  0.059  0.118  0.176
C4  0.29  0.48  0.048  0.095  0.095
C5  0.29  0.48  0.032  0.097  0.097

$weigth_ vector
  C1     C2     C3     C4     C5
0.262  0.474  0.054  0.099  0.110
```

3.输出特征向量 λ.

```
>AW_ Weight < - function(data){
  if(class(data) = = 'matrix')
    {data = data}
  else{if(class(data) = = 'data.frame' & nrow(data) = = ncol(data) - 1
&is.character(data[,1,drop = TRUE]))
    {data = as.matrix(data[, -1])}
    else if(class(data) = = 'data.frame' & nrow(data) = = ncol(data))
      {data = as.matrix(data)}
    else{stop('please recheck your data structure , you must keep a
equal num of the row and col')}}
AW_ Vector = data % * % Weigth_ fun(data)$weigth_ vector
λ = (AW_ Vector/Weigth_ fun(data)$weigth_ vector)% >%  sum(.)% >%
ʕ(length(AW_ Vector))
  result = list(AW_ Vector = AW_ Vector,`∑AW/W` =
AW_ Vector/Weigth_ fun(data)$weigth_ vector,
  λ = λ)
return(result)}
> AW_ Weight(data_ C)
    $AW_ Vector              $`∑AW/W`                   $λ
        [,1]                    [,1]                 [1] 5.1
    C1   1.34             C1    5.1
    C2   2.42             C2    5.1
    C3   0.27             C3    5.0
    C4   0.50             C4    5.1
    C5   0.55             C5    5.0
```

4.一致性检验.

```
>Consist_ Test < - function(λ,n){
  RI_ refer =  c(0,0,0.52,0.89,1.12,1.26,1.36,1.41,1.46,1.49,1.52,1.54)
  CI = (λ - n)/(n - 1)
  CR = CI/(RI_ refer[n])
```

```
    if(CR < = .1){
        cat("通过一致性检验!",sep = " \ n")
        cat(" Wi: ", round(CR,4), " \ n")}
        else {cat("请调整判断矩阵!"," \ n")}
        return(CR)}
 > Consist_ Test(AW_ Weight(data_ C)$λ,5)
通过一致性检验!
 Wi: 0.016
[1] 0.016
```

利用上述各步骤代码,将准则层、方案层的所有权重向量、特征值及一致性检验结果输出:

```
(1)准则层 .
>rule_ Weigth_ C < - Weigth_ fun(data_ C)$weigth_ vector #准则层特征
向量
>rule_ Weigth_ C
    C1    C2    C3    C4    C5
 0.262  0.474  0.054  0.099  0.110
>rule_ λ_ C < - AW_ Weight(data_ C)$λ            #准则层特征值
>rule_ λ_ C
[1] 5.1
> CR_ C < - Consist_ Test(AW_ Weight(data_ C)$λ,5)  #准则层一致性检验
> CR_ C
通过一致性检验!
Wi: 0.016
(2)方案层 .
>rule_ Weigth_ C1 < -Weigth_ fun(data_ B1)$weigth_ vector #方案层
(for C1)特征向量
> rule_ Weigth_ C1
    P1    P2    P3
 0.59  0.28  0.13
>rule_ Weigth_ C2 < -Weigth_ fun(data_ B2)$weigth_ vector #方案层
(for C2)特征向量
> rule_ Weigth_ C2
     P1     P2     P3
 0.082  0.236  0.682
>rule_ Weigth_ C3 < -Weigth_ fun(data_ B3)$weigth_ vector #方案层
(for C3)特征向量
> rule_ Weigth_ C3
```

```
        P1      P2      P3
      0.43   0.43   0.14
```

> rule_ Weigth_ C4 < -Weigth_ fun(data_ B4)$weigth_ vector #方案层(for C4)特征向量

> rule_ Weigth_ C4

```
        P1      P2      P3
      0.63   0.19   0.17
```

>rule_ Weigth_ C5 < -Weigth_ fun(data_ B5)$weigth_ vector #方案层(for C5)特征向量

> rule_ Weigth_ C5

```
        P1      P2      P3
      0.17   0.17   0.67
```

>scheme_ λ_ C1 < - AW_ Weight(data_ B1)$λ   #方案层(for C1)特征值

> scheme_ λ_ C1

[1] 3

> scheme_ λ_ C2 < - AW_ Weight(data_ B2)$λ   #方案层(for C2)特征值

> scheme_ λ_ C2

[1] 3

> scheme_ λ_ C3 < - AW_ Weight(data_ B3)$λ   #方案层(for C3)特征值

> scheme_ λ_ C3

[1] 3

> scheme_ λ_ C4 < - AW_ Weight(data_ B4)$λ   #方案层(for C4)特征值

> scheme_ λ_ C4

[1] 3

>scheme_ λ_ C5 < - AW_ Weight(data_ B5)$λ   #方案层(for C5)特征值

> scheme_ λ_ C5

[1] 3

>CR_ C1 < -Consist_ Test(AW_ Weight(data_ B1)$λ,3) #方案层(for C1)一致性检验

> CR_ C1

通过一致性检验!

Wi: 0.0053

>CR_ C2 < -Consist_ Test(AW_ Weight(data_ B2)$λ,3) #方案层(for C2)一致性检验

> CR_ C2

通过一致性检验!

Wi: 0.0015

>CR_ C3 < -Consist_ Test(AW_ Weight(data_ B3)$λ,3) #方案层(for C3)一致性检验

> CR_ C3

```
通过一致性检验！
Wi：0
 >CR_ C4 < -Consist_ Test(AW_ Weight(data_ B4)$λ,3) #方案层(for C4)一
致性检验
 > CR_ C4
通过一致性检验！
Wi：0.0089
 > CR_ C5 < - Consist_ Test(AW_ Weight(data_ B5)$λ,3) #方案层(for C5)
一致性检验
 > CR_ C5
通过一致性检验！
Wi：0
```

根据上述一致性检验可得，准则层与方案层的一致性检验均通过。

```
5.层次总排序.
 >all_ matrix < -matrix(c(rule_ Weigth_ C1,rule_ Weigth_ C2,rule_
Weigth_ C3,rule_ Weigth_ C4,rule_ Weigth_ C5),nrow = 3)
 >decide_ result < - all_ matrix% *% rule_ Weigth_ C
 >dimnames(decide_ result) < - list(c("P1","P2","P3"),"score")
 >decide_ result
          score
     P1   0.30
     P2   0.25
     P3   0.46
```

根据结果，P3（桂林）> P1（香格里拉）> P2（成都），最终决策结果显示，我们应该去的地方推荐优先级分别为：桂林、香格里拉、成都。

练 习 题

一、单项选择题

1. 要对现象作出综合评价，最终需要计算（　　　）。
　A. 单项功效分　　　　　　　B. 总功效分
　C. 综合评价指标值　　　　　D. 综合评价总指数

2. 进行综合评价，先要建立评价的指标体系（　　　）。
　A. 选择的评价指标越完整越好
　B. 选择的评价指标越系统越好
　C. 选择的评价指标越能搜集到真实数据越好

D. 选择的评价指标要从必要性和可能性出发

3. 进行综合评价，选择单项评价指标时（　　）。

  A. 都只能是正向指标

  B. 都只能是逆向指标

  C. 只要能够反映现象本质特征正向、逆向指标均可

  D. 正向指标和逆向指标均不可

4. 单项评价指标权数赋予时（　　）。

  A. 必须是主观赋权

  B. 必须是客观赋权

  C. 一般同一级别的评价指标的权数之和应为 1 或 100%

  D. 纯粹是人为的

5. 同一个评价指标体系，但权数不同，采用相同的评价方法，其结论（　　）。

  A. 一定相近　　　　　　　B. 一定相反

  C. 可能相反　　　　　　　D. 没有可比性

二、多项选择题

1. 各单项评价指标的同向化方法一般有（　　）。

  A. 倒数法　　　　　　　B. 求和法

  C. 平均法　　　　　　　D. 替代法

  E. 水平法

2. 综合评价的局限性主要有（　　）。

  A. 评价结果不唯一　　　　B. 评价结果带有主观性

  C. 评价结果带有客观性　　D. 评价结果具有相对性

  E. 评价结果具有绝对性

3. 单项评价指标无量纲化时正确的公式为（　　）。

  A. $Z_i = \dfrac{X_i - \bar{X}}{\sigma}$　　　　　B. $Z_i = \dfrac{X_i - \min(X_i)}{\max(X_i) - \min(X_i)}$

  C. $Z_i = \dfrac{X_i}{X_0} \times 100\%$　　　D. $Z_i = \dfrac{X_i}{X_{i-1}} \times 100\%$

  E. $Z_i = \dfrac{X_i}{X_{标}}$

4. 评价指标的选择原则主要有（　　）。

  A. 目的性原则　　　　　　B. 科学性与可行性相结合的原则

  C. 数据内容一致原则　　　D. 时间长度统一原则

  E. 相关性低原则

5. 在指数综合法中，计算单项评价指标的指数时，标准值（　　）。

  A. 可以是总体平均水平

  B. 可以是某规划值

    C. 可以是其他某个公认值

    D. 可以是某单项评价指标的基期数值

    E. 不同评价对象的相同的单项评价指标的标准值必须统一

三、判断题

1. 计算综合评价指标值只能采用平均法。（　　　）

2. 综合评价从不同的侧面和角度对客观现象进行全面的分析与评价，因此综合评价完全消除了主观因素的影响。（　　　）

3. 排队计分法和功效系数法中使用了比较特殊的无量纲化方法。（　　　）

4. 进行经济效益评价时总资产负债率是正指标。（　　　）

5. 综合评价指标值越大，表明被评价的对象越优。（　　　）

6. 运用综合计分法时，需要确定单项评价指标的得分，如果动态相对数大于 1，计满分；等于 1，减半计分；小于 1 计 0 分。（　　　）

7. 不管采用何种综合评价方法，评价结果（结论）是一致的。（　　　）

8. 改进的单项功效系数的取值为 60～100。（　　　）

9. 综合计分法评价结果有时不可靠，因为当采用基期水平作为比较的标准时，有"鞭打快牛"之嫌。（　　　）

10. 正指标与逆指标一定互为倒数。（　　　）

四、简答题

1. 什么是综合评价？

2. 试述综合评价的分类。

3. 统计指标评价方法的发展阶段及它们之间的联系与区别。

4. 综合评价问题的要素有哪些？

5. 请进一步说明综合评价的功能和步骤。

6. 请你谈谈综合评价的产生和发展过程。

7. 按照综合评价的目的可以把综合评价方法分为哪些？

8. 依据综合评价的理论基础可以将综合评价方法分为哪些？

9. 综合评价模型的不同类型及其相应特征。

10. 某投资公司根据 2007 年上市公司中汽车板块的财务数据资料，希望分析这 11 家上市公司的企业竞争力情况。2007 年汽车板块主要上市公司部分财务数据如表 11.3 所示。

表 11.3　　　　　　　　**2007 年上市公司汽车板块财务数据资料**

公司	指标					
	固定资产原值（亿元）	成本费用利润率（%）	总资产周转率（%）	市场占有率（%）	销售收入增长率（%）	权益报酬率（%）
鑫新股份	2.291 5	3	73	2	4	4
上海汽车	561.607 3	22	7	20	−15	3
滨州活塞	8.653 5	3	43	2	−5	2

公司	指标					
	固定资产原值（亿元）	成本费用利润率（%）	总资产周转率（%）	市场占有率（%）	销售收入增长率（%）	权益报酬率（%）
东风汽车	27.8854	7	90	28	44	8
银河动力	2.3317	21	25	0	-8	6
万向钱潮	27.5473	10	57	9	21	6
中国嘉陵	21.3953	0	99	12	12	1
贵杭股份	7.3879	-18	62	2	19	-17
风神股份	19.7360	6	136	12	31	14
昌合股份	34.7698	1	58	11	8	1
星马汽车	2.4207	3	101	4	-13	5

试根据表11.3资料回答以下问题：

（1）在影响企业的竞争力指标中，应选哪些作为评价的依据？

（2）选取的指标中，总资产周转率指标值越小说明效益越好，而市场占有率指标值越大说明效益越好。在比较过程中应该怎么处理？

（3）在评价模型中每个指标重要程度一样吗？该怎么表现它们的重要性？

（4）如何利用各评价指标综合地比较各企业的发展水平？有哪些方法可以进行综合评价？各有哪些优缺点？

五、论述题

联合国开发计划署通过生态投入与人类发展两个评估系统构建了城市可持续发展的评估框架。其中人类发展主要考察健康、教育和收入三个方面的发展水平；生态投入包括三项资源消耗指标和六项污染排放指标，用于衡量城市环境的健康程度。表11.4和表11.5列示了我国六个城市的相关指标。

表11.4　　　　　**2016年中国六个城市可持续发展相关资料**

城市	生活水平指数	预期寿命指数	教育程度指数	
	人均 GDP（元/人）	人均预期寿命（年）	人均教育年限（年）	预期教育年限（年）
重庆	13 650	77.78	7.89	13.25
上海	27 776	82.29	10.58	14.26
北京	28 525	81.81	11.50	14.37
成都	19 974	78.20	9.75	13.15
天津	30 019	81.08	10.20	14.25
广州	36 650	81.34	10.55	15.40

资料来源：联合国开发计划署，《2016年中国城市可持续发展报告：衡量生态投入与人类发展》；表中城市为根据2016年末常住人口数确定的人口最多的六个城市。

表 11.5　　　　2016 年中国六个城市资源消耗与污染排放相关资料

城市	资源消耗指数			污染排放指数					
	土地资源消耗	能源消耗	水资源消耗	水污染排放		空气污染排放		固体废物排放	
	人均建成区面积（m²/人）	人均消费标准煤（tce/人）	人均供水量（t/人）	人均化学需氧量排放量（kg/人）	人均氨氮排放量（kg/人）	人均二氧化碳排放量（kg/人）	人均氨氮化物排放量（kg/人）	人均工业固体废弃物产生量（t/人）	人均生活垃圾清运量（t/人）
重庆	41.15	2.57	37.73	8.89	1.30	17.61	7.96	1.03	0.21
上海	64.44	4.57	130.79	7.76	1.70	7.76	10.20	0.79	0.31
北京	64.42	3.17	84.78	4.10	0.65	3.66	3.65	0.47	0.34
成都	41.86	4.92	64.55	7.77	0.93	3.85	3.28	0.31	0.30
天津	48.65	5.37	53.57	7.17	1.26	13.79	14.93	1.14	0.14
广州	79.13	4.20	153.24	9.75	1.45	4.85	4.00	0.38	0.33

资料来源：联合国开发计划署，《2016 年中国城市可持续发展报告：衡量生态投入与人类发展》；其城市可持续发展评估的基础数据的采集和整理主要来源于《中国城市统计年鉴 2015》。

根据 11.4 和表 11.5，总结各个城市人类发展和生态投入通过哪些指标来衡量；概括评估各个城市人类发展和生态投入的要素和基本步骤，从而评价并比较各城市的可持续发展水平。

统计思想的总结

现如今，统计综合评价已被广泛地应用，在现实生活中随处可见。统计综合评价是指通过一定的数学模型（或算法）将多个评价指标值"合成"为一个整体性的综合评价数值，通俗地理解就是根据评价目的，设计一套评价指标体系并赋予各指标不同的权重，然后用一定的方法将各指标值进行处理并综合为一个数值的过程。在综合评价中，对于同样的数据，采用不同的方法，可能有不同的结论，得到的评价结果并不是唯一的，这也是综合评价的特点。

随着社会经济现象的逐渐复杂化和人们认识水平的提高，统计指标评价方法的演进过程主要经历了四个阶段：实物指标方法、价值指标方法、指标体系方法和多指标综合评价方法，即由简单到复杂、由具体到抽象、由比较片面到比较全面、由非整体性到整体性、由单指标到多指标的演进过程。实物指标是人类使用最早的一类统计指标，虽然实物指标可以将社会经济中的一些最基本、最重要的现象和事物的综合数量特征概括出来，但是在面对越来越多的不同种类经济产品并且统计总体不断扩大的背景下，实物指标就越来越难以满足社会经济管理的需要。为了解决实物指标的局限性，价值指标方法出现了，价值指标相较于实物指标是一种较为全面、更加综合的评价方法，能够对社会经济活动各个方面的总规模和总水平加以定量的描述，满足社会经济管理的需要；虽然价值指标满足社会经济管理的需要，但随着社会经济活动复杂性的提高，单个指标只能反映复杂社会现象的一个侧面的问题逐渐凸显。因此，人们为了解决这一问题，运用指标体系方法通过多个指标从各个侧面反映社会经济现象，从而突破了单指标的缺陷，可以说指标体系方法解决了认识的全面性问题；但指标体系方法在解决认识的全面性问题的同时，也产生了新问题，那就是指标体系在评价的整体性上却大大退步了。在演进过程中，多指标综合评价方法则将指标体系在多维空间中的多个点值进行综合，把说明被评判事物主要指标的信息综合起来，将之转化为一个综合评价价值，这样就解决了指标体系的整体性问题。总体上来说，这些不同方法是随着社会经济管理对统计的要求而产生发展的。但是值得注意的是，这四大指标评价方法间存在基础与发展、包含与被包含的关系、结合运用而不是互相取代的关系。

第十二章 国民经济统计学基础

【问题提出】

国民经济核算的渊源

➤ 经济统计在国内外有两种理解：其一是指统计学在商务和经济领域的应用，它通常不区分应用于微观经济或宏观经济，英文名称为 statistics for business and economics；其二是指有关搜集、整理和分析研究国民经济现象数量方面的统计方法，它源自政府统计管理的需要，是研究如何对国民经济运行的全过程进行数量描述的学问，英文名称为 economic statistics，即为国民经济统计学。① 而国民经济核算是国民经济统计学的核心内容。

➤ 财富，对于一个家庭需要盘点，一个企业、一个地区、一个国家亦是如此，对于国家而言就是"国民经济核算"这笔大账，下面我们就来讲讲它的历史渊源吧。国民经济核算体系（the system of national accounts，SNA）被誉为 20 世纪最伟大的发明之一。沿着核算方法的改进及统计业务标准的"国际化"这两条历史发展的主线，迄今为止它经历了四个修订版本，分别是 SNA 53、SNA 68、SNA 93、SNA 2008。

● 20 世纪 30 年代，一战后的第一次经济大危机过后，资本主义经济进入黄金发展时期，经济快速增长，劳动生产率大幅提高，居民收入也不断增加，这给宏观国民经济的定量测度提出了要求。现代 SNA 体系化的标志是 1947 年联合国公布的《国民收入的测量和社会账户的编制》研究报告，在这一设计 SNA 基本框架体系的过程中，英国的理查德·斯通（Richard Stone）起到了至关重要的作用，他被统计学界尊称为"国民经济统计之父"。

● SNA53 被誉为国民经济核算体系的标准化版本，它是"一个具有普遍适用性的报告国民收入和生产统计的框架"；由一套 6 个标准账户和一套 12 个标准的辅助表构成。该版本考虑到了发展中国家的实际需要；注意到与其他国际机构所采用或推荐的定义和分类保持一致，尤其是国际货币基金组织（IMF）和欧洲经济合作组织（OEEC）；更加注重国民核算的应用与持续发展。②

● SNA68 完成了国民经济核算体系框架的构建，为了适应不断增长的经济分析的需要，其内容方面得到了较大的扩展和丰富，主要体现在：列入了投入产出

---

① 杨仲山，邱东. 当代国民经济统计学主流［M］. 大连：东北财经大学出版社，2004.
② 杨仲山. SNA 的历史：历次版本和修订过程［J］. 财经问题研究，2008（12）.

核算、资金流量核算等；将国民经济概括为生产账户、消费账户、积累账户和国外账户四个账户；更多地关注不变价的估计。

● SNA93 是具有突破性进展的版本，主要体现在各方面：加强了对引入概念的解释，注重同其他相关统计体系的协调；增加了人口核算矩阵、人口和劳动投入、自然资源与环境的统计和使用、价格与物量国际收支、国际投资等新的核算内容及其相关概念和核算方法；提供了对一个经济体进行全面观测的方法论系统，提出一系列在新情况、新制度下的核算原则。

● SNA2008 极大地更新和丰富了 SNA 93 的内容。一是对统计单位和机构单位等进行了更规范的界定；二是对交易范围进行再定义；三是进行了资产、资本形成和固定资本消耗的概念扩展；四是完善了对金融工具和金融资产的处理；五是对政府和公共部门的交易范围进行了进一步规定；六是进一步加强了与国际货币基金组织的国际收支统计（BPM）的协调。

➢ SNA 有关的三个诺贝尔经济学奖获得者：理查德·斯通（Richard Stone），完成 SNA 框架体系的构建并因对国民经济统计学发展所作的贡献被授予 1984 年诺贝尔经济学奖；西蒙·库兹涅茨（Simon Kuzents），为国民收入和生产账户体系（NIPA's）早期发展作出了先驱式的贡献，由于他在国内生产总值和经济增长的开创性成就，被授予 1971 年诺贝尔经济学奖；瓦西里·列昂惕夫（Wassily W. Leontief）因创建的投入产出方法及其在经济领域的应用被授予 1973 年诺贝尔经济学奖。

第一节　国民经济与国民经济统计学

一、国民经济及其运行分析框架

（一）国民经济

国民经济是指一个国家社会经济活动的总称，它是一个规模庞大、层次繁多、结构复杂的系统，该系统中不同经济主体运用各种经济资源、遵循一定的社会分工规则，从事各种经济活动，形成错综复杂的经济关系。

从横向看，国民经济包括从事各种经济活动的微观主体——企（事）业单位、政府机构、住户、社团组织和民间机构以及常住单位与非常住单位等，上述经济单位（通常是其中的常住单位）分类形成不同的国民经济部门，因此，国民经济可以说是各单位、各部门的总和。从纵向看，国民经济包括上述经济单位和部门所从事的生产、分配、流通和消费等各个环节的经济活动，因此，国民经济是社会再生产各个环节的综合，它是一个不断循环的宏观经济运行过程。国民经济并非上述各个单位、部门从事社会再生产各个环节经济活动的简单总和，它更具有整体性、层次性和内在关联性。

综上所述，国民经济具体可以界定为产业部门（产品部门）和机构部门的经济行为，它是上述各部门之间技术经济关系、资金运动关系、资产负债关系的总和。

（二）国民经济运行的循环框架

1. 国民经济运行的基本循环框架。国民经济运行的基本框架是基于生产者和消费者两个经济主体的运行框架。从其运动形态上区分，包括两种运动过程：一方面，产品的"生产—流通—使用"形成总供给的这一过程属于国民经济的实物运动；另一方面"生产—分配—使用"形成总需求的这一过程属于国民经济的价值运动。即：

实物运动：产品生产→市场流通→社会总供给

价值运动：价值形成→收入分配→社会总需求

这两种运动是对立与统一的，在脱离生产过程时相分离，又在进入使用过程时相汇合，成为我们考察国民经济循环过程时的两条基本主线（见图12.1）。

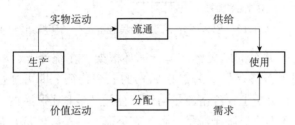

图12.1　国民经济运行的基本循环框架

2. 引入金融部门的三部门国民经济运行的循环框架。将金融部门的交易过程引入国民经济运行的基本循环框架中。资金融通活动作为一种特殊的生产性服务活动，对于各部门资金余缺的调节以及社会总需求的形成有着重要作用，是国民经济循环的重要枢纽，也是宏观经济管理与调控的重要对象。它区别于一般意义上的收入分配，因此，以独立于分配环节的形式将其引入国民经济运行的循环体系中进行核算（见图12.2）。

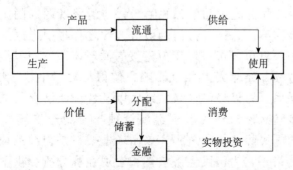

图12.2　引入金融部门的三部门国民经济运行循环框架

統計学と R 応用

3. 引入国外部门的开放的国民经济运行循环框架。国民经济是一个开放的系统,各国经济彼此间存在广泛联系,并通过各种对外经济往来(包括贸易往来、其他经常收支往来和资本金融往来)以及资产负债关系表现出来。因此引入国外部门的开放的国民经济运行循环框架是必然选择,一国的对外经济关系不仅影响到国内的市场供需和资金余缺等状况,而且影响到该国的国际经济和政治地位(见图 12.3)。

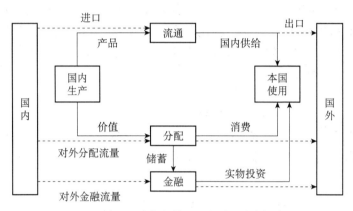

图 12.3　引入国外部门的国民经济运行循环框架

4. 流量、存量并存的国民经济运行循环框架。在统计上,经济流量(时期指标)具有区别于经济存量(时点指标)的三个特征,即可加性、时间量纲性和统计连续性。在分析上,经济流量与经济存量又是紧密联系的。

国民经济循环不应局限于流量过程,它还需要具备以经济存量形式存在的人力、财力和物力等资源储备条件。经济存量存在于一定的时点上表现出来的经济流量对一定时期内的连续度量。国民经济运行过程中,运用既有的存量资源进行经济活动,就形成各种各样的经济流量,例如生产、收入、消费、投资和金融等流量;而流量运动的结果又会使原有的资源存量发生变化。因此,没有存量,流量就成了无源之水;而没有流量,存量也就成了无用之物。国民经济循环在数量上就表现为存量与流量的统一,两者相辅相成,形成一个流量、存量并存的一个完备的国民经济运行框架(见图 12.4)。

在有实物运动和价值运动形态的生产者与消费者两部门国民经济运行基本循环,经过金融部门、国外部门的引入,加之存量引入这三方面的扩展补充,国民经济循环就形成了一幅较为完整的循环体系,用以全面考察国民经济运行条件、过程、结果及其相互影响,使得从数量上描述其规模、结构、内部经济技术联系、对外经济往来关系,以及各种经济存量与流量的动态衔接关系成为可能和必然,作为宏观经济管理与宏观经济调控重要的数据支持。面对复杂的国民经济运行过程,该循环框架只是粗线条地描述了国民经济运行的基本脉络,它为国民经济核算和宏观经济分析提供了一个相对完备的基础框架。

· 336 ·

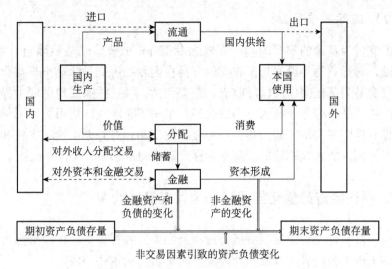

图 12.4　流量、存量并存的完备的国民经济运行循环框架

二、国民经济管理

国民经济管理是指以国家为主题，为实现国民经济管理目标从整个社会总体的角度所进行的全局性统一管理。国民经济管理政策目标主要有经济增长、充分就业、物价稳定、国际收支平衡。

（一）持续均衡的经济增长

经济增长是指在一个特定时期内经济社会所生产的人均产量和人均收入的持续增长。驱动经济增长的因素主要有劳动、资本等要素的投入和技术进步。一般认为，经济增长与就业目标是一致的。经济增长通常用国内生产总值的增长率来衡量。

（二）充分就业

充分就业是指包含劳动在内的一切生产要素都能以愿意接受的价格参与生产活动的状态。充分就业并不等于全部就业，而是仍然存在一定的失业，但所有的失业均属于摩擦性的和结构性的，通常把失业率等于自然失业率时的就业水平称为充分就业。

（三）物价稳定

物价稳定是指物价总水平的稳定，一般用价格指数来衡量一般价格水平的变化。常用的价格指数包括消费者价格指数（CPI）、生产者价格指数（PPI）、GDP平减指数等。

（四）国际收支平衡

外汇支付为基础的狭义国际收支概念专指外汇收支。二战后随着补偿贸易、政府援助、易货贸易等没有外汇收支的交易在国际经济交易活动中日益重要，则产生了以交易为基础的广义国际收支，主要包括：某一国家或地区同世界其他国家或地区在商品、劳务、收入方面的交易；某一国家或地区货币黄金、特别提款权对世界其他国家和地区的债券、债务金额的变动；对外无偿转移支付和会计意义上用于平衡未能相互结清的交易或金额变动的对应项目。

三、国民经济的量化描述——国民经济统计学

国民经济统计是对国民经济运行过程及结果的核算，是认识国情国力的有力工具，是为国民经济管理及宏观调控提供决策依据的重要手段。

在经济统计学习和研究中，如何把握国民经济核算与国民经济统计学的关系，国内学术界主要有两种观点：一是二者是相同学科的不同表述，认为国民经济核算体系是集所有宏观经济统计之大成；二是认为国民经济统计学的内容要比国民经济核算更为宽泛，国民经济核算就只是国民经济统计学中的一个组成部分。因此国内的教材也是分为两类，杨灿、周国富编著的《国民经济核算教程（国民经济统计学）》是前者的体现；而邱东编著的《国民经济统计学》则持有后者观点，认为国民经济核算是国民经济统计学的主要内容，除此之外还包括更多扩展研究领域的使命。

按照国民经济运行总过程将国民经济统计学内容分为国民经济资源统计、国民经济总量统计、国民经济过程统计、国民经济动态统计、国民经济结构统计、国际经济关系统计和国民经济核算体系。

（一）国民经济资源统计

国民经济资源统计包括劳动力资源统计、自然资源统计和资产负债核算等内容。从统计方法论角度看，国民经济资源统计是对国民经济存量的统计。国民经济运行是一个连续不断的历史过程，统计对国民经济的认识，或者选取某一时点来计量，或者选取某一时段来计量。国民经济资源统计，就是从时点角度对现存国民经济成果的计量，从下一个时期看，这就构成了国民经济运行的起点。进行国民经济资源统计，有利于明确一定时期国民经济发展是在什么样的基础上得到的，这也是国民经济统计学首先阐述国民经济资源统计的原因。

（二）国民经济总量统计

国民经济总量统计是对一定时期内国民经济运行总成果的统计，反映一国国民经济的基本规模和水平。由于国民经济运行包括生产、分配和使用等几个基本环节，因此国民经济总量统计也从这几个方面展开，其中国内生产总值作为生产

的结果，它将成为国民经济总量统计的核心内容。也是后续几个流量统计内容——国民经济运行过程统计、结构统计、动态统计和国际经济关系统计的基础。

（三）国民经济过程统计

国民经济运行过程主要包括财政收支过程、价格运动过程和资金运动过程等几个子过程，总过程的这些组成部分的数量分析，难以在国民经济总量统计中展开，因而在对国民经济总体状况有所了解之后，进一步开展国民经济过程的统计。便于我们从数量上了解一定时期内国民经济运行结果的同时，还能了解产生这些结果的原因及其内在具体过程等问题，从而得到更为丰富和系统地了解有关国民经济运行过程的更多信息。

（四）国民经济动态统计

国民经济统计不仅要得到有关经济运行状况和结果的信息，还要进一步分析其长期发展趋势，中短期周期波动规律及其监测、预警等管理信息的预判。国民经济动态统计包括长期经济增长统计分析、经济波动的测度与分析、宏观经济监测和预警统计等动态分析。

（五）国民经济结构统计

从宏观经济管理视角看，国民经济结构统计应包括产业结构、市场结构和地区结构三个部分，其中，投入产出核算的重心在于产业结构的数量描述和分析，所以在国民经济结构统计中，重点阐述投入产出核算与分析是较为适宜的。

（六）国际经济关系统计

开放经济条件下，一国经济不可避免地要与其他国家或经济体发生各种联系，这就涉及国际经济关系的统计，主要包括国际贸易统计、国际投资和外债统计、国际收支统计、国际经济比较的统计、国际竞争力比较统计。

（七）国民经济核算体系

国民经济核算体系（system of national accounting，SNA），是从综合平衡角度对国民经济统计的系统化，因此，它是国民经济统计最为重要的核心内容。它是一种以账户形式和复式记账方法组织起来的国民经济核算体系，主要包括五大核算内容：

1. 国内生产与国民收入核算：对社会再生产全过程的总量核算。
2. 投入产出核算：围绕国民经济各部门再生产中的经济技术联系进行的核算。
3. 资金流量核算：围绕社会资金的运动而进行的核算。
4. 资产负债核算：对各类资产、负债和国民财富存量进行的核算。
5. 国际收支核算：针对对外经济往来关系而进行的核算。

第二节　产业部门分类与机构部门分类

一、产业部门分类

（一）基层单位与产业部门

基层单位：是指在一个地点从事一种或主要从事一种生产活动的生产经营单位，是进行生产决策而非财务决策的单位。

国民经济产业部门：是由从事相同或相近生产活动的基层单位集合组成的部门。

产业部门分类是国民经济最基本的分类。其划分标志是各单位所从事生产活动的性质，这主要表现在产品性质、生产的投入结构和工艺特征三个方面，各生产单位的活动可以分为主要活动、次要活动和辅助活动三种，主要活动生产主要产品，也可能伴生出作为关联产品的副产品，次要活动只生产次要产品，而辅助活动则为主要活动和次要活动提供辅助性服务。

（二）产业部门分类

联合国 2009 年修订的《全部经济活动的国际标准产业分类》（ISIC）第 4 版，该标准采用四级分类法，即门类、大类、中类和小类。产业部门分类主要用于与生产活动相联系的核算，如投入产出核算、国内生产总值的核算等。此外，在投资核算和资产负债核算中也要涉及相应的生产活动类别，以反映资源的配置结构。

（三）中国的三次产业划分

2003 年 5 月我国颁布了 2003 版三次产业划分，根据《国民经济行业分类》（GB/T 4754—2002）制定该规定。

三次产业具体划分为：

第一产业是指农、林、牧、渔业。

第二产业是指采矿业，制造业，电力、燃气及水的生产和供应业，建筑业。

第三产业是指除第一、二产业以外的其他行业。具体包括：交通运输、仓储和邮政业，信息传输、计算机服务和软件业，批发和零售业，住宿和餐饮业，金融业，房地产业，租赁和商务服务业，科学研究、技术服务和地质勘查业，水利、环境和公共设施管理业，居民服务和其他服务业，教育，卫生、社会保障和社会福利业，文化、体育和娱乐业，公共管理和社会组织，国际组织。

2012 年、2018 年分别进行了一定程度的修订。

二、机构部门分类

机构单位：是指独立拥有资产和负债从事经济活动并与其他经济实体进行交易的经济实体，是进行经济决策的基本单位，通常能够编制出一套包括资产负债表在内的完整的经济账户。

国民经济机构部门：就是有一组从事相同或相近的经济活动的机构单位所组成的部门。一般划分为非金融企业部门、金融公司部门、政府部门、居民部门、为居民服务的非营利机构部门。

我国私人非营利机构还不发达，目前只是分成前四个部门。非金融企业包括各种提供货物和非金融服务的常住企业单位，它们以营利为目的进行市场性经济活动。金融企业与非金融企业在经济性质上相同，只是金融企业专门提供金融中介服务。一般政府主要从事非市场性非营利的公共管理和服务，在核算意义上它也是所提供的服务的最终消费者。居民是提供生产要素并进行最终消费的部门，它还包括住户拥有的个体经营单位。为居民服务的私人非营利机构用捐赠和无偿转移的资金直接为居民提供非营利性的服务。五个机构部门的内部还可以进一步划分。另外，在国民经济核算中，"国外"也处理为一个机构部门，用来描述与所在国家常住单位发生经济往来的非常住单位的那部分经济量。

机构部门划分对国民经济核算有着非常重要的作用：第一，它包括的范围广，可以用来全面描述经济活动，特别是有助于表明生产与最终消费之间的联系；第二，它有助于准确地反映某一经济体的市场化发育程度，包括金融市场的发育程度；第三，它有助于反映收入和资金流动状况和财产结构。

第三节 常用的宏观经济指标及其核算

一、国内生产总值的核算

（一）生产法和收入法 GDP 核算

1. 定义。国内生产总值（gross domestic product，GDP）在价值构成上是一国范围内各生产单位当期增加值的总和，是从各单位总产出价值中扣除中间消耗之后的余额，代表该时期内各单位通过生产活动而新增加的价值；从实物构成上看，国内生产总值是一时期一国范围内各生产单位所生产的最终产品的价值总和，即最终产品是指用于最终消费、资本形成和出口的产品。

2. 核算方法。

（1）生产法：国内生产总值 = 总产出 − 中间消耗

（2）收入法：国内生产总值 = 劳动者报酬 + 生产税净额 + 营业盈余总额

3. 总产出的核算。

（1）定义。总产出（gross products）是指各生产单位在一定时期内所生产的全部货物和服务的总价值。

（2）构成。从实物构成看，总产出包括中间产品和最终产品两个部分。从价值形态看，总产出包括中间投入和最初投入两部分价值，前者是指为生产这些产品而消耗的其他中间产品的价值，即所谓转移价值；后者就是增加值，是指在生产过程中新附加的价值。

4. 中间投入和固定资本消耗核算。

（1）中间投入核算。中间投入（intermediate input）又称中间消耗（intermediate consumption），是指在生产过程中所消耗的非耐用性货物或服务的价值。

从实物形态看，作为中间投入的货物和服务在生产过程中要么改变了形式，要么被完全用掉；从价值形态看，中间投入属于在生产过程中一次性地转移到产品价值中去的部分，不是生产者自己创造的价值。

（2）固定资本消耗核算。固定资本消耗（consumption of fixed capital，CFC）是指按照固定资产磨损状况计算的固定资产在每一时期转移到产品中去的价值，俗称固定资产折旧。

$$当期固定资产折旧 = 固定资产总价值 \times 年综合折旧率$$

固定资产消耗与会计固定资产折旧的差别：国民经济核算中，住户和非企业单位所拥有的固定资产也需要计算折旧；固定资产总价值的计价方法不同。企业会计遵循历史成本计价原则，而国民经济核算在整体上要求以现期价格进行估价。

5. 增加值及其构成项目核算。

（1）增加值的含义。增加值（value added）是各生产单位从总产出价值中扣除所含货物服务消耗价值之后的余值，代表该生产单位在生产过程中新创造的价值，也称为最初投入。

增加值在微观上不受生产中所消耗价值大小的影响，能够反映各单位运用各种生产要素所获得的生产活动净成果，在宏观上不存在重复计算，加总起来，即可以表现整个国民经济生产的总成果。

（2）总增加值和净增加值。

$$总增加值（gross value added）= 总产出 - 中间投入价值$$

$$净增加值（net value added）= 总增加值 - 固定资本消耗$$

从理论上看，净增加值更加符合增加值的定义，因为它扣除了总产出中包含的全部转移价值，不包含任何重复计算。但是，实践中广泛应用的却是总增加值。

（3）增加值的收入项目构成。

①劳动者报酬：是指劳动者从其所在生产单位通过各种渠道得到的所有货币形式或实物形式的劳动收入。

②生产税净额：是生产税与生产补贴的差额。其中，生产税是生产单位因从

事生产销售等经营活动以及在这些经营活动中购买、进口和使用货物或服务而向国家缴纳的税金；生产补贴是指国家针对货物或服务的生产或进口对生产单位的补贴，可以看作是一种负的生产税。

③固定资产消耗。

④营业盈余：是生产单位总产出扣除中间消耗、劳动报酬、生产税净额和固定资产消耗以后的余额。

（二）最终产品使用核算：支出法GDP

1. 支出法GDP核算的基本问题。

（1）核算方法。

支出法国内生产总值＝最终消费支出＋资本形成总额＋（货物服务出口－进口）

（2）核算原则。

记录时间：最终支出各项目核算都是以获得产品、形成支出为记录时间，即根据货物服务所有权转移的时间作为支出发生的时间。

记录价格：核算中所采用的价格是购买时点的购买者价格。

2. 最终消费支出核算。

（1）定义。最终消费支出（final consumption）是指当期消费者为获得消费货物与服务所花费的支出。

（2）与相关概念的区别。

①最终消费与中间消耗。最终消费是出于非生产目的而使用货物服务，由此与生产过程中的中间消耗相区别。

②最终消费与资本形成。最终消费是为了满足即期生活需要，不是为了增加所持有的资产，由此与资本形成相区别。

（3）构成。

①个人消费支出（personal consumption expenditure，PCE）：指由国内常住居民个人或住户为满足自身生活需要获得货物服务而花费的支出。

②公共消费支出（government consumption）：指由政府等部门为满足整个社会或社会某部分成员公共需要而花费的支出。

（4）核算方法。

①居民个人获得消费用货物服务，可能作为货币性购买支出，可能是通过实物性分配获得的，还可能是自给生产方式下获得的，在后两种情况下，需要估算实现这些消费支出数额。

②公共消费支出核算的主要部分是政府消费支出，此外还包括为住户服务的各种非政府非营利组织的最终消费支出。

3. 资本形成核算。

（1）定义。资本形成（capital formation）从产品使用角度看代表用于资产积累的最终产品；从积累结果看，资本形成对应由于经济交易引起的生产资产当期净变化，即花费于生产资产积累上的投资支出。

（2）生产资产。生产资产（produced asset）是指作为生产过程的产出出现的非金融性资产。

生产资产的类型：

①固定资产：是指在生产中可以反复或连续使用的资产，具体包括住房、其他房屋和建筑物、机器设备、牲畜和林木等培育性固定资产、计算机软件和矿物勘探价值等无形固定资产。

在核算上，界定固定资产常常要依据两个标准：一是资产使用寿命要长，一般规定要在一年以上；二是单位价值要高，应该在规定限额以上。

②存货：是指各单位出于各种目的持有的、处于流动状态的货物，具体包括材料和用品存货、在制品存货、制成品存货、转卖商品存货以及国家物资储备。

③贵重物品：是指主要作为价值贮藏手段而获得和持有的资产，目的是通过持有而保值或增值，本身与生产消费没有直接关系。

（3）核算方法。

$$固定资本形成 = 当期获得的现有资产和新资产 - 当期处置的现有资产$$
$$存货变化净值 = 当期获得的存货价值 - 处理的存货价值$$
$$= 期末存货价值 - 期初存货价值$$

GDP 核算方法简表如表 12.1 所示。

表 12.1 　　　　　　　　　　GDP 核算方法简表

生产	总额	使用	总额
一、生产法国内生产总值		一、支出法国内生产总值	
总产出		最终消费	
中间投入（－）		居民消费	
二、收入法国内生产总值		农村居民消费	
劳动者报酬		城镇居民消费	
生产税净额		政府消费	
生产税		资本形成总额	
生产补贴（－）		固定资本形成总额	
固定资本消耗		存货增加	
营业盈余		净出口	
		出口	
		进口（－）	

二、收入分配与收入使用核算

（一）收入分配与使用核算的范围

1. 收入分配与使用核算的内容。

（1）收入分配核算：以增加值为起点，反映增加值如何通过不同途径分配给各经济主体单位，形成各机构部门的可支配收入。

（2）收入使用核算：以可支配收入为起点，反映各机构部门用于货物服务消费的支出以及由此形成的收入结余。

2. 收入分配与使用核算的范围与生产核算的范围。收入分配与使用核算的范围是由生产核算的范围确定的：只有生产核算所定义的生产活动，其产生的价值才能成为收入分配核算的对象，其产出才能成为收入使用的购买对象；只要是生产核算定义的生产，其产生的价值必然要参与收入分配过程，其产出就会作为收入使用（消费或投资）的购买对象。

3. 注意事项。

（1）收入分配和使用活动都属于经常性交易，本身不会引起资产负债存量变化，据此可以和积累活动区别开。

（2）收入分配的主旨是凭借各种手段对生产中创造价值予以分配，形成可供消费使用的收入，其本身不创造价值，据此可以和生产活动区别开。

（3）收入分配只是为了形成可用于消费的收入，本身并不是货物服务使用，据此可以与收入使用（消费）以及积累活动区分开。

（二）收入分配的基本流程

收入分配流程如图 12.5 所示。

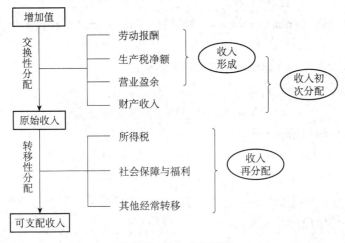

图 12.5 收入分配流程

（三）收入初次分配核算

1. 收入初次分配核算的内容。收入初次分配反映机构部门之间进行的各种交换性分配交易，以及各部门对原始收入的占有状况，包括收入形成核算和原始收入分配核算。

2. 收入形成核算。

（1）收入形成核算的内容。收入形成核算的目的是立足于收入的创造者——生产者，根据劳动要素和资本要素对生产所作出的贡献大小，表现将增加值在劳动要素与资本要素所有者之间进行分割的结果。

（2）雇员报酬（compensation of employees）。生产者根据雇员在核算期内所完成工作，应向后者支付的现金或实物报酬总额，主要包括工资以及奖金、津贴和其他劳务收入等，还包括生产单位为员工向社会保险计划交纳的社会保障缴款，不包括对其员工所发放的困难补助或救济等。

（3）生产税净额（taxes less subsidies on production and imports）。

（4）营业盈余/混合收入（operating surplus/mixed income）。

增加值减雇员报酬和生产税净额的余额，是增加值中分配给资本要素所有者的部分。

$$总营业盈余-固定资本消耗=净营业盈余$$

3. 原始收入分配核算。

（1）原始收入分配核算的内容。立足于收入接受者核算各机构部门在一定核算期内获得的生产性收入。

（2）财产收入（property income）。资产的所有者因将其拥有的资产的使用权让渡给其他单位使用而从对方获得的回报，主要包括利息、红利、外国直接投资再投资收益、属于投保人的财产收入、地租。

（3）原始收入与国民总收入。

①原始收入（primary income）：经过收入初次分配之后获得的生产性收入的总额。

不同机构部门的原始收入计算表达式不同。

企业部门的原始收入为：

$$原始收入=（增加值-劳动者报酬-生产税净额）+财产收入净额$$

住户部门的原始收入为：

$$原始收入=（增加值-劳动者报酬支出-生产税净额）+$$
$$劳动者报酬收入+财产收入净额$$
$$=增加值-生产税净额+劳动者报酬收入净额+财产收入净额$$

政府部门的原始收入为：

$$原始收入=（增加值-劳动者报酬支付-生产税净额）+$$
$$生产税净额收入+财产收入净额$$
$$=增加值-劳动者报酬支付+生产税收入净额-$$
$$生产补贴净额+财产收入净额$$

②国民总收入（gross national income，GNI）：一国经济总体当期从国内生产和国外生产获得的生产性收入总量。

③国内生产总值与国民总收入。

对于完全封闭的国家：GDP = GNI。

对于开放国家：GNI = GDP + 来自国外的原始收入分配流量净额 = GDP + 来自国外的劳动者报酬净额 + 来自国外的生产税净额 + 来自国外的财产收入净额

国民总收入度量收入水平，国内生产总值度量生产能力。

（四）收入再分配核算

1. 转移（transfer）。

（1）定义。一个机构单位向另一个机构单位提供货物、服务或资产，并未同时从后一机构单位处获得任何货物、服务或资产作为回报。

（2）类型。

①经常转移（current transfer）。

②资本转移（capital transfer）。

区分二者的根据是转移的对象是否是资产、或是否与资产形成有关，如果是资产或与资产形成有关，则为资本转移，否则为经常转移。

2. 经常转移的类型。

（1）所得税等经常税：政府针对住户和企业的收入所征收的税。

（2）社会保障缴款和社会保险福利：围绕政府组织实施的社会保险计划所发生的经常性转移收支。

（3）社会救济福利：通过社会福利计划向符合条件的住户做出的支付。

（4）其他经常转移。

3. 可支配收入与国民可支配收入。

（1）可支配收入（disposable income）。可支配收入是体现各部门参与收入初次分配和再分配最终结果的总量，是机构部门当期可用于最终消费支出的最大数额。

$$可支配收入 = 原始收入 + 经常转移收入 - 经常转移支出$$

（2）国民可支配收入（national disposable income）。国民可支配收入是一国所有常住机构部门可支配收入的合计。

$$国民可支配收入 = 国民总收入 + 来自国外的经常转移净额$$
$$= 国内生产总值 + 来自国外的原始收入净额$$
$$+ 来自国外的经常转移净额$$

（五）收入使用——消费与储蓄的核算

1. 消费核算的两个角度。

（1）支出角度：最终消费支出。

（2）获得角度：实际最终消费。

（3）两个消费总量的关系。

2. 储蓄（saving）。

（1）定义。可支配收入用于最终消费支出之后的余额，或调整后可支配收入用于实际最终消费之后的余额，是非金融投资的主要资金来源。

（2）两点补充。

①只要一个机构单位可以从其他机构单位借入资金或者动用前期结余，它在一个核算期的消费完全有可能大于同期收入，即储蓄可以为负值。

②储蓄有总储蓄和净储蓄之分，差别在于是否包括固定资本消耗。

练 习 题

一、单项选择题

1. 关于 GDP 的理解，错误的是（　　　）。

A. GDP 是流量指标　　　　　　B. GDP 的统计主体是常住单位

C. GDP 是净增价值概念　　　　D. GDP 的统计对象是最终产品

2. 已知某地区生产总值为 2 000 亿元，总产出为 3 600 亿元，则该地区中间消耗为（　　　）亿元。

A. 5 600　　　　　　　　　　　B. 3 600

C. 1 600　　　　　　　　　　　D. 800

3. GDP 和 GNI 的关系可以表述为（　　　）。

A. GDP = GNI + 来自国外的净要素收入

B. GNI = GDP + 来自国外的净要素收入

C. GNI = GDP + 对外支付的要素收入 – 来自国外的要素收入

D. GDP = GNI + 对外支付的要素收入 – 来自国外的要素收入

4. 已知某地区总产出为 3 000 亿元，中间消耗为 500 亿元，固定资本消耗为 500 亿元，来自国外的要素收入为 200 亿元，对外支付的要素收入为 100 亿元，则该地区国民净收入等于（　　　）。

A. 2 600 亿元　　　　　　　　　B. 2 500 亿元

C. 2 100 亿元　　　　　　　　　D. 条件不足，无法计算

5. 下列不属于最终消费者的是（　　　）。

A. 非金融公司　　　　　　　　B. 住户

C. 政府部门　　　　　　　　　D. 行政部门

6. 资金流量核算是以（　　　）进行分类核算的。

A. 产业部门　　　　　　　　　B. 常住部门

C. 产品部门　　　　　　　　　D. 机构部门

二、多项选择题

1. 关于 GDP 核算理论和方法论的说法，正确的有（　　　）。

A. GDP 等于总产出减中间消耗

B. GDP 包括重复核算

C. GDP 等于最终消费、资本形成总额、净出口之和

D. GDP 等于劳动者报酬、固定资本消耗、生产和进口税净额、营业盈余或混合收入之和

2. 针对不同的经济总量指标，以下说法正确的有（ ）。
　　A. GDP 是一个反映生产成果的总量指标
　　B. GNI 是一个反映初始收入分配结果的总收入指标
　　C. GNDI 是收入再分配的结果，它与 GNI 之间的差别是与国外间的经常
　　　性转移
　　D. NNDI 等于 GNI 减去固定资本消耗
3. 在以下经济总量指标中，与收入分配环节相关的指标有（ ）。
　　A. GNI　　　　　　　　　　B. NNI
　　C. NDP　　　　　　　　　　D. GNDI
4. 我国资金流量核算的对象包括（ ）。
　　A. 收入分配交易　　　　　　B. 收入使用交易
　　C. 非金融投资　　　　　　　D. 金融交易
5. 从覆盖的范围看，我国资金流量核算的特点在于（ ）。
　　A. 以增加值为起点，而非总储蓄
　　B. 不包括非金融投资
　　C. 以总储蓄为起点，而非增加值
　　D. 包括收入分配与使用核算、非金融投资

三、判断题

1. SNA 通过账户和表式可以再现国民经济从生产、分配、流通到使用的整个运行过程。（ ）
2. SNA 中的生产指的是经济生产，因此所有经济生产都符合 SNA 的生产概念。（ ）
3. 服务都是无形的。（ ）
4. 实践中，国内生产总值核算的三方等价原则一定成立。（ ）
5. GDP 是增加值概念，不包括重复核算。（ ）
6. 最终消费支出与实际最终消费在总量上是不相等的。（ ）
7. 净金融投资是金融交易账户的一个重要项目，是金融交易的起点。（ ）
8. 资金流量核算的核算对象是各经济部门的货币收支活动。（ ）
9. 按照核算关系，总储蓄扣除资本形成总额即为净金融投资。（ ）
10. 最终消费支出与实际最终消费在总量上是不相等的。（ ）

四、计算分析题

表 12.2 为一国国内生产总值账户表，三方等价原则如何得以体现？要求写出公式和计算结果。

表 12.2　　　　　　　　　GDP 核算方法简表

生产	总额	使用	总额
一、生产法国内生产总值		一、支出法国内生产总值	
总产出	28 229.3	最终消费	65 37.3

生产	总额	使用	总额
中间投入（-）	15 662.9	居民消费	
二、收入法国内生产总值		农村居民消费	
劳动者报酬	6 476.8	城镇居民消费	
生产税净额	881.1	政府消费	1 463.0
生产税		资本形成总额	
生产补贴（-）		固定资本形成总额	4 183.3
固定资本消耗	1 322.2	存货增加	627.0
营业盈余	3 886.3	净出口	-244.2
		出口	
		进口（-）	

统计思想的总结

提起宏观问题的定量分析，似乎都会联想到统计。学统计的人往往具有宏观思维，也越来越成为大家的共识。而对宏观思维的培养、熏陶有着直接和重要影响的统计理论和方法就是国民经济核算体系。国民经济是一个包括各种不同部门、各种不同经济活动以及再生产各环节的复杂系统，那么如何从宏观角度分析和考察国民经济运行过程，探索国民经济运行的数量规律成为天然赋予国民经济核算体系的特殊使命。国民经济核算所体现的宏观思想主要表现在两个方面：一是国民经济核算方法体现的宏观思想。面对纷繁芜杂的国民经济问题，一张国民经济循环框架图、一套国民经济账户或者一个国民经济核算矩阵都能够分别从生产、分配、支配、积累和国外等方面简要概括、逻辑严谨地清晰勾画出国民经济运行的全过程。如果想要了解国民经济运行中更加详细的内容，只需要通过扩展国民经济循环框架图、增加国民经济账户的数量、构建高阶国民经济核算矩阵等方式就可以轻松的实现。二是国民经济核算内容体现的宏观思想。国内生产总值核算、投入产出核算、资金流量核算、资产负债核算和国际收支核算是国民经济核算体系中的五大核算，同时还是国民经济核算的核心部分。五大核算之间并不是相互独立的，而是在内容上有着密切的内在联系。生产法、分配法和支出法计算 GDP 将国内生产总值核算与投入产出核算紧密地联系在一起，只不过国内生产总值核算研究的重点是经济总量问题，而投入产出核算侧重于研究产业结构问题。资金流量核算中的资本交易和金融交易所引致的交易流量变动很好地阐释了资产负债核算中期末期初资产负债变化的主要原因。国际收支核算也可以看作是对外资金流量核算和对外资产负债核算，同样的内容在资金流量表和资产负债表的"国外"部门中也能够看到，只不过在国际收支核算中对这些内容的研究更加具体和系统。讲到这里，其实也就不难解释一种现象，就是在财经类高校的众多专业中，统计学专业并非热门专业，但统计学专业培养出的高校领导数量在国内却是遐迩闻名的，这是对统计宏观思维最有力的诠释。

参考文献

[1] 曾五一，肖红叶．统计学导论（第三版）[M]．北京：科学出版社，2019．

[2] 杜栋，庞庆华，吴炎．现代综合评价方法与案例精选[M]．北京：清华大学出版社，2015．

[3] 何晓群．多元统计分析（第5版）[M]．北京：中国人民大学出版社，2019．

[4] 胡永宏，贺思辉．综合评价方法[M]．北京：科学出版社，2000．

[5] 黄良文．统计学（第三版）[M]．北京：中国统计出版社，2012．

[6] 贾俊平，何晓群，金勇进．统计学（第7版）[M]．北京：中国人民大学出版社，2018．

[7] 金勇进，杜子芳，蒋妍．抽样技术（第5版）[M]．北京：中国人民大学出版社，2021．

[8] 李洁明，祁新娥．统计学原理（第七版）[M]．上海：复旦大学出版社，2017．

[9] 梁亚民，韩君．统计学原理[M]．兰州：兰州大学出版社，2020．

[10] 龙永红．概率论与数理统计（第三版）[M]．北京：中国人民大学出版社，2010．

[11] 罗良清．统计学：Statistics[M]．北京：高等教育出版社，2011．

[12] 茆诗松．概率论与数理统计（第二版）[M]．北京：高等教育出版社，2010

[13] 师义民，徐伟，秦超英，等．数理统计（第四版）[M]．北京：科学出版社，2015．

[14] 向书坚，张学毅．统计学[M]．北京：中国统计学出版社，2010．

[15] 薛毅，陈立萍．统计建模与R软件[M]．北京：清华大学出版社，2010．

[16] 易丹辉，王燕．应用时间序列分析（第5版）[M]．北京：中国人民大学出版社，2019．

[17] 袁卫，庞皓，贾俊平，等．统计学（第四版）[M]．北京：高等教育出版社，2010．

[18] 朱雪宁．R语言[M]．北京：中国人民大学出版社，2018．

［19］朱钰，杨殿学．统计学［M］．西安：西北工业大学出版社，2009.

［20］Box George E. P. ，Jenkins Gwilym M. ，Reinsel Gregory C. . Time Series Analysis［M］. New jersey：John Wiley & Sons，2008.

［21］Gujarati Damodar N，Porter，Dawn C. Basic econometric［M］．北京：中国人民大学出版社，2010.

［22］Henrik Madsen. Time Series Analysis［M］. Boca Raton：Chapman and Hall/CRC，2007.

［23］PeterDalgaard. Introductory Statistics With R Second Edition.［M］．北京：人民邮电出版社，2014.

［24］Robert I. Kabacoff. R in Action［M］．北京：人民邮电出版社，2013.

敬 告 读 者

　　为了帮助广大师生和其他学习者更好地使用、理解、巩固教材的内容，本教材提供课件和部分习题答案，读者可关注微信公众号"经济科学网"获取相关信息。

　　如有任何疑问，请与我们联系。

QQ：16678727

邮箱：esp_bj@163.com

教师服务 QQ 群：208044039

读者交流 QQ 群：894857151

经济科学出版社

2022 年 12 月

| 经济科学网 | 教师服务 QQ 群 | 读者交流 QQ 群 | 经科在线学堂 |